汽车电器设备与维修

（第二版）

主　编　王　敬　王　勇

副主编　张甲瑞　余海洋　李子路

主　审　曹建国

重庆大学出版社

内容提要

本书共有 9 个模块,包括认知汽车电气系统、汽车电源系统的检修、汽车启动系统的检修、汽车点火系统的检修、汽车照明信号系统的检修、汽车仪表及报警系统的检修、汽车空调系统的检修、汽车辅助电器系统的检修、汽车电路系统的检修。模块下设项目和任务,每个任务由任务学习引导和任务实施两部分组成。

本书作为高职高专汽车检测与维修技术专业的教材,也可供汽车维修行业的技术人员参考。

图书在版编目(CIP)数据

汽车电器设备与维修/ 王敬,王勇主编.--2 版.--重庆:重庆大学出版社,2019.7(2021.1 重印)

高职高专汽车检测与维修技术专业系列教材

ISBN 978-7-5624-7089-2

Ⅰ.①汽… Ⅱ.①王…②王… Ⅲ.①汽车—电气设备—车辆修理—高等职业教育—教材 Ⅳ.①U472.41

中国版本图书馆 CIP 数据核字(2019)第 133755 号

汽车电器设备与维修

(第二版)

主 编 王 敬 王 勇
副主编 张甲瑞 余海洋 李子路
主 审 曹建国
策划编辑:曾显跃

责任编辑:文 鹏 版式设计:曾显跃
责任校对:陈 力 责任印制:张 策

*

重庆大学出版社出版发行
出版人:饶帮华
社址:重庆市沙坪坝区大学城西路 21 号
邮编:401331
电话:(023) 88617190 88617185(中小学)
传真:(023) 88617186 88617166
网址:http://www.cqup.com.cn
邮箱:fxk@ cqup.com.cn(营销中心)
全国新华书店经销
重庆俊蒲印务有限公司印刷

*

开本:787mm×1092mm 1/16 印张:26.25 字数:655 千
2019 年 7 月第 2 版 2021 年 1 月第 4 次印刷
印数:6 001—7 000
ISBN 978-7-5624-7089-2 定价:49.50元

前　言

汽车电器设备是汽车的重要组成部分。随着汽车工业的迅速发展以及汽车新技术的开发与应用,汽车电子产品在整车成本中所占比例日益增加。汽车电器设备与维修是汽车检测与维修技术专业的一门专业核心课程,为了更好地满足教学的需要,作者通过与企业工作人员沟通,结合教学实践,按照汽车检测与维修技术专业的人才培养要求编写了本书。

本书以常用汽车电器设备及检测设备为主要编著对象,分模块介绍了汽车电器设备的结构、原理、使用以及检测和维修操作技能。

全书分为 9 个模块,其中模块 1、模块 5、模块 6、模块 9 由重庆工商大学王敬、重庆电子工程职业技术学院王勇编写;模块 3 和模块 7 由重庆机电职业技术学院李子路、河南工学院朱命怡编写;模块 2 和模块 8 由天津职业大学李江江、重庆工商职业学院余海洋、张甲瑞编写;模块 4 由重庆机电职业技术学院赵玉霞编写。本书由王敬、王勇担任主编,张甲瑞、余海洋、李子路担任副主编。全书由重庆工商职业学院汽车工程系教授曹建国主审。本书在编写过程中,得到了重庆星顺汽车有限公司喻文强、长安汽车股份有限公司汽车工程研究院何晨雨的全程指导。另外,本书的编写还得到了重庆工商职业学院曹志良、刘绍波等的大力支持,在此表示感谢。本书在编写过程中参考了大量的文献和资料,在此一并向原作者表示感谢。

由于编者水平有限,书中难免有疏漏和不足之处,敬请读者及同行予以批评指正。

编　者

2019 年 5 月

前言

编者

2019年9月

目　录

模块1　认知汽车电气系统

项目　汽车电器常用工具及检测仪器设备的使用 ……………………………………… 3

模块2　电源系统的检修

项目1　蓄电池的结构与故障检测 ………………………………………………… 14
项目2　交流发电机与电压调节器的检修 ………………………………………… 34
任务1　交流发电机的检修 ………………………………………………………… 34
任务2　电压调节器的检修 ………………………………………………………… 59
项目3　电源系统的故障诊断与排除 ……………………………………………… 72
任务1　充电系统的电路分析 ……………………………………………………… 72
任务2　电源系统的故障排除 ……………………………………………………… 75

模块3　启动系统的检修

项目1　起动机的检修、调整与性能试验 ………………………………………… 82
任务1　起动机的检修 ……………………………………………………………… 83
任务2　起动机的调整与性能试验 ………………………………………………… 105
项目2　启动系统检修 ……………………………………………………………… 109
任务1　启动系统电路检修 ………………………………………………………… 109
任务2　启动系统常见故障的检修 ………………………………………………… 114

模块4　点火系统的检修

项目1　汽车传统点火系统 ………………………………………………………… 125
项目2　电子点火系统组成与工作原理 …………………………………………… 132
项目3　微机控制点火系组成与工作原理 ………………………………………… 137
项目4　点火系统的使用与维护 …………………………………………………… 142
任务1　传统点火系的正确使用、检测与维修 …………………………………… 144
任务2　电子点火系的故障诊断与维修 …………………………………………… 148
任务3　微机控制点火系统的认识及检测 ………………………………………… 151

模块5　照明信号系统的检修

项目1　汽车照明系统的检修 ……………………………………………………… 155
任务1　汽车前照灯的检测与调整 ………………………………………………… 156
任务2　汽车照明系统电路图的识读 ……………………………………………… 162

1

任务 3　汽车前照灯工作不正常故障的检修 ································· 170
项目 2　汽车信号系统的检修 ··· 177
任务 1　汽车信号系统电路图识读 ··· 177
任务 2　汽车转向信号灯与危险报警灯不亮的检测与修复 ················· 181
任务 3　汽车电喇叭工作不正常故障的检修 ································· 191

模块 6　汽车仪表及报警系统的检修

项目 1　汽车仪表的检修 ··· 198
任务 1　常规汽车仪表的检修 ··· 198
任务 2　电子式汽车仪表的检修 ··· 204
项目 2　汽车报警系统的检修 ··· 213

模块 7　汽车空调系统的检修

项目 1　汽车空调系统的组成及检修 ····································· 222
任务 1　汽车空调系统主要部件的检修 ····································· 222
任务 2　汽车空调系统电路的识读 ··· 258
任务 3　汽车空调系统常见故障的检修 ····································· 275
项目 2　汽车空调系统的检测与维护 ····································· 283
任务 1　汽车空调系统的检测 ··· 288
任务 2　汽车空调系统的维护 ··· 292

模块 8　辅助电器的检修

项目 1　电动车窗的检修 ··· 302
项目 2　电动刮水器和清洗器的检修 ····································· 312
项目 3　中央门锁系统的检修 ··· 321
项目 4　电子防盗系统的故障诊断 ······································· 335

模块 9　汽车电路系统的检修

项目 1　汽车电路系统的分析 ··· 351
项目 2　汽车电路系统的检修 ··· 406

参考文献 ··· 412

模块 1
认知汽车电气系统

知识目标：

1. 掌握汽车电器设备的组成与特点。

2. 掌握常用的汽车电气与电路故障的诊断方法。

能力目标：

1. 能正确认识汽车上的常用电器设备。

2. 能正确使用电器设备中常用的检测仪表和工具。

相关知识：

一、汽车电器设备的组成与特点

汽车电器与电子设备是汽车的重要组成部分，其工作性能的优劣直接影响汽车的动力性、经济性、安全性、可靠性、舒适性和排气净化等。汽车的种类繁多，但电气系统的组成和设计都遵循一定的规律。

1. 汽车电器设备的主要组成部分

（1）电源系统

电源系统包括蓄电池、发电机及电压调节器。发电机是汽车上的主要电源，蓄电池是辅助电源。当发电机工作时，由发电机向全车用电设备供电，同时给蓄电池充电。蓄电池的作用是启动发动机时向起动机供电，当发电机不工作时向用电设备供电。电压调节器的作用是保持发电机的输出电压恒定。

（2）用电设备

汽车上的用电设备可分为起动机，点火系统，照明与信号系统，仪表、报警与电子显示系统，辅助电气系统及电子控制部分等。

①起动机。起动机用于启动发动机。

②点火系统。点火系统用于点燃发动机汽缸内的可燃混合气。

③照明与信号系统。照明装置包括车内外各种照明灯；信号装置包括电喇叭、闪光器、蜂

鸣器及各种信号灯,提供安全行车所必需的信号。

④仪表、报警与电子显示系统。仪表包括发动机转速表、车速里程表、燃油表、水温表、机油压力表等。报警及电子显示装置用来监控汽车各系统的工况。

⑤辅助电气系统。辅助电气系统包括电动刮水器、风窗洗涤器、空调中控门锁、电动车窗和电动座椅等。

⑥电子控制部分。电子控制部分包括电子控制燃油喷射装置、点火装置、自动变速器和防抱死制动装置等。

(3)配电装置

配电装置包括中央接线盒、电路开关、保险装置、插接器和导线等。

2.汽车电器设备的特点

(1)低压

汽车电气系统的额定电压主要有12 V和24 V两种,汽油车普遍采用12 V电源,柴油车采用24 V电源。汽车运行中,12 V电源系统电压为14 V,24 V电源系统电压为28 V。

(2)直流

由于起动机由蓄电池供电,而向蓄电池充电又必须使用直流电源,所以汽车电源必须是直流电源。

(3)单线制

单线制是利用发动机、底盘、车身等金属机体作为各种用电设备的公共线,电源到用电设备只需设一根导线。任何电路中的电流都是从电源正极出发,经导线流入用电设备后,通过发动机等金属机体流回电源负极形成回路。由于单线制节省导线、线路清晰简化、安装检修方便,并且用电设备不需与车体绝缘,因此现代汽车广泛采用单线制。

(4)负极搭铁

采用单线制时,蓄电池的一个电极必须接到车架上,俗称"搭铁"。若将蓄电池的负极接到车架上,则称为"负极搭铁"。目前世界各国生产的汽车基本上都采用"负极搭铁"形式。

(5)两个电源

汽车上有蓄电池和发电机两个供电电源。蓄电池是辅助电源,它在发动机未运转时向有关电器设备供电;发电机是主电源,当发电机运转到一定转速后,开始向所有电器设备供电,同时给蓄电池充电。

(6)用电设备并联

汽车上各种用电设备和电源都采用并联方式连接,各用电设备都由各自串联在其支路中的专用开关控制,互不产生干扰。

项目 汽车电器常用工具及检测仪器设备的使用

任务描述

正确使用各种电工常用工具及常用检测设备。

第一部分 任务学习引导

为保证汽车电器设备修理作业的顺利进行并符合安全操作规程,必须掌握工、量具的正确使用和维护方法,才能在修理作业中正确选择工、量具,做到安全操作、文明作业。

汽车维修作业中使用的工、量具种类繁多,本节仅就电器设备修理作业中常用工、量具的使用方法、适应范围及注意事项作简单叙述。

1. 拉力器

拉力器是用来拆卸起动机和发电机的端盖及轴承的专用工具。

2. 绕线机

绕线机是绕制起动机电磁开关线圈、发电机调节器线圈及交流发电机磁场绕组等的专用工具。

3. 磁极拆卸专用工具

磁极拆卸专用工具,俗称磁场起子。

4. 电刷拆卸专用工具

电刷拆卸专用工具实际上是一种简易的自制铁丝钩。该工具在装卸发电机、起动机电刷时用来挂起电刷弹簧。

5. 跨接线

简单的跨接线就是一根多股导线,它的两端分别接有鳄鱼夹或不同形式的插头,如图 1.1 所示。它有多种样式,维修时应备有多种形式的跨接线,以用作特定位置的测量。

跨接线虽然比较简单,但却是非常实用的工具,它经常用来短接电路,以检查电路是否有断路故障。如某电气部件不工作,可以将跨线连接被测试部件"-"极接线点和搭铁,如果此时部件工作,说明部件搭铁线路断路;当搭铁线路良好,则拆去与该部件相连的电源线,将跨接线连接在蓄电池"+"极与被测试部件的电源接线柱之间,如果此时部件工作,说明连接部件的电源电路有故障(断路或短路);如部件仍不工作,说明部件有故障。

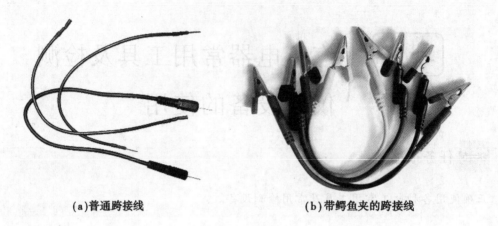

(a)普通跨接线   (b)带鳄鱼夹的跨接线

图1.1 跨接线

使用时,应注意用跨接线将电源电压加至部件之前,必须先确认被测试部件的电源电压大小。另外,跨接线不可错误地连接在被测试部件的"+"接头与搭铁之间。

6.测试灯

(1)12 V无源测试灯

12 V无源测试灯由试灯、导线及各种型号端头组成,如图1.2(a)所示。它主要是用来检查系统电源电路是否给电气部件提供电源。

将12 V无源测试灯一端搭铁,另一端接电气部件电源接头。如灯亮,说明电气部件的电源电路无故障;如灯不亮,再测接近电源方向的第二个接线点,如灯亮,则在第一个接线点与第二个接线点之间有断路故障;如灯仍不亮,则再去测第三个……直到灯亮为止,则最后被测接线点与上一个被测接线点之间出现断路故障。

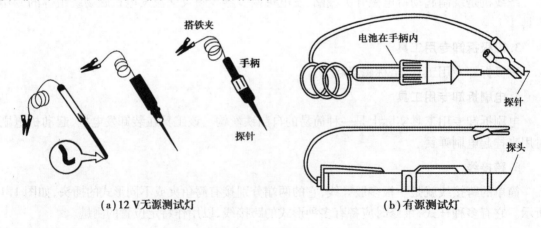

(a)12 V无源测试灯   (b)有源测试灯

图1.2 测试灯

(2)有源测试灯

有源测试灯与12 V无源测试灯基本相同,如图1.2(b)所示。它只是在手柄内加装2节1.5 V干电池,用来检查电路断路和短路故障。

①断路检查。首先断开与电气部件相连接的电源线,将测试灯一端搭铁,另一端依次接电路各接线点(从电路首端开始)。如灯不亮,则断路出现在被测点与搭铁之间;如灯亮,则断路出现在此被测点与上一个被测点之间。

②短路检查。首先断开电气部件电路的电源线和搭铁线,测试灯一端搭铁,一端与余下电器部件电路相连接。如灯亮,表示有短路故障(搭铁)存在。然后逐步将电路中插接器脱开、开关断开、拆除部件等,直到灯灭为止,则短路出现在最后开路部件与上一个开路部件之间。

7.数字万用表

数字万用表,如图1.3所示,在许多方面都优于绝大多数型号的模拟表,尤其是它的准确性。影响模拟表精度的因素不单是内部电路,指针也会因从不同的角度观察仪表而指在不同的位置,而数字万用表却不必因此为读数不准而担心。

数字万用表有一个测试值的电子数字读出装置,还具有使测试精确的电子电路,其准确度超过0.1%,远远超过模拟表。数字万用表已普遍用于电气诊断和检测,尤其是电气系统的检测。

当数字万用表的正导线带电而负导线接地时,其读数前会显示一个"+"符号。如果两极相反,读数前将会出现"−"符号,以示相反极性。

图1.3 数字万用表

大部分高质量的仪表是由表内以干电池为电源的内部电路提供已知数据。如果电池电力不足,就将影响读数的准确度。因此,要时常检查表内电池以确保数据的准确性。大部分数字式仪表都有一个电池警告标志,用来显示电池的电位状况。

电压表具有极敏性,它可显示正电压或负电压。数字式电表用"+"或"−"来表示正电压或负电压。电压表有几个供选择的挡位。各挡的量程不同,读数有所不同。所选择的量程挡应以得到最精确读数为准。一般数字式仪表的量程挡位为:200 mV,2 000 mV,20 V,200 V,1 000 V DC和750 V AC。

数字式欧姆表调零时,使两表笔互相接触,如果显示屏上显示不为零,则说明表内电池可能电力不足,需要更换电池才能使用。当测量仪表的两支表笔没有碰在一起或没有与所测电路连接时,表上所示应为无穷大电阻。数字式仪表在显示屏的最左侧显示"1"或"+1"。同样,测量电阻时,要首先确定所测部件没有电流通过,然后再将仪表与所测部件的两端连接,同时还要使该部件在电路中与其他部件分开。进行测量时,表内的电池向所测部件提供电压,使电流通过该部件,仪表利用内部已知数据与所流经的电流进行比较。这样,该部件的电阻就显示在仪表上了。

8.汽车故障诊断仪

车辆故障自检终端是用于检测汽车故障的便携式智能汽车故障自检仪,用户可以利用它迅速地读取汽车电控系统中的故障,并通过液晶显示屏显示故障信息,迅速查明发生故障的部位及原因。

汽车故障诊断仪是维修中非常重要的工具,一般具有如下几项或全部的功能:读取故障码;清除故障码;读取发动机动态数据流;示波功能;元件动作测试;匹配、设定和编码等功能;英汉辞典、计算器及其他辅助功能。故障诊断仪大都随机带有使用手册,按照说明极易操作。一般来说有以下几步:在车上找到诊断座;选用相应的诊断接口;根据车型,进入相应诊断系统;读取故障码;查看数据流;诊断维修之后清除故障码。

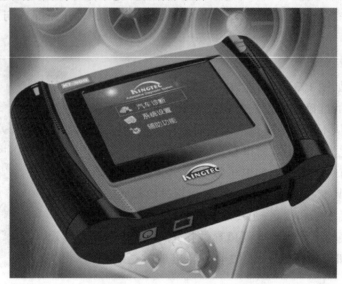

图 1.4 博士 KT300 汽车故障诊断仪

第二部分 任务实施

一、工具准备

①数字万用表若干;
②维修工具若干套;
③跨接线若干;
④测试灯若干。

二、技术要求与标准

①所有操作符合安全操作要求;
②所有操作符合维修工具的技术标准;
③在操作过程中不允许出现安全事故。

三、工作内容

1. 跨接导线的使用

跨接导线是一种简单、有效的测试工具,它可以使电流"绕过"被怀疑是开路或断路的电路部分,从而使电路形成回路,进行通导性测试。如果连接跨接导线后电路正常工作,则表示所跨过的部位存在开路(断路)故障。跨接导线只能用于旁通电路的非电阻性部件,如开关、连接器和导线段等,切勿将跨接导线直接跨接在用电设备的两端,否则会烧坏其他相关电路元件。跨接导线的正确使用如图 1.5 所示,其中 a、b、d 是正确的使用方法,c 是错误的使用方法。

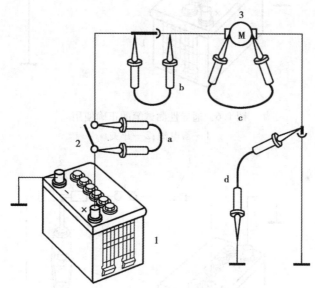

图 1.5　跨接导线的正确使用
1—蓄电池;2—开关;3—电动机

2. 通导性测试笔的使用

通导性测试笔(有源试灯)用于通导性检查,它仅用于无源电路。使用方法是首先断开蓄电池或拆卸为所测电路供电的熔断器,在应该导通的电路上选择两点,将通导性测试笔的两条引线连接至两点,如果电路导通,则通导性测试笔电路应形成回路,灯泡会点亮。通导性测试笔的正确使用方法如图 1.6 所示。

3. 试灯的使用

无源试灯用于测试所检测点是否有电压,使用方法是将试灯的一条端子接地,用另一条端子沿电路接触不同的点,检测是否有电压。如果试灯点亮,表明检测点有电压。试灯的正确使用如图 1.7 所示。

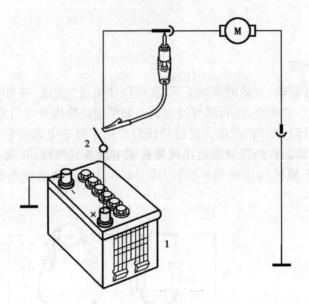

图 1.6　通导性测试笔的正确使用
1—蓄电池；2—开关

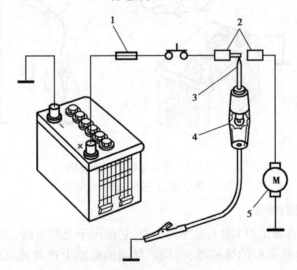

图 1.7　无源试灯的正确使用
1—熔断器；2—连接器；3—探针；4—测试灯；5—电动机

4.数字万用表的使用

（1）电压的测量

①将万用表的测试导线按如图 1.8 所示插入相应插孔（红表笔插入 WQ 插孔，黑表笔插入 COM 插孔）。

②将万用表的功能选择开关置于电压测量挡位，并根据待测量电压的类型选择直流和交流位置（DC/AC 开关选择）。

③根据待测电压的大小选择量程（通过 RANGE 开关选择）。

④将万用表的测试导线接入待测电路，黑表笔接地，红表笔接信号线。

⑤闭合待测试电路，观察万用表显示区域的电压读数。

⑥按下 HOLD 按钮，锁定测量结果，并与标准值进行对比。

（2）电阻的测量

①将万用表的测试导线按如图 1.8 所示插入相应插孔（红表笔插入 V/O 插孔，黑表笔插入 COM 插孔）。

②将万用表的功能选择开关置于电阻测量挡位，此时若不设置量程，万用表为自动量程状态。

③若需进行量程设置，可按下 RANGE 控制键，进入手动量程设置模式，此后如再按一次控制键，量程范围将再更换一次。若想返回自动量程，可按下该键 2 s 后松开，即可返回。

④手动量程的选择范围：0 ~ 320 Ω，0 ~ 3.2 kΩ，0 ~ 32 kΩ，0 ~ 320 kΩ，0 ~ 3.2 MΩ，0 ~ 32 MΩ。

⑤将万用表的测试导线接入待测元件，黑表笔和红表笔分别连接待测元件的接线端子。

⑥观察万用表显示区域的数据显示。

⑦按下控制区域的 HOLD 按钮，锁定测量结果，与标准值进行对比。

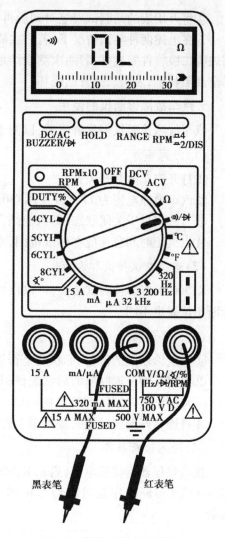

图 1.8　数字万用表的使用

（3）电路通导性测试

①将万用表的测试导线按如图 1.8 所示接入相应插孔（红表笔插入 VΩ 插孔，黑表笔插入 COM 插孔）。

②将万用表的功能选择开关置于电路导通/二极管测试挡位。

③将万用表的两测试导线接入被测试电路。

④若万用表的蜂鸣器发出报警声，表明所测电路没有断路情况。

（4）二极管的测量

①将万用表的测试导线按如图 1.8 所示接入相应插孔（红表笔插入 V/Ω 插孔，黑表笔插入 COM 插孔）。

②将万用表的功能选择开关置于电路导通/二极管测试挡位。

③将万用表的两测试表笔接被测试二极管的两个管脚。

④将万用表的两测试表笔对调后再接被测试二极管的两个管脚。

⑤在上述两种测试情况下,若一次测量的结果呈高阻状态,另一次测量结果呈低阻状态,则表明二极管性能良好;若两次测量结果都呈低阻状态,表明二极管已击穿;若两次测量结果都呈高阻状态,表明二极管已烧坏。

5. 汽车故障诊断仪的使用

汽车故障诊断仪俗称解码器,以博士 KT300 为例介绍解码器的使用。

(1)测试条件

①打开汽车电源开关;

②汽车电瓶电压为 11~14 V,KT300 的额定电压为 12 V;

③节气门处于关闭状态,即急速结合点闭合;

④点火正时和急速应在标准范围,水温和变速箱油温达到正常工作温度。

(2)选择测试接头和诊断座

KT300 配有多种测试接头,可以根据诊断界面的提示选择相应的测试接头。不同车型的诊断座位置也不同。

(3)设备连接

①确定诊断座的位置、形状及是否需要外接电源;

②根据车型及诊断座的形状选择相应的接头;

③将测试线一端接 KT300 的测试口,一端接测试接头;

④将连接好的测试接头接到车上的诊断接口。

(4)进入诊断系统

连接好仪器后接通电源,启动 KT300 进入主菜单,选择"汽车诊断"模块,如图 1.9 所示。KT300 汽车诊断程序是以车型车标图形为按钮,点击某汽车相应的图标即可对该车进行诊断。

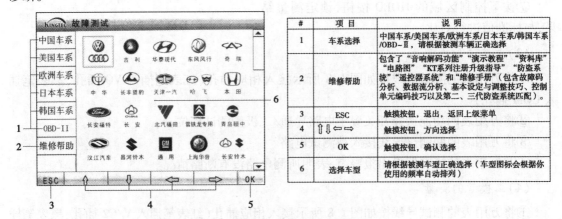

#	项目	说明
1	车系选择	中国车系/美国车系/欧洲车系/日本车系/韩国车系/OBD-Ⅱ,请根据被测车辆正确选择
2	维修帮助	包含了"音响解码功能""演示教程""资料库""电路图""KT系列注册升级指导""防盗系统""遥控器系统"和"维修手册"(包含故障码分析、数据流分析、基本设定与调整技巧、控制单元编码技巧以及第二、三代防盗系统匹配)。
3	ESC	触摸按钮,退出,返回上级菜单
4	⇑⇓ ⇐⇒	触摸按钮,方向选择
5	OK	触摸按钮,确认选择
6	选择车型	请根据被测车型正确选择(车型图标会根据你使用的频率自动排列)

图 1.9 KT300 主菜单及功能简介

选择相应的车型图标可进行车辆故障测试,如图 1.10 所示。按钮说明如图 1.11 所示。点击"选择系统"进入下一界面,如图 1.12 所示。

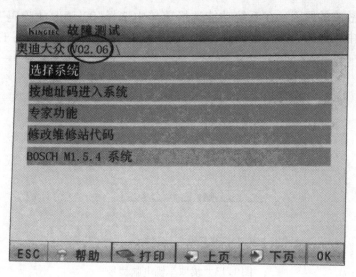

图 1.10 选择车型

项　目	说　明
OK	触摸按钮,确认选择,执行当前任务
ESC	触摸按钮,退出,返回上级菜单
? 帮助	提供当前页面相关帮助信息
打印	将当前页面内容以文件形式保存至 CF 卡的 Temp 文件夹中
上页/下页	当所有内容无法在一页内全部显示时,由它实现翻页功能

图 1.11 KT300 按钮说明

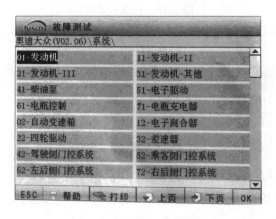

图 1.12 KT300 系统界面

读取车辆电脑型号:此项功能可以读取被测试系统的电脑信息,包括版本号等。在系统功能选择菜单中选择"01-读取车辆电脑型号",屏幕显示如图 1.13 所示。

读取故障码:此功能可以读取被测试系统 ECU 存储器内的故障代码,帮助维修人员快速地查到引起车辆故障的原因。在系统功能选择菜单中选择"02-读取故障码",系统开始检测电脑随机存储器中存储的故障记忆内容,测试完毕,屏幕显示测试结果如图 1.14 所示。

图 1.13　读取车辆电脑型号

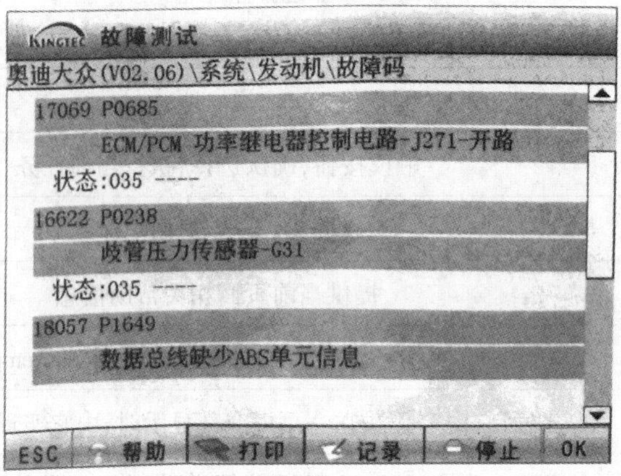

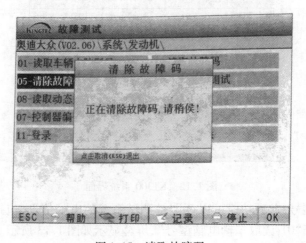

图 1.14　读取故障码

清除故障码:在系统功能菜单中选择"05-清除故障码",如图 1.15 所示。

图 1.15　读取故障码

模块 2

电源系统的检修

知识目标：

1. 掌握车用蓄电池的构造、工作原理以及分类。
2. 掌握交流发电机的构造、工作原理。
3. 掌握交流发电机的工作特性。

能力目标：

1. 能够正确检测和维护蓄电池。
2. 能够正确拆解、检测和修复发电机。
3. 能够识读和分析充电系统电路图。
4. 能够分析充电指示灯常亮的故障原因。
5. 能够根据相关资料确定电源系统的技术参数。
6. 能够准备相关工具、零件及维修场所。
7. 能够按照合理的思路和规范的操作检测电源系统故障。

相关知识：

汽车电源系统的功用是向整车用电设备提供电能。电源系统主要由蓄电池、发电机、电压调节器、充电指示灯等组成。在电源系统电路中，蓄电池、发电机与汽车用电设备都是并联的，蓄电池是辅助电源，发电机是主要电源。在发动机正常工作时，发电机向用电设备供电和向蓄电池充电；发动机在启动时，蓄电池向起动机供电；充电指示灯用来指示蓄电池的充放电状况；调节器用来保证发电机转速变化时发电机输出电压恒定。

项目 1 蓄电池的结构与故障检测

案例：一辆"解放"CA1091型装运水泥的货车，在炎热的夏天行驶时，突然发生蓄电池爆炸，幸好驾驶员处理得当，才没有发生交通事故。

第一部分 任务学习引导

蓄电池是一种将化学能转变为电能的装置，属于可逆的直流电源。用于汽车的蓄电池，必须满足启动发动机的需要，即在 5~10 s 的短时间内，提供汽车起动机足够大的电流。由于使用电解液不同，启动型蓄电池分为酸性和碱性蓄电池。铅酸蓄电池结构简单，价格低廉，易于满足大量生产汽车的需要；同时其内阻小，启动性能好，能在短时间内提供起动机所需要的大电流，因此在汽车上得到广泛应用。在汽车上，蓄电池与发电机并联向用电设备供电。在发动机工作时，用电设备所需电能主要由发电机供给。蓄电池的功用为：发动机启动时，向起动机和点火系供电；发电机不发电或电压较低时向用电设备供电；发电机超载时，协助发电机供电；发电机端电压高于蓄电池电动势时，将发电机的电能转变为化学能储存起来；吸收发电机的过电压，保护车用电子元件。

国产汽车启动用铅酸蓄电池主要有两大类，即干封式蓄电池和干荷电式蓄电池。它们的区别在于：干荷电式蓄电池负极板制造工艺不同，其极板组在干燥状态下能够较长时间地保存制造过程中所得到的电荷。干荷电式蓄电池在 2 年的保存期中，如果需要交付使用，只需在使用之前加入符合规定密度的电解液即可。例如，对于干荷电式蓄电池6-QA-60，只需加入密度为 1.280 g/cm³(25 ℃时)的电解液，调整液面高度高出极板组 15 mm 左右，不需要进行初充电就可以投入使用。对于保存期超过 2 年的干荷电式蓄电池，因为其极板上有部分活性物质被氧化，使用前应进行补充充电。

一、蓄电池的构造

铅酸蓄电池是在盛有稀硫酸的容器中插入两组极板而构成的电能储存器，它由极板、隔板、外壳、电解液等部分组成。容器分为 3 格或 6 格，每格里装有电解液，正负极板组浸入电解液中成为单格电池。每个单格电池的标称电压为 2 V，3 格串联起来成为 6 V 蓄电池，6 格串联起来成为 12 V 蓄电池。蓄电池的构造如图 2.1 所示。

1. 极板

极板是蓄电池的基本部件，由它接受充入的电能和向外释放电能。极板分正极板和负极板两种。正极板上的活性物质是二氧化铅，呈棕红色；负极板上的活性物质是海绵状纯铅，呈青灰色。蓄电池在充电与放电过程中，电能和化学能的相互转换是依靠极板上活性物质和电

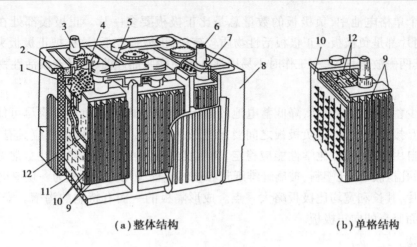

（a）整体结构　　　　　　　　　（b）单格结构

图 2.1　蓄电池的构造

1—护板;2—封料;3—负极接线柱;4—加液孔螺塞;5—连接条;6—正极接线柱;
7—电极衬套;8—外壳;9—正极板;10—负极板;11—肋条;12—隔板

解液中硫酸的化学反应来实现的。正、负极板上的活性物质分别填充在铅锑合金铸成的栅架上,如图 2.2 所示。

栅架结构如图 2.3 所示,用铅锑合金浇铸而成。铅锑合金中,锑的含量占6%左右。加入少量的锑是为了提高栅架的机械强度并改善浇注性能。但是,铅锑合金耐电化学腐蚀性能较差,在要求高倍率放电和提高比能而采用薄形极板时,高锑含量板栅的使用寿命势必降低。因此,采用低锑合金就十分必要了。目前,板栅含锑量为2% ~ 3%。在板栅合金中加入0.1% ~0.2%的砷,可以减缓腐蚀速度,提高硬度与机械强度,增强其抗变形能力,延长蓄电池的使用寿命。目前,国内外已使用铅锑砷合金作板栅。由于正极活性物质脱落和板栅腐蚀是决定蓄电池使用寿命的主要原因。出于对使用期限的考虑,正极板栅要厚一些,负极板栅厚度一般为正极板栅厚度的70% ~80 %。国产蓄电池负极板厚度为 1.6 ~1.8 mm,也有薄至1.2 ~1.4 mm 的;正极板厚度为 2.2 ~2.4 mm,也有薄至 1.6 ~1.8 mm 的。薄形极板的使用能改善汽车的启动性能,提高蓄电池的比能。

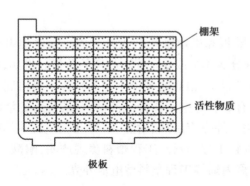

栅架

活性物质

极板

图 2.2　极板的结构

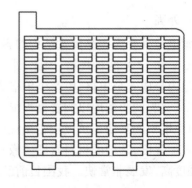

图 2.3　栅架的结构

为了增大蓄电池的容量,一般将多片正极板(4 ~13 片)和多片负极板(5 ~14 片)分别并联,组成正极板组和负极板组。安装时,将正负极板组相互嵌合,中间插入隔板,就成了单格电池。在每个单格电池中,负极板的数量总是比正极板要多一片。正极板都处在负极板之间,最外面两片都是负极板。正极板活性物质较疏松,机械强度低,这样把正极板夹在负极板中间,可使其两侧放电均匀,在工作时不易因活性物质膨胀而翘曲,不易造成活性物质脱落。

2. 隔板

为了减少蓄电池内部尺寸,降低蓄电池的内阻,蓄电池内部正负极板应尽可能靠近。但为了避免相互接触而短路,正负极板之间要用绝缘的隔板隔开。隔板材料应具有多孔结构,以便电解液自由渗透,而且化学性能应稳定,具有良好的耐酸性和抗氧化性。常见的隔板材料有木材、微孔橡胶、微孔塑料、玻璃纤维纸浆和玻璃丝棉等几类。隔板为一块厚度小于1 mm的长方形薄片,其长和宽均比极板略大一点。成形隔板的一面有特制的沟槽。安装时,应将带沟槽的一面竖直朝向正极板。

3. 电解液

铅酸蓄电池的电解液由密度为 1.84 g/cm^3 的纯硫酸和蒸馏水配制而成,密度一般为 $1.24 \sim 1.31 \text{ g/cm}^3$,使用时应根据当地最低气温或制造厂的要求进行选择,见表2.1。电解液的纯度是影响蓄电池性能和使用寿命的重要因素。一般工业用硫酸和普通水中,因含有铁、铜等有害杂质,绝对不能加到蓄电池中去,否则容易自行放电,并且容易损坏极板。因此,蓄电池电解液要用规定的蓄电池专用硫酸和蒸馏水配制。

表2.1 不同地区蓄电池的电解液密度

使用地区最低温度/℃	冬 季/$(g \cdot cm^{-3})$	夏 季/$(g \cdot cm^{-3})$
< -40	1.31	1.27
$-40 \sim -30$	1.29	1.25
$-30 \sim -20$	1.28	1.25
$-20 \sim 0$	1.27	1.24
>0	1.24	1.24

4. 外壳

蓄电池外壳为一整体式结构的容器,极板、隔板和电解液均装入外壳内。蓄电池电压一般有6 V和12 V两种规格,因此,外壳内由间壁分成3个或6个互不相通的单格。例如,12 V蓄电池内分成6个单格,由5个单格壁将容器分为互不相通的6个小容器。各个单格底部有垫角,其突起的肋条用以搁置极板组,使其下方有足够的空间作为沉淀槽,容纳脱落的活性物质,以免堆积起来使正负极板相接触而造成短路。外壳应耐酸、耐热、耐寒、抗震动,并具有足够的机械强度,常用的材料有硬质橡胶、沥青塑料、工程塑料。工程塑料美观透明,耐酸,质量轻,强度高,发展非常快。我国目前已大量生产聚丙烯等工程塑料蓄电池外壳。

5. 其他零部件

(1)铅连接条

由于蓄电池各单格为串联连接,因此不同极性的极桩用铅连接条连接起来。铅连接条由

铅锑合金铸成,有外露式、跨桥式和穿壁对
焊式三种,前一种用在硬橡胶外壳和盖上,
后两种用在塑料外壳和盖上。外露式是指
连接条外露在蓄电池盖的上面;跨桥式是指
连接条下部位于蓄电池的平面上或埋在盖
下,连接部分跨接在各单格电池的中间壁
上;穿壁对焊式是指在中间壁上打孔,使极
板组柄直接穿过中间隔壁而将各单格电池
连接起来。穿壁式连接方式如图2.4所示。

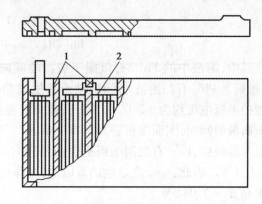

图2.4　单格电池之间的穿壁焊示意图
1—间壁;2—连接条

　(2)加注孔盖

　加注孔盖用橡胶或塑料制成,旋在蓄电
池盖的加注孔内。加注孔盖上有通气孔,下端有特制的隔板,其作用是将通气孔与单格上面
的空间部分地隔开,以防汽车颠簸时电解液从通气孔溅出。加注孔盖上的通气孔应经常保持
畅通,使蓄电池内部的 H_2 与 O_2 排出以防蓄电池过早损坏或爆炸。若在孔盖上安装一个过滤
器,还可以避免水蒸气逸出,减少水的消耗。

二、蓄电池的工作原理

　根据双极硫酸盐化理论,蓄电池中参与化学反应的物质,正极板上是 PbO_2 ,负极板上是
Pb,电解液是 H_2SO_4 的水溶液。蓄电池放电时,正极板上的 PbO_2 和负极板上的 Pb 都变成
$PbSO_4$,电解液中的 H_2SO_4 减少,密度下降。蓄电池充电时,则按相反的方向变化,正极板上的
$PbSO_4$ 恢复成 PbO_2 ,负极板上的 $PbSO_4$ 恢复成 Pb,电解液中的 H_2SO_4 增加,密度增大。

1.蓄电池电动势的建立

　如图 2.5 所示,极板浸入电解液后,由于少量的活性物质溶解于电解液,产生了电极电
位,并且由于正负极板的电极电位不同而形成了蓄电池的电动势。在正极板处,少量的 PbO_2
溶入电解液中,与水生成 $Pb(OH)_4$,再分离成四价铅离子和氢氧根离子,即

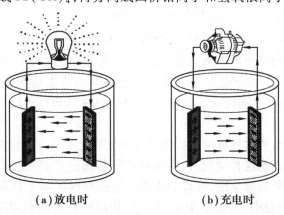

(a)放电时　　　　　　　　(b)充电时

图2.5　蓄电池基本工作原理

$$PbO_2 + 2H_2O \rightarrow Pb(OH)_4$$

$$Pb(OH)_4 \rightarrow Pb^{4+} + 4OH^-$$

其中,溶液中的 Pb^{4+} 有沉附于极板的倾向,使极板呈正电位,同时由于正、负电荷的吸引,极板上 Pb^{4+} 有与溶液中 OH^- 结合并生成 $Pb(OH)_4$ 的倾向。当两者达到动态平衡时,正极板的电极电位约为 $+2.0$ V。同理,在负极板处,金属铅受两方面的作用,一方面它有溶解于电解液的倾向,因而极板表面上有少量 Pb^{2+} 进入电解液,使极板带负电;另一方面,由于正、负电荷的吸引,Pb^{2+} 有沉附于极板表面的倾向。当两者达到动态平衡时,极板的电极电位约为 -0.1 V。因此,一个充足电的蓄电池,在静止状态下的电动势 E_0 约为 2.1 V。实际测定的结果是 $E_0 = 2.044$ V。

2. 蓄电池的放电过程

如图 2.6 所示,如果将蓄电池与外电路的负荷接通,例如接亮汽车前照灯,蓄电池与前照灯就组成了完整的电路。当电路中产生电流时,电子 e 从负极板经过外电路的负荷流往正极板,使正极板的电位下降,从而破坏了原有的平衡状态。流到正极板的电子 e 与 Pb^{4+} 结合,变成二价离子 Pb^{2+},Pb^{2+} 与 SO_4^{2-} 化合,生成 $PbSO_4$ 而沉附在正极板上,即

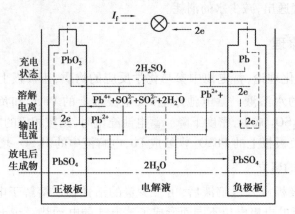

图 2.6 蓄电池的放电过程

$$Pb^{4+} + 2e \rightarrow Pb^{2+}$$

$$Pb^{2+} + SO_4^{2-} \rightarrow PbSO_4$$

在负极板处,Pb^{2+} 与电解液中的 SO_4^{2-} 化合也生成 $PbSO_4$ 沉附在负极板上,而极板上的金属铅继续溶解,生成 Pb^{2+},留下电子 2e。在外部电路的电流继续流通时,蓄电池正极板上的 PbO_2 和负极板上的 Pb 将不断转变为 $PbSO_4$,电解液中的 H_2SO_4 逐渐减少,而 H_2O 逐渐增多,电解液密度下降。

从理论上说,蓄电池的这种放电过程将进行到极板上的所有活性物质全部转变为 Pb_2SO_4 为止,而实际上不可能达到这种情况,因为电解液不能渗透到极板活性物质最内层中去。在实际使用中,所谓放完电的蓄电池,极板上的活性物质材料实际上只有 20% ~30% 转变成了 $PbSO_4$。因此,采用薄型极板,增加多孔性,提高极板活性物质的利用率是蓄电池工业的发展方向。我国已经有一些厂家生产薄型极板蓄电池。

3. 蓄电池的充电过程

充电时,蓄电池的正负两极接通直流电源。当电源电压高于蓄电池的电动势时,在电源力的作用下,电流将以相反的方向通过蓄电池,即由蓄电池的正极流入,从蓄电池的负极流出,也就是电子由正极板经外电路流往负极板。这时正负极板发生的化学反应正好与放电过程相反,如图2.7所示。

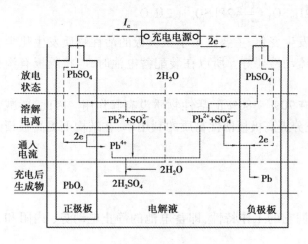

图2.7 蓄电池的充电过程　　图2.8 蓄电池的满充电状态

在正极板处,有少量的 $PbSO_4$ 溶于电解液中,产生 Pb^{2+} 和 SO_4^{2-}。Pb^{2+} 在电源力作用下失去两个电子变成 Pb^{4+},它又和电解液中解析出来的 OH^- 结合,生成 $Pb(OH)_4$,$Pb(OH)_4$ 再分解成为 PbO_2 和 H_2O,而 SO_4^{2-} 与电解液中的 H^+ 化合生成 H_2SO_4。正极板上的总反应为

$$PbSO_4 - 2e + 2H_2O + SO_4^{2-} \rightarrow PbO_2 + 2H_2SO_4$$

在负极板处,也有少量的 $PbSO_4$ 溶于电解液中,产生 Pb^{2+} 和 SO_4^{2-},Pb^{2+} 在电源力的作用下获得两个电子变成金属 Pb,沉附在极板上,而 SO_4^{2-} 则与电解液中的 H^+ 化合生成 H_2SO_4。负极板上的总反应为

$$PbSO_4 + 2e + 2H^+ \rightarrow Pb + H_2SO_4$$

由此可见,在充电过程中,正负极板上的 $PbSO_4$ 将逐渐恢复为 PbO_2 和 Pb,电解液中的硫酸(H_2SO_4)成分逐渐增多,水(H_2O)逐渐减少。

充电期间,电解液密度将升到最大值,并且引起水的分解。其反应式为

$$H_2SO_4 \rightarrow 2H^+ + 2SO_4^{2-}$$

负极上的反应为

$$4H^+ + 4e \rightarrow 2H_2 \uparrow$$

正极上的反应为

$$2SO_4^{2-} - 4e + 2H_2O \rightarrow 2H_2SO_4 + O_2 \uparrow$$

蓄电池的总反应为

$$H_2SO_4 + 2H_2O \rightarrow H_2SO_4 + 2H_2 \uparrow + O_2 \uparrow$$

因此,实际上分解的是 H_2O,即

$$2H_2O \rightarrow 2H_2 \uparrow + O_2 \uparrow$$

由蓄电池充放电时的化学反应过程,可以得出如下几点结论:

①蓄电池在放电时,电解液中的硫酸将逐渐减少,而水将逐渐增多,电解液密度下降;蓄电池在充电时,电解液中的硫酸将逐渐增多,而水将逐渐减少,电解液密度增加。因此,可以通过测量电解液密度的方法来判断蓄电池的充放电程度。在蓄电池的充放电过程中,极板的活性物质是处在化合和分解的运动之中,略去中间的化学反应,这一运动的过程可以表示为

$$PbO_2 + Pb + 2H_2SO_4 \underset{充电}{\overset{放电}{\rightleftharpoons}} 2PbSO_4 + 2H_2O$$

②蓄电池在充放电时,电解液密度发生变化,主要是由于正极板的活性物质发生化学反应的结果,因此要求正极板处的电解液流动性要好。所以在装配蓄电池时,应将隔板有沟槽的一面对着正极板,以便电解液流通。

③蓄电池放电终了时,极板上尚余有 70% ~ 80% 的活性物质没有起作用。因此,要减轻铅蓄电池的质量,提高供电能力,应该充分提高极板活性物质的利用率,在结构上提高极板的多孔性,减少极板的厚度。

四、蓄电池的工作特性

要使蓄电池得到合理使用,必须掌握它的工作特性,即蓄电池的静止电动势、内阻和充放电特性的变化规律。

1. 蓄电池的静止电动势

蓄电池内部工作物质的运动处于暂时的平衡状态时,蓄电池的电动势称为静止电动势。

静止电动势的大小取决于电解液的密度和温度,在电解液密度为 1.050 ~ 1.300 g/cm^3 的范围内,蓄电池的静止电动势可用下面的经验公式计算,即

$$E_0 = 0.84 + \rho_{25\,℃}$$

式中 E_0——蓄电池的静止电动势,V;

$\rho_{25\,℃}$——25 ℃时电解液的密度。

如果测量电解液密度时的电解液温度不是标准温度 25 ℃,则需要进行换算,即

$$\rho_{25\,℃} = \rho_t + \beta(t - 25)$$

式中 ρ_t——实测的电解液密度;

t——测量时电解液温度,℃;

β——密度温度系数,取 $\beta = 0.000\,75$。

2. 蓄电池的内阻

蓄电池的内阻大小反映了蓄电池带负载的能力。在相同条件下,内阻越小,输出电流越大,带负载能力越强。蓄电池内阻包括极板、隔板、电解液、铅连接条和极桩等的电阻。

极板电阻在完全充电状态下是很小的,但随着蓄电池放电程度的增加,覆盖在极板表面的 $PbSO_4$ 增多,极板电阻会随之增大。

隔板电阻主要取决于隔板的材料、厚度及多孔性。在常用的隔板中,微孔塑料隔板的电阻较小。

电解液的电阻与电解液的温度和密度有关,温度降低时会因电解液的黏度增大,渗透能

力下降而引起电阻增加。而电解液的密度过高或过低时,均会导致电阻增大。密度过高时,由于黏度增加,致使渗透能力下降,引起电阻增加;密度过低时,又会引起电解液中的 H^+ 和 SO_4^{2-} 离子数下降,致使扩散能力下降,引起电阻增加。当密度为 1 208 g/cm^3(25 ℃)时,电阻值相对较小。

总之,铅蓄电池的内阻是很小的,如美国标准 SAEJ546 明确规定:12 V 蓄电池在标准负荷时的内阻为 0.014 Ω。因此,铅蓄电池可以获得较大的输出电流,以适应启动需要。

3.蓄电池的充放电特性

(1)蓄电池的放电特性

蓄电池的放电特性是指恒流放电时,蓄电池端电压 U_f、电动势 E 和电解液密度 $\rho_{25℃}$ 随放电时间变化的规律。完全充足电的蓄电池以 20 h 放电率恒流放电的特性曲线如图 2.9 所示。

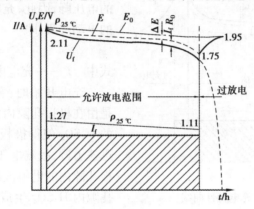

图 2.9　20 h 放电率的放电特性曲线

放电时,由于蓄电池内阻 R_0 的影响,蓄电池端电压 U_f 低于其电动势 E,即

$$U_f = E - I_f R_0$$

式中　I_f——放电电流,A。

放电开始时,蓄电池端电压 U_f 从 2.1 V 迅速下降,这是由于放电之初极板孔隙内的 H_2SO_4 迅速消耗,密度迅速下降的缘故。随着极板孔隙外的电解液向极板孔隙内渗透速度加快,当其渗透速度与化学反应速度达到相对平衡时,极板孔隙内的电解液密度的变化速率趋于一致,端电压将随整个容器内的电解液密度降低而缓慢下降到 1.85 V。随后端电压又迅速降低到 1.75 V,此时应立即停止放电,并称此电压值为单格电池的终止电压。若继续放电,端电压会急剧下降,这是因为放电终了时,化学反应深入到极板的内层,而放电过程中生成的 $PbSO_4$ 较原来的活性物质的体积大且积聚在孔隙内,使孔隙变小,电解液渗透困难,由此造成极板孔隙内电解液密度迅速下降,端电压随之急剧下降。继续放电则为过放电。过度放电对蓄电池极为有害,极板孔隙中生成粗结晶硫酸铅在充电时不易还原,造成极板硫化,严重影响蓄电池的寿命,并导致蓄电池的容量下降。

放电停止后,由于电解液渗透的结果,孔隙内外的电解液密度趋于一致,蓄电池单格电池电动势会回升至 1.95 V。由于恒流放电,故单位时间内所消耗的 H_2SO_4 的数量保持一致,因此,电解液的密度 $\rho_{25℃}$ 呈线性变化。一般来说,电解液密度每下降 0.04 g/cm^3,蓄电池放电量大约为额定容量的25%。

由此可见,蓄电池放电终了的特征如下:

①单格电池电压下降至放电终止电压,以20 h放电率放电,单格电池电压降至1.75 V。

②电解液密度下降至最小的许可值,大约为1.11 g/cm³。

此外,放电所允许的终止电压与放电电流的大小有关,放电电流越大,放电的时间越短,允许的放电终止电压也越低。

(2)蓄电池的充电特性

蓄电池的充电特性是指以恒电流充电时,蓄电池充电电压U_c、电动势E及电解液密度$\rho_{25℃}$等随充电时间变化的规律。蓄电池以20 h充电率恒电流充电时的特性曲线如图2.10所示。

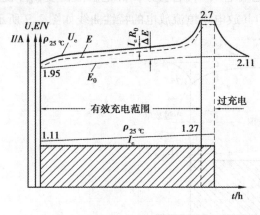

图2.10 蓄电池充电特性曲线

由于充电电源必须克服蓄电池内阻R_0的电压降,因此,充电电压U_c要高于蓄电池的电动势E,即

$$U_c = E + I_c R_0$$

式中　I_c——充电电流,A。

充电开始时,蓄电池电压迅速上升,这是由在极板孔隙内发生化学反应所致,生成的H_2SO_4使得极板孔隙内的电解液的密度迅速上升,故端电压随之迅速上升。随着极板孔隙内的电解液向外扩散的速度加快,当孔隙内H_2SO_4生成速度与扩散速度相对平衡时,蓄电池的端电压不再迅速上升,而随整个容器内电解液密度缓慢上升而逐步提高。

当蓄电池单格电池电压达到2.3~2.4 V时,极板上$PbSO_4$已基本被还原成活性物质,这时充电接近终了。继续通电,电解液中的水开始分解,产生氢气和氧气,并以气泡的形式释放出来,电解液呈"沸腾"状态。由于氢气生成的速度较水解速度慢,故在负极板处积聚了较多的氢离子H^+,使极板相对电解液产生了附加电位(约0.33 V),导致单格电池的充电电压高达2.7 V左右。

从理论上讲,当单格电池电压升至2.7 V时,应终止充电,否则将造成过充电。过充电将产生若干气体并在极板孔隙内造成压力,会加速极板物质脱落,所以应避免长时间过充电。但在实际使用中,往往在达到最高电压后仍继续充电2~3 h,以保证蓄电池完全充电。

充电停止后,附加电位消失,孔隙内电解液密度迅速下降,且与整个容器内电解液密度趋于一致,因而单格电池电压又迅速降至2.1 V左右。

由于恒流充电,电解液的密度$\rho_{25℃}$随充电时间变化线性上升,当单格电池电压达到2.4 V时,其值达到最大。

可见,蓄电池充电终了的特征是:

①蓄电池的端电压上升至最大值(单个电池电压为2.7 V),且2 h内不再变化。

②电解液的密度上升至最大值,且2 h内基本不变。

③蓄电池剧烈地放出大量气泡,电解液沸腾。

4. 蓄电池的容量及影响因素

（1）蓄电池的容量

蓄电池的容量标志着蓄电池对外供电的能力。一完全充足电的蓄电池,在允许的放电范围内所输出的电量称为蓄电池的容量,即

$$C = I_f t_f$$

式中　C——蓄电池的容量,A·h;

　　　I_f——放电电流,A;

　　　t_f——放电时间,h。

蓄电池的容量与放电电流的大小以及电解液的温度有关。蓄电池出厂时规定的额定容量是在一定的放电电流、一定的终止电压和一定的电解液温度下测得的。

1）额定容量

额定容量是检验蓄电池质量的重要指标之一。GB 5008.1—1991 标准规定,以 20 h 放电率的放电电流在电解液初始温度为(25 ± 5)℃,密度为(1.28 ± 0.01)g/cm³$(25 ℃)$的条件下,连续放电到规定的单格终止电压 1.75 V,蓄电池所输出的电量,称为蓄电池的额定容量,记为 $C20$。

例如,6-QA-60 型蓄电池在电解液初始温度为 25 ℃时,以 3 A 的放电电流持续放电 20 h,单格电压降到 1.75 V,其额定容量 $C20 = 3 \times 20$ A·h $= 60$ A·h。

2）额定储备容量

额定储备容量是国际上通用的另一种蓄电池容量表示方法。它是指充足电的蓄电池在电解液温度为 25 ℃条件下,以 25 A 电流放电到单格终止电压 1.75 V 时所能维持的时间。

3）启动容量

启动容量表示蓄电池在发动机电力启动时的供电能力,用倍率和持续时间表示。启动容量有两种规定,即常温启动容量和低温启动容量。

常温启动容量为电解液初始温度 25 ℃时,以 5 min 放电率的电流放电,放电 5 min 至单格电池电压降至 1.5 V 时所输出的电量。5 min 放电率的电流在数值上约为其额定容量的 3 倍。例如,对于 6-Q-100 型蓄电池,$C20 = 100$ A·h,在电解液初始温度为 25 ℃时,以 $3C_{20}$A $= 3 \times 100$ A $= 300$ A 的电流放电 5 min,单格电池电压降至 1.5 V,蓄电池端电压降至 1.5×6 V $= 9$ V,其启动容量为$(300 \times 5/60)$A·h $= 25$ A·h。

低温启动容量为电解液初始温度 −18 ℃时,以 5 min 放电率的电流放电,放电 2.5 min 至单格电池电压降至 1 V 时所输出的电量。

（2）影响蓄电池容量的因素

分析表明,蓄电池容量的大小与放电允许范围内实际参与化学反应的活性物质的数量有极大关系。因此,影响蓄电池容量有以下四方面的因素。

1）极板的构造

极板的面积越大,能参与电化学反应的活性物质就越多,故其容量也就越大;采用薄型极板、增加极板的片数以及提高活性物质的孔率,都有利于提高蓄电池的容量。

2）放电电流

放电电流越大,蓄电池的容量就越低。因为放电电流越大,单位时间所消耗的硫酸越多,

极板孔隙内由于硫酸消耗较快造成孔隙内电解液密度下降越快。故大电流放电时,极板表面活性物质的孔隙极易被生成的硫酸铅堵塞,使孔隙内实际参加化学反应的活性物质的数量下降。因此,随着放电电流的增加,蓄电池的容量会减小。蓄电池相对容量与放电电流的关系如图2.11所示。

由于发动机启动时属于大电流放电,如果长时间接通起动机,就会使蓄电池的端电压急速下降至终止电压,输出容量减少,且使蓄电池过早损坏。因此,在启动时应注意:一次启动时间不应超过5 s;连续两次启动应间隔15 s以上,使电解液充分渗透到极板孔隙内层,以提高极板孔隙内活性物质的利用率和再次启动的端电压,延长蓄电池的使用寿命。

3)电解液的温度

电解液温度较低时,电解液的黏度增大,致使渗透能力下降,造成容量降低。此外,温度越低,电解液的溶解度与电离度也越低,使容量进一步下降。蓄电池相对容量与温度的关系如图2.12所示。温度每下降1 ℃,容量下降约为1%(小电流放电)或2%(大电流放电)。因此,适当提高蓄电池的温度(<40 ℃),将有利于提高蓄电池的容量及启动性能。所以,在寒冷地区冬季启动汽车时,由于低温和大电流放电,蓄电池端电压下降较多,容易造成启动困难,故应安装蓄电池保温装置。

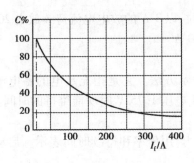

图2.11 蓄电池容量与放电电流的关系 图2.12 蓄电池容量与温度的关系

4)电解液的密度

适当增加电解液的密度,可减小内阻,有利于提高电解液的渗透能力,使蓄电池的容量增加。但密度较高时,由于电解液的黏度增加使内阻增加,引起渗透能力降低从而导致容量下降。此外,电解液密度较高时,易造成极板硫化而导致容量下降。蓄电池容量与电解液密度的关系如图2.13所示。实践证明,电解液密度偏低,有利于提高放电电流和容量以及延长蓄电池的使用寿命,冬季在不使电解液结冰的前提下,也应尽可能采用密度稍低的电解液。

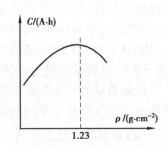

图2.13 蓄电池容量与电解液密度的关系

5. 蓄电池的型号

蓄电池的型号一般都标注在外壳上,按照机械行业标准JB 2599—85《铅酸蓄电池产品型号编制方法》的规定,铅酸蓄电池型号由三部分组成。

1 表示串联的单格电池数,用阿拉伯数字表示。

2 表示电池用途,用汉语拼音字母表示。其中,Q 表示启动用蓄电池;M 表示摩托车用蓄电池;Jc 表示船用蓄电池;HK 表示飞机用蓄电池。

3 极板类型,其中,A 表示干荷电铅蓄电池;B 表示薄型极板;W 表示无须维护铅蓄电池。

4 指 20 h 率额定容量,用阿拉伯数字表示,单位为 A·h。

5 特殊性能,用汉语拼音字母表示,G 表示高启动性能。

6. 免维护蓄电池的使用

(1)免维护蓄电池的特点

对普通的汽车使用与维修人员来说,蓄电池的维护是一件比较麻烦的事。因此,现代汽车较多地使用了免维护蓄电池。免维护蓄电池是在结构、工艺和材料等方面采取了一些措施,使蓄电池具有如下优点:

①蓄电池的电解液的储量较大、水的析出量小,因此,在使用寿命期内无须添加蒸馏水。

②蓄电池自放电小,仅为普通蓄电池的1/8 ~ 1/6,在使用期内一般无须进行补充充电。

③极桩腐蚀小或无腐蚀,使用寿命长,内阻小,启动性能好。

(2)免维护蓄电池的使用

目前,一些汽车上使用的免维护蓄电池还未达到真正的无须维护,因此,在使用一段时间后(一般每年或行驶 30 000 km)应对蓄电池进行一次检查和维护。检测的内容包括电解液的液面高度、密度和蓄电池的静止电动势等。如果液面过低,应补充蒸馏水;如电解液密度过低,需对蓄电池进行补充充电。对于全封闭式免维护蓄电池,由于无加液孔,不能用常规的方法来检查蓄电池电解液的液面和密度,但这种蓄电池在其内部一般装有一个小密度计,可从其顶端的检视孔通过观察其颜色来判断蓄电池的技术状况:

①绿色,表示蓄电池状况良好,可继续使用。

②深绿色或黑色,表示电解液密度偏低,应对蓄电池进行补充充电。

③浅黄色或无色,则表示电解液液面过低,蓄电池已不能继续使用。

第二部分　任务实施

相关知识:

一、蓄电池的常见故障及故障原因

蓄电池的常见故障有极板硫化、自放电和活性物质脱落等,造成蓄电池的容量下降、使用寿命缩短。

1. 极板硫化

极板硫化是指极板上产生了白色、坚硬不容易溶解的粗晶粒硫酸铅($PbSO_4$,蓄电池放电后在极板上留下的物质)。在正常充电时,这种粗晶粒的 $PbSO_4$ 不易被还原成活性物质(正极板的活性物质为二氧化铅 PbO_2,负极板的活性物质为纯铅 Pb),并且对极板的孔隙有阻塞作用,因此,会造成蓄电池的容量下降、内阻增大而使启动性能下降。

长时间使用后的蓄电池轻微硫化是不可避免的,但蓄电池很容易硫化且硫化严重则属于故障。

(1)故障现象

蓄电池极板硫化后,除了有容量和启动性能明显下降的故障现象外,在充、放电时会有异常现象:放电时蓄电池端电压下降较快;充电时电压上升快,温度升高也快,会过早地"沸腾",而电解液的密度则上升较慢且达不到规定值。

(2)故障原因

致使蓄电池极板容易硫化主要有如下原因:

1)蓄电池长时间处于亏电状态

蓄电池均未及时充足电,长时间处于亏电状态,致使极板上的硫酸铅 $PbSO_4$ 未能及时还原为活性物质。在这期间,$PbSO_4$ 的溶解度随温度变化,当温度降低时,电解液中的 $PbSO_4$ 就会过饱和而析出,再结晶形成粗晶体并沉附在极板的表面。

2)电解液的液面过低

电解液过少使极板外露,使其直接与空气接触而氧化,汽车行驶颠簸时,会使电解液不时地与极板已被氧化了的部分接触而产生再结晶,形成硫化。

3)深度放电

小电流下的长时间过放电,使极板深层的活性物质也都转变为 $PbSO_4$。而发电机向蓄电池充电则不可能使深层的 $PbSO_4$ 复原,久而久之就会变为粗晶体硫酸铅。

4)其他因素

电解液密度过高、不纯、外部温度变化剧烈等都会促使极板的硫化。

(3)故障处理

蓄电池极板硫化不严重时,可以用去硫化充电法(倾出电解液,加蒸馏水反复进行充放电,直到充电不能使密度再增加为止)消除硫化,极板硫化严重的则只能更换新的蓄电池。

2. 自放电

在未接通外电路时,蓄电池的电能自行消耗即称为自放电。正常的情况下,自放电是不可避免的,但如果蓄电池每昼夜自行放电量大于蓄电池额定容量2%,则属于自放电故障。

用电设备开关未关、电路中有短路和漏电故障时也会使蓄电池有自放电的假象,因此,在确定蓄电池自放电故障前,应首先检查汽车电路有无异常。

(1)故障现象

充足电的蓄电池停放几天或几小时后就会呈现存电不足(启动转速下降或运转无力等)。自放电严重的蓄电池,充电时端电压和电解液密度上升缓慢,用高率放电计测单格电池压降(非整体盖板的蓄电池)时,会有电压迅速下降的现象。

(2)故障原因

使用中造成蓄电池自放电故障的原因主要有如下几种:

①蓄电池盖表面有油污、尘土、电解液等而造成漏电。

②壳体底部沉积物过多而造成正负极板间短路。

③隔板破裂,造成正负极板短路。

④电解液不纯,含有过多的金属杂质。

（3）处理措施

不同原因所造成的蓄电池自放电,其故障处理方法不同。

①如果是由于蓄电池盖表面脏污造成自放电故障,清洁盖表面并对已亏电的蓄电池进行补充充电即可。

②如果是因蓄电池容器底部沉积物太多造成的极板短路(充电时电解液往往会呈现褐色),则应倾出全部电解液,并用蒸馏水将壳体内部冲洗干净,然后重新加注电解液并充足电。

③如果是电解液不纯,则应先将蓄电池全放电或过度放电,以使杂质全部进入电解液,然后将电解液全部倾出,用蒸馏水冲洗壳体内部后,加注电解液并将其充足电。

3. 活性物质早期脱落

活性物质早期脱落是指因使用不当而造成蓄电池极板上的活性物质在短时间内就有大量的脱落。

蓄电池在长时间的使用过程中,有少量的活性物质脱落属正常情况,但如果在较短时间内就有较多的活性物质脱落则属于故障。

（1）故障现象

极板活性物质脱落较多时,蓄电池在充电时其电解液会成为混浊褐色溶液,充电电压上升过快,电解液会过早地出现"沸腾"现象,其电解液密度偏低;放电时电压下降过快,容量明显不足。

（2）故障原因

使用中容易造成极板活性物质脱落的原因有:

①充电电流过大或长时间过充电,使大量的水电解,产生的气体在极板孔隙内产生压力,造成活性物质脱落。大电流充电还易使电解液温度过高,造成极板变形而使活性物质脱落,而过量的充电,还会使栅架过分氧化,造成活性物质与栅架松散剥离。

②长时间大电流放电,尤其是低温长时间大电流放电,生成的 $PbSO_4$ 容易形成致密层,在充电时,PbO_2 将会以树状的晶体生长,这种树状晶体很容易脱落。

③过度放电,极板上 $PbSO_4$ 太多,体积膨胀而造成挤压,都会使活性物质脱落。

④蓄电池极板组安装不良而松旷、蓄电池在车上安装不牢固,使极板组颠簸振动加剧,造成活性物质脱落。

⑤冬季蓄电池放电后未及时充电,使电解液密度过低而结冰,导致活性物质脱落。

（3）处理措施

活性物质脱落较少时,可以倾出全部电解液,用蒸馏水冲洗后重新加注电解液,充足电后继续使用。如果活性物质脱落过多,则需更换极板组或更换蓄电池。

二、蓄电池的维护

正确地使用与维护蓄电池可保持蓄电池的容量并延长其使用寿命,在日常使用中,应注意检查与维护。

（1）定期进行蓄电池的外观检查

①检查蓄电池安装是否牢固,电缆线夹与蓄电池极桩的连接是否牢固,并及时清除线夹和极桩上的氧化物,在其表面涂上凡士林或黄油可防止氧化。

②检查蓄电池盖表面是否清洁,及时清除灰尘、油污、电解液等脏物。

③检查蓄电池加液孔盖通气小孔是否畅通,以防止小孔堵塞而引起蓄电池内部气体集聚而造成压力升高、挤裂壳体甚至产生爆炸事故。

(2)及时检查电解液的液面高度

液面一般应高出极板 10～15 mm。液面过低时应及时补充蒸馏水,不能加注电解液,以免导致电解液密度过高。因为正常使用条件下,液面下降是由于水的自然蒸发和充电时水的电解所致。只有当确认是电解液倾出或渗漏而使电解液不足时,才可加注相同密度的电解液。

(3)定期检查蓄电池的放电程度

用测量电解液密度或单格电池电压降的方法检查蓄电池的放电程度。如果放电程度冬季超过 25%,夏季超过 50% 时,就应对蓄电池进行补充充电后再用。

(4)定期对蓄电池进行补充充电

即不考虑蓄电池放电程度,按时间强制性补充充电,以保证蓄电池始终保持充足电状态,避免极板硫化。定期补充充电应根据汽车的使用情况来定,城市公共汽车可短些,而长途运输汽车则可长一些或不进行定期补充充电。

三、冬季使用注意事项

冬季气温低,蓄电池的容量降低、内阻增大且有电解液结冰的危险。电解液如果结冰,蓄电池就不能使用,并将导致极板活性物质脱落和容器破裂。因此,北方寒冷地区在冬季应注意:

①适当调高电解液密度。电解液密度与冰点的关系如表 2.2 所示。从表 2.2 可知,密度低的电解液在冬季容易结冰。因此,进入冬季后,应将电解液调至在该地区不会结冰的密度。

表 2.2 电解液密度与冰点的关系

电解液密度/$(g \cdot cm^{-3})$	1.10	1.15	1.20	1.25	1.30	1.31
冻结温度/℃	−70	−14	−25	−50	−66	−70

②保持蓄电池处于充足电状态,因为放电后蓄电池电解液的密度会降低,增大了结冰的危险。

③应在充电时加注蒸馏水,这样可使水很快与电解液混合,减少电解液结冰的危险性。

④注意蓄电池的保温预热,寒冷地区冬季在发动机冷启动时,应对蓄电池预热,以便提高蓄电池的容量、降低电阻,使启动容易。

一、工具准备

万用表、普通铅酸蓄电池、免维护蓄电池、充电机、高率放电计。

二、技术要求与标准

①所有操作符合安全操作要求。

②所有操作符合汽车蓄电池检测标准。

三、工作内容

1.检测前对蓄电池的清洁作业

①检查蓄电池封胶有无开裂和损坏,柱桩有无破损,壳体有无泄露,发现问题应修理或者更换。然后用清水冲洗蓄电池外部的灰尘和污垢,再用碱水清洗。

②疏通加液盖通气孔。

③用钢丝刷或刮刀清洁柱桩和接线卡头的氧化物并涂抹一层薄凡士林或润滑脂。

2.检测蓄电池液面高度(图2.14)

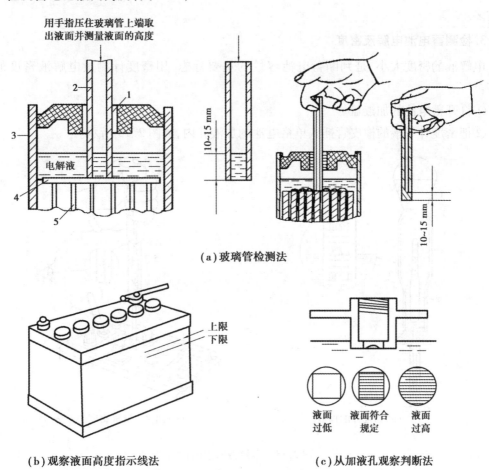

图 2.14 电解液面高度的检查

1—加液孔;2—玻璃管;3—外壳;4—防护板;5—极板组

(1)玻璃管测量法

①用一空心玻璃管插入蓄电池电解液内极片的上平面处。

②玻璃管内的电解液与电池液面同高,用大拇指按紧玻璃管上端,使管口密封。

③提起玻璃管,测量玻璃管内的液面高度,结果即为蓄电池电解液液面高度。标准值为10～15 mm,过低应加入蒸馏水使之符合标准。

(2)观察液面高度指示线法

使用透明塑料容器的蓄电池,在容器壁上刻有两条高度指示线。正常液面高度应介于两线之间的中线上,低于中线则为液面过低,应加入蒸馏水补充。

(3)从加液面孔观察判断法

部分轿车蓄电池在电解液加液孔内侧的标准液面位置处开有方孔,可检视液面高度。液面在方孔下面为液面过低;正好与方孔平并时为标准;液面漫过方孔而充满加液口底部以上为过多。

3.检测蓄电池电解液密度

电解液的密度大小,是判断蓄电池容量的重要标志,用密度计测量电解液密度的步骤如下:

①打开蓄电池的加液盖。

②把密度计下端的橡皮管插入单格电池的加液孔内,如图2.15所示。

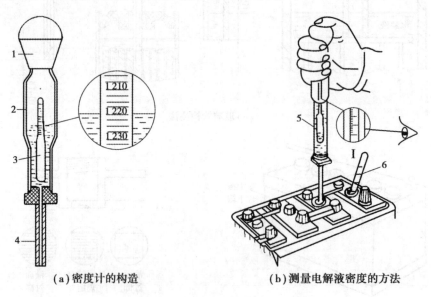

(a)密度计的构造   (b)测量电解液密度的方法

图2.15　电解液密度的检测

1—橡皮球;2—吸液玻璃管;3、5—密度计;4—吸嘴;6—温度计

③用手将橡皮球捏瘪,再慢慢放开,电解液就会被吸到玻璃管中。

④注意控制吸入时电解液不要过多或过少,以能将密度计浮子浮起而不会顶住为宜。

⑤使管内的浮子浮在玻璃管中央(不要相互接触),读密度计的读数。要求读数时眼睛与密度计刻度线平齐,测量的密度值应用标准温度(＋25 ℃)予以校正(同时测量电解液温度)。不同温度条件下电解液密度修正值见表2.3。

表 2.3　不同温度条件下电解液密度修正值

电解液温度 /℃	密度修正值 /(g·cm^{-3})	电解液温度 /℃	密度修正值 /(g·cm^{-3})	电解液温度 /℃	密度修正值 /(g·cm^{-3})
+40	+0.011 3	+10	−0.011 3	−20	−0.033 7
+35	+0.007 5	+5	−0.001 5	−25	−0.037 5
+30	+0.003 7	0	−0.001 88	−30	−0.041 2
+25	0	5	−0.025 5	−35	−0.045 0
+20	−0.003 7	−10	−0.026 3	−40	−0.048 8
+15	−0.007 5	−15	−0.030 0	−45	−0.052 5

⑥电解液密度与放电程度的关系是:密度每下降 0.01 g/cm^3 相当于蓄电池放电 6%,当判定蓄电池在夏季放电超过 50%,冬季放电超过 25% 时不宜再使用,应及时进行充电,否则会使蓄电池过早损坏。

⑦将所测量的密度值、温度值与修正后的电解液密度值,以及根据密度下降的程度计算出的蓄电池剩余电量填入表 2.4。

表 2.4　蓄电池密度测量记录(测量温度/℃)

参数　单格	1	2	3	4	5	6
测量值/(g·cm^{-3})						
修正值/(g·cm^{-3})						
剩余电量/(g·cm^{-3})						

4.蓄电池放电电压的检查

①清洁蓄电池极桩上的氧化物。

②将 12 V 高率放电计的两个叉尖用力紧压在蓄电池正负极桩上,时间不超过 5 s,观察蓄电池大电流放电时的端电压,如图 2.16 所示。

a.蓄电池额定容量小于 60 A·h,若蓄电池端电压能保持在 11 V 以上,说明蓄电池性能良好。若端电压为 9~11 V,说明蓄电池尚可使用,但电量存半数。若端电压低于 9.5 V,则说明蓄电池存电不足,需充电。

b.蓄电池额定容量大于 60 A·h,若蓄电池电压能保持在 11.5 V 以上,说明蓄电池性能良好;若端电压为 9.5~11.5 V,说明蓄电池尚可使用;若端电压低于 9.5 V,则说明蓄电池存电不足,需充电。

图 2.16　放电电压的检测
1—蓄电池;2—高率放电计

5. 蓄电池电压的测量

使用万用表测量蓄电池端电压,只能作为检测的参考因素。通常蓄电池静置时,测量端电压不低于 12.6 V,并且电解液密度不小于 1.22 g/cm^3,才可以基本判定蓄电池具有一定的电量储备。

将测试结果填写入表2.5,并测算蓄电池的放电程度。

表 2.5   蓄电池技术状况检测数据表

项　　目	蓄电池单格数					
	1	2	3	4	5	6
液面高度						
电解液密度						
端电压						
放电程度						

6. 充电机的使用及蓄电池的补充充电

(1)充电机使用

①检查调压器旋钮是否处于最低输出位置。

②将充电机的输出"＋""－"极分别接蓄电池的正负极,同时在充电机上的电压表上显示蓄电池的电压。

③按下电源开关,电源指示灯亮,顺时针慢慢旋转调压器旋钮,调节充电电流至要求值。在充电过程中,应经常观察和随时调整充电电流的大小,直至蓄电池充足电。

④停止充电时,应先将调压器旋钮逆时针退回原处,然后切断电源开关,再拆除蓄电池的充电连接线。

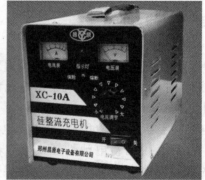

图 2.17   硅整流充电机

(2)补充充电电流的选择及充电时间

①将充电机的输出"＋""－"极分别与蓄电池的正负极相连接。

②第一阶段的充电电流应为蓄电池额定容量的 1/10,充电时间为 10～11 h。

③第二阶段的充电电流应为蓄电池额定容量的 1/20,充电时间为 3～5 h。

（3）充电方法

1）定电流充电

在整个充电过程中,使充电电流保持一定的充电方法,称为定电流充电。采用定电流充电时,被充电的蓄电池不论是 6 V 或 12 V 都可串联在一起。充电时,每单格电池电压需要 2.7 V,故串联的单格电池总数不应超过 $n = U/2.7$（n 取整数,式中 U 为充电机的额定电压）,同时所充的电流应按照容量最小的蓄电池来选定。充足电后,先移去容量小的蓄电池,然后调整充电电流继续对容量大的蓄电池进行充电,直至充足电为止。

2）定电压充电

在整个充电过程中,加在蓄电池两端的充电电压始终保持不变的充电方法,称为定电压充电。采用定电压充电时,要选择好充电电压。一般每单格电池电压约需 2.5 V,对 12 V 蓄电池充电时,电源电压应为 15 V,且被充电的蓄电池必须并联在充电电源之间。

项目 2 交流发电机与电压调节器的检修

案例:一辆"昌河"微型汽车在更换发电机后,出现蓄电池液面下降过快且前照灯灯泡经常烧坏的现象。

如图 2.18 所示,交流发电机是汽车的主要电源,它与发电机调节器互相配合工作,其主要任务是对除起动机以外的所有用电设备供电,并向蓄电池充电。发电机有交流发电机和直流发电机两种。很长时期以来,汽车上采用的是换向式直流发电机。汽车用交流发电机是随着半导体整流技术的出现而发展起来的,目前主要有硅整流交流发电机、感应子式交流发电机等几种,其中以硅整流交流发电机应用最为普遍,已基本取代了传统的直流发电机。

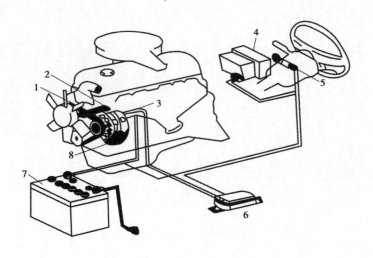

图 2.18　交流发电机在车上的位置　　　　图 2.19　交流发电机
1—V 带;2—调整臂;3—发电机;4—仪表;5—点火开关;
6—调节器;7—蓄电池;8—支架

任务 1　交流发电机的检修

第一部分　任务学习引导

一、交流发电机的构造

汽车用交流发电机,多采用三相同步交流发电机,由 6 只二极管构成三相桥式全波整流器。各国生产的交流发电机的结构都大同小异,主要由定子、转子、电刷、整流二极管、前后端盖、风扇及带轮等组成。有的还将调节器与发电机组装在一起。

转子用来建立磁场。定子中产生的交变电动势,经过二极管整流器整流后输出直流电。JF132 型交流发电机的组件图如图 2.20 所示。

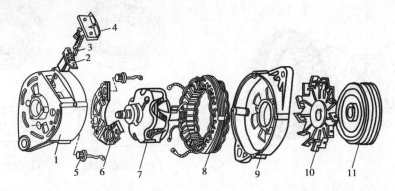

图 2.20　JF132 型交流发电机的组件
1—后端盖;2—电刷架;3—电刷;4—电刷弹簧压盖;5—硅二极管;6—散热板;
7—转子;8—定子总成;9—前端盖;10—风扇;11—带轮

1.转子

交流发电机的转子是发电机的磁场部分,它主要由两块爪极、磁场绕组、滑环及轴等组成,如图 2.21 所示。

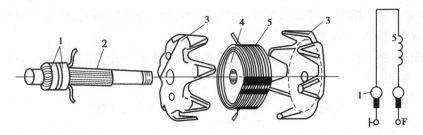

图 2.21　交流发电机转子
1—滑环;2—转子轴;3—爪极;4—磁轭;5—磁场绕组

两块爪极被压装在转轴上,且内腔装有磁轭,其上绕有磁场绕组。绕组两端的引线分别焊在与轴绝缘的两个滑环上。两个电刷装在与端盖绝缘的电刷架内,通过弹簧力使其与滑环保持接触。当发电机工作时,两电刷与直流电源连通,可为磁场绕组提供定向电流并产生轴向磁通,使两块爪极被分别磁化为 N 极和 S 极,从而形成犬牙交错的磁极对并沿圆周方向均匀分布。磁极对数为 4~7 对。国产发电机大多采用 6 对磁极。爪极凸缘的外形像鸟嘴,这种形状可以使定子感应的交流电动势近似于正弦波形。转子每转一周,定子的每相电路上就能产生周波个数等于磁极对数的交流电动势。

2.定子

定子是产生和输出交流电的部件,又叫电枢,由定子铁芯和定子绕组组成。定子铁芯由相互绝缘的内圆带槽的环状硅钢片叠成。定子槽内置有三相对称绕组,三相绕组大多数采用

Y(星形)联结,也有用△(三角形)联结的,如图 2.23 所示。

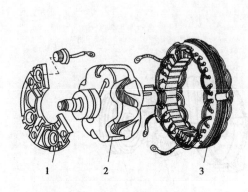

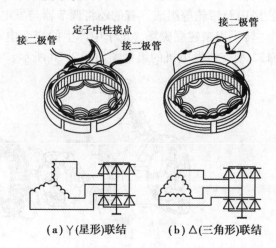

接二极管　定子中性接点　接二极管

接二极管

（a）Y(星形)联结　（b）△(三角形)联结

图 2.22　交流发电机转子与定子
1—整流器;2—转子;3—定子

图 2.23　定子及定子绕组的联结方式

为使三相绕组中产生大小相等、相位差 120°(电角度)的对称电动势,三相绕组的绕法应遵循以下原则。

①每相绕组的线圈个数、每个线圈的匝数和每个线圈的节距都必须完全相等。以 JF11型发电机为例,如图 2.24 所示,磁极对数为 6 对,定子总槽数为 36 槽,每相绕组占有的槽数为 36/3 = 12 槽,并且采用单层集中绕法,即每个槽内放置一个有效边(1 个线圈有 2 个有效边,分别放在 2 个定子槽内)。因此,每相绕组都由 6 个线圈串联而成,每个线圈有 13 匝,则每相绕组匝数为:6 × 13 = 78 匝。

每个线圈的两个有效边之间所间隔的定子槽数称为线圈节距,相邻两异性磁极中心线之间的槽数称为极距,即

$$线圈节距 = \frac{定子铁芯总槽数}{2 × 磁极对数} = \frac{36}{12} = 3 \ 槽$$

②三相绕组的起端 A、B、C(或末端 X、Y、Z)在定子槽内的排列,必须相隔 120°电角度。

转子旋转时,磁极的磁场不断和定子中的导体作相对运动,在定子绕组中产生交流电动势。每转过一对磁极,定子导体中的感应电动势就变化一个周期,即 360°电角度。每个磁极在定子圆周上占有槽数为 36/12 = 3 槽,即 180°电角度,所以 2 个相邻的槽的中分线之间为180°/3 = 60°电角度。为了使三相绕组各个起端之间相隔 120°电角度,各起端之间的距离则应为 2 + 3n 个槽(n = 0,1,2,3,…),即 2,5,8,11,四个槽均可。图 2.24 为三相绕组展开图。A、B、C 三个首端依次放入 1,9,17 三个槽内,而末端 X、Y、Z 则相应地放入 34,6,14 三个槽内,这时三相绕组之间的电位差为 120°电角度。

3.整流器

交流发电机的整流器大多由 6 只硅二极管组成。近年来又出现了 9 管发电机,即增加了3 个小功率的磁场二极管。外壳为正极、中心引线为负极的二极管,称为负极管,管壳底上注有黑色标记;外壳为负极、中心引线为正极的二极管,称为正极管,管壳底上有红色标记。

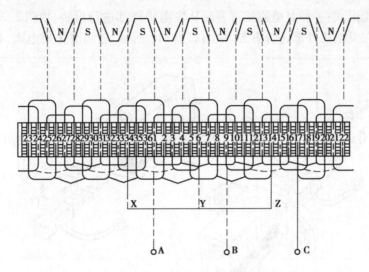

图 2.24　JF11 型交流发电机定子绕组的展开图

安装二极管的散热板称为整流板(也称元件板),通常用合金制成,以利散热。现代汽车用交流发电机都有两块整流板,安装三只正极管的整流板(装在外侧)称为正整流板,安装三只负极管的整流板(装在内侧)称为负整流板。两块板绝缘地安装在一起,它与后端盖用尼龙或其他绝缘材料制成的垫片隔开且固定在后端盖上。

安装在正整流板上并与之绝缘的三个接线柱分别固定正、负极管子的引线和来自三相绕组某一相的端头。与正整流板连接在一起的螺栓引至后端盖外部作为发电机的电源输出端,并标记为"B"(" +""A"或"电枢")。

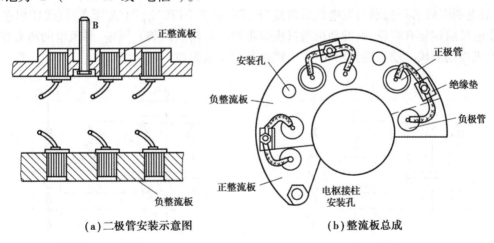

(a)二极管安装示意图　　　　(b)整流板总成

图 2.25　整流板及二极管的安装

4.端盖与电刷总成

端盖包括驱动端盖、整流端盖以及安装在其上的轴承、轴承盖等零部件。端盖由铝合金制成。因为铝合金为非导磁材料,可减少漏磁并具有轻便、散热性能良好等优点。为了提高轴承孔的机械强度,增加其耐磨性,有的发电机端盖的轴承座内镶有钢套。后端盖装有电刷架。两个电刷分别装在电刷架的孔内,借弹簧压力与滑环保持接触。目前国产交流发电机的电刷架有两种结构形式:一种是电刷架可直接从发电机外部进行拆装,如图2.26(a)所示;另一种则不能直接在发电机外部进行拆装,如图2.26(b)所示,若需要更换电刷,必须将发电机拆开。

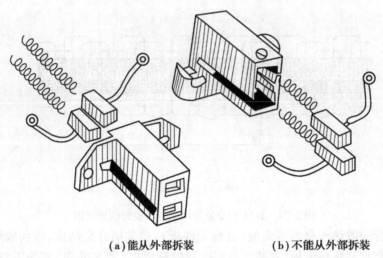

(a)能从外部拆装　　　　　(b)不能从外部拆装

图2.26　电刷架的结构

交流发电机有内、外搭铁之分,如图2.27所示,故电刷引线的接法也有所不同。对于内搭铁的交流发电机,磁场绕组直接通过交流发电机的外壳搭铁,故其中一根引线接至后端盖上的磁场接线柱"F"(或"磁场"),另一根则直接与发电机外壳上的搭铁接线柱"–"(或"搭铁")连接。而外搭铁交流发电机的磁场绕组必须通过电压调节器后(交流发电机的外部)再搭铁,故电刷引线必须分别与发电机后端盖"F_+"(或"F_1")和"F_-"(或"F_2")接线柱相连。

发电机前端装有带轮,由发动机通过皮带带动。带轮后面装有风扇,靠风扇的离心作用,给发电机强制通风。前后端盖用3~4个螺栓与定子紧固在一起。

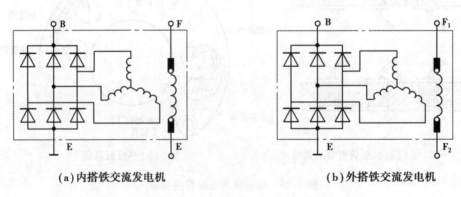

(a)内搭铁交流发电机　　　　　(b)外搭铁交流发电机

图2.27　交流发电机的搭铁形式

二、国产交流发电机的型号

根据中国行业标准QC/T 73—93《汽车电气设备产品型号编制方法》的规定,汽车交流发电机的型号形式如下:

1	2	3	4	5

第 1 部分为产品代号。交流发电机的产品代号有 JF,JFZ,JFB,JFW 四种,分别表示交流发电机、整体式交流发电机、带泵交流发电机和无刷交流发电机。

第 2 部分为电压等级代号,用 1 位阿拉伯数字表示,1——12 V;2——24 V;6——6 V。

第 3 部分为电流等级代号,用 1 位阿拉伯数字表示,其含义见表 2.6。

表 2.6　电流等级代号

电流等级代号	1	2	3	4	5	6	7	8	9
电流/A	≤19	20~29	30~39	40~49	50~59	60~69	70~79	80~89	≥90

第 4 部分为设计序号。按产品的先后顺序,用阿拉伯数字表示。

第 5 部分为变型代号。交流发电机以调整臂的位置作为变型代号。从驱动端看,Y—右边;Z—左边;无—中间。

例如桑塔纳、奥迪 100 型轿车所使用的 JFZ1913Z 型交流发电机,其含义为电压等级为 12 V、输出电流大于 90 A、第 13 次设计、调整臂位于左边的整体式交流发电机。

三、交流发电机的工作原理

1. 交流电动势的产生

交流发电机工作原理如图 2.28 所示。

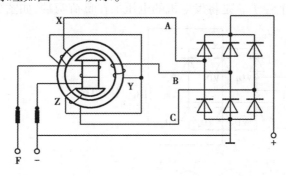

图 2.28　交流发电机工作原理图

交流发电机定子的三相绕组按一定的规律排列在发电机的定子槽内,依次相差 120°电角度。

当磁场绕组接通直流电源时即被激励,转子的爪极被磁化为 N 极和 S 极。其磁力线由 N 极出发,穿过转子与定子之间很小的气隙进入定子铁芯,最后又通过气隙回到相邻的 S 极。

当转子旋转时,由于定子绕组与磁力线有相对的切割运动,所以在三相绕组中产生频率相同、幅值相等、相位相差 120°的正弦电动势 e_A,e_B,e_C,如图 2.29(a)所示,其波形如图 2.29(b)所示。

三相绕组所产生的感应电动势可用下列方程式表示:

$$e_A = E_m\sin(\omega t) = 2E_\phi\sin(\omega t)$$

$$e_B = E_m \sin(\omega t - 120°) = 2E_\phi \sin(\omega t - 120°)$$
$$e_C = E_m \sin(\omega t - 240°) = 2E_\phi \sin(\omega t - 240°)$$

式中　E_m——相电动势的最大值；

　　　　E_ϕ——相电动势的有效值；

　　　　ω——电角速度（$\omega = 2\pi f$）。

发电机每相绕组所产生的电动势的有效值（单位：V）为：

$$E_\phi = 4.44KfN\Phi$$

式中　K——定子绕组系数，一般小于1；

　　　　f——感应电动势的频率，Hz，计算公式为 $f = Pn/60$，P 为磁极对数，n 为转速，其单位为

　　　　r/ min；

　　　　N——每相绕组的匝数；

　　　　Φ——磁极的磁通，Wb。

上式表明，使用中的交流发电机，其交变电动势的有效值取决于转速和转子的磁通量，这一性质将直接决定着交流发电机的输出电压值。

2. 整流原理

（1）六管交流发电机的整流原理

六管交流发电机的整流装置实际是一个由6个硅整流二极管组成的三相桥式整流电路，如图2.29（a）所示。3个二极管 VD_1、VD_3、VD_5 组成共阴极组接法，3个二极管 VD_2、VD_4、VD_6 组成共阳极组接法。每个时刻有2个二极管同时导通，其中一个在共阴极组，一个在共阳极组，同时导通的两个管子总是将发电机的电压加在负荷两端，如图2.29（c）所示。

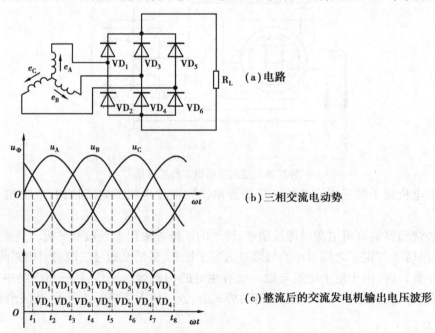

图2.29　三相桥式整流电路中的电压、电流波形

当 $t=0$ 时,C 相电位最高,而 B 相电位最低,所对应的二极管 VD_5、VD_4 均处于正向导通。电流从绕组 C 出发,经 $VD_5 \rightarrow$ 负载 RL $\rightarrow VD_4 \rightarrow$ 绕组 B 构成回路。由于二极管的内阻很小,所以此时发电机的输出电压可视为 B、C 绕组之间的线电压。

在 $t_1—t_2$ 时间内,A 相的电位最高,而 B 相电位最低,故对应 VD_1、VD_4 处于正向导通。同理,交流发电机的输出电压可视为 A、B 绕组之间的线电压。

在 $t_2—t_3$ 时间内,A 相电位最高,而 C 相电位最低,故 VD_1、VD_6 处于正向导通。同理,交流发电机的输出电压可视为 A、C 绕组之间的线电压。

以此类推,周而复始,在负载上便可获得一个比较平稳的直流脉动电压。交流发电机输出电压的平均值为

$$U_{av} = 2.34U_\Phi$$

式中　U_{av}——输出直流电压平均值,V;

　　　U_Φ——发电机相电压有效值,V。

(2)九管交流发电机的整流原理

九管交流发电机的特点是除了常用的 6 个二极管外,又增加了 3 个功率较小的二极管,专门用来供给磁场电流,又称为磁场二极管。采用磁场二极管后,可以省去继电器,利用充电指示灯即可指示发电机工作情况的好坏。九管交流发电机充电系统的线路图如图 2.30 所示。

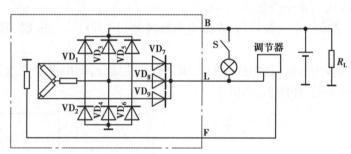

图 2.30　九管交流发电机充电系统电路图

发电机工作时,定子三相绕组产生的三相交流电动势经 VD_1 至 $VD_6$6 个二极管组成的三相桥式整流电路整流后,输出直流电压 U_B 向蓄电池充电和向用电设备供电。发电机的磁场电流由 3 个磁场二极管 VD_7、VD_8、VD_9 和 3 个共阳极组二极管 VD_2、VD_4、VD_6 组成的三相桥式整流电路整流后的直流电压供给。

发电机工作时,充电指示灯由蓄电池端电压与磁场二极管输出端 L 的电压 U_L 的差值控制。随着发电机转速升高,U_L 增高,指示灯亮度减弱。当发电机电压达到蓄电池充电电压时,发电机开始自励,此时指示灯因两端的电位相等而熄灭,表示发电机已经正常工作。当发电机转速降低或发电机有故障时,U_L 降低,指示灯发亮。这样利用充电指示灯,不仅可以在停车后发亮提醒驾驶员及时关断电源开关,还可以指示发电机的工作情况,同时还省去了结构复杂的继电器。

(3)八管交流发电机的工作原理

有的交流发电机除具有组成三相桥式整流电路的 6 个二极管外,还具有 2 个中性点二极

管,其接线柱的记号为"N"。中性点对发电机外壳(即搭铁)之间的电压 U_N 是通过 3 个负极管三相半波整流得到的直流电压,所以 $U_N = (1/2)U$。中性点电压一般用来控制各种继电器,如磁场继电器、充电指示灯继电器等。

有的交流发电机还利用中性点的输出提高发电机的输出功率,如图 2.31 所示。

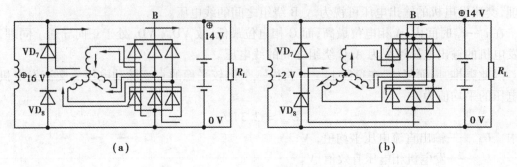

图 2.31　中性点二极管的电流流径

发电机高速时,当中性点电压的瞬时值高于输出电压(平均电压 14 V)时,从中性点输出的电流如图 2.31(a)所示,其输出电路为:定子绕组→中性点二极管 VD_7→负载(包括蓄电池)→负极管→定子绕组。当中性点电压瞬时值低于搭铁电位时,流过中性点二极管 VD_8 的电流如图 2.31(b)所示,其输出电路为:定子绕组→正极管→B 接线柱→负载(包括蓄电池)→中性点二极管 VD_8→定子绕组。

实验证明,加装中性点二极管后,在发电机转速超过 2 000 r/ min 时,其输出功率可提高11% ~ 15%。

当交流发电机输出电流时,中性点的电压含有交流成分,即中性点三次谐波电压,且幅值随发电机的转速而变化,如图 2.32 所示。

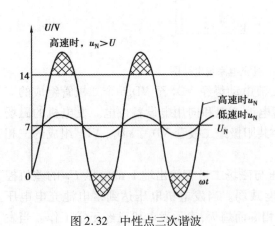

图 2.32　中性点三次谐波

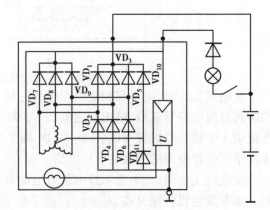

图 2.33　十一管交流发电机的线路

(4)十一管交流发电机的工作原理

十一管交流发电机的整流器由 6 只整流二极管、3 只磁场二极管和 2 只中性点二极管组成,如图 2.33 所示。桑塔纳、奥迪 100、丰田皇冠轿车等均装有此类交流整流发电机。十一管交流发电机兼有八管与九管交流发动机的特点和作用。

3.励磁方式

汽车用交流发电机的励磁方法与一般工业用交流发电机不同。在无外接直流电源的情况下,也可利用磁极的剩磁自励发电,但由于交流发电机转子的剩磁较弱,发电机只有在较高转速时,才能自励发电,因而不能满足汽车用电的要求。为了使交流发电机在低速运转时的输出电压满足汽车用电的要求,在发电机开始发电时采用他励方式,即由蓄电池提供励磁电流,增强磁场,使电压随发电机转速很快上升。这就是交流发电机低速充电性能好的主要原因。当发电机输出电压高于蓄电池电压,一般发电机的转速达到 1 000 r/ min 左右时,励磁电流便由发电机自身供给,这种励磁方式称为自励。由此可见,汽车交流发电机在输出电压建立前后分别采用先他励后自励的励磁方式。

图 2.34 所示为交流发电机的励磁电路,当点火开关 S 接通时,蓄电池便通过调节器向发电机的励磁绕组提供励磁电流(他励),励磁电路为:蓄电池正极→点火开关 S→调节器"+"接线柱→调节器→调节器的"F"接线柱→发电机的"F"接线柱→发电机励磁绕组→搭铁。

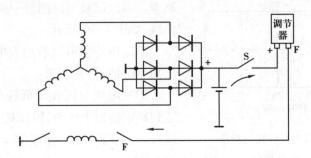

图 2.34　交流发电机的励磁电路

当发动机启动后,发电机的输出电压略高于蓄电池电压时,发电机自己给励磁绕组提供励磁电流(自励),励磁电路为:发电机正极→点火开关 S→调节器"+"接线柱→调节器→调节器的"F"接线柱→发电机的"F"接线柱→发电机励磁绕组→搭铁,即发电机自励发电。

以上分析的励磁电路只是一个基本电路,这样的励磁电路还存在着一个缺点,即驾驶员如果在发动机熄火后忘记将点火开关 S 关闭,蓄电池就会通过调节器向发电机励磁绕组长时间放电。针对这一问题,有很多车型使用了九管交流发电机,如图 2.35 所示。

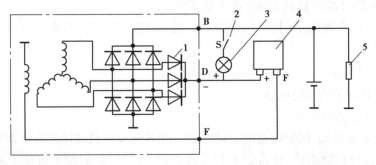

图 2.35　九管交流发电机的原理图

1—励磁二极管;2—点火开关 S;3—充电指示灯;4—调节器;5—负载

四、交流发电机的工作特性

硅整流发电机的传动比较大,转速变化范围也较大,其中,汽油发动机的转速变化可达
1:8,柴油发动机也有1:5。由硅整流发电机的端电压变化规律可以知道,要研究和表征硅整
流发电机的特性,应以转速为基础进而分析各有关量的变化。交流发电机的特性有空载特
性、输出特性和外特性,其中以输出特性最为重要。

1. 输出特性

输出特性也称负载特性或输出电流特性,它是在发电机保持输出电压一定时,发电机的

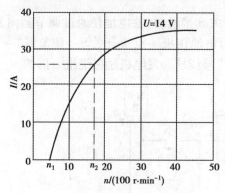

图2.36 交流发电机的输出特性

输出电流与转速之间的关系。一般对标称电压为
12 V 的硅整流发电机,其输出电压恒定在 14 V;对
标称电压为 24 V 的发电机,其输出电压恒定在
28 V。通过试验可以测得一条 $I = f(n)$ 的输出特性
曲线,如图2.36 所示。

由输出特性可以看出发电机在不同转速下输
出功率的情况,它表明:

①发电机只需在较低的空载转速 n_1 时,就能
达到额定输出电压值,因此具有低速充电性能好的
优点。空载转速值是选定传动比的主要依据。

②发电机转速升至满载转速 n_2 时,即可输出额定功率的电能,因此具有发电性能优良的
特点。空载转速值和满载转速值是使用中判断发电机技术性能优劣的重要指标,发电机出厂
技术说明书中对其均有规定值,使用中只要测得这两个数据,与规定值相比即可判断发电机
性能是否良好。

③当转速升到某一定值以后,输出电流就不再随转速的升高和负荷的增多而继续增大,
因此具有自身控制输出电流的功能,不再需要限流器。交流发电机的最大输出电流约为额定
电流的1.5 倍。

交流发电机能自动限制最大输出电流的原因如下:

交流发电机定子绕组的阻抗 Z 由绕组的电阻 r 和感抗 X_L 合成,即

$$Z = r^2 + X_L^2$$
$$X_L = 2\pi fL$$

式中 L——一相定子绕组的电感;

f——感应电动势的频率。

由于 X_L 与 n 成正比,故发电机定子绕组的阻抗 Z 随发电机转速的升高而增加。高速时,
由于 r 与 X_L 相比可忽略不计,故认定 Z 与 n 成正比。此外,随着发电机输出电流增大,电枢
反应加强,磁场减弱,可使定子绕组中的感应电动势下降。两者共同作用导致发电机的转速
升高且输出电流达到一定值时,增加转速,发电机的输出电流不再增加。

2. 空载特性

空载特性是指无负荷时,发电机端电压与转速的变化规律。根据试验结果,可以绘出一条 $U=f(n)$ 的空载特性曲线,如图 2.37 所示。

从曲线可以看出,随着转速的升高,端电压上升较快。由他励转入自励发电时,即能向蓄电池进行补充充电。这进一步证实了交流发电机低速充电性能好的优点。空载特性是判定交流发电机充电性能是否良好的重要依据。

3. 外特性

外特性是指转速保持一定时,发电机的端电压与输出电流的关系。在经不同恒定转速的试验后,可以绘出一组相似的 $U=f(I)$ 外特性曲线,如图 2.38 所示。

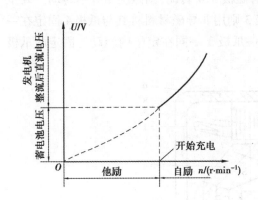

图 2.37 交流发电机的空载特性　　　　图 2.38 交流发电机的外特性

发电机的转速越高,端电压越高,输出电流也就越大。转速对端电压的影响较大,但当保持在某一转速时,端电压均随输出电流的增大而相应下降,原因是:

①发电机输出电流增加,使得发电机内压降增大,引起端电压下降。

②当端电压下降较多时,由于磁场电流减小,引起磁场减弱,从而使发电机的电动势减小,导致端电压进一步下降。

③当发电机的输出电流增大较多时,随着电枢反应增强,导致定子绕组中的感应电动势下降,引起端电压的进一步下降。

此外,发电机输出电流随负载增加到一定值时,若再继续增加负载,输出电流不再增加,反而同端电压一起下降。

交流发电机端电压受转速和负载变化的影响较大,因此必须配用电压调节器才能保持恒定的电压值。当发电机处于正常工作状态的高速运转时,如果突然失去负荷,则其端电压会急剧升高,这时发电机中的硅二极管以及调节器中的电子元件将有被击穿的危险,因此应该避免外电路断路的现象。

五、新型发电机

汽车用无刷交流发电机是指无电刷、无滑环的交流发电机。它结构新颖、性能优良、工作稳定、故障少。其优点有：

①不会因为电刷和滑环的磨损与接触不良造成励磁不稳定或发电机不发电等故障。

②工作时不会产生火花,减少了无线电干扰。

无刷交流发电机有爪极式、励磁机式、永磁式和感应子式四种,其中爪极和感应子式比较常见。

1. 爪极式无刷交流发电机

爪极式无刷交流发电机的结构与一般交流发电机大致相同,只不过其励磁绕组是静止的,不随转子转动,所以绕组两端可直接引出,不需要滑环和电刷。

爪极式无刷交流发电机的构造如图2.39所示。励磁绕组5装在发电机中部的磁轭托架10上,磁轭托架用螺栓固定在端盖7上。这样,尽管磁爪3、4转动,励磁绕组并不转动。两爪极3、4中,只有爪极4固定在转子轴6上,另一爪极3则用非导磁材料将其与爪极4固定在一起。当带盘带动转子轴6旋转时,爪极4就带动另一爪极3一同在定子内转动。固定两爪极的常用方法有非导磁连接环固定法和铜焊接法。

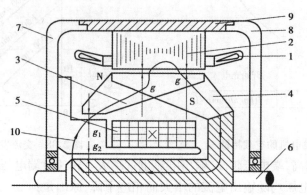

图2.39 爪极式无刷交流发电机的构造

1— 定子绕组;2—定子铁芯;3、4—爪形磁极;5— 励磁绕组;

6—转子轴;7、8—端盖;9—机座;10— 磁轭托架

在爪极3的轴向制有大圆孔,磁轭托架10由此圆孔伸入爪极3和4的腔室内,磁轭托架10与爪极3以及转子磁轭之间均需留出附加间隙g_1和g_2以便转子转动。

当磁场绕组5通过电流时,其主要磁通路径如图2.39所示。主磁通由转子磁轭出发,经附加间隙g_2→磁轭托架10→附加间隙g_1→左边爪极3→主气隙g→定子铁芯2→主气隙g→右边磁爪4→转子磁轭,形成闭合回路。当转子旋转时,磁力线切割定子绕组,在三相绕组中产生三相交变电动势。爪极式无刷交流发电机的缺点是:两块磁极间的连接工艺困难;主磁路中增加了两个附加气隙g_1、g_2,要想获得同样大小(与有刷发电机相比)的输出功率,就必须加大励磁绕组的励磁能力;两个爪极之间连接的制造工艺比较困难。

2. 感应子式交流发电机

感应子式交流发电机由定子、转子、整流器和机壳组成。它的转子由齿轮状硅钢片铆成,其上有若干个沿圆周均匀分布的齿形凸极而没有励磁绕组。励磁绕组和电枢绕组均安放在定子槽内,发电机内没有滑环和电刷,如图2.40所示。

当励磁绕组 3 通入直流电后,在定子铁芯中产生固定磁场(右上部、左下部为 S 极,左上部、右下部为 N 极)。由于转子 4 凸齿部分磁通容易通过,磁感应强度最大,从而形成磁极。但转子的每个凸齿是没有固定极性的,当它对着定子右上部、左下部时就是 N 极,对着左上部、右下部时就是 S 极。可见,定子上的每个电枢绕组只与同极性的凸齿起作用。转子在不运动的磁场内旋转,当转子凸齿对着定子凸齿时,磁通量最大,当转子槽对着定子凸齿时,磁通量最小。因此转子旋转时,定子凸齿内产生脉动磁通,在定子绕组中感应出交变电动势。所以,将电枢绕组以一定的方式连接起来,并经整流,就可得到直流电。

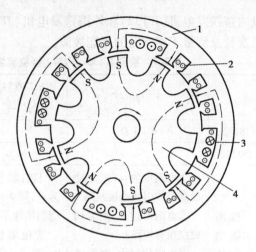

图 2.40　感应子式无刷交流发电机
1—定子铁芯;2—电枢绕组;
3—励磁绕组;4— 转子

感应子式交流发电机与同步交流发电机的本质区别在于其交流电动势的频率恒等于 $Zn/60$(Z 为转子齿数),与定子上励磁绕组形成的磁极对数无关。此外,感应子式交流发电机在空载和满载时比功率较低。

第二部分　任务实施

一、工具准备

万用表、发电机、拆装工具、比例尺。

二、技术要求与标准

①所有操作符合安全操作要求。
②所有操作符合汽车发电机技术标准。
③在操作过程中不允许出现安全事故。

三、工作内容

1. 发电机解体前的检查

在发电机解体前,通过适当的检测方法可确定发电机是否有故障和故障的大致部位。发电机解体前的检查主要有各接柱之间电阻检测和电压输出波形检测两种方法。

(1)检测交流发电机各接柱之间的电阻

根据所测得的电阻值正常与否可判断连接两接线柱之间部件和线路是否有故障。表 2.7

以内搭铁发电机(JF132)和外搭铁发电机(JF1522)为例,列出了发电机各接柱之间的正常电阻参数及测量不正常时的可能故障。

表 2.7　检测 JF132、JF1522 型交流发电机各接线柱之间的电阻(R×1 Ω 档)

	"F"与"-"	"F₁"或"F₂"与"-"	"F₁"与"F₂"	"B"与"-"	
				正向	反向
JS132	6~8 Ω	—		40~50	>1 000
JS1522	—	∞	≈4 Ω		
检测可能的异常情况及故障原因	①电阻值为∞,则为励磁绕组或引线连接断路 ②电阻过小,则为励磁绕组有短路 ③电阻值过大,则为电刷与滑环接触不良 ④电阻值为0,则"F"接柱搭铁或滑环之间短路	①电阻值不为∞,则为励磁绕组绝缘不良 ②电阻值为0,则"F₁"或"F₂"接柱搭铁	①电阻值为∞,则励磁绕组或引线连接断路 ②电阻值过小,则为励磁绕组有短路 ③电阻值过大,则电刷与滑环接触不良 ④电阻值为0,则滑环之间短路	①正向电阻过小则有二极管短路 ②正向电阻过大则有二极管断路 ③正反向电阻均为0,则 B 端子搭铁正、负极管至少各有一只短路	

几点说明:

①发电机 B(或标为"+")接柱与"-"接柱之间连接着整流二极管,因而有正、反向电阻之分。由于万用表红表笔(+)连接万用表内部电源的负极,黑表笔(-)连接内部电源的正极,因此,测正向电阻时是黑表笔接"-"接柱,红表笔接 B(或"+")接柱,测反向电阻时则将表笔换接。

②由于二极管的电阻呈非线性,同一万用表的不同电阻挡位或不同型号的万用表测量时,表内部电源加在二极管上的电压会有所不同,测得的电阻值也会有很大的差别。表 2.7 中 B 接柱与"-"接柱之间的正向电阻是万用表 R×1 Ω 挡的测量值。

③"F"为内搭铁型发电机的磁场接柱,"F₁"和"F₂"是外搭铁型发电机的磁场接柱。

(2)检测交流发电机输出电压波形

当发电机内部的二极管或电枢绕组有断路或短路时,发电机的输出电压波形就会异常,因此,可根据示波器显示的发电机输出电压波形判断发电机内部是否有故障。各种故障时输出的电压波形如图 2.41 所示。

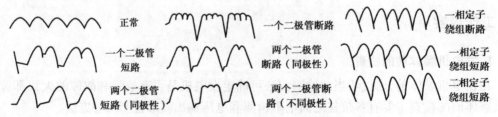

图 2.41　交流发电机各种故障的输出电压波形

2. 发电机的拆卸

交流发电机零件分解图如图 2.42 所示。

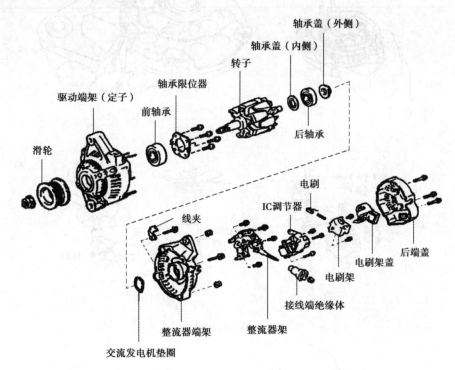

图 2.42　交流发电机零件分解图

①卸下螺母和接线端绝缘体,卸下 3 个螺栓和端盖,如图 2.43 所示。

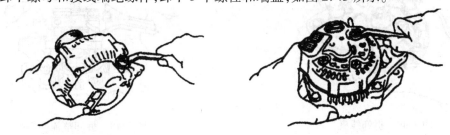

图 2.43　拆卸端盖

②从电刷架上拆下电刷架盖,拆下电刷架和 IC 调节器,如图 2.44 所示。

③卸下 4 个螺钉,用针鼻钳将导线整直,卸下整流器架,如图 2.45 所示。

④用扭矩扳手拿住专用维修工具(A),按顺时针方向将专用维修工具(B)拧紧到规定力矩(规定力矩为 39 N·m),检查专用维修工具是否已固定在转子轴上,如图 2.46(a)所示。如图 2.46(b)所示将 SST(C)装在台钳上,再将交流发电机装在 SST(C)上,按图示方向转动 SST(A)松开滑轮螺母。

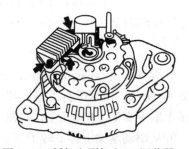

图 2.44　拆卸电刷架和 IC 调节器

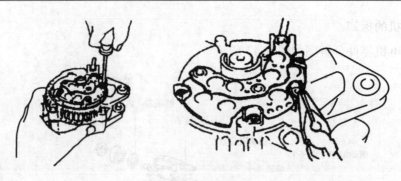

图 2.45　拆卸整流器架

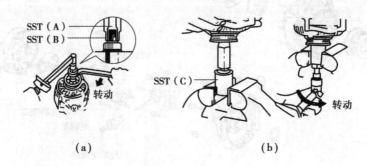

（a）　　　　　　　　　　　　　（b）

图 2.46　拆卸滑轮

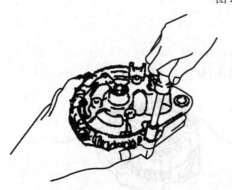

图 2.47　拆卸线夹

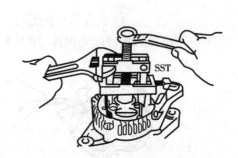

图 2.48　拆卸整流器端架

> 注意:为防止损坏转子轴,松开滑轮螺母时不要超过半圈。从 SST(C)上拆下交流发电机,转动 SST(B),取下 SST(A 和 B),卸下滑轮螺母和滑轮。

⑤拆下整流器端架。卸下 2 个螺母、2 个螺栓和线夹,如图 2.47 所示。用 SST 拆下整流器端架,如图 2.48 所示。从转子上取下交流发电机垫圈,如图 2.49 所示。

⑥从驱动端架上拆下转子。

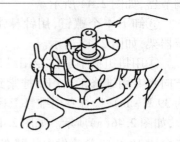

图 2.49　取下交流发电机垫圈

3．发电机解体后的检修

（1）发电机转子的检修

1）发电机转子的常见故障

发电机转子（磁极）可能出现的故障和对发电机的影响如下：

①滑环表面脏污、烧蚀，使电刷与滑环之间接触不良，发电机励磁电流断流或减小，造成发电机不发电或发电不良。

②发电机励磁绕组短路、断路或搭铁，转子不能产生电磁场或磁场减弱，造成发电机不发电或发电不良。

2）发电机转子的检修方法

①检查转子滑环表面是否光滑清洁，若有油污，可用布沾些汽油将其擦净；若有烧伤或划痕等，可用"00"号砂布打磨。

②检查转子绕组有无断路、短路：用万用表的欧姆挡检测转子两滑环之间的电阻，如图2.50所示。如果电阻过小，则为转子绕组有短路故障；如果电阻为∞，则说明转子绕组有断路故障，需更换转子总成。

③检查转子绕组有无搭铁：检测转子滑环与转子轴之间的电阻，如图2.51所示。正常电阻应不通，如果通路，说明绕组或滑环有搭铁故障，需更换转子总成。

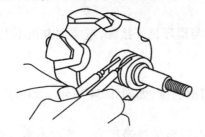 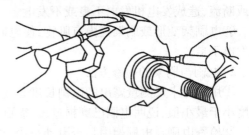

图2.50　发电机转子绕组短路和断路的检查　　　图2.51　发电机转子绕组搭铁的检查

④检查滑环是否粗糙或有擦伤，如果粗糙或有擦伤，应更换转子。

⑤检查转子直径。用游标卡尺测量交流发电机的滑环直径是否符合标准直径，如图2.52所示。如果直径小于标准直径的最小值，应更换转子。

（2）发电机定子的检修

1）发电机定子的常见故障

发电机定子（电枢）的常见故障主要是发电机电枢绕组短路、断路或搭铁，造成发电机不发电或发电不良。

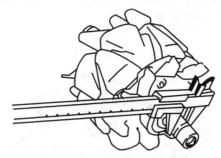

图2.52　测量滑环直径

2）发电机定子的检修方法

①用万用表欧姆挡测量定子绕组线端之间的电阻，以检查定子绕组有无断路，如图2.53（a）所示。正常情况下应为通路，否则说明绕组有断路，需更换定子。

②用万用表欧姆挡测量定子绕组线端与铁芯之间的电阻，以检查定子绕组有无搭铁，如

图 2.53(b)所示。正常情况下应不通,如果通路或电阻小于 50 MΩ,说明定子绕组有搭铁故障或绝缘不良,需更换定子。

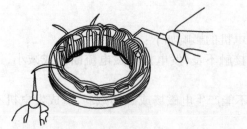

(a)定子绕组断路检查　　　　　　　　　　　(b)定子绕组搭铁检查

图 2.53　发电机定子(电枢)的检查

(3)发电机电刷与刷架的检修

1)电刷与刷架的常见故障

①电刷过度磨损,使电刷与滑环的接触压力减小而接触不良,发电机励磁电流减小或断流,造成发电机发电不良或不发电。

②电刷架内的弹簧失效,使电刷与滑环的接触压力减小而接触不良,发电机励磁电流减小或断流,造成发电机发电不良或不发电。

③电刷架变形或刷架槽内有脏物,使电刷卡滞,不能与滑环良好接触,造成发电机不发电或发电不良。

2)电刷与刷架的检修方法

①用游标卡尺测量露出的电刷长度是否符合标准露出长度,如图 2.54 所示。如果露出长度小于最小值,说明电刷已磨损过短,需更换电刷。

②检查电刷在电刷架中是否滑动自由,电刷是否具有一定的弹簧压力。若有不良,则需更换零件。

③检查交流发电机电刷的更换情况。焊开并拆下电刷和弹簧,将新电刷的导线穿过弹簧和电刷架上的孔,将弹簧和电刷插入电刷架中,如图 2.55 所示。使电刷导线以其规定的露出长度焊在电刷架上,如图 2.56 所示。检查电刷在电刷架中能否平稳地移动,切断过长的导线并在焊接区涂绝缘漆。

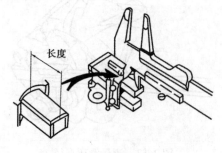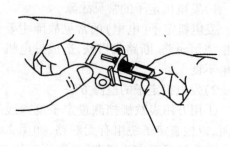

图 2.54　检查电刷露出长度　　　　　图 2.55　将弹簧和电刷插入电刷架

（4）发电机整流器的检修

①整流器的常见故障

整流二极管如出现短路和断路,会造成发电机发电不良、不发电或充电指示灯不亮(带充电指示灯继电器的充电电路)。

②整流器的检修方法

用万用表电阻挡检测各整流二极管的正反向电阻。正常情况下,正反向电阻差别很大。若测得某个二极管正反向电阻均为∞,说明二极管已断路;若正反向电阻均为 0 Ω,则说明二极管已短路。二极管短路或断路均需更换。

（5）轴承的检修

检查轴承是否粗糙或有磨损,如图 2.57 所示,必要时应更换轴承。

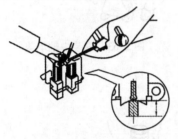

图 2.56　焊接电刷导线

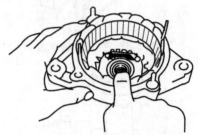

图 2.57　检查轴承

4.发电机零件的更换

（1）前轴承的更换

①卸下 4 个螺钉、轴承限位器和轴承,如图 2.58 所示;用 SST 和冲压机压出轴承,如图 2.59所示。

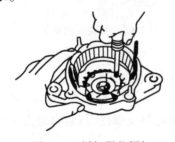

图 2.58　拆卸限位螺钉

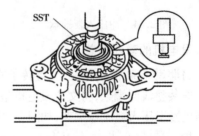

图 2.59　冲压出轴承

②用 SST 和冲压机压入新轴承,如图 2.60 所示。最后用 4 个螺钉安装轴承限位器,如图 2.61 所示,螺钉拧紧力矩为 2.6 N·m。

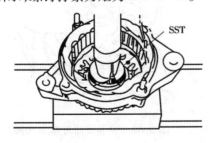

图 2.60　压入新轴承

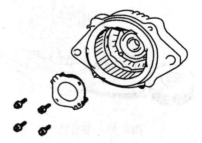

图 2.61　安装限位器螺钉

（2）后轴承的更换

用 SST 拆下轴承盖（外侧）和轴承，如图 2.62 所示。拆下轴承盖（内侧），将轴承盖（内侧）装到转子上，如图 2.63 所示。用 SSI 和冲压机压入新轴承，如图 2.64 所示；用 SST 推入轴承盖（外侧），如图 2.65 所示。

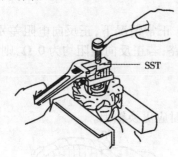

图 2.62　拆卸外轴承盖

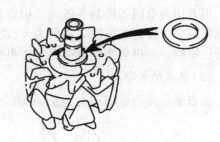

图 2.63　安装内轴承盖

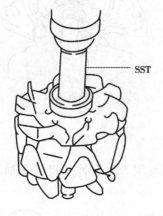

图 2.64　冲压入新轴承

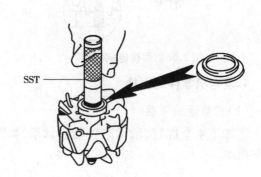

图 2.65　安装外轴承盖

5. 发电机的重新组装

①将驱动端架装在滑轮上，将转子安装到驱动端架上，如图 2.66 所示。

②安装整流器端架，将交流发电机垫圈装到转子上，如图 2.67 所示。用 29 mm 的套筒扳手和冲压机慢慢压入整流器端架，如图 2.68 所示。安装 2 个螺母及螺栓（拧紧力矩为 4.5 N·m）并用螺栓安装线夹（拧紧力矩为 5.4 N·m），如图 2.69 所示。

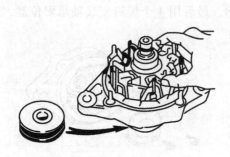

图 2.66　安装转子

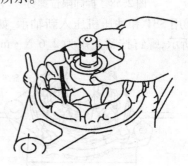

图 2.67　安装交流发电机垫圈

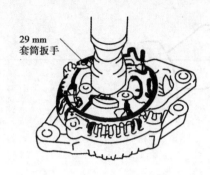

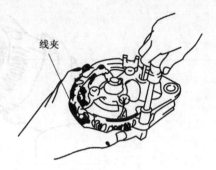

图 2.68　安装整流器端架　　　　　　　　　　　图 2.69　安装线夹

③用手拧紧滑轮螺母并将滑轮装到转子轴上,按规定力矩拧紧螺母。

④用 4 个螺钉安装整流器架(拧紧力矩为 2.0 N·m),用针鼻钳将导线弯曲,如图 2.70 所示。

⑤安装 IC 调节器和电刷架。在电刷架上安装电刷架盖时,应注意电刷架的安装方向,如图 2.71 所示;使 IC 调节器和电刷架一起保持水平状态放置在整流器端架上,如图 2.72 所示;安装 5 个螺钉并拧紧到电刷架与接头之间约有 1 mm 的间隙为止,如图 2.73 所示。螺钉拧紧力矩为 20 N·m。

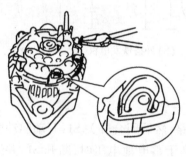

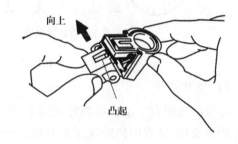

图 2.70　安装整流器架　　　　　　　　　　　图 2.71　电刷架的安装方向

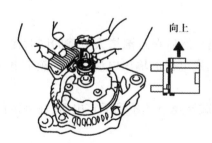

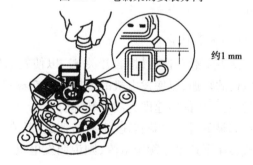

图 2.72　安装 IC 调节器和电刷架　　　　　　　图 2.73　拧紧电刷架

⑥用 3 个螺栓安装端盖(拧紧力矩为 2.6 N·m),用螺母(拧紧力矩为 4.1 N·m)安装接线端绝缘体。

⑦检查转子能否平稳地转动,如图 2.74 所示。

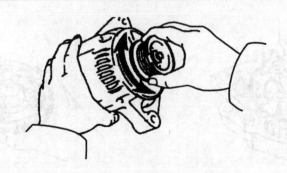

图 2.74   检查转子转动情况

6. 发电机的性能试验

这是指通过专用试验台测出发电机的空载转速和满载转速,以判断发电机性能的好坏。测试电路原理如图 2.75 所示。

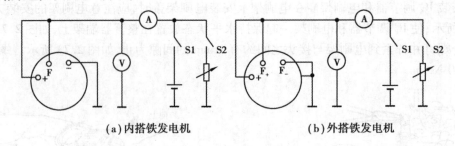

(a)内搭铁发电机   (b)外搭铁发电机

图 2.75   发电机的试验电路

(1)空载试验

将发电机固定于试验台架并按图 2.75 连接好测试电路,然后闭合开关 S1,开动驱动电动机并慢慢调速,使发电机转速逐渐升高;当发电机电压稍高于蓄电池电压时,断开 S1,并继续慢慢提高发电机的转速,直到电压升至发电机的额定电压为止。此时的发电机转速即为空载转速。

(2)满载试验

测得空载转速后,接通开关 S2,以使发电机连接负载。然后在逐渐增大负载的同时提高发电机的转速,以使发电机的电压保持在额定电压值。当发电机的输出电流达到其额定电流值时,发电机的转速即为满载转速。

如果测得的空载转速、满载转速过高,或在规定的空载转速下达不到额定电压、在规定的满载转速下达不到额定电流,则说明发电机性能不良。

7. 整体式发电机的性能检测

整体式发电机由于调节器安装在发电机内部,通常采用在稳定的转速下测发电机的输出电流和电压的方法来检验发电机及调节器的性能。

（1）检测发电机输出电流

1）试验准备

检查蓄电池是否充足，若充电不足，应予以补充充电。此项检测应在蓄电池充足电状态下进行。

2）试验方法

①接通点火开关，充电指示灯亮，发动机启动后，充电指示灯熄灭，则可进行下一步发电机性能检查。否则，说明充电系统有故障，应予以排除。

②在发电机输出电路中接入电压表、电流表及变阻器，如图 2.76 所示。

③在发动机达到正常的工作温度时，使发动机转速稳定在 2 000 r/min、3 000 r/min、4 000 r/min。在各发动机稳定转速下调节电阻器，使发电机端电压为 13.5 V，并查看此时的输出电流。如果各稳定转速下发电机的输出电流达不到规定的值，则说明发电机性能不良，需检修发电机。

（2）检查发电机的电压

1）试验准备

检查蓄电池是否充足，并按图 2.76 所示连接好电压表和变阻器后，将变阻器调至零位（$R = \infty$），并断开所有的用电设备。

2）试验方法

当发动机达正常工作温度时，使发动机的转速稳定在 5 000 r/min，再看电压表指示的电压。如果电压超过 14.7 V，则说明调节器性能不良或完全损坏，应予以更换。

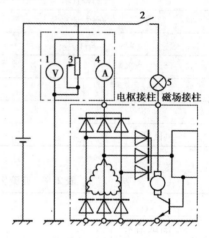

图 2.76 检查发电机与调节器性能
1—电压表；2—点火开关；3—变阻器；
4—电流表；5—充电指示灯

8.发电机检修中的注意事项

①在发动机运转时，不能断开蓄电池电缆，以免造成过电压，烧坏发电机内的整流二极管以及损坏汽车上其他的电子元件。

②在发动机运转时，不能用刮火的方法来检查发电机是否发电，这也容易烧坏整流二极管。

③如果用 220 V 的交流试灯或兆欧表来检查电枢绕组的绝缘性能，必须先断开整流二极管与电枢绕组的连接，否则会烧坏整流二极管。

④在发动机不工作的状态下，不能长时间接通点火开关。因为在点火开关接通时，蓄电池将持续向发电机励磁绕组放电。这不仅白白消耗了蓄电池的电能，时间长了还会烧坏发电机励磁绕组。

四、填写维修工单（表2.8—表2.12）

表2.8　交流发电机各部件测试结果表-转子检测表

性能检测	
检测结果	
结论	
径向圆跳动	
测试结果	
允许误差	
结论	
滑环的光洁度			
良好		差	
滑环的绝缘性			
良好		不良	

表2.9　交流发电机各部件测试结果表-定子检测表

性能检测								
A相	测试结果		B相	测试结果		C相	测试结果	
	结论			结论			结论	
绝缘性检测								
A相	测试结果		B相	测试结果		C相	测试结果	
	结论			结论			结论	

表2.10　交流发电机各部件测试结果表-二极管检测表

正极管		负极管	
正向电阻		正向电阻	
反向电阻		反向电阻	
结论		结论	

表 2.11　交流发电机空载特性曲线

转速 $n/(r \cdot min^{-1})$	电压/V

表 2.12　交流发电机负载特性曲线

转速 $n/(r \cdot min^{-1})$	电压/V

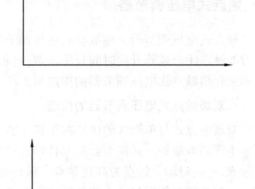

任务 2　电压调节器的检修

案例：一辆"北京"旅行车,使用中发电机的发电量过大,蓄电池不能正常工作。该车的蓄电池装在驾驶室右侧的座席后面,当行车时间较长时,蓄电池常常发出刺鼻的气味。同时,蓄电池中的电解液下降较快,蓄电池常常亏电。

交流发电机的硅二极管具有单向导电特性,有阻止反向电流的作用,所以不需另设逆电流截流继电器。另外,交流发电机具有自动限制最大电流的能力,不需要电流限制继电器。但交流发电机的转子转速及负载在很大范围内变化,均可引起发电机的输出电压发生较大变化,因此不能满足用电设备的工作需要。基于上述原因,为了保证用电设备正常工作,防止蓄电池过充电,交流发电机必须配用电压调节器,使其输出电压保持稳定。

第一部分　任务学习引导

一、触点式电压调节器

触点式电压调节器又称振动式电压调节器,有双级式和单级式之分,其基本原理都是通过改变触点闭合或断开的时间长短来改变励磁电流的大小。下面以双级触点式电压调节器为例来介绍触点式电压调节器的构造与工作原理。

1. 双级触点式电压调节器的构造

双级触点式与单级式的区别在于其多装了一对高速触点,而且高速触点是搭铁的。不同厂家生产的双级触点式调节器的具体结构虽然不同,但都具有两对触点,一对动断触点为低速触点,另一对动合触点为高速触点。活动触点位于两个静触点的中间,可以进行两级电压调节。调节器对外部只有火线和磁场两个接线柱。

2. 双级触点式电压调节器的工作原理

交流发电机每相电压 $U_\varphi = 4.44 K f N \Phi$,而发电机经整流后输出的直流电压 $U = 2.34 U\Phi$,所以得 $U = 2.34 \times 4.44 K f N \Phi$。因此,交流发电机端电压的高低,取决于转子的转速快慢和磁极磁通大小。要保持电压 U 恒定,在转速 n 升高时相应减弱磁通 Φ,这可以通过减少励磁电流来实现;在转速 n 降低时相应增强磁通 Φ,这可以通过增大励磁电流来实现。现以 FT61 型双级触点式调节器为例,说明其工作原理,如图 2.77 所示。

①发动机启动并闭合点火开关时,发电机转速很低,其端电压低于蓄电池端电压,调节器低速触点闭合,由蓄电池向发电机提供他励励磁电流。此时的励磁电路为:蓄电池正极→电流表→点火开关→调节器火线接线柱 S→低速触点 K_1→衔铁→调节器磁场接线柱 F→发电机励磁绕组→搭铁→蓄电池负极。这种情况下,用电设备均由蓄电池供电,电流表指向"－"的一侧,调节器不工作。

②当发电机转速升高,其端电压略高于蓄电池的端电压但低于 14 V 时,调节器低速触点仍闭合,发电机由他励转入自励而正常发电。励磁电路基本不变,只是蓄电池被发电机取代。从此开始,所有用电设备均由发电机供电,同时,发电机向蓄电池作补充充电。电流表指向"＋"的一侧,调节器处于准备工作状态,工作电路为:发电机正极→点火开关→调节器火线接线柱 S→R_1→R_3→搭铁→发电机负极。

③当发动机升至较高转速,发电机的电压达到第一级调压值时,调节器线圈中的铁芯电磁力克服弹簧力,使低速触点 K_1 打开,但尚不能使高速触点 K_2 闭合。因为励磁电路中串入 R_1 和 R_2,而 R_2 阻值比 R_1 大得多,使励磁电流减小,端电压下降,低速触点又闭合;低速触点 K_1 重新闭合后,切去电阻 R_1 和 R_2,使励磁电流再次增大,端电压再次升高,低速触点再次打开。如此循环下去,在低速触点不断开合振动下实现第一级电压的调节工作。一级调压的励磁电路为:发电机正极→点火开关→调节器火线接线柱 S→R_1→R_2→调节器磁场接线柱 F→发电机励磁绕组→搭铁→发电机负极。

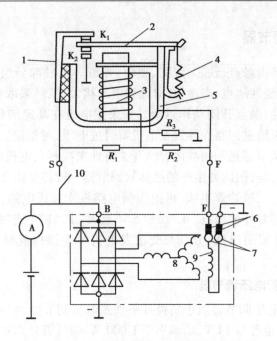

图 2.77　FT61 型双级触点式调节器原理电路

1—静触点支架;2— 衔铁;3—磁化线圈;4—弹簧;5— 磁轭;6—电刷;7—滑环;

8— 磁场绕组;9—三相定子绕组;10—点火开关;R_1—加速电阻(1 Ω);

R_2— 调节电阻(8.5 Ω);R_3— 补偿电阻(13 Ω);K_1—低速触点;K_2— 高速触点

④发动机高速运转时,发电机的电压将超过第一级调压值,达到第二级调压值,调节器线圈中的铁芯电磁力远大于弹簧力,使高速触点 K_2 闭合,立即将励磁电路短接搭铁。于是励磁电流急速减小,电压下降,高速触点打开;高速触点打开之后,励磁电路又被接通,励磁电流又增大,电压又上升,高速触点又闭合。如此循环下去,在高速触点不断开合振动下实现第二级电压的调节工作。二级调压高速触点闭合时的励磁电路短接回路为:搭铁→高速触点 K_2→衔铁→ 磁轭→ 调节器磁场接线柱 F→发电机励磁绕组→搭铁。

⑤发动机停转时,断开点火开关,发电机不发电,调节器恢复到不工作状态,即低速触点 K_1 常闭,高速触点 K_1 常开,电流表指针回到零位。

3.调节器的性能

双级触点式调节器能调控两级电压,适合与高速旋转的交流发电机匹配使用。在汽车正常行驶中,调节器一般多工作在第二级电压调节状态。双级触点式调节器的优点是:在设计制造时对所配电阻值作了合理地选择,触点火花小,触点开合频率有所改善,灵敏度较高,调压质量符合使用要求。其缺点是:触点间隙太小,仅 0.2 ~ 0.3 mm,不便于保养和检查调整;第一级调节电压与第二级调节电压相差仅 0.5 ~ 1 V,在低速触点过渡到高速触点工作时,出现失调区,对充电性能有一定影响;触点断开时仍有电火花产生,对无线电有一定干扰;在脏污情况下会导致触点烧结故障。

二、晶体管式电压调节器

触点式电压调节器由触点、铁芯、线圈、磁轭、弹簧等机械部分组成,不仅结构复杂,质量和体积大,而且火花易烧蚀触点,寿命短,对无线电干扰大,虽然采取了一些措施,但仍具有一定的机械惯性和磁惯性,触点开闭动作迟缓。如果发电机在高速满负荷下突然失载,就可能由于触点不能马上切断励磁回路而导致发电机瞬时过电压,对整流二极管或其他晶体管造成危害。晶体管式电压调节器是利用晶体管的开关特性来控制发电机的磁场电流,使发电机的输出电压保持恒定。目前,国内外生产的晶体管调节器一般都是由 2~4 个三极管,1~2 个稳压管和一些电阻、电容、二极管等组成,再由印制电路板连接成电路,然后用轻而薄的铝合金外壳将其封闭。调节器对外伸出有" + "(或"S""点火")、"F"(或"磁场")、"E"(或"搭铁""–")等字样的接线柱或引出线,分别与交流发电机等连接构成整个汽车电气装置的充电系统。

1.JFT106 型晶体管电压调节器

JFT106 型晶体管电压调节器属于负极外搭铁式电压调节器,它可与 14 V、750 W 的九管交流发电机配套使用,也可与 14 V、功率小于 1 000 W 的负极外搭铁式六管交流发电机配套使用。CA1091 型汽车用 JFT106 型晶体管电压调节器电路原理图如图 2.78 所示,该调节器共有" + ""F"和"–"三个接线柱,其中" + "接线柱与发电机的"F_2"接线柱连接后经熔断器接至点火开关,"F"接线柱与发电机的"F_1"接线柱连接," – "接线柱搭铁,不能接错,具体连接如图 2.79 所示。

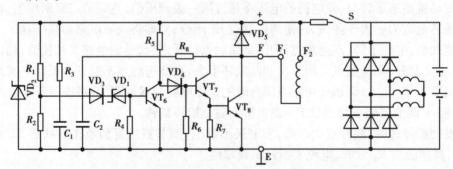

图 2.78　CA1091 型汽车用 JFT106 型晶体管调节器电路原理图

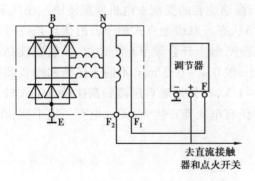

图 2.79　CA1091 汽车晶体管调节器的接线图

该调节器由电压敏感电路和二级开关电路组成。R_1、R_2、R_3 和稳压管 VD_1 构成了电压敏感电路,其中 R_1、R_2、R_3 为分压器,将交流发电机的端电压进行分压后反向加在稳压管 VD_1 的两端;稳压管 VD_1 为稳压元件,随时感受着发电机端电压的变化。当交流发电机的端电压在稳压管 VD_1 上的分压低于稳压管 VD_1 的稳压值时,VD_1 稳压管截止;当交流发电机的端电压在稳压管 VD_1 上的分压高于

稳压管 VD_1 的稳定电压时,稳压管 VD_1 导通。可见,电压敏感电路可以非常灵敏地感受出交流发电机端电压的变化,起到控制开关电路的作用。

晶体三极管 VT_6、VT_7、VT_8 组成复合大功率二级开关电路,利用其开关特性控制磁场电路的接通或断开。

①启动发动机并闭合点火开关时,蓄电池通过分压器将电压加在稳压管 VD_1 两端。由于此电压低于稳压管 VD_1 的稳定电压值,VD_1 截止,使 VT_6 截止,VT_7、VT_8 导通,这时蓄电池经大功率三极管 VT_8 供给励磁电流,使发电机处于他励状态,建立电动势。

②发动机带动发电机,转速逐渐升高。当发电机端电压高于蓄电池端电压时,发电机便由他励转为自励的正常发电工作。由于此时转速尚低,输出电压未达到调节电压值,VT_6 仍然截止,VT_7、VT_8 仍然导通,因此发电机的端电压可以随转速和自励电流的增大而升高,逐渐提高输出电压。

③当转速升至一定值使输出电压达到调压值时,经分压器加至稳压管 VD_1 两端的反向电压达到稳定电压值,VD_1 反向击穿导通,使 VT_6 导通,VT_7、VT_8 截止,断开了励磁电路,发电机端电压便下降。当发电机端电压下降到调压值以下时,经分压器加至稳压管 VD_1 两端的反向电压又低于稳定电压值,使 VT_6 又截止,VT_7、VT_8 又导通,又一次接通了励磁电路,发电机端电压又上升。如此循环下去,就能自动调控发电机的端电压,使其恒定在调压值上。

图 2.78 晶体管调节器中其他一些电子元件的作用如下:

①电阻 R_4、R_5、R_6、R_7 为晶体管的偏置电阻。

②稳压管 VD_2 起到过电压保护作用,利用稳压管的稳压特性,可对发电机负载突然减小或蓄电池接线突然断开时,发电机所产生的正向瞬变过电压起保护作用,并可以利用其正向导通特性,对开关断开时电路中可能产生的反向瞬变电压起保护作用。

③二极管 VD_3 接在电压敏感电路中的稳压管 VD_1 之前,以保证稳压管安全可靠工作。当发电机端电压很高时,它能限制稳压管 VD_1 电流不致过大而烧坏;当发电机端电压降低时,它又能迅速截止,保证稳压管 VD_1 可靠截止。

④二极管 VD_4 接在 VT_6 集电极与 VT_7 基极之间,提供 0.7 V 左右的电压,使 VT_7 导通时迅速导通,截止时可靠截止。

⑤二极管 VD_5 反向并联于发电机励磁绕组两端,起续流作用,防止 VT_8 截止时磁场绕组中的瞬时自感电动势击穿 VT_8,保护三极管 VT_8。

⑥反馈电阻 R_8 具有提高灵敏度、改善调压质量的作用。

⑦电容 C_1、C_2 能适当降低晶体管的开关频率。

2. JFT201 型晶体管调节器

该晶体管调节器线路图如图 2.80 所示。它由电阻 R_2、R_3、R_4 组成分压器,当接通点火开关时,蓄电池端电压较低,经分压器分压后不能击穿稳压管 VD_1,三极管 VT_1 截止,VT_2 导通,蓄电池向发电机励磁绕组提供励磁电流。

当发电机端电压高于蓄电池端电压时,发电机由他励转为自励而正常发电工作。在发电机端电压略高于电压调节值时,稳压管 VD_1 击穿导通,三极管 VT_1 导通,VT_2 截止,切断了发电机励磁电路,使发电机端电压下降。当发电机端电压下降到低于调整值时,分压器分得的电压低于 VD_1 稳定电压值,稳压管 VD_1 和三极管 VT_1 又截止,VT_2 又导通,又一次接通发电机励磁电路,使发电机端电压又升高。如此循环下去,发电机电压便被稳定在调整范围之内。

图2.80中晶体管调节器其他一些电子元件的作用如下:

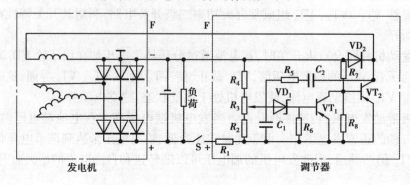

图2.80　JFT201型晶体管调节器线路图

①二极管 VD_2 与发电机励磁绕组并联,起续流作用。当三极管 VT_2 突然由导通转换为截止时, VD_2 与励磁绕组构成回路,保护 VT_2 集电极不被励磁绕组产生的自感电动势反向击穿。

②电位器 R_3 可以改变加在稳压管 VD_1 上的分压比,实现所需要的电压值。

③电阻 R_1 起稳压作用,可以减小负载变化对发电机输出电压的影响。因为当发电机负荷增大时,由于定子绕组压降增大及电枢反应增大,发电机的端电压也有所下降。增设 R_1 后,随着发电机端电压的下降,分压器两端的电压也降低,使 VD_1 两端的反向电压也减小,这就相对延长了 VT_1 管截止时间与 VT_2 管导通时间,使励磁电流有所增加,从而有效地补偿了发电机因内阻压降和电枢反应的增加而造成的电压降落,改善了发电机的负载特性,故 R_1 又称为稳压电阻。

④电容 C_1 并联在电位器 R_3 滑动触点下部与 R_2 的两端,可以降低三极管 VT_1 的开关频率、减少三极管的功率损耗。

⑤电阻 R_5 和电容 C_2 组成正反馈电路,以提高晶体管调节器的灵敏度,改善电压波形。当 VT_2 趋向截止时,集电极电压下降,通过电阻 R_5 和电容 C_2 正反馈给稳压管 VD_1,使其左端电位降低, VT_1 基极电流增大而迅速导通, VT_2 可靠截止,发电机励磁电流迅速下降,所以电阻 R_5 和电容 C_2 正反馈电路加速了 VT_2 管截止速度,使调节电压更加稳定,同时也减少了 VT_2 管的过度损耗。

三、集成电路电压调节器

集成电路电压调节器又称 IC 电压调节器。与分立元器件的晶体管电压调节器一样,IC 电压调节器也是利用晶体管组成开关电路,以控制磁场电流来调节发电机的输出电压。所不同的是,在集成电路电压调节器上,所有的晶体管都不再用外壳,而是把二极管、三极管的管芯都集成在一块基片上,这样就实现了调节器的小型化,故可将其装在发电机内部,减少外部线,缩小了整个充电系统的体积。目前,国内外生产的集成电路调节器的结构大多采用混合式,即由混合电路加集成电路组成,并没有完全集成化,一般由一个集成块、一个三极管、一个稳压管、一个续流二极管和几个电阻等部分构成。引出线分为 3 引线和 4 引线两种。例如,上海桑塔纳轿车采用的发电机调节器应用了混合电路加集成电路技术,集成电路和保护电阻共同贴在一块陶瓷基片上,封装在一个金属盒中,并和电刷架连成一体,便于安装和维修。

1. 集成电路电压调节器电压检测方法

集成电路电压调节器电压检测方法分为发电机电压检测法和蓄电池电压检测法两种。

(1) 发电机电压检测法

发电机电压检测法的线路如图 2.81 所示。加在分压器 R_1、R_2 上的电压是磁场二极管输出端 L 的电压 U_L,而硅整流发电机输出端 B 的电压为 U_B。因为 $U_L = U_B$,因此,调节器检测点 P 的电压加到稳压管 VD_1 两端的反向电压 U_P 与发电机的端电压 U_B 成正比,所以该线路称为发电机电压检测法线路。

(2) 蓄电池电压检测法

蓄电池电压检测法的线路如图 2.82 所示。加在分压器 R_1、R_2 上的电压为蓄电池端电压,由于通过检测点 P 加到稳压管 VD_1 上的反向电压与蓄电池端电压成正比,所以该线路称为蓄电池电压检测法线路。

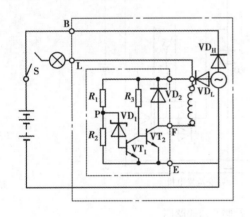

图 2.81　发电机电压检测法线路图

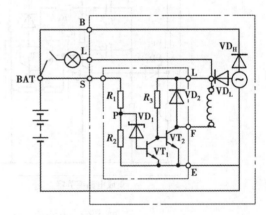

图 2.82　蓄电池电压检测法线路图

上述两种基本电路中,如果采用发电机电压检测法线路,发电机的引出线可以少一根。但不足之处在于,当图 2.81 中 B 点到蓄电池正极之间的电压降较大时,蓄电池的充电电压将会偏低,使蓄电池充电不足。因此,一般大功率发电机要采用蓄电池电压检测法线路的调节器。

在采用图 2.82 的蓄电池电压检测法线路时,当 B 点与蓄电池正极之间或 S 点与蓄电池正极之间断线时,由于不能检测出发电机的端电压,发电机电压将会失控。为了克服这一不足,线路上应采取一定的措施。图 2.83 为实际采用的蓄电池电压检测法的线路,在这个线路中,在调节器的分压器与发电机 B 点之间增加了一个电阻 R_6 和一个二极管 VD_2。这样,当 B 点与蓄电池正极之间或 S 点与蓄电池正极之间出现断线时,由于 R_6 的存在,仍能检测出发电机的端电压 U_B,使调节器正常工作,可以防止发电机电压过高。

2. JFT151 型电压调节器

国产 JFT151 型电压调节器为薄膜混合集成电路调节器,其外形尺寸为 38 mm × 34 mm × 10.5 mm,安装在 JF132E 型和 JF15 型交流发电机的外壳上,其线路图如图 2.84 所示。

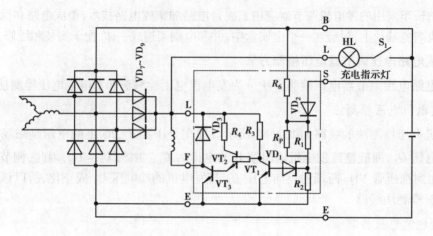

图 2.83 蓄电池电压检测法补救电路

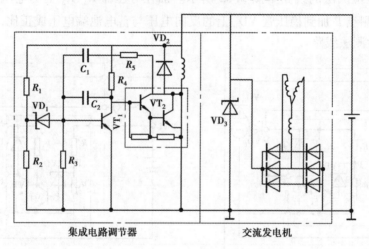

集成电路调节器   交流发电机

图 2.84 JFT151 型集成电路调节器线路图

在该调节器电路中,由分立元件 R_1、R_2 组成分压器,稳压管 VD_1 从分压器上获得比较电压。当发电机电压低于规定值时,稳压管 VD_1 和三极管 VT_1 截止,在 R_4 偏置下 VT_2 导通,此时发电机磁场绕组中有励磁电流通过,使发电机端电压升高。当发电机端电压高于规定值时,稳压管 VD_1 击穿导通,VT_1 导通,VT_2 截止,切断了发电机的磁场电路,使发电机端电压下降。当发电机端电压下降到低于规定值时,VD_1 和 VT_1 又截止,VT_2 和磁场电路又接通,发电机端电压又升高。如此循环下去,使发电机端电压保持稳定。

图 2.84 中其他电子元件的作用如下:

①分流电阻 R_3 接在三极管 VT_1 的基极与发射极之间,可提高 VT_1 的耐压。

②电阻 R_5、电容 C_1 组成正反馈电路,可以加速 VT_2 的翻转,并减小 VT_2 的过度损耗。

③电容 C_2 并联在 VT_1 集电极与基极之间,组成电压负反馈,可降低开关频率,进一步减少 VT_1 的管耗。

④二极管 VD_2 反向并联在发电机励磁绕组两端,保护 VT_2。

⑤稳压管 VD_3 与电源并联,起过电压保护作用。

3.具有保护功能的集成电路电压调节器

"夏利"汽车发电机内装集成电路调节器及充电系统电路如图 2.85 所示。该发电机调节器是由一块单片集成电路和晶体管等元件组成的混合集成电路调节器,装于发电机内部,构成整体式交流发电机。

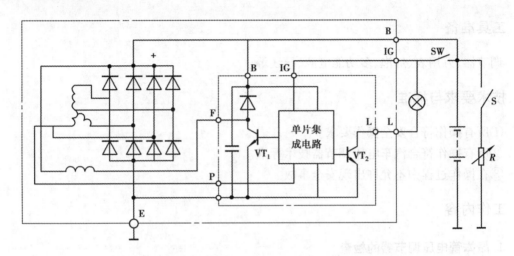

图 2.85 "夏利"轿车用整体式交流发电机电路原理图

调节器工作过程如下:

点火开关接通且发电机未转动时,蓄电池端电压经接线柱 IG 输入单片集成电路,使三极管 VT_1、VT_2 均有基极电流流过,于是 VT_1、VT_2 同时导通。VT_1 导通,发电机由蓄电池进行他励,磁场绕组中有电流流过,电流流向为:蓄电池正极→接线柱 B→磁场绕组→ VT_1→搭铁→蓄电池负极;导通时,充电指示灯亮,表示发电机不发电。

发电机运转后,其端电压高于蓄电池电动势而小于调节电压时,VT_1 仍导通,但发电机由他励转为自励,并向蓄电池充电。同时,由于 P 点电压输入单片集成电路使 VT_2 截止,故充电指示灯会熄灭,表示发电机工作正常。

当发电机电压随转速升高到调节电压时,单片集成电路检测出该电压,于是 VT_1 由导通变为截止,磁场绕组中电流中断,发电机电压下降。当电压下降到略低于调节电压时,单片集成电路使 VT_1 又导通,如此反复,发电机输出电压将被控制在调节电压范围内。

磁场电路断路时,P 点电压信号异常,单片集成电路检测到后,控制 VT_2 导通,点亮充电指示灯,以示异常。

当发电机的输出端 B 断线时,发电机无输出,导致 IG 点电位降低。当单片集成电路检测到 IG 点电位低于 13 V 时,令 VT_2 导通,点亮充电指示灯,同时可根据 P 点电位将发电机端电压控制在 13.3 ~ 16.3 V。

第二部分　任务实施

一、工具准备

调节器、万用表、灯泡、多功能电源、导线等。

二、技术要求与标准

①所有操作符合安全操作要求。
②所有操作符合汽车电压调节器技术标准。
③在操作过程中不允许出现安全事故。

三、工作内容

1.晶体管电压调节器的检查

注意:对晶体管电压调节器进行检查前,应先了解调节器的电路特点及搭铁极性,再确定相应的测试方法。

(1)内搭铁式晶体管电压调节器的测试

将可调直流电源与调节器按图 2.86 所示的线路接好,再逐渐提高电源电压。当电压达到 6 V 左右时,指示灯点亮,继续提高电源电压,当电压达到 13.5 ~ 14.5 V 时,指示灯应熄灭,此时电压即为调节器的调节电压。若灯不亮或发电机电压超过规定值后,灯仍不熄灭,则调节器有故障。

(2)外搭铁式晶体管电压调节器的测试

外搭铁交流发电机工作时,磁场绕组通过调节器搭铁,具体测试线路连接如图 2.87 所示。由于其测试方法与内搭铁式晶体管电压调节器的测试方法完全相同,具体请参见内搭铁式晶体管电压调节器的测试。

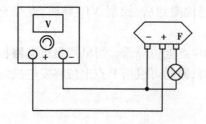

图 2.86　内搭铁式晶体管电压调节器的测试

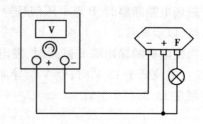

图 2.87　外搭铁式晶体管电压调节器的测试

2.集成电路电压调节器的检查

在检查集成电路电压调节器之前,必须弄清楚集成电路电压调节器引出线的根数以及接线方法,以防将电源极性接错。否则加上测试电压以后,调节器会瞬时短路而损坏。有条件的应使用集成电路检查仪测试集成电路调节器。一般情况下可以按下述方法测试集成电路电压调节器。

(1)3 引线集成电路电压调节器的测试

3 引线集成电路电压调节器采用发电机电压检测法,测试电路如图 2.88 所示。3 根引线要连接正确。图中 R 为 3~5 Ω 的电阻,可变直流电源的调节范围为 0~30 V。按图连好线以后,逐渐增加直流电源电压,该直流电压值由电压表 V_2 指示。当 V_2 指示值小于调节器调节电压值时,V_1 电压表上的电压值应在 0.6~1 V 的范围内;当 V_2 指示值大于调节器调节电压值时,V_1 表上的电压值应为 V_2 的值。调节时,注意 V_1 调节电压值不能超过 30 V,14 V 系列的为 14~25 V,28 V 系列的为 28~30 V。

(2)4 引线集成电路电压调节器的测试

4 引线集成电路电压调节器采用蓄电池电压检测法,测试电路如图 2.89 所示。图中元件参数与 3 引线集成电路电压调节器的测试电路中的元件参数相同,测试方法也相同。V_2 读数小于调节电压值时,V_1 读数为 0.6~1 V;V_2 读数大于调节电压值时,V_1 读数与 V_2 一致。要指出的是,图中调节器的引出线字母符号多为国外生产厂家采用,对应到实际接线,B_+ 与发电机输出端引线相连,D_+ 与点火开关引出线相连接,D_- 相当于搭铁线,F 与发电机磁场绕组相连。

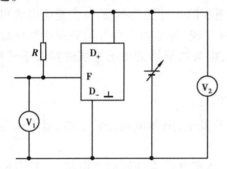

图 2.88　3 引线集成电路调节器的测试

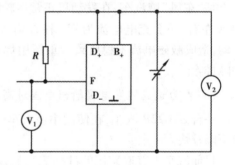

图 2.89　4 引线集成电路调节器的测试

在上述两种测试中,如果电压表的读数不符合上述规定范围,说明集成电路调节器内部存在故障,这时只能更换调节器。

3.汽车电压调节器典型故障检测实例(补充知识)

(1)调节器调整不当引起的电压偏高

结合本任务的案例,经检查发现,原来该车所使用的调节器是机械式的电压调节器,由于驾驶员误将调节器的拉力弹簧调紧,造成发电机发的电压偏高,发电机向蓄电池过度充电,导致蓄电池电解液快速蒸发,蓄电池亏电。

排除故障:将发动机的转速稳定在 2 000 r/min 范围内,然后边调整电压调节器弹簧的松紧,边测量发电机的输出电压,使其最高电压不大于 14.2 V。

(2)集成电路调节器损坏不充电

一辆"切诺基"吉普车在行驶中,发电机不充电。停车检查,发电机传动带无打滑现象,手摸发电机外壳感觉温度低。该车型发电机调节器为一体式，检查发电机电枢火线柱至蓄电池火线连接线无松脱，连接情况良好，估计故障有可能出在整体式发电机上。再检查集成电路调节器：当用 12 V 电源接入集成电路调节器时，其输出管应导通，提供激磁电流，此时试灯应发亮；当用 16 V 电源接入时，集成电路的输出管应截止，切断激磁电流，此时试灯应熄灭；若两种电源分别接入，试灯亮或均不亮，说明调节器损坏。

该车用 12 V 灯泡一端接调节器所连接的绝缘电刷柱，另一端接调节器所连接的搭铁电刷柱，将车上 12 V 蓄电池的正负极分别接调节器正接柱和搭铁电刷柱，试灯不亮，可确诊为该集成电路损坏，无需用 16 V 电源再试。换上新的集成电路调节器，装复试车，电压表恢复正常指示，发电机技术状况完好，故障排除。

（3）人为引起的发电机与调节器间的搭铁线烧毁

某"沈阳"牌旅行车启动时，起动机无反应，只是启动开关响了一下，接着发电机与调节器间的搭铁线冒起烟来。经检查，该车发电机的电压调节器安装在汽车前端的车架上，当该车大修后试车时，在启动瞬间发电机与调节器之间的搭铁线突然烧毁。拆下调节器及发电机检查没发现故障，后来经分析检查发现，大修完毕后的汽车忘记安装车架与发动机之间的搭铁线，致使发动机在启动瞬间通过大电流而把发电机与调节器之间的搭铁线烧毁。安装发动机与车架之间的搭铁连接线后，故障才予排除。

（4）调节器磁场接线松动，致使充电不稳

某"东风"牌汽车，在发动机正常运转时，充电电流表的指针摆动不稳，一会充电电流可达 20 A 左右，一会充电电流为零。检查调节器和发电机发现，这是由于调节器磁场接线柱螺丝松动，造成激磁电流不稳所致。重新用焊锡焊合发电机与调节器的磁场连线的接线端子后，故障排除。

（5）人为造成的发电机输出电压过高，蓄电池亏电

一台 SY622B 汽车，在使用中该汽车的发电机虽然发电，但蓄电池却常亏电，蓄电池电解液下降较快。

目前汽车上普遍装用的硅整流交流发电机，是一种充电性能较好的发电机，这种发电机输出功率大，电压稳定，所以装用该种发电机的汽车，蓄电池一旦亏电很快就能得到补充。当蓄电池的电量饱和后，对于工作正常的发电机，能自动减小向蓄电池充电的电流。对于安装电流表的汽车来说，电流表的指针显示充电的电流很小，或指在零位，都是属于正常现象。然而，有些汽车驾驶员不懂这一原理，发现电流表指针出现不充电后，有意将发电机的发电电压调高。这样，造成发电机对蓄电池过充电，致使电解液快速蒸发，甚至个别电池单格长期缺"水"，而充不进电。更有甚者，有的汽车驾驶员发现蓄电池缺水时，不是补充蒸馏水而是补充电解液。这样致使蓄电池电解液的硫酸浓度增高，更加充不进电。所以，上述原因既是蓄电池电解液下降的原因，同时也是蓄电池常常亏电的原因。将发电机的电压调节器工作电压调整到额定电压值（14.2 V）或更换新的电压调节器，即可排除故障。

（6）常闭触点过脏或振动臂与铁芯间隙偏大，造成发电机工作不正常

一辆"北京"牌汽车的发动机在中高速时，电流表的指针在充电与放电范围内不停摆动，同时电压调节器发出"吱、吱"的震动声。究其原因，除电流表本身的故障及导线接触不良引

起摆动外,主要是调节器故障所引起。该车所采用的双极电磁振动式(两对触点)电压调节器。在发电机工作中,指针出现摆动时,可从两个方面检查电压调节器:其一,检查常闭触点是否干净;其二,振动臂(衔铁)与铁芯间隙是否偏大。结果发现,是第一触点过渡到第二触点时电压差过大。因而出现有时充电,有时放电,致使电流表指针来回摆动。

发现上述问题时,用较硬且不起毛的描图纸清理触点上的赃物后,已获得较好的效果,但仍发出较小的"吱、吱"的震动声。当调整好震动臂与铁芯支架的间隙后,症状彻底消失。其震动臂与铁芯支架的间隙应调整为 1.28～1.35 mm。当装用单极灭弧式调节器,电流表的指针也来回摆动时,通常是触点间氧化腐蚀所致,使该调节器适应高速能力差,其附加电阻较大,触点易氧化,因而引起电压波动,并使电流表的指针来回摆动。这时可用 00 号的砂纸清理。若因振动臂安装不平,便振动频率减小,出现敲击现象造成电压波动,可重新装平振动臂,加大吸力臂,缩短反力臂,即可提高振动频率,达到灵活稳压的目的。

(7)维护漏装弹簧垫,造成调节器的平衡电阻烧坏

一辆"东风 EQ1090"汽车无刷发电机,经过解体维护后再重新装到车上试车时,发现为该发电机配装的 F61 型调节器的平衡电阻经常烧坏。

经过检查发现,原来在维护发电机时,由于固定激磁线圈的螺钉漏装弹簧垫,造成螺钉拧入过深,挤破激磁线圈,致使激磁线圈搭铁短路,导致流过调节器平衡电阻的电流过大,而烧毁平衡电阻。

排除故障时,首先重新拆下挤破的激磁线圈,将线圈挤破的部位涂上绝缘漆做好绝缘。然后在固定激磁线圈时,采用原有的固定螺钉,装好弹簧垫圈(若原有螺钉损坏,选用其他螺钉时,应注意不能过长,以免螺钉拧入过深挤破激磁线圈),更换合格的调节器即可。

(8)继电器触点烧结,造成充电指示灯常亮

一辆"解放 CA1091"汽车,由于充电指示灯继电器的触点烧结在一起,造成充电指示灯常亮。用万用表的直流电压挡测量发电机在各种转速的输出电压均正常,但只要点火开关打开,无论发电机的转速多高,充电指示灯常亮不熄。故障原因分析:发电机中性点输出线路可能断线;充电指示灯继电器线圈可能损坏;充电指示灯继电器触点"K"可能烧结到一起。

经检查发现,原来是充电指示灯继电器 K 烧结。造成该触点烧结在一起的原因是:车辆运行时,充电指示灯的灯泡尾部瞬间搭铁,致使继电器的触点 K 瞬间通过的电流过大而烧结在一起。更换充电指示灯继电器后,故障排除。

(9)电压调节器短路,造成车用电器烧毁

一辆"桑塔纳"轿车,在使用中充电指示灯工作正常,发动机中低速时,车上用电设备工作正常。在高速行驶时,夜间行车灯泡易烧毁,断电器触点易烧蚀,蓄电池经常缺水。

用万用表测量发电机的输出电压时发现,发电机在高速时,所输出的电压可达 17 V。显然是调节器失调所致。更换了合格电压调节器后,故障排除。

项目 3 电源系统的故障诊断与排除

任务 1 充电系统的电路分析

一、充电指示灯控制电路

目前,国内外大多数汽车的仪表板上均装有充电指示灯,以指示发电机的工作情况。由于控制方式不同,其显示的意义也有所不同。大多数汽车是当接通点火开关时,充电指示灯亮,二挡发动机启动后,交流发电机工作正常时,充电指示灯熄灭;如果充电指示灯不熄灭或者突然发亮,则表示充电系统有故障。

(1)利用二极管来控制充电指示灯

利用二极管来控制充电指示灯控制电路如图 2.90 所示,这是利用二极管的单向导电特性控制充电指示灯。"沃尔沃"汽车采用这一简单的控制方式,其控制原理如下:

①当发电机的输出电压小于蓄电池的端电压时,二极管 VD 不导通,充电指示灯被串联在发电机的磁场电路中,由蓄电池提供磁场电流且充电指示灯被同时点亮。

②当发电机转速升高,输出电压超过蓄电池电压时,发电机自励,二极管 VD 导通并短路充电指示灯,同时,充电指示灯因两端电压差减小至零而完全熄灭。

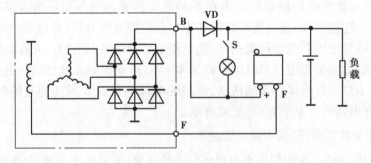

图 2.90 "沃尔沃"汽车充电指示灯控制电路

(2)利用励磁二极管来控制充电指示灯

九管交流发电机充电指示灯控制电路如图 2.91 所示,除了一般常用的 6 个硅二极管外,电路中又装了 3 个小功率磁场二极管,除用于供给磁场电流外,还可用来控制充电指示灯。

控制原理:

①当接通点火开关时,发电机不工作且处于他励过程,充电指示灯被串联在磁场电路中,充电指示灯被点亮。

②当发动机启动后,发电机正常工作时,发电机电压随转速的升高而升高,当电压达到一定值时,发电机输出端+B与D同电位,一次充电指示灯熄灭。

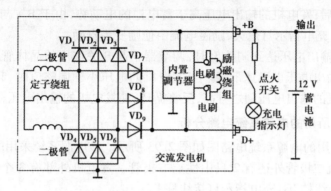

图 2.91　九管交流发电机充电指示灯控制电路

二、典型电源系统电路分析

1."奥迪""红旗"轿车电源系统电路分析

"奥迪""红旗"轿车电源系统电路如图 2.92 所示。该电源系统的发电机采用整体式交流发电机,采用了 11 个硅二极管,其中有 6 只整流二极管、3 只励磁二极管、2 只中性点二极管,集成电路调节器与电刷架为一体;在发电机的外部有两个接线柱,分别为火线接线柱 B₊ 和磁场接线柱 D₊,火线接线柱 B₊ 向全车供电,磁场接线柱 D₊ 的作用是向励磁绕组提供励磁电流、为调节器提供工作电压及控制充电指示灯。

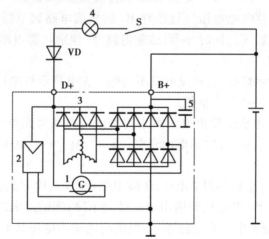

图 2.92　"奥迪""红旗"轿车所用的电源系统电路图

1—励磁绕组;2—电压调节器;3—励磁二极管;

4—充电指示灯;5—防干扰电容器

该电源系统的充电指示灯采用二极管方式来控制。

其工作过程如下:

①接通点火开关 S,蓄电池向发电机提供励磁电流(他励),励磁电路为:蓄电池正极→点

火开关 S→充电指示灯→二极管 VD→发电机磁场接线柱 D₊→励磁绕组→调节器→搭铁。此时二极管导通,充电指示灯亮。

②发动机启动后,发电机的输出电压高于蓄电池的电动势,由于 B + 与 D + 的电位箱等,二极管 VD 不导通,充电指示灯熄灭,励磁电流由他励变为自励。

③当发电机的输出电压达到调整值时,调节器中起开关作用的晶体管截止,励磁电流迅速下降,发电机的输出电压也迅速下降。当发电机的电压小于调整值时,起开关作用的晶体管立即导通,发电机的输出电压随之升高,反复循环,使发电机的输出电压在调整值范围内。

2."夏利"轿车所用的电源系统电路分析

"夏利"轿车所用的电源系统电路图如图 2.93 所示。该电源系统采用的发电机是 8 管发电机,除了 6 只整流二极管外还有 2 只中性点二极管。发电机外部有 3 个接线柱,分别是相线接线柱 B、点火接线柱 IG、充电指示灯接线柱 L。

控制过程如下:

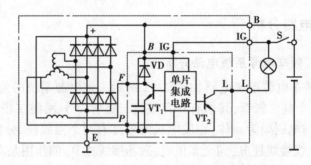

图 2.93 "夏利"轿车所用的电源系统电路图

①接通点火开关 S,蓄电池电压经接线柱 IG 到集成电路调节器,使晶体管 VT₁、晶体管 VT₂ 中均有基极电流通过,于是同时导通,励磁电路为(他励):蓄电池正极→发电机接线柱 B →励磁绕组→VT₁→搭铁。

VT₂ 导通时,充电指示灯亮,表示发电机不发电。充电指示灯电路为:蓄电池正极→发电机接线柱 B→充电指示灯→VT₂→搭铁。

②发动机启动后,发电机的输出电压高于蓄电池的电动势而小于调节电压时,VT₁ 仍导通,但发电机由他励变为自励,并向蓄电池充电。同时,由于 P 点电压输入集成电路使 VT₂ 截止,故充电指示灯自动熄灭。

③当发电机的输出电压达到调节电压,集成电路由 IG 点检测到该电压时,VT₁ 由导通变为截止,励磁电流迅速减小,发电机的输出电压随之下降;当输出电压低于调整值时,集成电路又使 VT₁ 导通,励磁绕组中又有电流通过,发电机的输出电压又重新上升,如此反复,发电机的输出电压将被控制在调节电压范围内。

二极管 VD 为续流二极管,在 VT₁ 截止时,用于吸收励磁绕组中产生的自感电动势。

任务 2　电源系统的故障排除

案例：一辆"桑塔纳 LX"轿车在发动机运转后充电指示灯仍然闪亮,且冷车时启动困难。

第一部分　任务学习引导

充电系统的常见故障有不充电、充电电流过小、充电电流过大、充电指示灯故障、充电电流不稳、工作中有异响等故障。

一、不充电

1. 故障观象

发动机以中速以上速度运转时,电流表指示不充电或充电指示灯不熄灭,或发电机端电压在 12V 以下,运行中汽车上的蓄电池长期亏电。

2. 故障原因分析

①发电机的风扇皮带过松或损坏。

②发电机正极(+)接线柱到蓄电池正极(+)接线柱的连接线路或发电机励磁线路断路。

③发电机不发电。

④调节器损坏或失调。

⑤如果线路进行过维修或更换过配件,则要考虑电流表是否接反,发电机与调节是否配套等因素。

3. 故障诊断与排除

(1)直观检查

将发动机熄火,检查发电机风扇皮带是否过松或损坏;检查发电机接线柱、调节器接线柱的连接导线有无松脱或断开;检查发电机正极接线柱到蓄电池正极接线柱之间的连接导线有无松脱或断开,发现故障予以排除。

(2)检查励磁电路故障

接通点火开关,用一字旋具靠近发电机后轴承盖或传动带轮处探测转子电磁吸力,若有明显吸力,说明励磁电路正常,故障在电枢电路;若无电磁吸力或吸力微弱,说明励磁回路有断路、接触不良或局部短路。

若转子无明显吸力,则根据该发电机励磁绕组的内外搭铁方式做"全励磁"试验,内搭铁发电机短接发电机的正极(B_+)与磁场接线柱 F;外搭铁发电机短接发电机的正极(B_+)与磁

场接线柱 F_1、接线柱 F_2 与搭铁接线柱。

若在"全励磁"试验时重新探测磁力,磁力变强,说明发电机内部励磁电路正常,故障在外励磁电路断路;若在"全励磁"试验时磁力仍不增强,说明故障在发电机内部,应检查电刷,励磁绕组等。

(3)检查充电电路线路故障

如果检查励磁电路没有故障,则充电电路可能有故障,将车用小灯泡做成试灯,一端搭铁,一端接发电机正极接线柱。如果试灯亮,说明从发电机正极接线柱到蓄电池正极接线柱的线路连接良好;如试灯不亮,说明充电指示灯线路有故障。

(4)检查发电机及调节器故障

在充电指示灯电路正常的情况下启动发动机,使发电机中速运转。若发电机不发电,则说明发电机或调节器有故障。在汽车上,一般采用短路调节器进行发电试验的方法就车检查发电机及调节器工作是否正常。

二、充电电流过小

1.故障观象

蓄电池经常存电不足,照明灯光暗淡,电喇叭声音小,起动机运转缓慢无力。

2.故障原因分析

①传动带打滑,使发电机转速过低。

②充电线路接触不良。

③发电机有故障。

④调节器调节电压值过低或有故障。

3.故障诊断与排除

①检查发电机传动带松紧度,清油污,检查并紧固导线。

②判断故障在发电机还是调节器:拆下发电机正极接线柱和励磁接线柱上的导线,用试灯的两根导线分别连接发电机正极接线柱和励磁接线柱,启动发动机,逐步提高转速,查看试灯亮度。若试灯发红,且不随转速升高而增加亮度或亮度增加不明显,则为发电机内部有故障,应拆检发电机;若试灯亮度能随转速增加而增强亮度,则说明发电机良好,故障在调节器。

三、充电电流过大

1.故障观象

蓄电池的电解液消耗过快,经常需要添加;照明灯泡经常烧毁;点火线圈和发电机有过热现象。

2.故障原因分析

①调节器调节电压过高或调节器损坏。

②发电机电枢接线柱与磁场接线柱短路。

③如果新换了发电机或调节器,还要考虑发电机与调节器是否配套。另外,蓄电池亏电太多,也会出现充电电流过大现象。

3. 故障诊断与排除

拆下发电机磁场接线柱连接线,使发电机中高速运转。如发电机不发电,则故障在调节器;若充电电流仍很大,则故障在发电机。

四、充电电流不稳

1. 故障观象

指示灯闪亮。

2. 故障原因分析

①风扇传动带打滑。

②充电系线路连接导线接触不良。

③发电机转子或定子线圈有局部断路或短路故障:集电环脏污或电刷与集电环接不良,电刷弹簧弹力太弱。

④调节器出现故障。

3. 故障诊断与排除

①首先排除传动带打滑和导线接触不良等影响因素。

②电流表指针在怠速以上各种转速下都不稳定,说明调节器电压控制不稳定。

③检查发电机内部,主要查看各连接线、集电环与电刷的接触是否良好以及二极管是否正常。将发电机正极接线柱与励磁接线柱的连接线同时拆下,用试灯的一端接发电机正极接线柱,另一端接励磁接线柱。启动发动机,并使发动机高速运转。若试灯亮,故障为发电机外部线路接触不良;试灯闪烁,故障为滑环与电刷接触不良。

五、工作中有异响

1. 故障观象

发电机在运转过程有不正常噪声。

2. 故障原因分析

①风扇传动带过紧或过松。

②发电机轴承损坏被卡住或松旷缺油,轴承钢球保护架脱落及轴承走外圆。

③发电机转子与定子相碰,俗称"扫膛"。

④电刷磨损过大,或电刷与集电环接触角度偏斜,电刷在电刷架内倾斜摆动。

⑤发电机总装时部件不到位,使机体倾斜或发电机电枢轴弯曲。

⑥发电机传动带盘与轴松旷,使传动带盘与散热片碰撞。

3. 故障诊断与排除

①检查风扇传动带松紧度。

②检视发电机传动带轮与发电机是否松旷。

③用手触摸发电机外壳和轴承部位,看是否烫手或有振动感,若烫手则说明定子和转子相碰或轴承损坏。借助听诊器或旋具倾听发电机轴承部位,声音清脆、不规则,说明轴承缺油或滚柱已损坏。

④拆下电刷,检查其磨损和接触情况。

⑤拆检发电机,检查其内部机件配合和润滑是否良好。如果发电机噪音细小而均匀,应检查二极管和磁场线圈是否短路或断路。

第二部分　任务实施

一、工具准备

整车、接线实训台、常用工具、万用表、试灯、导线等。

二、技术要求与标准

①所有操作符合安全操作要求。

②所有操作符合整车检测技术标准。

③在操作过程中不允许出现安全事故。

三、工作内容

①针对提供车型进行电路分析

②电源系统电路连接

③电源系统线路检测

检测时使用万用表直流电压挡,采用逐点搭铁检测法可诊断断路部位,采用一次短路检测法可以确诊短路搭铁部位。

四、填写维修工单

车型:

(1)故障现象描述:

(2)读电路图,分析故障原因:

可能的故障点:

（3）实车检测，写出具体检测流程：

（4）确定故障点，排除故障：

表 2.13　维修工单

××××××汽车维修公司维修工单　　　　工单号：			
客户名称：　　车牌号：　　购车日期：　年　月　日 联系电话： 联系人：　　车型：　VinNo：			
送修日期：　年　月　日 交付日期：　年　月　日 行驶里程：			
故障描述	启动系统工作不正常		
序号	检修项目	结论	
1	蓄电池		
2	发电机		
3	调节器		
4	点火开关		
检修标准			
所需工具			
检修人	联系电话		时间
工作组组长	联系电话		时间

五、考核

表 2.14　考核表

序号	考核内容	配分	评分标准	考核记录	扣分	得分
1	正确使用工具、仪表、量具	10	每次工具使用不当扣 3 分			
			每次量具、仪表使用不当扣 3 分			
2	正确分析电源系统电路	20	不能正确回答每处扣 5 分			
3	正确连接电源系统电路	30	操作不熟练扣 8 分			
			操作错误扣 12 分			
4	正确检查诊断系统故障	30	查找故障点,错误一次扣 5 分,直至扣完为止			
5	操作规范,整洁有序,不超时	10	第一项扣 4 分,后两项各扣 3 分			
	遵守安全操作规程,无事故		出现元器件损坏,此题为 0 分			
6	分数总计	100				

思考题

2.1　交流发电机由哪几部分组成? 其作用如何?

2.2　简述交流发电机的工作原理。

2.3　何谓交流发电机的输出特性、空载特性与外特性? 这些特性有何指导意义?

2.4　交流发电机高速运转时突然失去负载有何危害?

2.5　交流发电机的中性点输出有何功用?

2.6　试分析 JFT106 型晶体管电压调节器的工作原理,并说明各主要电子元件的作用。

2.7　交流发电机与电压调节器在使用中应注意哪些事项?

2.8　如何对晶体管电压调节器进行测试?

模块 **3**
启动系统的检修

知识目标：

1. 了解启动系统的启动过程。
2. 了解启动系统的基本组成与作用。
3. 了解起动机的类型、结构、原理及控制电路。

能力目标：

1. 掌握起动机的正确使用及注意事项。
2. 掌握起动机的检测与维护方法。
3. 能够对启动系统的控制电路进行分析。
4. 能够对启动系统常见故障的原因进行分析并排除故障。

项目 1 起动机的检修、调整与性能试验

一、启动系统的功用与组成

1. 启动系统的功用

发动机要从静止状态过渡到工作状态,必须依靠外力带动曲轴旋转后才能进入正常工作状态。通常把汽车发动机曲轴在外力作用下从开始转动到怠速运转的全过程,称为发动机的启动。

启动系统的功用是利用电动机将蓄电池的电能转换成机械能并输出转矩,再通过传动机构使发动机达到一定转速并进入自由运转状态。

2. 启动方式

汽车发动机常用的启动方式有人力启动和电力启动两种形式。人力启动是用手摇柄转动曲轴使之旋转或在无手摇柄时由人力推动汽车启动。现代发动机都采用电动机启动方式,其具有启动快捷、方便、省力、安全等优点。

3. 启动系统的组成

现代汽车启动系统主要由蓄电池、点火(启动)开关、起动机、启动继电器和启动线路等组成,如图 3.1 所示。

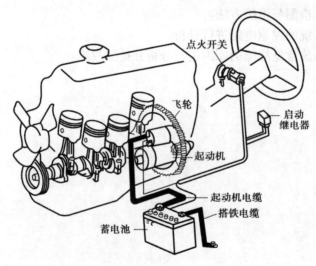

图 3.1　启动系统的基本组成示意图

二、对启动系统的基本要求

要保证发动机能迅速启动运转,对启动系统有以下要求:

1.足够的启动转矩

启动发动机时,必须克服汽缸内被压缩气体的阻力和发动机本身相对运动零件之间的摩擦阻力。克服这些阻力所需的力矩称为启动转矩。要使曲轴运转,故必须提供足够的启动转矩。

2.足够的启动转速

能使发动机顺利启动所必需的曲轴转速称为启动转速。

汽油机在 0 ~ 20 ℃的气温下,一般最低启动转速为 30 ~ 40 r/min。在更低的气温下迅速启动,要求启动转速达 50 ~ 70 r/min。如转速过低,热量损失大,进气流速低,汽油雾化不良,导致汽缸内混合气不易点火。柴油机启动要求转速较高,达 150 ~ 300 r/min。这是为了防止热量散失过多,以保证汽缸内有足够高的压力、温度和喷油压力,形成足够强的空气涡流,使柴油雾化混合良好,易于着火。

由于柴油机的压缩比远大于汽油机,因而启动转矩较大,比汽油机启动难,启动转速也较汽油机高,所以柴油机所需的启动功率比汽油机大。

在满足上述要求的情况下,要求启动装置尽可能小型轻量化。

任务 1　起动机的检修

🔧 任务描述

能够拆装起动机,利用万用表进行起动机检测。

第一部分　任务学习引导

一、起动机的组成

起动机(俗称"马达")是启动系统的主要组成部分,可将蓄电池的电能转换成机械能,以启动发动机。它一般由直流电动机、传动机构和操纵控制机构(电磁开关)三部分组成,如图3.2 所示。

①直流电动机:将蓄电池输入的电能转换成机械能,产生电磁转矩。

②传动机构:发动机启动时,使起动机小齿轮与飞轮齿圈啮合,将起动机转矩传给发动机飞轮;发动机启动后,使起动机自动脱开飞轮齿圈,保证电枢不致飞散损坏。

③操纵机构:即电磁开关,其作用是接通或断开电动机与蓄电池之间的电路,在某些汽车上,还具有接入和旁路点火线圈附加电阻的作用。

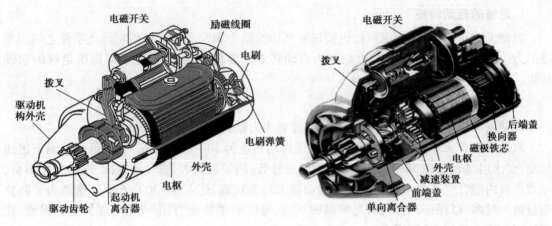

图 3.2 起动机的组成

二、起动机的分类

1. 按操纵机构分类

（1）直接操纵式起动机

直接操纵式起动机也称机械式起动机,由脚踏或手拉杠杆联动机构直接控制起动机的主电路开关来接通或切断起动机主电路。其特点是结构简单,工作可靠;但由于要求起动机、蓄电池靠近驾驶室而受安装布局的限制,且操作不便,因此很少采用。

（2）电磁操纵式起动机

电磁操纵式起动机也称电磁控制式起动机,由按钮或点火开关控制起动机上的电磁开关,有的还加装了继电器,先由点火开关控制继电器的工作状态,再由继电器控制起动机的主开关来接通或切断主电路。其特点是可实现远距离控制,操作方便,因此得到广泛采用。

2. 按传动机构的啮合方式分类

（1）惯性啮合式起动机

起动机旋转时,惯性啮合式起动机的啮合小齿轮靠惯性力自动啮入飞轮齿环。启动后,小齿轮又借惯性力自动与飞轮齿环脱离。其特点是结构简单,但不能传递较大的转矩,工作可靠性较差,现很少采用。

（2）电枢移动式起动机

电枢移动式起动机靠磁极产生的电磁力使电枢作轴向移动,从而带动固定在电枢轴上的驱动齿轮与飞轮齿环啮合。其特点是结构较为复杂,在欧洲生产的柴油车上使用较多。

（3）磁极移动式起动机

磁极移动式起动机靠磁极产生的磁力使其中的活动铁芯移动,带动驱动齿轮与飞轮齿环啮合。其特点是磁极结构较为复杂,目前应用很少。

（4）齿轮移动式起动机

齿轮移动式起动机靠电磁开关推动电枢轴孔内的啮合杆而使驱动齿轮与飞轮齿环啮合。其特点是结构比较复杂,一般大功率的起动机采用此种结构。

（5）强制啮合式起动机

强制啮合式起动机靠电磁力通过拨叉或直接推动驱动齿轮作轴向移动与飞轮齿环啮合。其特点是工作可靠、结构也不复杂,因而使用最为广泛。

3. 按电动机磁场方式的产生分类

（1）励磁式起动机

它通过向磁场绕组通入电流的方式产生磁场。汽车上的起动机长期普遍采用串励式直流电动机。

（2）永磁式起动机

它以永久磁铁作磁极,这是近年来出现的新型起动机,但目前在汽车上使用还较少。

4. 按传动机构的结构分类

（1）非减速起动机

非减速起动机与驱动齿轮之间直接通过单向离合器传动。汽车上长期普遍使用这种传动机构。

（2）减速起动机

减速起动机与驱动齿轮之间增设了一组减速齿轮。减速起动机具有结构尺寸小、质量轻、启动可靠等优点,在一些轿车上应用日渐增多。

1）外啮合齿轮减速起动机

如图3.3所示,该起动机的传动中心距离为30 mm左右,在电枢轴与驱动齿轮之间利用惰轮作中间传动,且电磁开关铁芯与驱动齿轮同轴心,电磁开关直接推动驱动齿轮与飞轮齿圈啮合,无须拨叉,减速传动效率高,成本适中,广泛应用于小功率的起动机上。

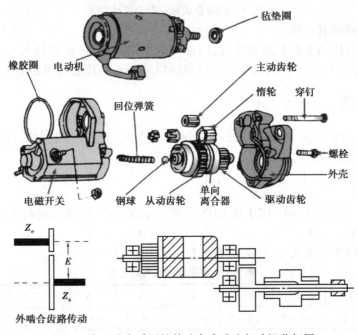

图3.3 丰田汽车采用的外啮合式减速起动机分解图

2）内啮合齿轮减速起动机

该种起动机的传动中心距离为 20 mm 左右,减速传动效率高,但成本也高,其结构图如图3.4 所示。

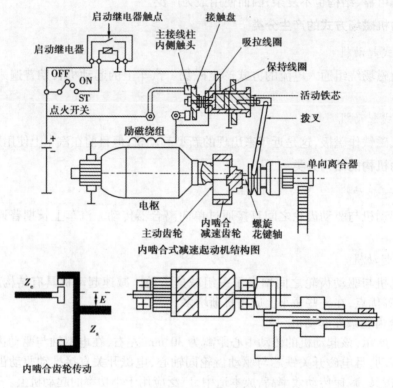

图 3.4　内啮合式减速起动机结构图

3）行星齿轮减速起动机

该种起动机的传动中心距离为零,输出轴与电枢轴同心,可使整机尺寸减小。该种起动机传动比最大,可达 4.5:1,大大减少了起动机的启动电流。其结构图如图 3.5 所示。

三、起动机的型号

根据我国行业标准 QC/T73—1993《汽车电器设备产品型号编制方法》的规定,起动机的型号由以下五部分组成:

| 1 | 2 | 3 | 4 | 5 |

第 1 部分为产品代号,QD、QDJ 和 QDY 分别表示起动机、减速型起动机和永磁型起动机。

第 2 部分为电压等级代号,l——2 V;2——24 V;6——6 V。

第 3 部分为功率等级代号,含义如表 3.1 所示。

表 3.1　功率等级代号的含义

功率等级代号	1	2	3	4	5	6	7	8	9
功率/kW	~1	>1~2	>2~3	>3~4	>4~5	>5~6	>6~7	>7~8	>8~9

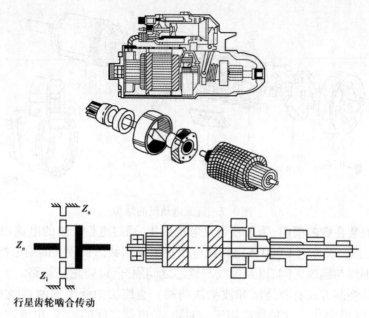

行星齿轮啮合传动

图 3.5　行星齿轮式减速起动机结构图

第 4 部分为设计序号。

第 5 部分为变形代号。

例如：QD124 表示额定电压为 12 V，功率为 1~2 kW，第四次设计的起动机。

四、直流电动机

1. 直流电动机的结构

直流电动机的作用是将蓄电池输入的电能转换成机械能，产生电磁转矩。

依据励磁绕组和电枢绕组连接方式的不同，启动用直流电动机可分为并励、串励和复励三种形式，如图 3.6 所示。汽车起动机一般采用串励式，大功率起动机多采用复励式。

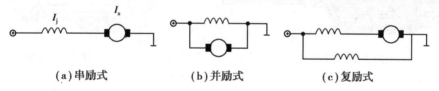

（a）串励式　　　　　（b）并励式　　　　　（c）复励式

图 3.6　直流电动机的励磁方法

直流电动机是起动机最主要的组成部分，它的工作原理和特性决定了起动机的工作原理和特性。直流电动机主要由电枢、磁极、换向器、电刷和外壳等部件组成，如图 3.7 所示。

（1）电枢

电枢是直流电动机的旋转部分，用来产生电磁转矩，包括电枢轴、换向器、铁芯和电枢绕组等部件，如图 3.8 所示。

铁芯由许多互相绝缘的硅钢片叠加而成，借内圆面的花键槽压装在电枢轴上，其外圆表面有槽，用来安装电枢绕组。

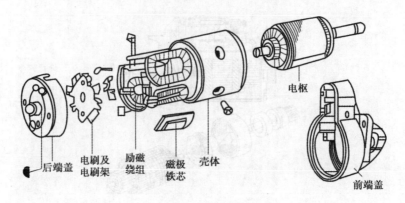

图 3.7 直流电动机的结构

电枢绕组嵌装在铁芯槽内,为了获得足够的转矩,通过电枢绕组的电流很大(汽油机一般为 200~600 A,柴油机可达 1 000 A),因此电枢绕组采用截面积较大的矩形裸铜线绕制而成,并用绝缘纸在铜线与铜线之间,以及铜线与铁芯之间隔开,以防止其短路。

电枢绕组的绕制方式有叠绕法和波绕法两种。叠绕法中绕组的两端线头分别连接相邻两个换向器铜片(换向片),这种绕法用于一对正、负电刷之间的导线,电流方向一致。波绕法指绕组一端线头接的换向片与另一端线头接的换向片间隔90°或180°。采用此种绕法的电枢转到某一位置时,由于某些绕组两端线头接到同极性电刷上,会造成一些绕组没有电流。但由于波绕法的绕组电阻较低,所以常采用。

换向器由铜质换向片和云母片叠压而成,相邻换向片以及换向片与轴套、压环之间用云母片绝缘,如图 3.9 所示。电枢绕组各线圈的端头均焊接在换向器上,通过换向器和电刷将蓄电池的电流传递给电枢绕组,并适时改变绕组中电流的流向。

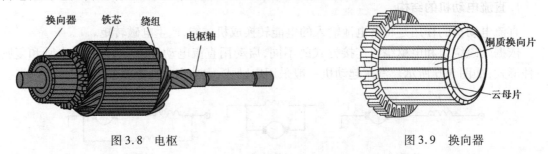

图 3.8 电枢   图 3.9 换向器

(2)磁极

磁极是直流电动机的定子,用来产生磁场,由磁极铁芯和励磁绕组两部分组成,如图 3.10 所示。

磁极铁芯一般由低碳钢制成,并通过螺钉固定在壳体上。励磁绕组是用矩形裸铜线绕制在磁极铁芯上,4 个或 6 个绕组按一定方向连接。绕组通电后产生磁场,将磁极铁芯磁化,各磁极内侧形成 N、S 极相间排列的形式,在磁极、外壳和电枢铁芯之间形成磁路,如图 3.11 所示。

励磁绕组的连接方式有两种方式:一种是 4 个绕组依次串联后再与电枢绕组串联;另一种是励磁绕组两两串联后再并联,然后与电枢绕组串联,如图 3.12 所示。采用后一种方法,电动机电阻很小,可以获得更大的电枢电流。

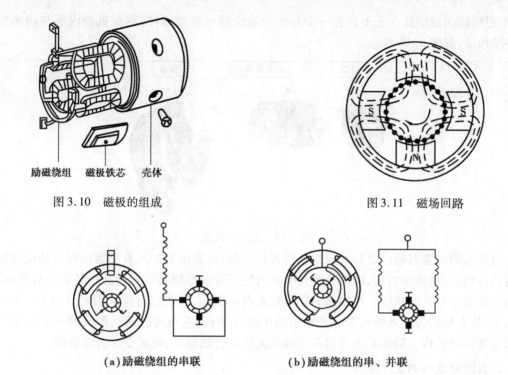

图 3.10　磁极的组成　　　　　　　　图 3.11　磁场回路

（a）励磁绕组的串联　　　　（b）励磁绕组的串、并联

图 3.12　励磁绕组的接法

　　励磁绕组一端接在外壳的绝缘接线柱上,另一端与两个非搭铁电刷相连。当启动开关接通时,起动机的电路为:蓄电池正极→接线柱→励磁绕组→电刷→电枢绕组→搭铁电刷→搭铁→蓄电池负极。

　　（3）电刷和电刷架

　　电刷和电刷架的作用是将电流引入电枢,使之产生定向转矩。

　　电刷用铜粉和碳粉(或石墨)压制而成,呈棕红色。电刷一般有 4 个,相对的电刷为同极。两个负电刷搭铁,称为搭铁电刷;两个正电刷接磁场线圈,与端盖绝缘,称为绝缘电刷。电刷装在电刷架中,接弹簧压力将它紧压在换向器上,如 3.13 所示。

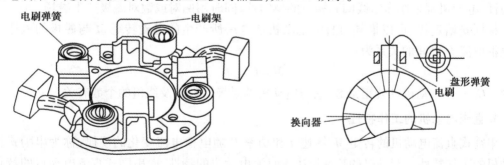

图 3.13　电刷与电刷架

　　（4）机壳、前后端盖与轴承

　　机壳为基础件,并起导磁作用,用钢管制成。其一端开有窗口,作为观察电刷与换向器之

用,平时用防尘箍盖住。壳上只有一个与外壳绝缘的电源接线柱,并在机壳内部与磁场绕组的一端相接,如图 3.14 所示。

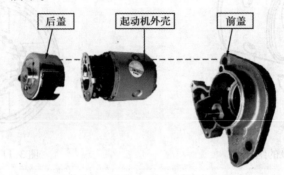

图 3.14　端盖与机壳

电动机的端盖有前后之分。前端盖用钢板压制,内装电刷架。后端盖用灰铸铁或用铝合金铸造,内装电机传动机构,设拨叉座及驱动齿轮行程调整螺钉。它们分别装在机壳的两端,用两个长螺栓与机壳相连。两端盖上都压装着滑动轴承,有些起动机采用滚动轴承。因电枢轴较长,故在后端盖上还装有带滑动轴承的中间支承板,它与后端盖间形成的一个较大空腔用来安装传动机构。轴承采用青铜石墨轴承或铁基含油轴承,可承受冲击性载荷。

2. 直流电动机的工作原理

直流电动机是将电能转变为机械能的装置。它是根据载流导体在磁场中受到电磁力作用而发生运动的原理工作的。电动机工作时,电流通过电刷和换向器流入电枢绕组。如图 3.15 所示,换向片 A 与正电刷接触,换向片 B 与负电刷接触,在直流电动机的电刷 A、B 上外加直流电压,这时线圈中将有电流流过,其电流由电刷 A 经 $a \rightarrow b \rightarrow c \rightarrow d$ 到电刷 B,于是载流导体在磁场中受到电磁力作用,形成力矩(称电磁转矩)使线圈转动。由左手定则可以确定,电磁转矩使线圈按逆时针方向转动。当线圈转过 180° 时,换向片 B 与正电刷接触,换向片 A 与负电刷接触,接触线圈中的电流方向改变,电流由电刷 B 经 $d \rightarrow c \rightarrow b \rightarrow a$ 到电刷 A,但电磁转矩方向仍保持不变,使电枢线圈仍按原来的逆时针方向继续旋转。

图 3.15 只列举了电枢绕组中一匝线圈的工作过程,实际上,为了增大电磁转矩和转动的平稳性,电动机都采用多组线圈和相应的换向片,同时用两对或数对磁极产生磁场。

根据安培定律,可以推导出直流电动机通电后所产生的电磁转矩 M 与磁极的磁通量 Φ 及电枢电流 I_s 之间的关系为:

$$M = C_m I_s \Phi$$

式中　C_m——电动机的转矩常数,它与电动机的磁极对数以及绕组的个数有关。

3. 直流电动机的工作特性

串励式直流电动机的转矩 M、转速 n 和功率 P 随电枢电流变化的规律,称为串励式直流电动机的工作特性。起动机的特性取决于直流电动机的特性,而串励式直流电动机的特点是启动转矩大,机械特性软。

图 3.16 所示为串励式直流电动机的工作特性曲线,其中曲线 M、n 和 P 分别代表转矩特性、转速特性和功率特性。

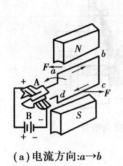
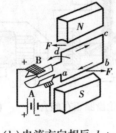

(a)电流方向:$a \to b$ (b)电流方向相反:$d \to a$

图 3.15 直流电动机的工作原理

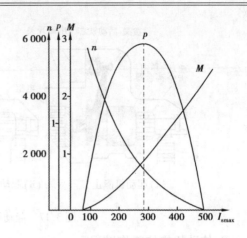

图 3.16 串励式直流电动机的工作特性

(1)转矩特性

$$M = C_m \Phi I_s = C_m C_1 I_s^2 = C I_s^2$$

由上式知,转矩与电枢电流的平方成正比。在启动瞬间,由于发动机的阻力矩很大,起动机处于完全制动的情况下,所以,此时电枢电流将达到最大值(称为制动电流),产生最大转矩(称为制动转矩),从而使起动机易于启动。这就是汽车上采用串励式直流电动机的主要原因。

(2)转速特性

串励直流电动机在重载时转速低而转矩大的特性,可以保证启动安全可靠。但是在轻载和空载时转速很高,容易造成"飞车"事故。因此对于功率较大的串励直流电动机来说,不可在轻载或空载下运行。

(3)功率特性

串励式直流电动机的输出功率 P 可以通过测量电枢轴上的输出转矩 M 和电枢的转速 n 来确定。

①完全制动时,相当于起动机刚接通的瞬间,$n = 0$,电流为最大值(称为制动电流),转矩达到最大值(称为制动转矩),但输出功率为零。

②起动机空载时电流最小(称为空载电流 I_0),但转速达最大值(称为空载转速),输出功率亦为零。

③当电流接近制动电流的一半时,起动机的功率最大(作为额定功率)。

五、传动机构

1.传动机构的作用及组成

传动机构又称为起动机离合器、啮合器,其作用是在发动机启动时,将起动机轴上的小齿轮推入飞轮齿圈,把起动机的电磁转矩传递给发动机曲轴;在发动机启动后,又能使起动机轴上的小齿轮与飞轮齿圈自动打滑,即起动机与飞轮间只能单向传力。

传动机构一般由驱动齿轮、单向离合器、拨环(拨叉)及啮合弹簧等组成,如图3.17所示。

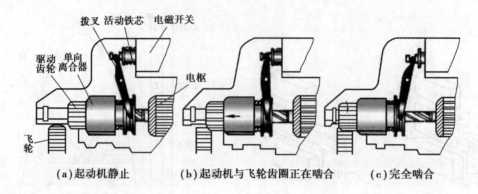

（a）起动机静止　　　（b）起动机与飞轮齿圈正在啮合　　　（c）完全啮合

图 3.17　起动机传动机构及工作过程

2. 传动机构的工作过程

图 3.17（a）所示为起动机不工作时所处的位置；图 3.17（b）所示为在电磁开关的作用下，驱动齿轮与飞轮齿圈正在啮合，此时起动机的主要电路还没有接通；图 3.17（c）所示为驱动齿轮与发动机飞轮齿圈完全啮合，主电路接通，电枢轴开始带动发动机曲轴旋转。发动机启动后，驱动齿轮仍处于啮合状态，单向离合器打滑，驱动齿轮在飞轮的带动下空转。启动结束后，驱动齿轮在电磁开关回位弹簧的作用下，与发动机飞轮齿圈脱离啮合。

起动机传动机构中的关键部件是单向离合器。其作用是在启动时将电枢产生的电磁转矩传递给发动机飞轮；而当发动机启动后，单向离合器立刻打滑，防止发动机飞轮带动电枢高速旋转，造成电枢绕组"飞散"的事故。

3. 单向离合器

单向离合器分为滚柱式单向离合器、摩擦片式单向离合器、弹簧式单向离合器等几种结构形式。其中，滚柱式单向离合器是目前国内外汽车起动机中应用最多的一种。下面仅介绍滚柱式单向离合器结构及工作原理。

（1）滚柱式单向离合器

1）结构

滚柱式单向离合器结构如图 3.18 所示，驱动齿轮与外壳连成一体，外壳内装十字块和 4 套滚柱及弹簧，十字块与带螺旋的花键套筒固定连接，壳底与外壳相互折合密封。花键套筒的外面装有缓冲弹簧及垫圈，末端固装着拨环与卡环。整个单向离合器总成利用花键套筒套装在起动机轴的螺旋花键上。单向离合器总成在传动拨叉作用下，可以作轴向移动和随轴转动。

2）工作原理

如图 3.19（a）所示，当发动机启动时，经拨叉将离合器沿花键推出，驱动齿轮啮入发动机飞轮齿圈。由于十字块处于主动状态，随电动机电枢一起旋转，促使 4 套滚柱进入宽窄不等的楔形槽的窄端，将十字块与外壳挤紧，于是电动机电枢的转矩就可由十字块经滚柱式离合器外壳传给驱动齿轮，从而驱动发动机飞轮齿圈旋转并使发动机启动运转。在图 3.19（b）中，发动机启动后，飞轮齿圈的转速高于驱动齿轮，十字块处于被动状态，促使滚柱进入楔形槽的宽端而自由滚动，只有驱动齿轮随飞轮齿圈作高速旋转，起动机电枢转速并不升高。这种离合器的单向打滑功能,防止了电枢超速"飞散"的危险。启动完毕,由于拨叉回位弹簧的作用,经拨环使离合器退回,驱动齿轮完全脱离飞轮齿圈。

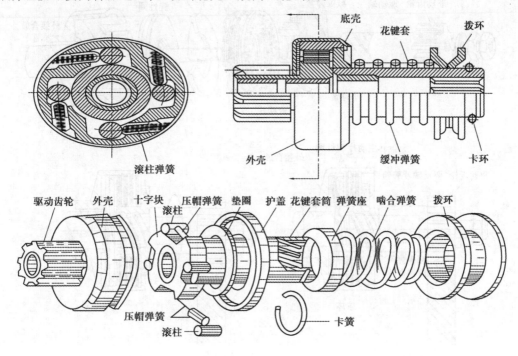

图 3.18 滚柱式单向离合器结构

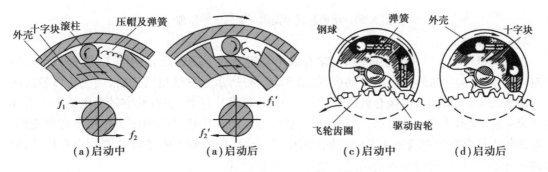

图 3.19 滚柱式单向离合器的工作原理

滚柱式离合器具有结构简单、坚固耐用、体积小、质量轻和工作可靠等优点,因此在现代汽车中被广泛使用。由于滚柱易卡死,故不能用在大功率的起动机上。

(2)摩擦片式单向离合器

1)结构

如图 3.20 所示,摩擦片式单向离合器的花键套筒通过 4 条内螺纹与电枢花键轴相连接,花键套筒又通过 3 条外螺纹与内接合鼓连接。主动摩擦片内齿卡在内接合鼓的切槽中,组成了离合器主动部分。外接合鼓和驱动齿轮是一个整体,带凹坑的从动摩擦片外齿卡在外接合鼓的切槽中,形成了离合器的从动部分。主、从动摩擦片交错安装,并通过特殊螺母、弹性圈和压环限位,压环和摩擦片间装有调整垫片。

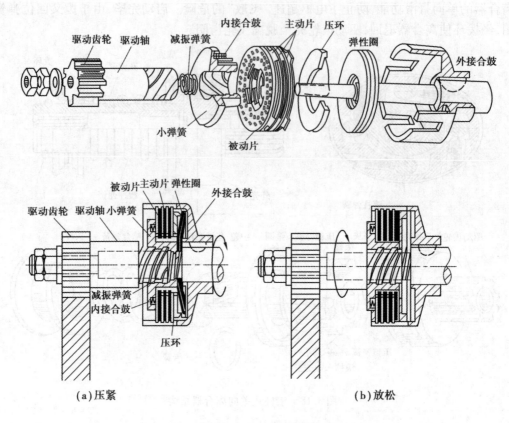

图 3.20　摩擦片式单向离合器的工作原理

2）工作原理

当起动机带动发动机曲轴旋转时，接合鼓沿花键套筒上的螺旋花键向飞轮方向旋进，将摩擦片压紧，把起动机转矩传给发动机，如图 3.20（a）所示。发动机启动后，当飞轮以较高转速带动驱动齿轮旋转时，内接合鼓沿螺旋花键退出，摩擦片打滑，使齿轮空转而电枢不跟着飞轮高速旋转，如图 3.20（b）所示。当电机超载时，弹性圈在压环凸缘的压力作用下弯曲变形，当弯曲到内接合鼓的左端顶住了弹性圈的中心部分时，即限制了内接合鼓继续向左移动，离合器便开始打滑，从而避免因负荷过大烧坏电动机的危险。

摩擦片式离合器具有传递较大转矩、防止超载损坏起动机的优点，多用在大功率起动机上。但由于摩擦片很容易发生磨损而影响启动性能，需要经常检查、调整或更换摩擦片。另外，摩擦片式离合器的结构比较复杂，消耗材料较多，加工费时，而且不便于维修。

（3）弹簧式单向离合器

1）结构

弹簧式离合器的构造如图 3.21 所示，主动套筒套在电枢轴的花键上，小齿轮套筒则套在电枢轴前端的光滑部分，其对接处有两个月牙形圈，使二者只能作相对转动而不能作轴向移动。在小齿轮套筒与主动套筒的外圆上装有扭力弹簧，扭力弹簧的内径略小于两套筒的外径，有一定的过盈量（0.25～0.5 mm）。在主动套筒上用垫圈封闭传动弹簧，外侧安装缓冲弹簧和固连拨环。

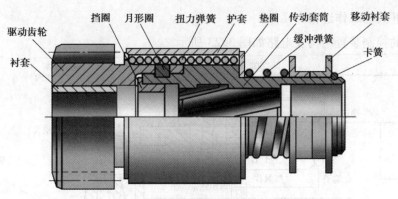

图3.21　弹簧式单向离合器的工作原理

2）工作原理

启动发动机时,拨叉推动拨环使驱动小齿轮啮入飞轮齿环,起动机转轴只带动花键套筒即主动套筒旋转,使扭力弹簧顺向扭紧并箍死两个套筒,从而传递转矩。

发动机启动后,由于飞轮带动驱动齿轮的转速高于起动机轴,将扭力弹簧作反向放松,使驱动齿轮套筒与主动套筒松脱而打滑,从而防止超速运转"飞散"的危险。

弹簧式离合器具有结构简单、制造工艺简单和成本低等优点,但由于驱动弹簧所需圈数较多,导致其轴向尺寸较大,故较适宜用于小型起动机中。例如,日本五十铃TXD50型汽车和国产"黄河"牌汽车中都使用弹簧式离合器。

六、操纵机构

操纵机构又称控制机构或电磁开关,其作用是控制直流电动机电路的接通与切断,同时控制起动机驱动齿轮与飞轮的啮合与分离。现代汽车的启动系统已完全采用电磁式操纵机构。操纵机构主要由电磁开关、拨叉等组成。

1.电磁开关的结构

电磁开关主要由电磁铁机构和电动机开关两部分组成。电磁铁机构由吸拉线圈、保持线圈、活动铁芯和复位弹簧等组成;电动机开关由接触片、30端子、C端子和50端子组成,如图3.22所示。

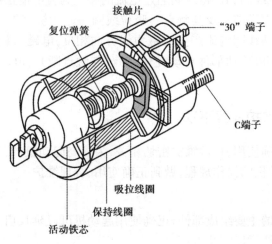

图3.22　电磁开关的结构

2.电磁开关的工作过程

起动机的控制装置结构及电路如图 3.23 所示。

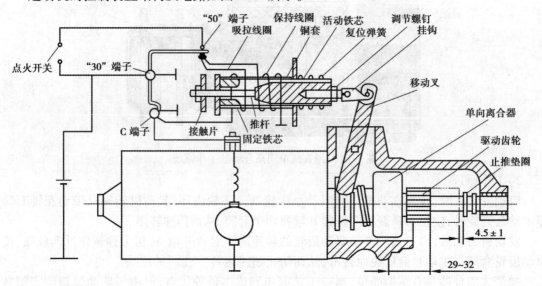

图 3.23 汽车起动机控制装置结构及电路图

①启动时,将点火开关打到启动挡时,即接通了吸拉线圈与保持线圈两条电路。吸拉线圈电流经蓄电池正极→起动机"30"端子→点火开关→起动机"50"端子→吸拉线圈→起动机"C"端子→励磁绕组→电枢绕组→搭铁回到蓄电池负极。

保持线圈电流经蓄电池正极→起动机"30"端子→点火开关→起动机"50"端子→保持线圈→搭铁回到蓄电池负极。此时两线圈电流产生的磁力线方向相同,电磁力叠加,吸引活动铁芯向左移动,使推杆上的触盘将电动机开关的触点"30"与"C"接通,从而将电动机电路接通,其电流路径为蓄电池正极→起动机"30"端子及其触点→触盘→起动机"C"端子及其触点→励磁绕组→电枢绕组→搭铁回到蓄电池负极。

②发动机启动后,松开点火钥匙,点火开关从启动挡自动回到点火挡瞬间,启动挡断开,触盘仍将触点接通,吸拉线圈和保持线圈通过电流的路径为蓄电池正极→起动机"30"端子及其触点→触盘→起动机"C"端子及其触点→吸拉线圈→起动机"50"端子→保持线圈→搭铁回到蓄电池负极。此时两线圈电流产生的磁力线方向相反,电磁力相互削弱,在复位弹簧的张力作用下,活动铁芯等可移动部件自动复位,触盘与触点断开,电动机电路即被切断,起动机停止工作。

七、起动机的使用与维护注意事项

起动机的性能与正确使用、日常维护密切相关,为提高起动机的工作可靠性、延长起动机的寿命,须严格遵守起动机的操作规程,做到正确使用、合理维护。

1.起动机的使用

起动机是启动系统的主要组成部件,正确使用起动机可以延长启动系统和电源系统的寿命。起动机在使用中应注意以下几点:

①起动机每次启动时间不超过 5 s,再次启动时应停止 2 min,使蓄电池得以恢复。如果有连续第三次启动,应在检查与排除故障的基础上停歇 15 min 以后进行。

②在冬季或低温情况下启动时,应采相应的措施,例如对蓄电池保温,确保蓄电池有充足的启动容量、手摇发动机进行预润滑等。

③发动机启动后,必须立即切断起动机控制电路,使起动机停止工作。

2. 起动机的维护

对起动机进行维护保养时,应严格按照维护、保养工艺对起动机进行维护保养作业。维护保养时应注意以下几点:

①日常维护保养。在日常出车或收车时应对起动机进行检查,保证起动机外部清洁,各连接导线均连接紧固可靠,绝缘性能良好,起动机的紧固螺栓连接正常。

②汽车每行驶 3 000 km,应检查并清洁换向器,保证换向器表面无碳粉和脏污,以避免短路。

③汽车每行驶 6 000 km,应对电刷的磨损程度和电刷弹簧的压力进行检测,保证在要求的范围内。

④根据不同车型的规定,在规定时间对起动机进行解体维护,如进行必要的清洗、润滑,对各主要零、部件进行检测修复等。起动机组装后要进行性能测试。

八、起动机的拆装

下面以桑塔纳 QD1225 型起动机为例,介绍起动机的拆卸和安装。

1. 起动机的拆卸和分解

(1)总成的拆卸

①关闭点火开关,拆下蓄电池负极线。

②举升车辆至适当高度。

③从起动机上拆下起动机电源线及控制线。

④拆下起动机支架固定螺栓,从缸体上拆下支架。

⑤拆下起动机与变速器壳的连接螺栓,取下起动机。

(2)起动机的分解

①拆下电磁开关至直流电动机的导线固定螺母,取下导线接头,如图 3.24 所示。

②拆下电磁开关的两个固定螺栓,并使铁芯与拨叉分离,取下电磁开关,如图 3.25 所示。注意:在取出电磁开关总成时,应将其头部向上抬,使柱塞铁芯端头的扁方与拨叉脱开后取出。

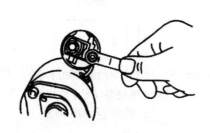
图 3.24　拆下导线的固定螺母

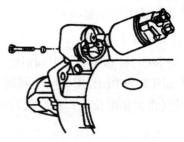
图 3.25　拆下电磁开关

③拆下前端盖上的轴承盖固定螺栓,取下轴承盖。

④拆下起动机的两个穿心螺栓,取下前端盖,如图 3.26 所示。

⑤用尖嘴钳抬起电刷弹簧,从电刷架和转子轴上取下电刷,如图 3.27 所示。

⑥取下外壳,从后端盖内取下拨叉、转子和离合器。

⑦从转子轴上取下止推垫圈,撬出卡簧,如图 3.28 所示,取下垫圈、离合器。

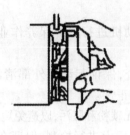 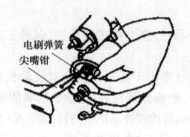 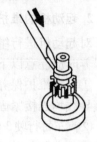

图 3.26 取下前端盖   图 3.27 取下电刷   图 3.28 撬出卡簧

2.起动机的组装

（1）总成装复

①将离合器套在转子轴上,装上止推垫圈、垫圈、卡簧和垫圈。

②将转子和离合器插入后端盖内,装上拨叉,套上机体。

③将电刷架装在转子轴上,装上电刷。

④装上前端盖,装上起动机的两个穿心螺栓。

⑤装上前端盖上的轴承盖,拧紧轴承盖螺栓。

⑥装上电磁开关,并使铁芯与拨叉结合,装上电磁开关的两个固定螺栓。

⑦装上导线接头,拧紧电磁开关至直流电动机的固定螺母。

（2）总成装车

①举升车辆至适当高度。

②装上起动机,以 20N·m 的力矩拧紧起动机与变速器壳的连接螺栓。

③装上起动机支架,拧紧支架固定螺栓和螺母。

④装上黑色起动机电源线和红黑色控制线。

⑤装上蓄电池负极线。

（3）安装注意事项

①安装时,衬套中应涂上润滑脂。

②如图 3.29 所示,用止推垫圈调整驱动齿轮的轴向间隙（推到极限位置）,标准值为 0.3 ~ 1.5 mm。

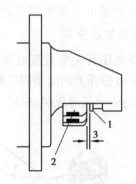

图 3.29 起动机驱动齿轮轴向间隙的调整
1—止推垫圈;2—驱动齿轮;
3—驱动齿轮轴向间隙

九、起动机的检测

起动机的检测分为不解体检测和解体检测两种。不解体检测可以在拆卸之前或装复以后进行;解体检测随解体过程一同进行。

1. 起动机的不解体检修

在起动机解体之前,先进行不解体检测,通过不解体性能检测可以先大致检测判断起动机的性能,并判断故障部位。起动机组装完毕之后也应进行性能检测,以保证起动机正常运行。

(1)吸引线圈的性能测试

将电磁开关上与起动机连接的端子 C 断开,与蓄电池负极连接;电磁开关壳体与蓄电池负极连接;将电磁开关上与点火开关连接的端子"50"与蓄电池正极连接,如图 3.30 所示。此时,起动机驱动齿轮应向外移出,否则说明电磁开关有故障,应予以修理或更换。

(2)保持线圈的性能测试

在吸引线圈性能测试的基础上,拆下电磁开关 C 上的连接线,如图 3.31 所示。此时,驱动齿轮应保持在伸出位置不动。否则,说明保持线圈损坏或搭铁不正常,应修理或更换电磁开关。

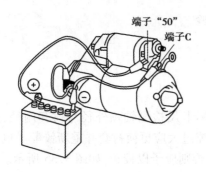

图 3.30　吸引线圈的性能测试接线图

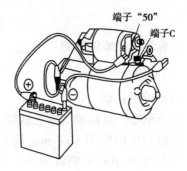

图 3.31　保持线圈的性能测试接线图

(3)驱动齿轮复位测试

在保持线圈性能测试的基础上,拆下壳体上的连接线,如图 3.32 所示。此时驱动齿轮应迅速复位。如不能复位,说明复位弹簧失效,应予以更换。

(4)驱动齿轮间隙的检查

按照图 3.33 所示连接蓄电池和电磁开关,并进行驱动齿轮间隙的测量。测量时,先把驱动齿轮推向电枢方向,消除间隙后测量驱动齿轮端面和止动套圈间的间隙,并和标准值进行比较。

(5)空载测试

①固定起动机,按照图 3.34 所示连接导线;

②起动机应平稳运转,同时驱动齿轮应移出;

③读取安培表的数值,应符合标准值;

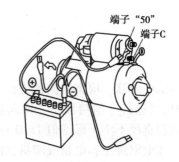

图 3.32　驱动齿轮复位测试接线图

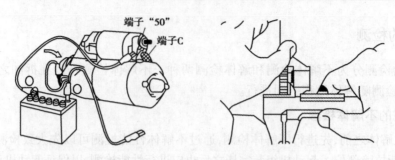

图 3.33　驱动齿轮间隙检测接线图

④断开端子后,起动机应立即停止转动,同时驱动齿轮缩回。

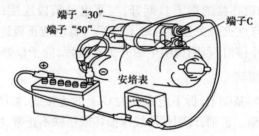

图 3.34　起动机空载试验

2.起动机的解体检测

(1)直流电动机的检修

1)电枢的检修

①电枢轴。电枢轴的常见故障是弯曲变形,可用游标卡尺检测轴颈外径与衬套内径,配合间隙应为 0.035～0.077 mm,最大不超过 0.15 mm,间隙过大应更换衬套并重新铰配。也可用百分表检测,其径向圆跳动应不大于 0.10～0.15 mm,否则应予以校正,如图 3.35 所示。

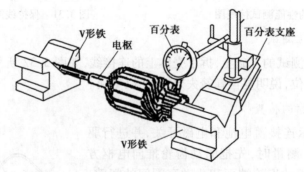

图 3.35　电枢轴的检修

②换向器。检查换向器表面有无烧蚀和失圆。轻微烧蚀时,用"00"号砂纸打磨;严重烧蚀时,应进行车削精加工。换向器与电枢轴的同轴度不大于 0.03 mm,否则在车床上修整。换向器直径不小于标准值 1.10 mm,换向片高出云母片 0.40～0.80 mm。

③电枢绕组。电枢线圈搭铁的检查:用万用表检查时,其表针分别搭在换向器和电枢轴(或铁芯)上,阻值应为∞,若阻值为零,则为搭铁,如图 3.36 所示。

电枢线圈短路的检查:把电枢放在电枢检验器上,接通电源,将锯片放在检验器上并转动电枢。

锯片不振动表明电枢线圈无短路,否则为电枢线圈短路,应予以修理或更换,如图3.37所示。

电枢线圈断路的检查:检视电枢线圈的导线是否甩出或脱焊。用万用表两表针分别依次与相邻换向器接触,其读数应一致,否则说明电枢线圈断路,如图3.38所示。

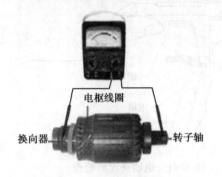 

图3.36 电枢线圈搭铁的检查　　　　　　　　图3.37 电枢线圈短路的检查

2)励磁绕组的检修

①励磁线圈搭铁的检修。用万用表的两表针分别接励磁线圈接线柱和外壳,若阻值为∞,则正常;若阻值为零,则为搭铁故障,如图3.39所示。

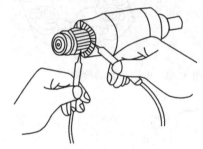 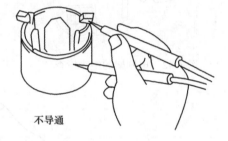

图3.38 电枢线圈断路的检查　　　　　　　　图3.39 励磁线圈搭铁的检查图

②用12V蓄电池检查励磁绕组短、断路。蓄电池正极接起动机接线柱,负极接正电刷,将旋具放在每个磁极上迅速检查磁极对旋具的吸力,吸力应相同。磁极吸力弱的为匝间短路,各磁极均无吸力为断路。将万用表置于导通挡,测接线柱与正电刷的导通情况。如不导通,也为断路,如图3.40所示。

3)电刷及电刷架的检测

①电刷高度的检查。电刷磨损后的高度不应小于电刷原高度的一半,一般不小于10 mm;电刷在电刷架内应活动自如,无卡滞;电刷与换向器的接触面积不低于75%,如图3.41所示。

②电刷架的检查。用万用表的导通挡位测两绝缘电刷架与电刷架座盖,阻值应为无穷大,否则说明绝缘体损坏;相同方法测两搭铁电刷架与电刷架座盖,阻值应为零,否则说明电刷架松动搭铁不良,如图3.42所示。

③电刷弹簧的检查。用弹簧秤检查弹簧的弹力,如图3.43所示。正常时应为11.76～14.7 N,过弱时应更换电刷弹簧。

(2)单向离合器的检修

起动机单向离合器常见的故障是打滑,可以用扭力扳手检测单向离合器的转矩。若转矩小于规定值,说明单向离合器打滑,应予以更换。也可以按照图3.44所示的方法进行检查。按顺时针转动驱动齿轮,应自由转动;逆时针转动时应该被锁住,否则应更换单向离合器总成。

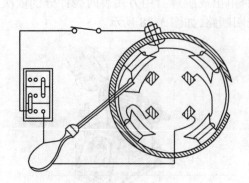

图 3.40 励磁线圈短、断路的检查

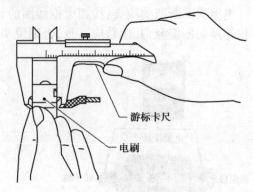

游标卡尺
电刷

图 3.41 电刷高度的检查

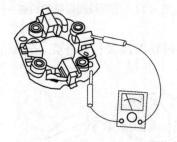

图 3.42 电刷架的绝缘检查

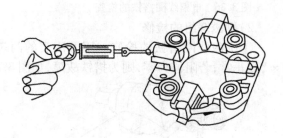

图 3.43 电刷弹簧的检查

自由转动
锁住

图 3.44 起动机单向离合器的检修

（3）电磁开关的检修

起动机电磁开关接柱位置如图 3.45 所示。电磁开关的常见故障一般是线圈断路、短路和搭铁、接触盘及触点表面烧蚀等。

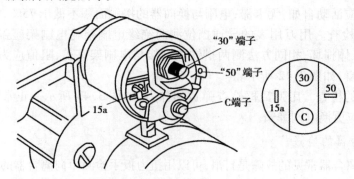

"30"端子
"50"端子
C端子
15a

图 3.45 电磁开关接线柱位置图

1)触点、接触盘的检查

目测触点、接触盘,表面应清洁、无烧蚀。若轻微烧蚀,可以用锉刀或砂布予以打磨修整;若烧蚀严重,则予以更换。

2)线圈检查

①吸拉线圈。如图3.46所示,用万用表测量电磁开关的"50"端子与电磁开关"C"端子之间的电阻值。电阻值应为2.6~2.7 Ω。

②保持线圈。如图3.47所示,用万用表测量电磁开关的"50"端子与电磁开关外壳之间的电阻值。桑塔纳轿车起动机的电阻值应为1.5~1.6 Ω。

③"15a"端子的检查。有些车辆在启动时,为保证点火线圈初级电路有足够高的电压,在启动时通过起动机电磁开关内部的接触片,将蓄电池电压直接送到点火线圈。检查时用手将挂钩及活动铁芯压入电磁开关,用万用表电阻挡测量"15a"端子与"C"端子或"30"端子间的电阻,正常值应为0 Ω。

④复位弹簧。用手先将挂钩及活动铁芯压入电磁开关,然后松开。若活动铁芯能迅速返回复位,说明弹簧复位功能良好;若铁芯不能复位或出现卡滞现象,则应更换复位弹簧或电磁开关。

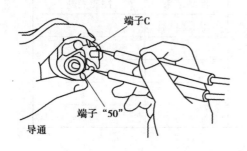

图3.46　吸拉线圈的检查

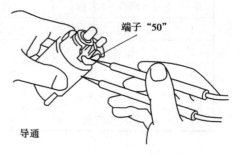

图3.47　保持线圈的检查

第二部分　任务实施

利用万用表、游标卡尺、蓄电池等对起动机进行检测。

一、工具准备

①起动机若干。

②数字万用表若干。

③蓄电池若干。

④游标卡尺若干。

⑤百分表、V形铁若干。

⑥维修工具若干套。

⑦导线若干。

二、技术要求与标准

①所有操作符合安全操作要求。
②所有操作符合起动机的技术标准。
③在操作过程中不允许出现安全事故。

三、工作内容

①起动机的拆装。
②起动机的检测。

四、填写维修工单

1.起动机不解体检测数据记录表（表3.2）

表3.2　起动机不解体检测　　（起动机型号：　　　　　　）

序号	检测部件名称	检测方法	检测结果	性能判断
1	吸引线圈			
2	保持线圈			
3	驱动齿轮复位			
4	驱动齿轮间隙			
5	起动机空载			

2.起动机解体检测数据记录表（表3.3）

表3.3　起动机解体检测　　（起动机型号：　　　　　　）

序号	检测项目		标准情况	检测情况	结论
1	磁场绕组（定子）	磁场绕组断路的检查	通(0 Ω)		①合格②不合格
		磁场绕组搭铁的检查	不通(∞)		①合格②不合格
2	电枢绕组（转子）	电枢绕组搭铁的检查	不通(∞)		①合格②不合格
		电枢绕组断路的检查	通(0 Ω)		①合格②不合格
3	电枢轴弯曲度检查		≤0.15 mm		①合格②不合格
4	电刷	正电刷架和电刷座绝缘检查	不通(∞)		①合格②不合格
		负电刷架和电刷座绝缘检查	通(0 Ω)		①合格②不合格
5	电磁开关	吸拉线圈检查	0.6 Ω 以下		①合格②不合格
		保卫线圈检查	1 Ω		①合格②不合格
6	单向离合器检查(是否打滑)		单向转动		①合格②不合格

任务2 起动机的调整与性能试验

任务描述

了解起动机的调整方法,能够利用万能试验台进行起动机的性能测试,并判断起动机的性能好坏。

第一部分 任务学习引导

一、起动机的调整

1.驱动齿轮与止推垫圈之间的间隙调整

驱动齿轮与止推垫圈之间的间隙调整如图3.48所示,将电磁开关的活动铁芯推至使其开关刚好接通的位置并保持稳定,测量驱动齿轮与止推垫圈端面之间的间隙值,一般为4～5 mm。如不符合,可适当拧入或旋出拨叉2与活动铁芯4的连接螺杆3,然后再将活动铁芯顶到极限位置。此时驱动齿轮与止推垫圈之间的间隙应减小到1.5～2.5 mm。如不符合,可调整齿轮行程限位螺钉1,直至合格为止。

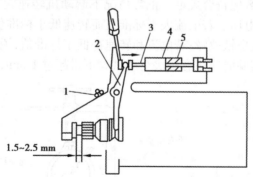

图3.48 驱动齿轮与止推垫圈之间的间隙调整
1—齿轮行程限位螺钉;2—拨叉;3—连接螺杆;4—活动铁芯;5—搭铁

2.起动机驱动齿轮端面与驱动端盖突缘面之间距离的调整

有些汽车(如EQ1090,BJ212等)的起动机,规定了不工作时驱动齿轮端面与驱动端盖突缘面之间的距离。BJ212的驱动齿轮端面与驱动端盖如图3.49所示。EQ1090的规定值为29～32 mm,BJ212的为32.5～34 mm。不符合规定值时,可调整后端盖上的齿轮行程限位螺钉。

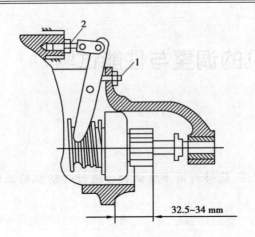

图 3.49　BJ212 的驱动齿轮端面与驱动端盖
1—齿轮行程限位螺钉;2—连接螺钉

二、起动机的性能试验

对于新出厂、使用中的和修复后的起动机,均可利用起动机试验进行技术状况检查。起动机试验包括空转试验和全制动试验。试验时,必须保证蓄电池充足电,且其容量、电压要与起动机电压和功率相匹配,起动机与蓄电池间的连接导线电阻要小,电压降不得超过 0.2 ~ 0.3 V。

1. 空载试验

空载试验又称空转试验,是在起动机不带负载时进行的试验,它通过测量空载转速和空载电流来判断起动机有无故障。方法是:将起动机夹在实验台上,按如图 3.50 所示接好试验电路,接通起动机电路,起动机应运转均匀,无碰擦声,且电刷下无强烈火花产生。此时电流表、电压表和转速表的读数应符合规定。正常情况下起动机转速大于 5 000 r/min,电流小于 90 A,蓄电池电压为额定电压。若电流大于标准值而转速低于标准值,说明起动机装配过紧,或电枢励磁绕组有短路或搭铁故障;若电流和转速都低于标准值,说明电路中接触电阻过大,有接触不良之处。空载实验时应注意每次空载试验不得超过 1 min,以免起动机过热。

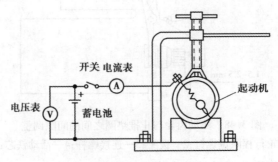

图 3.50　起动机的空载试验

2. 全制动试验

全制动试验应在空载试验的基础上进行,空载试验不合格的起动机不应进行全制动试验,它通过测量起动机全制动时的电流和转矩来检验起动机的性能是否良好。方法是:将起动机夹紧在实验台上,按如图 3.51 所示接好试验电路,使制动力矩杠杆(扭力杠杆)的一端夹住起动机驱动齿轮,另一端挂在弹簧秤上,接通起动机电路,观察单向离合器是否打滑并迅速记录下电流表、电压表和弹簧秤读数,然后与原技术标准对照。若转矩小而电流大,说明电枢和励磁绕组中有搭铁短路故障;若转矩和电流都小,则说明电路中有接触不良之处;若驱动齿轮不转而电枢轴有缓慢转动,则说明单向离合器打滑。注意:全制动试验时应动作迅速,一次试验时间不要超过 5 s,以免烧坏电动机及对蓄电池使用寿命造成不良影响。

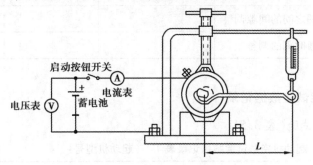

图 3.51　起动机的全制动试验

第二部分　任务实施

对起动机进行调整,利用万能试验台进行空载和全制动试验。

一、工具准备

①TQD-3 型万能试验台 1 台。
②"桑塔纳"QD1225 型起动机 1 台。
③游标卡尺。
④蓄电池。
⑤导线若干。
⑥维修工具若干。

二、技术要求与标准

①所有操作符合安全操作要求。
②所有操作符合起动机的技术标准。
③在操作过程中不允许出现安全事故。

三、工作内容

①起动机的调整。
②起动机的性能试验。

四、填写维修工单

1. 起动机的调整数据记录(表3.4)

表3.4 起动机调整数据记录表 (起动机型号:)

调整项目	调节部位	标准值	调整值
驱动齿轮与止推垫圈之间的间隙调整			
起动机开关接通时刻的调整			

2. 起动机的性能试验数据记录

(1)起动机空载试验(表3.5)

表3.5 起动机空载试验数据记录表 (起动机型号:)

特 性	空载特性		
参数	电压/V	电流不大于/A	转速/(r·min^{-1})
标准值			
测试值			

空载性能检测后分析:
①若测得的电流高而转速低,说明( )。
②若测得的电流和转速都小(蓄电池电压正常),说明( )。
③若测得的电流和转速都小,电压表的读数也低于标准值,说明( )。

(2)起动机全制动试验(表3.6)

表3.6 起动机全制动试验数据记录表 (起动机型号:)

特 性	制动特性		
参数	电压/V	电流不大于/A	转速/(r·min^{-1})
标准值			
测试值			

空载性能检测后分析:
①若测得的扭矩小、电压低而电流大,说明( )。
②若测得的扭矩和电流都小而电压高,说明( )。
③若测得的扭矩和电流都小且电压也低,说明( )。
④若测试过程中驱动齿轮不转而电枢轴有缓慢转动,说明( )。

项目 **2** 启动系统检修

任务 1 启动系统电路检修

任务描述

能够读懂启动系统的电路图,能根据电路图检修启动系统电路的常见故障。

第一部分 任务学习引导

一、启动系统电路的组成

目前,启动系统电路有两种形式。一种是不带启动附加继电器的,如图 3.52 所示;另一种是带启动附加继电器的,如图 3.53 所示。

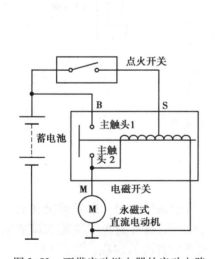

图 3.52 不带启动继电器的启动电路

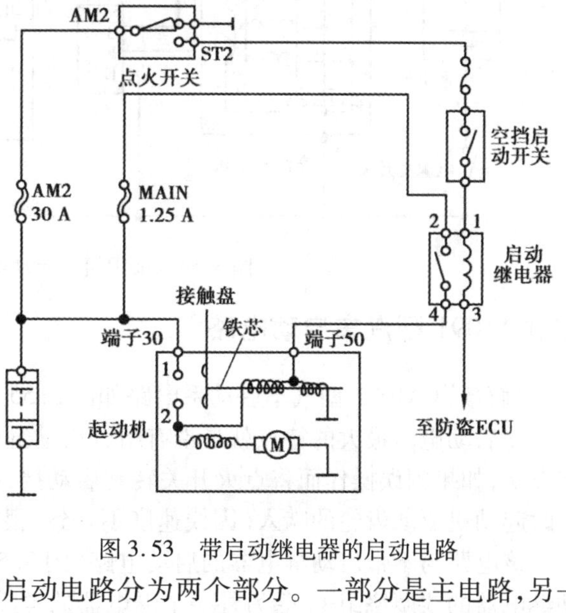

图 3.53 带启动继电器的启动电路

不论带或不带启动继电器,我们都可将启动电路分为两个部分。一部分是主电路,另一部分为控制电路。

　　主电路是在起动机工作时为起动机励磁线圈和电枢绕组提供电能(流)的电路。其电路连接路线是:蓄电池正极→主触头→起动机电磁开关内部的接触盘→主触头2→起动机励磁绕组→电枢绕组→起动机外壳→搭铁→蓄电池负极。

　　控制电路的作用是控制起动机电磁开关动作,一方面使启动主电路接通,另一方面使起动机小齿轮与飞轮接合达到使起动机带动发动机飞轮齿圈转动的目的。

　　不带启动继电器的启动控制电路是通过点火开关直接控制起动机电磁开关工作,由于起动机电磁开关在工作时电流较大,容易使点火开关损坏,所以现在的汽车已很少采用。带启动继电器的启动控制电路通过控制启动继电器内的电磁线圈,使继电器内部的常开触点闭合而接通启动电磁开关电路,使启动电磁开关工作。

　　上述两种电路在发动机启动后,如果不小心将点火开关再转动到启动位置,启动电路会被接通而造成打齿现象。这是因为发动机工作时,起动机小齿轮试图与飞轮齿圈啮合,由于转速不同而造成的。因此,有些车辆采用了组合继电器,如图3.54所示。

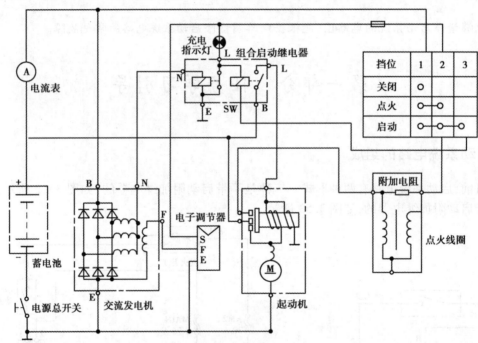

图3.54　采用组合启动继电器的启动电路

二、CA1091型汽车启动电路

　　"解放"CA1091型汽车启动系电路如图3.55所示。

　　该启动电路最大的特点就是带有组合启动继电器,具有启动保护作用。即发动机在运行状态下,如果因误操作而将点火开关转到启动挡,起动机不会工作,这样避免了飞轮在调整运转时起动机驱动齿轮的啮入(因线速度不一致,很难啮入)而造成打齿的现象。

　　该电路与不带启动继电器的启动电路(图3.52)相比,不同之处是采用了组合继电器,启动继电器的线圈绕组 L_1 受另外一个继电器的常闭触点 K_2 的控制。发动机运转时,发电机中性点的电压加在继电器的线圈绕组 L_2 上,吸下常闭触点 K_2 ,使启动继电器的线圈绕组 L_1 处于断路状态,即使此时将点火开关转到启动挡,因 L_1 中没有电流,不会将蚀点 K_1 吸合,起动机无法工作,从而起到保护作用。

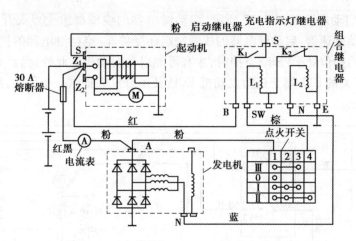

图 3.55 "解放"牌 CA1091 型汽车启动电路

三、"桑塔纳"轿车启动电路

"桑塔纳"轿车启动系统接线如图 3.56 所示,起动机电源"30"端子用黑色导线 7 与蓄电池正极相连,起动机"50"端子用红/黑色导线 6 与中央电路板 C 插座的接点 C18 连接。

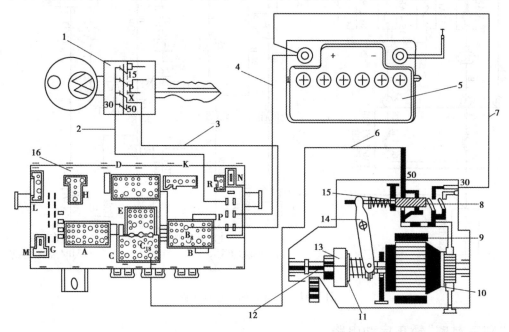

图 3.56 "桑塔纳"轿车启动系统接线图

1—点火开关;2—红色导线;3—红/黑色导线;4—红色导线;5—蓄电池;6—红/黑色导线;
7—黑色导线;8—电磁开关;9—定子;10—电枢;11—起动机总成;12—驱动齿轮;
13—滚柱式单向离合器;14—拨叉;15—回位弹簧;16—中央线路板

111

四、"丰田"轿车启动电路

"丰田"轿车启动电路如图3.57所示,启动继电器的线圈绕组受点火开关ST2的控制。如果配置的是自动变速器,启动继电器的线圈绕组还受停车/空挡继电器的控制。也就是说,只有自动变速器的挡位处于停车/空挡时,才有可能启动发动机。此外,当点火开关旋到启动位置时,从点火开关的ST2端子还给发动机ECU及组合仪表提供一个信号,用作与启动有关的其他控制或指示。

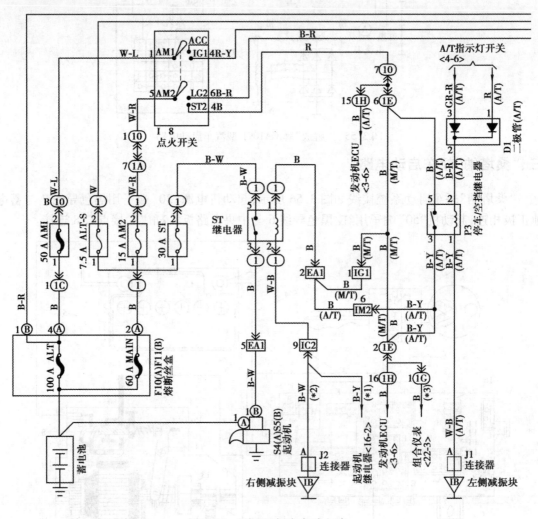

图3.57 "丰田"轿车启动电路

五、"别克君威"轿车启动电路

如图3.58所示,当点火开关转为ON接通BULB TEST灯泡测试或START启动时,蓄电池电压作用在启动继电器的线圈的一侧,该继电器位于线束接线盒组件中与电路3、发动机控制模块-车身控制模块(ECM-BCM)保险丝盒及电路439连接。当点火开关转到START位置,

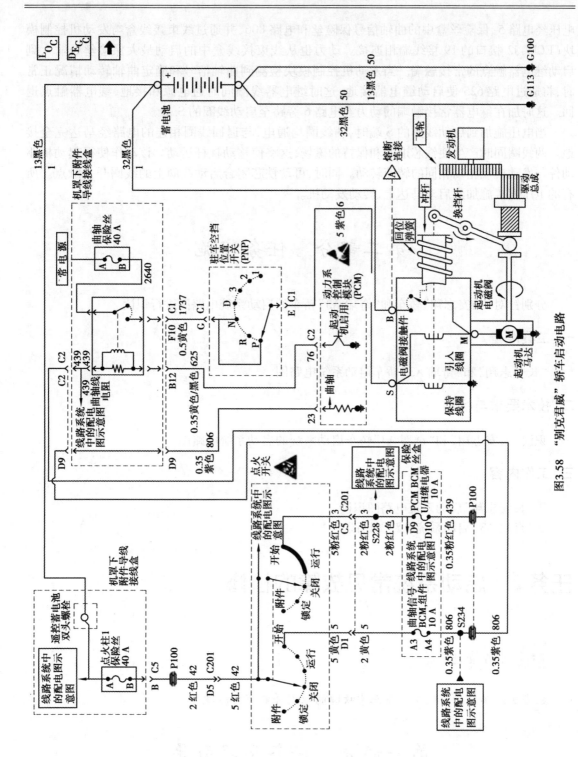

图3.58　"别克君威"轿车启动电路

电压经电路 5、保险丝盒中的曲轴信号保险丝和电路 806,并通过线束接线盒与发动机控制模块(ECM)J2 接口的 19 接线端相连接。动力也从线束接线盒中的启动最大保险丝处输入到启动继电器触点的常接触端。当发动机控制模块检测到曲轴信号和确定曲轴转动情况正常时,将通过电路 625 使启动继电器接地,这时继电器线圈同时通电源和接地,继电器触点退回。这时加在继电器常接触端的动力经电路 6 旁路至启动线圈的 S 端。

当电压施加到启动线圈的 S 端时,两线圈均通电,与退回线圈相连的电路经马达完全接地。两线圈同时产生使铁芯退回和保持的磁场,这将使移动杠杆运动。该动作使得起动机驱动件与发动机飞轮以相同的转速转动。同时,可动铁芯闭合启动线圈上的线圈开关触点。所有的电压直接施加到启动马达上,转动发动机。

第二部分　任务实施

分别针对"长安志翔"轿车和"奇瑞 A3"轿车的启动系统电路图进行识读。

一、工具准备

"长安志翔"和"奇瑞 A3"轿车启动系统电路图。

二、技术要求与标准

识读"长安志翔"和"奇瑞 A3"轿车启动系统的启动系统电路图。

三、工作内容

①"长安志翔"启动系统电路图识读。
②"奇瑞 A3"启动系统电路图识读。

任务2　启动系统常见故障的检修

◖▦◗任务描述

检查出汽车启动系统工作不正常故障的原因并能够排除故障。

第一部分　任务学习引导

启动系统常见故障主要有起动机不转、起动机运转无力、起动机空转及起动机异响等故障。

在诊断与排除启动系统的故障时,要根据控制电路的不同情况来具体分析。现以带启动继电器的控制电路为例来说明启动系统故障的诊断与排除方法。

一、起动机不转的故障诊断与排除

1. 故障现象

启动发动机时,点火开关打至启动挡,起动机不转动。

2. 故障原因

该故障可以归纳为五类,即电源、启动继电器、起动机、点火开关及启动线路故障。

(1)电源故障

这主要表现为:蓄电池严重亏电或极板硫化、短路,蓄电池极桩与线夹接触不良,启动电路导线连接处松动而接触不良等。

(2)起动机故障

这主要表现为:起动机电磁开关吸拉线圈或保持线圈出现断路、短路、搭铁故障,电磁开关触点烧蚀,或因调整不当使接触盘与触点接触不良;磁场绕组或电枢绕组有断路、短路或搭铁;电刷在电刷架内卡死、弹簧折断或绝缘电刷搭铁等;换向器油污、烧蚀、磨损产生沟槽。

(3)启动继电器故障

这主要表现为:启动继电器线圈断路、短路、搭铁或其触点接触不良等。

(4)点火开关故障

这主要表现为:点火开关接线松动或内部接触不良。

(5)启动系线路故障

这主要表现为:启动线路中有断路、导线接触不良或松脱等。

3. 故障诊断与排除方法

以如图 3.55 所示的电路为例,其故障诊断方法如下所述。

(1)检查电源

按喇叭或开大灯,如果喇叭声音小或嘶哑,灯光比平时暗淡,说明电源有问题。应先检查蓄电池极桩与线夹及启动电路导线连接处是否有松动,触摸导线连接处是否发热。若某连接处松动或发热,则说明该处接触不良;如果线路连接无问题,则应对蓄电池进行检查。

(2)检查起动机

如果判断电源无问题,用螺丝刀将起动机电磁开关上"30"接线柱和"C"接线柱,如果起动机不转,则说明是直流电动机内部有故障,应拆检起动机;如果起动机空转正常,则进行后面的步骤检查。

(3)检查电磁开关

用导线连接电磁开关上"50"接线柱和蓄电池正极接线柱,若起动机不转,则说明起动机电磁开关有故障,应拆检电磁开关;如果起动机运转正常,则说明故障在启动继电器或有关线路上。

（4）检查启动继电器

用螺丝刀将启动继电器上的电池和起动机两接线柱短接,若起动机转动,则说明启动继电器内部有故障,否则应作下一步检查。

（5）检查点火开关及线路

将启动继电器的电池与点火开关用导线直接相连,若起动机能正常运转,则说明故障在启动继电器至点火开关的线路中,可对其进行检修。

带启动继电器的启动系统起动机不转的故障可按图 3.59 所示的方法进行诊断。

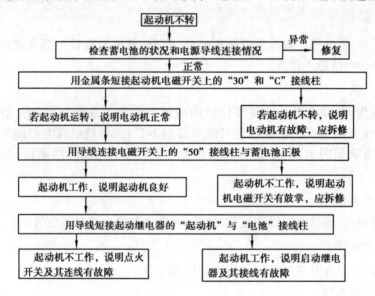

图 3.59 带启动继电器的启动系统起动机不转的故障分析

二、起动机运转无力的故障诊断与排除

1. 故障现象

启动时,起动机转速明显偏低甚至停转。

2. 故障原因

（1）电源故障

这主要表现为:蓄电池亏电或极板硫化短路,启动电路导线接触不良等。

（2）起动机故障

这主要表现为:换向器与电刷接触不良,电磁开关触点和导电盘接触不良,电动机励磁绕组或电枢绕组有局部短路等。

3. 故障诊断与排除方法

如果出现起动机运转无力,应在正确使用发动机机油和具有合适的 V 形皮带张紧度的情况下检查起动机电源。如果起动机电源无问题,则应拆检起动机。首先检查电磁开关触点与导电盘、换向器与电刷的接触情况,其次检查励磁绕组和电枢绕组。起动机运转无力可按如图3.60所示的方法进行故障诊断。

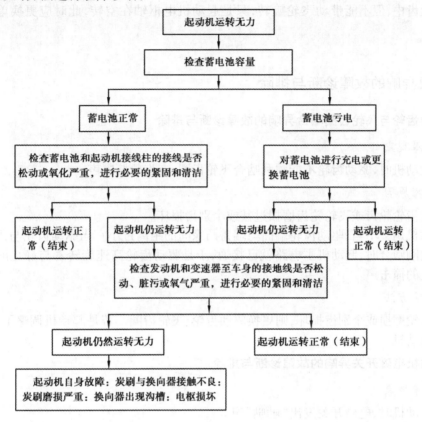

图3.60　启动系统运转无力的故障分析

三、起动机空转的故障诊断与排除

1.故障现象

接通点火开关后,只有起动机快速旋转而发动机曲轴不转。

2.故障原因

①起动机单向离合器打滑。

②飞轮齿圈牙齿严重磨损或损坏。

③电磁开关控制的起动机,其电磁开关铁芯行程太短。

④拨叉与铁芯连接处脱开,或拨叉安装在单向离合器拨叉套外面。

3.故障诊断与排除方法

①起动机空转时有较轻的摩擦声音,起动机驱动齿轮不能与飞轮轮齿啮合而产生空转,即驱动齿轮还没有啮合到飞轮轮齿中,电磁开关就提前接通,说明主回路的接触盘行程过短,应拆下起动机,进行起动机接通时刻的调整。

②起动机空转时有严重的碰撞轮齿的声音,说明飞轮轮齿或起动机驱动齿轮严重磨损,应拆下起动机进一步检查,根据实际情况更换驱动齿轮或飞轮轮齿。

③起动机空转时速度较快但无碰齿声音,说明起动机单向离合器打滑,即驱动齿轮已经啮入飞轮轮齿中,但不能带动飞轮旋转,只是起动机电枢轴在空转,此时应更换单向离合器总成。

四、起动机异响的故障诊断与排除

1. 驱动齿轮与飞轮齿圈啮合异响的故障诊断与排除

(1)故障现象

启动发动机时,驱动齿轮不能顺利啮合飞轮齿圈,有齿轮撞击声。

(2)故障原因

①驱动齿轮轮齿或飞轮轮齿磨损过甚或个别齿损坏。

②起动机调整不当,驱动齿轮端面与端盖凸缘间的距离过小。当驱动齿轮与飞轮齿圈尚未啮合或刚刚啮合时,起动机主电路就已接通,于是驱动齿轮高速旋转着与静止的飞轮齿圈啮合而发生的撞击声。

(3)排除方法

若是齿轮磨损或个别齿损坏,则更换驱动齿轮、飞轮齿圈。若是起动机调整不当,则按要求调整好起动机。

2. 起动机电磁开关异响的故障诊断与排除

(1)故障现象

启动发动机时,电磁开关发出"哒哒"声。

(2)故障原因

①电磁开关保位线圈断路或搭铁不良。

②蓄电池严重亏电或内部短路。

③启动继电器触点断开电压过高。

(3)排除方法

启动发动机时,用万用表检测蓄电池电压,正常值不得低于 9.6 V。如电压过低,说明蓄电池严重亏电或内部短路,应予更换。若蓄电池没有问题,启动时电磁开关仍有"哒哒"声,应拆检电磁开关的保位线圈是否断路或搭铁不良。对于个别车型,还有可能是启动继电器断开电压过高所致,故应检查其断开电压。

第二部分　任务实施

分别针对"长安志翔"和"奇瑞 A3"轿车进行前照灯的故障设置,然后由学生根据电路图分析故障原因并进行故障排除。

一、工具准备

①"长安志翔"轿车2辆。
②"奇瑞A3"轿车1辆。
③"长安志翔"和"奇瑞A3"电路图。
④万用表若干。
⑤连接导线若干。
⑥维修工具若干套。

二、技术要求与标准

①所有操作符合安全操作要求。
②所有操作符合起动机的技术标准。
③在操作过程中不允许出现安全事故。

三、工作内容

①观察故障现象。
②对照相应电路图进行分析,找出故障原因。
③进行故障排除。

四、填写维修工单

1. 故障1

车型:

(1)故障现象描述:

(2)检查启动系统,确定故障现象:

(3)读电路图,分析故障原因:

可能的故障点:

(4)实车检测,写出具体检测流程:

(5)确定故障点,排除故障:

2. 故障 2

车型:

(1)故障现象描述:

(2)检查启动系统,确定故障现象:

(3)读电路图,分析故障原因:

可能的故障点:

(4)实车检测,写出具体检测流程:

(5)确定故障点,排除故障:

表3.7 维修工单

×××××汽车维修公司维修工单	工单号：				
客户名称： 车牌号：	购车日期： 年 月 日 联系电话：				
联系人： 车型：	VinNo：				

送修日期： 年 月 日 交付日期： 年 月 日 行驶里程：

故障描述		启动系统工作不正常	
序 号	检修项目	结 论	
1	电源		
2	起动机		
3	继电器		
4	点火开关		
检修标准			
所需工具			
检修人	联系电话	时间	
工作组组长	联系电话	时间	

五、考核

表3.8 考核表

序号	考核内容	配分	评分标准	考核记录	扣分	得分
1	正确使用工具、仪表、量具	10	每次工具使用不当扣3分			
			每次量具、仪表使用不当扣3分			
2	正确分析启动系统电路	20	不能正确回答每处扣5分			
3	正确连接启动系统电路	30	操作不熟练扣8分			
			操作错误扣12分			
4	正确检查诊断启动系统电路的故障	30	查找故障点,错误一次扣5分,直至扣完为止			
5	操作规范,整洁有序,不超时	10	第一项扣4分,后两项各扣3分			
	遵守安全操作规程,无事故		出现元器件损坏,此题为0分			
6	分数总计	100				

思考题

一、判断题

1. 起动机换向器的作用是将交流电变为直流电。　　　　　　　　　　　（　　）

2. 直流电动机的电枢绕组用多匝导线绕制的目的是使其产生较大转矩,并实现电枢平稳运转。　　　　　　　　　　　　　　　　　　　　　　　　　　（　　）

3. 直流串励式电动机的转矩特性表征了它能较容易地启动发动机。　　（　　）

4. 在较轻负载情况下,直流串励式电动机的转速就会较低。　　　　　（　　）

5. 起动机投入工作时,应先接通主电路,然后再使齿轮啮合。　　　　（　　）

6. 汽车发动机热启动时,起动机由交流发电机供电。　　　　　　　　（　　）

7. 起动机有"哒哒"声响,但不能发动的原因一定是电磁开关中吸拉线圈已烧断。（　　）

8. 蓄电池搭铁极性接反,会造成普通电磁式起动机转子反转。　　　　（　　）

9. 起动机空载测试时,转速过高,耗电过大,表明电枢绕组有短路故障。（　　）

10. 单向滚柱式离合器的外壳与十字块之间的间隙是宽窄不等的。　　（　　）

二、单项选择题

1. 电磁开关将起动机主电路接通后,活动铁芯靠下述线圈产生的电磁力保持在吸合位置上(　　)。

　　A. 吸引线圈　　　　　B. 保持线圈　　　　　C. A 和 B 共同作用

2. 不会引起起动机运转无力的原因是(　　)。

　　A. 蓄电池亏电　　　　　　　　　　B. 换向器脏污

　　C. 电磁开关中接触片烧蚀　　　　　D. 吸引线圈断路

3. 起动机启动发动机时,每次启动时间限制为 5 秒左右,是因为(　　)。

　　A. 蓄电池的端电压下降过快

　　B. 防止起动机过热

　　C. 防止电流过大,使点火开关烧坏

　　D. 防止电流过大,使启动电路的线束过热起火

4. 起动机的磁力开关工作时,是(　　)。

　　A. 先接通主电路后使小齿轮与飞轮啮合

　　B. 先使小齿轮与飞轮啮合,然后接通主电路

　　C. 接通主电路和小齿轮与飞轮啮合同时进行

　　D. 没有先后的要求

5. 功率较小的起动机上广泛使用的离合器是(　　)。

　　A. 单向滚柱式　　　　B. 摩擦片式　　　　C. 弹簧式

6. 起动机在汽车的启动过程中是(　　)。

　　A. 先接通启动电源,然后让起动机驱动齿轮与发动机飞轮齿圈正确啮合

　　B. 先让起动机驱动齿轮与发动机飞轮齿圈正确啮合,然后接通启动电源

　　C. 在接通启动电源的同时,让起动机驱动齿轮与发动机飞轮齿圈正确啮合

　　D. 以上都不对

7. 汽车发动机在启动时,曲轴的最初转动是(　　　)。
　　A. 由于有一个外力转动了发动机飞轮而引起的
　　B. 借助于汽缸内的可燃混合气燃烧和膨胀做功来实现的
　　C. 借助于活塞与连杆的惯性运动来实现的
　　D. 由启动电动机通过带传动直接带动的
8. 为使发动机能在更低的气温下迅速启动,要求启动转速能达(　　　)。
　　A. 30~50 r/min　　　　　　　　　　B. 50~70 r/min
　　C. 70~90 r/min　　　　　　　　　　D. 90~110 r/min
9. 空载试验的持续时间不能超过(　　　)。
　　A. 5 s　　　　　　B. 10 s　　　　　　C. 1 min　　　　D. 5 min
10. 全制动的试验每次接通电路的时间不能超过(　　　)。
　　A. 5~7 s　　　　　B. 10 s　　　　　　C. 1 min　　　　D. 5 min

三、简答题

1. 汽车起动机为什么采用直流串励式电动机?
2. 简述起动机的工作过程。
3. 起动机由哪些部分组成? 各组成部分的作用是什么?
4. 起动机传动机构为什么要采用单向离合器? 使用中出现"飞车"是何原因?
5. 起动机的正确使用和维护要求有哪些?
6. 起动机需要调整的内容有哪些?
7. 起动机的性能实验项目有哪些? 如何判断其技术状况?
8. 有组合继电器的启动系如何实现驱动保护的?
9. 分析起动机不转的原因并简述排除方法。
10. 启动时汽车起动机运转无力,故障原因是什么?

模块 **4**
点火系统的检修

知识目标:

1. 了解点火系的作用与要求,掌握传统点火系的组成及工作原理。

2. 了解电子点火系的分类、组成及工作原理,熟悉磁脉冲式、霍尔效应式电子点火装置的基本电路及工作原理。

3. 掌握微机控制点火系的组成及工作原理。

能力目标:

1. 掌握传统点火系的正确使用、检测与维修。

2. 熟悉电子点火系常见故障的诊断与排除。

3. 掌握微机控制点火系常见故障的检测和排除。

4. 能够对点火系性能进行判定。

5. 能够更换点火控制模块和点火系统传感器,诊断火花塞高压无火、间歇跳火、低速断火、高速断火的故障,会分析原因与处理方法。

案例:一辆"桑塔纳"2000型轿车发动机处于冷机状态或低温停驶期间进行启动,起动机出现空转现象,热车启动则故障现象消失。

项目 1　汽车传统点火系统

一、点火系统的作用与要求

在汽油机中,汽缸内的可燃混合气是靠电火花点燃的,因此汽油机的汽缸盖上装有火花塞,火花塞头部伸入燃烧室内。能够按时在火花塞电极间产生电火花的全部设备称为点火系统,简称点火系。

汽车的油路和电路系统都是汽车的能量系统,而点火系统是油路和电路的交汇处,两者很好配合后方可既有汽车的动力性,又有良好的燃油经济性。对汽车而言,发动机是整个汽车的"心脏",而点火系统则可谓发动机的重中之重,许多汽车故障都源于点火系统。点火系的作用主要就是适时提供足够能量的电火花,使发动机能及时、迅速地做功。鉴于汽车点火系的作用,对点火系提出以下要求:

①应能迅速及时地产生足以击穿火花塞电极间隙的高电压。

②电火花应具有足够的点火能量。

③能根据发动机各种工况提供最佳的点火时刻 。

二、点火系的分类

汽车发展至今 100 多年,点火系也先后经过了几个阶段,按照点火系使用的不同阶段通常可以分为传统点火系(已淘汰)、普通电子点火系(正在淘汰)与微机控制点火系(广泛应用)三类。

三、传统点火系的组成与工作原理

1. 传统点火系的组成

传统点火系统的组成一般包括蓄电池、点火开关、附加电阻、点火线圈、分电器、火花塞等,如图 4.1 所示。

(1)点火开关

点火开关结构如图 4.2 所示。

(2)附加电阻

附加电阻与点火线圈初级绕组串联其作用是调节初级电流大小,维持初级电流基本稳定。

(3)点火线圈

点火线圈能把电源的低压电转变成火花塞点火所需要的高压电。所以,点火线圈实际上是一个变压器,主要由初级绕组、次级绕组和铁芯组成,如图 4.3 所示。按其铁芯结构形式,点火线圈分为开磁路点火线圈和闭磁路点火线圈。

①开磁路点火线圈:采用柱形铁芯,其上下两端没有连接在一起,磁力线通过空气形成磁回路。

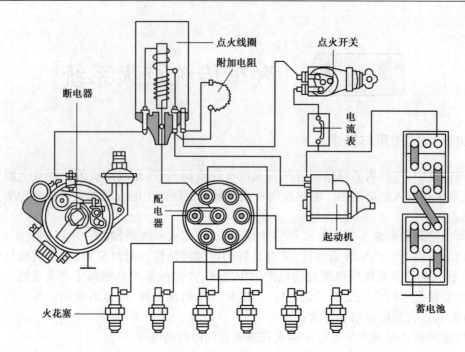

图 4.1 传统点火系组成

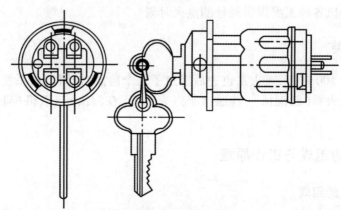

图 4.2 点火开关

②闭磁路点火线圈:铁芯由"口"字形或"日"字形的铁片叠制而成,磁路闭合,结构如图4.4 所示。

(4)分电器

分电器由断电器、配电器、点火提前机构和电容器组成,如图 4.5 所示。

断电器的作用是周期地接通或断开初级(低压)电路,使初级电流发生变化,以便在点火线圈中感应生成次级电压。断电器的触点间隙一般为 0.35~0.45 mm,可以通过调整固定触点的位置来改变触点间隙。

配电器的作用是将点火线圈产生的高压电按照发动机的工作顺序轮流分配给各汽缸的火花塞。

根据发动机转速和负荷自动调节点火时刻不同,点火提前机构分为离心式点火提前机构

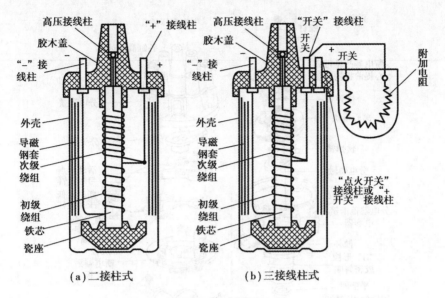

图 4.3　点火线圈组成

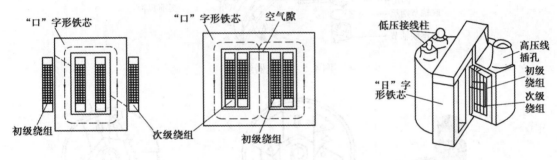

图 4.4　闭磁路式点火线圈结构

和真空式点火提前机构。

　　真空提前机构是随发动机负荷的大小自动改变点火提前角的装置,它装在分电器外壳的外侧,主要由外壳、膜片、弹簧、拉杆和支架等部件组成,其内部结构如图 4.7 所示。真空提前机构内的膜片将其分成两个腔室,位于分电器壳体一侧的腔室与大气相通,另一个腔室用管子与化油器节气门的小孔连接,膜片中心固装着拉杆,拉杆的一端固装一销钉。断电器活动底板套装在拉杆的销钉上,因此拉杆运动可带动断电器活动底板转动,转动的最大角度由固定底板的长形槽孔限制。平时用膜片在弹簧的作用下拱向分电器壳体一侧,并通过拉杆带动断电器活动底板处于某一位置。真空提前机构的工作情况是:当发动机负荷小时,节气门下方的小孔处真空度较大,吸动膜片,膜片带动拉杆克服弹簧弹力向右拱曲。同时,拉杆拉动活动底板带着断电器触点沿分电器轴旋转反方向转动一定角度,使触点提前张开,点火提前角增大。当发动机负荷增大时,小孔处真空度减小,吸力下降,在弹簧弹力作用下,膜片向左拱曲,拉杆带动活动底板并带着断电器触点顺着分电器轴旋转方向转动一定角度,使点火提前角减小。

　　(5)电容器

　　电容器功用是在点火线圈初级电路断开时,减小断电触点火花,防止触点烧损;另外还可

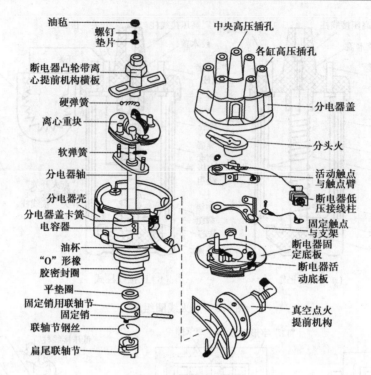

图 4.5　分电器组成

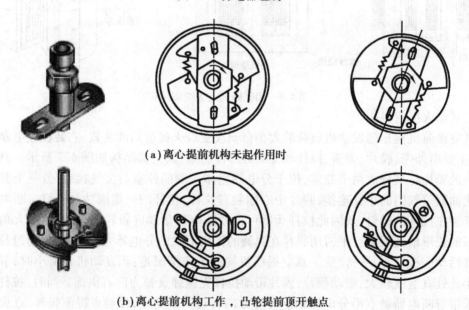

（a）离心提前机构未起作用时

（b）离心提前机构工作，凸轮提前顶开触点

图 4.6　离心提前机构的工作原理

加速点火线圈中的磁通变化率，提高点火线圈次级高压。电容器并联在断电器触点两端，装在分电器的壳体上，其容量一般为 0.15 ~ 0.35 μF，耐交流电压 500 V，且 1 min 内无击穿现象，并且不低于 500 MΩ 的绝缘电阻。

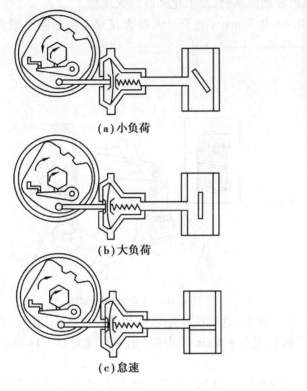

图4.7　真空提前机构

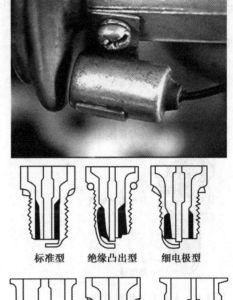

图4.8　火花塞

（6）火花塞

火花塞（图4.8）的功用是将高压电引入燃烧室，产生电火花并点燃混合气。其主要由中心电极、侧电极、绝缘瓷体、壳体、导电密封玻璃、导电金属杆、紫铜内垫圈和密封垫圈等组成，结构如图4.9所示。其钢质壳体内部固定有高氧化铝陶瓷绝缘体，在绝缘体中心孔的上部有金属杆，杆的上端有接线螺母，用来接高压导线；下部有中心电极，金属杆与中心电极之间用导电玻璃密封，铜质内垫圈起密封和导热作用。壳体的上部有便于拆装的六方体，下部有螺纹以备拧装在发动机汽缸盖内，并采用了氧化处理或其他防锈镀层，以提高其耐腐蚀性。壳体的下端面固定有弯曲的侧电极。火花塞装入火花塞孔时，需加多层密封垫圈或铜包石棉垫圈以保证密封。中心电极用镍锰合金钢制成，具有良好的高导电、导热性，并具有很强的耐高温、耐化学腐蚀和抗氧化性能，有较长的使用寿命。火花塞的电极间隙一般为 $0.7 \sim 0.9$ mm，近年来为适应发动机排气净化的要求常利用稀混合气燃烧，火花塞间隙有增大的趋势，有的已增大到 $1.0 \sim 1.2$ mm。

火花塞的热特性主要取决于绝缘体裙部的长度。裙部较长时，其受热面积大，吸收的热量多，且因散热距离长、散热困难而使裙部的温度高，此为"热型"火花塞，反之为"冷型"火花塞。

火花塞自净温度一般为 500 ℃以上，若裙部温度低于此温度，落在绝缘体裙部的油粒便不能立即燃烧掉，故易形成积炭而引起漏电。

火花塞炽热点应小于 800 ℃，若温度太高，则混合气与这样炽热的绝缘体接触时，可能在火花塞产生火花之前就自行着火,从而引起发动机早燃,发生化油器回火现象。

传统点火系火花塞电极间隙一般为 0.6 ~ 0.8 mm;电子点火系火花塞电极间隙一般为 1.0 ~ 1.2 mm。

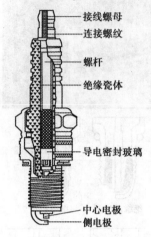

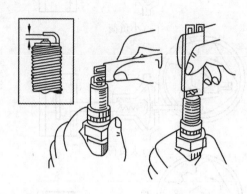

图 4.9 火花塞电极结构形式   图 4.10 火花塞电极间隙

不同发动机使用的火花塞裙部受热是不一样的,这就使得绝缘体裙部长度各不相同。根据裙部长度不同,又把火花塞分成冷型(裙部长度小于 8 mm)、中型(裙部长度为 11 ~ 14 mm)和热型(裙部长度为 16 ~ 20 mm)。

热型火花塞适用于功率小、转速低、压缩比低的发动机;冷型火花塞适用于功率大、转速高、压缩比高的发动机。

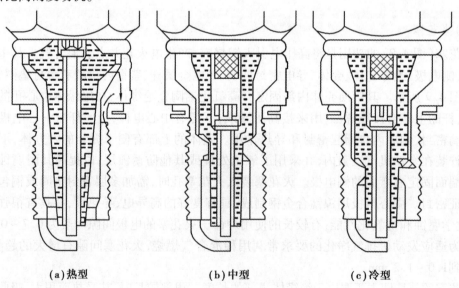

(a)热型   (b)中型   (c)冷型

图 4.11 火花塞热特性

2.传统点火系统的工作过程

接通点火开关,发动机曲轴转动并带动断电-配电器凸轮在凸轮轴的驱动下旋转,使断电器触点反复开闭,以接通或切断初级电路。当触点闭合时,初级电路被接通,初级电流在初级绕组中逐渐增大至某一值并建立较强的磁场。当断电器凸轮顶开触点时,初级电路被切断,初级电流迅速下降到零,铁芯中的磁通随之迅速衰减以至消失,因而在匝数多次级绕组中就感应出高达 15 ~ 20 kV 的电动势。此时,次级电路中分火头恰好对准某一个旁电极,次级电路被接通,使火花塞两电极之间的间隙被击穿而产生电火花。初级电流下降的速率越大,铁芯中的磁通变化率也越大,次级绕组中的感应电动势也越高。

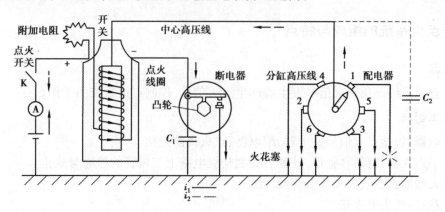

图 4.12　传统点火系统工作原理简图

通过电路分析,其工作过程可分为两个阶段。

第一阶段:触点闭合,初级电流逐步增大,初级线圈电流按指数规律增长(20 ms 达最大值)。

第二阶段:触点分开,次级绕组中产生高压电。当二次侧电压 U_2 > 击穿电压 U_j 时,击穿放电,形成电火花,次级电流迅速增加,次级电压急剧下降。

第三阶段:火花塞间隙被击穿,电火花放电。

131

项目 2　电子点火系统组成与工作原理

一、电子点火系统的组成与特点

1. 特点
电子点火系统是用点火信号发生器产生点火信号,控制点火系统的工作。

2. 基本组成
①分电器:包括点火信号发生器、配电器、点火提前机构。
②电子点火器:将信号整形,处理后控制初级电路上三极管的导通与截止。
③点火线圈:变压(将低压变为高压)。
④火花塞:产生电火花。

二、电子点火系的分类

电子点火系通常可以分为有触点电子点火系和无触点电子点火系。有触点电子点火系通常因触点被烧蚀而逐渐被淘汰,现在常用的主要是无触点电子点火系。

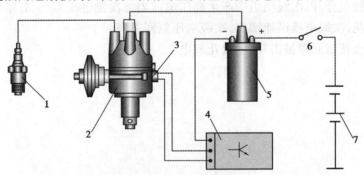

图 4.13　无触点电子点火系
1—火花塞;2—分电器;3—点火信号发生器;4—点火控制器;
5—点火线圈;6—点火开关;7—电源

无触点电子点火系统主要由点火信号发生器、点火器、点火线圈、分电器和火花塞等组成。

工作原理:分电器转动,使点火信号发生器产生电压信号(模拟信号或数字信号),经大功率晶体管前置电路的放大、整形等处理后,控制初级回路的大功率晶体管的导通和截止。大功率晶体管导通时,点火线圈初级通路储能;截止时,次级绕组便产生高压电。按信号发生器的结构,普通电子点火系又分为磁脉冲式电子点火系统、霍尔式电子点火系统、光电式电子点火系统。

三、常用的电子点火系的组成与工作原理

电子点火系中由点火器控制初级电路通断,传统点火系没有点火器;电子点火系的分电器和传统点火系的分电器机构不同;电子点火系点火能量高,性能好。下面就电子点火系中常使用的几种类型展开介绍。

1.磁脉冲式电子点火系统

磁感应式电子点火系统主要由点火器、磁感应式分电器、点火线圈、火花塞等组成。

(1)磁脉冲式点火信号发生器

①作用:产生点火信号,控制电子点火器和点火系统的工作。

②位置:安装在分电器内部。

③组成:信号转子 、感应器(包括永久磁铁、铁芯和传感线圈)。

④原理:信号转子安装在分电器轴上,凸齿数与发动机汽缸数相等。当信号转子转动时,转子与磁轭之间的空气隙发生变化。转子凸齿靠近磁轭时,空气隙减小,磁路的磁阻减小,磁通量增大;转子凸齿离开磁轭时,空气隙增大,磁路的磁阻增大,磁通量减小。磁通量的交替变化使感应线圈产生交变的感应电动势,输入点火器。

(2)磁脉冲式点火系统工作过程

①点火开关打开,点火模块通电准备工作。

②凸轮轴带动分电器轴转动,传感器转子转动使传感器线圈产生交变变化的信号(正弦波)。

③信号送入点火模块,经过多级放大,驱动功率三极管工作;功率三极管接通点火线圈初级电路通电储能;功率三极管断开点火线圈次级电路通过互感产生高压电;击穿火花塞点火。

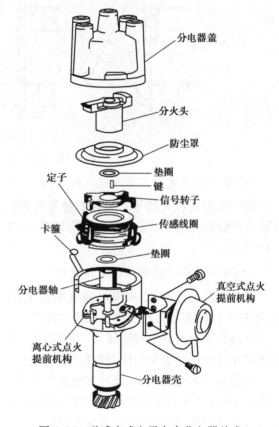

图4.14　磁感应式电子点火分电器总成

分电器盖
分火头
防尘罩
垫圈
定子
键
信号转子
传感线圈
卡箍
垫圈
分电器轴
真空式点火提前机构
离心式点火提前机构
分电器壳

2.霍尔效应式点火系统

霍尔效应式电子点火系统由内装霍尔信号发生器的分电器、点火器、点火线圈和火花塞等组成。霍尔式传感器应用霍尔效应原理,主要由转子和定子组成。转子即触发叶轮,由分电器轴带动,其叶片数与发动机汽缸数相等。定子由永久磁铁、霍尔元件和导磁板等组成。

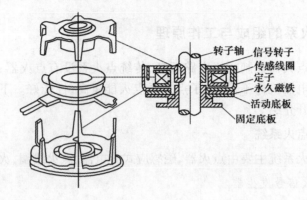

图4.15　磁感应式点火信号发生器组成

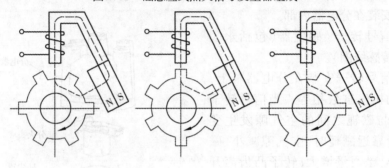

图4.16　磁脉冲点火信号的产生

(1)霍尔效应式点火信号发生器组成

霍尔效应式点火信号发生器的触发叶轮的叶片数与汽缸数相等,其总成和总结构如图4.18与4.19所示。

(2)霍尔效应式点火系统工作过程

①点火开关打开,点火模块通电准备工作,同时,稳压电路给霍尔传感器提供工作电源。

②凸轮轴带动分电器轴转动,传感器叶轮转动使霍尔元件中产生交变变化的电信号(方波)。

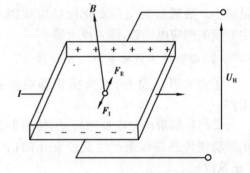

图4.17　霍尔效应原理
I—电流;B—磁感应强度;U_H—霍尔电压

③信号送入点火模块,经过多级放大驱动功率三极管工作:功率三极管接通点火线圈初级电路通电储能;功率三极管断开点火线圈,次级电路通过互感产生高压电;击穿火花塞点火。

3.光电式电子点火系统

光电式无触点电子点火装置如图4.20所示,它是采用光电式点火信号发生器产生点火信号,以控制电子点火器和点火系统的工作。

(1)光电式点火信号发生器的结构

光电式点火信号发生器结构如图4.21和图4.22所示,它由安装在分电器轴上的信号转子(遮光盘)和安装在分电器底盘上的光源及光接收器三部分组成。

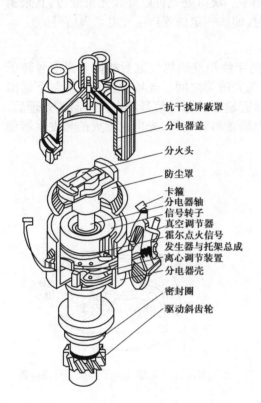

图 4.18　霍尔式电子点火分电器总成

抗干扰屏蔽罩
分电器盖
分火头
防尘罩
卡箍
分电器轴
信号转子
真空调节器
霍尔点火信号
发生器与托架总成
离心调节装置
分电器壳
密封圈
驱动斜齿轮

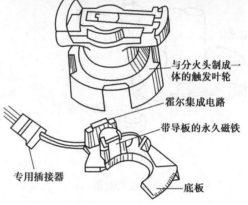

图 4.19　霍尔信号发生器的组成

与分火头制成一
体的触发叶轮
霍尔集成电路
带导板的永久磁铁
专用插接器
底板

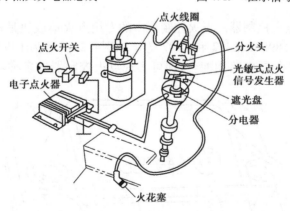

点火线圈
点火开关
分火头
电子点火器
光敏式点火
信号发生器
遮光盘
分电器
火花塞

图 4.20　光敏式电子点火装置组成

　　光源是一只砷化镓发光二极管,它发出红外线光束,用一只近似半球形的透镜聚焦。该发光二极管比白炽灯泡耐震,并能耐较高的温度,在 150 ℃ 的环境温度下能连续工作,工作寿命很长。

　　光接收器是一只硅光敏晶体,它与光源相对并相距一定距离,以使红外线光束聚焦后照射到光敏晶体管上面。光敏晶体管与普通晶体管的不同之处,是它的基极电流由光产生,因此不必在基极上输入电信号,也无须基极引线。

遮光盘用金属或塑料制成,装在分电器轴上,位于分火头下面,盘的外缘伸入光源与光接收器之间,盘的外缘上开有缺口,缺口数与气缸数相等。缺口处允许红外线光束通过,其余实体部分则能挡住光束。当遮光盘随分电器轴转动时,即按一定位置产生光电点火信号。

（2）光电式点火信号发生器的工作原理

发动机工作时,信号转子由分电器轴带动,遮光片数和发动机气缸数相同。当信号转子随分电器轴旋转时,遮光片和缺口不断地经过光源与光敏管之间。光敏管在光源照射下输出低电平,在没有光源照射的情况下输出高电平,光敏管输出的脉冲信号经点火控制器处理后,相应地对点火线圈一次级绕组进行通断控制。分电器轴每转一周,光电式点火信号发生器便产生与发动机气缸数相同的交变电压信号。

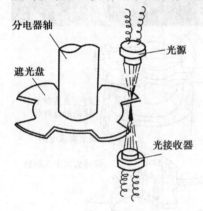

图4.21　光电信号发生器

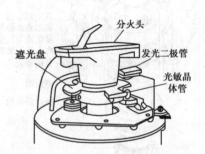

图4.22　光敏式电子点火信号发生器

四、电子点火器的工作原理

电子点火器也叫点火控制器。点火控制器中的专用点火集成块是核心部件,目前多采用国外生产的IC部件,如89S01、L482和L497等。如图4.23所示为L497点火集成块外形图。专用点火集成块与一些外围电路相配合,即可实现点火控制器的多种功能,完成对点火的精准控制工作。

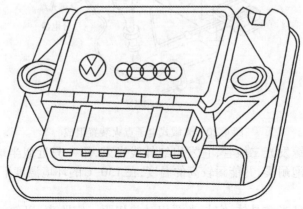

图4.23　"桑塔纳"轿车L497点火控制器

项目 3 微机控制点火系组成与工作原理

电子点火系统虽然在提高次级电压和点火能量,延长触点使用寿命等方面都很有成效,但是它对点火时间的调节与传统点火系统一样,仍靠离心式和真空式两套机械点火提前机构来完成。由于机械装置本身的局限性,机械式点火提前机构还不能保证发动机点火时刻总等于最佳值。而由微型计算机控制的电子点火系统可以使发动机在任何工况下,均能保证最佳点火时间。

一、微机控制点火系的组成与作用

微机控制点火系由传感器、电子控制单元(ECU)、执行器(点火器、点火线圈、火花塞等)组成,如图 4.24 所示。微型计算机把点火、燃油喷射、废气循环和怠速等功能结合在一起,成为发动机集中控制系统,使发动机的动力性、经济性和排气污染等各方面性能都得到很大的提高。另外,传统点火系统或电子点火系统,其火花塞的点火是通过分电器旋转的分火头实现的,点火能量损失大,可靠性和耐久性低。为消除分电器的这一缺点,进一步提高点火性能,微型计算机控制又发展了无分电器点火系统。

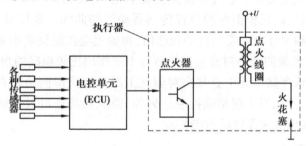

图 4.24 微机控制点火系统组成

微机控制点火系统中,传感器是将非电信号整理转变为电信号的装置,为计算机控制单元提供曲轴转速、曲轴位置、节气门开度、负荷、冷却水温度、进气温度和流量、启动开关状态、蓄电池电压及废气中氧的含量等有关发动机运行工况和使用条件的各种信息。点火系统传感器(包括各种开关)主要有曲轴位置传感器、空气流量计(或绝对压力传感器)、水温传感器、进气温度传感器、氧(O_2)传感器、节气门位置传感器、车速传感器、爆震传感器、空调开关信号传感器等。

微机控制点火系统中,点火控制器根据计算机控制单元输出的点火控制信号控制点火线圈初级电路的通断。除了分配高压电外,多数分电器还装有曲轴位置和转速传感器及判缸信号传感器。计算机控制单元,俗称电脑,简称 ECU。ECU 的作用就是根据发动机各传感器输入的信息及内存的数据,进行运算、处理、判断,然后输出指令(信号)控制有关执行器(如点火器)动作,实现对点火系的精确控制。

微机控制点火系统中,执行器的作用是根据 ECU 或其他控制元件的指令(信号),执行各自的功能。

微机控制点火系统的工作过程:

①打开点火开关,电控系统各部件通电准备工作。

②各传感器产生的信号送入汽车电脑,电脑经过计算确定最佳点火点,并将此信号输入点火器。

③信号送入点火器,经过多经过多级放大驱动功率三极管工作:功率三极管接通点火线圈一次侧电路通电储能;功率三极管断开二次侧电路通过互感产生高压;击穿火花塞点火。

电控系统控制精度和稳定性大大提高,且具备自我诊断、备用系统等功能。

二、微机控制点火系的分类与原理

微机控制点火系统按有无分电器,可以分为有分电器的微机控制点火系统和无分电器的微机控制点火系统;按控制方式可以分为开环控制和闭环控制两种。

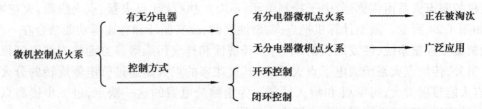

微机控制点火系统主要就是通过控制点火提前角,通电时间和爆燃来实现实时、准确点火。其基本控制原理是:微机根据曲轴位置传感器提供的曲轴位置信号,判断出发动机的活塞位置并且根据信号频率计算出发动机的转速值,再通过电控燃油喷射系统的节气门传感器(或空气流量器)确定负荷的大小对发动机的运行工况作出比较精确的判断;根据发动机的转速和负荷的大小微机从存储单元中查找出对应此工况地点火提前角和点火初级电路导通时间,由这些数据对电子点火器实现精确控制。另外,微机系统还可以根据其他影响因素对这两个因素进行修正,实现点火系统的智能控制。

1. 点火提前角的控制

因点火提前角对发动机的工作影响较大,因此对点火提前角控制就成为点火系统控制的重点。发动机的工作原理和各类实验都表明:发动机的最佳点火提前角与发动机转速及负荷有密切关系,并且发动机运行工况不同时,对其动力性、经济性和排放污染物量有不同的控制标准,这也意味着发动机最佳点火提前角在不同的工况有不同的标准:在怠速时最佳点火提前角应保证在发动机运转平稳的前提下排放污染物控制在最低限度;在部分负荷工况下以经济性为主,最佳提前角应保证发动机的最低燃油消耗量;在大负荷和加速工况下,以动力性为主,最佳提前角应保证使发动机获得最大的输出扭矩。最佳提前角是对发动机进行实验而得,设计人员将这些数据存储到微机的存储单元中,在发动机工作时,微机根据各传感器的测量数据确定发动机的运行工况,查出最佳点火提前角数值,再通过电子点火器对点火提前角进行控制。

2. 通电时间控制

点火线圈初级电流的大小与电路的接通时间有关。通电时间越长,电流越大,点火能量

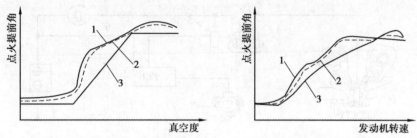

(a)点火提前角随进气歧管真空度的变化规律　(b)点火提前角随发动机转速的变化规律

图 4.25　点火提前角的变化规律和调节特性

1—理想点火正时曲线;2—微机控制点火正时曲线;3—机械调节装置点火正时曲线

就越大,但是电流过大将导致点火线圈发热甚至损坏且也造成能量的浪费;同时线圈中的电流也受电源电压的影响,在相同的通电时间内,电源电压越高,线圈电流越大。因此有必要对线圈电路的接通时间进行修正。通电时间的控制方法一般是由微机从通电时间与电源电压关系曲线中查出通电时间,再根据发动机转速换算出曲轴转角以决定线圈中电流的大小。

有分电器计算机控制点火系统由低压电源、点火开关、计算机控制单元(ECU)、点火控制器、点火线圈、分电器、火花塞、高压线和各种传感器等组成,如图 4.26 所示。

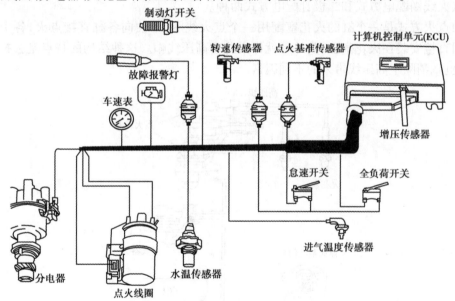

图 4.26　有分电器计算机控制点火系统

无分电器点火系统又称为直接点火系统,它在有分电器计算机控制点火系统的基础上,取消了分电器总成,其高压配电由原来的机械式改为电子式。

无分电器点火系统由低压电源、点火开关、计算机控制单元(ECU)、点火控制器、点火线圈、火花塞、高压线和各种传感器等组成。有的无分电器点火系统还将点火线圈直接安装在火花塞上方,取消了高压线,如图 4.27 所示。

无分电器点火系统的高压配电方式有同时点火和单独点火之分。同时点火方式是利用一个点火线圈对活塞接近压缩上止点和排气上止点的两个汽缸同时进行点火的高压配电方

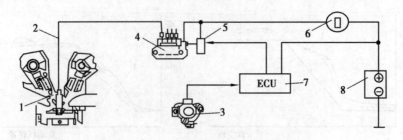

图4.27　无分电器计算机控制点火系统
1—火花塞;2—高压线;3—传感器;
4—点火线圈;5—点火控制器;6—点火开关;
7—计算机控制单元(ECU);8—蓄电池

法。其中,活塞接近压缩上止点的汽缸点火后,混合气燃烧做功,该汽缸火花塞产生的电火花是有效火花;活塞接近排气上止点的汽缸,火花塞产生的电火花是无效火花。由于排气汽缸内的压力远低于压缩汽缸内的压力,排气汽缸中火花塞的击穿电压也远低于压缩汽缸中火花塞的击穿电压,因而绝大部分点火能量主要释放在压缩汽缸的火花塞上。同时点火方式中,由于点火线圈仍然远离火花塞,所以点火线圈与火花塞仍然需要高压线连接。同时点火方式又分为点火线圈配电方式和二极管配电方式两种。

单独点火方式是一个缸的火花塞配用一个点火线圈,单独向各缸直接点火,各个单独的点火线圈直接安装在火花塞上,其外形就像火花塞高压线帽。这种结构的特点是去掉了高压线,同时也就消除了高压线带来的不利因素。

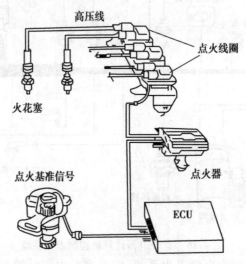

图4.28　单独点火方式的无分电器点火系统

三、典型的微机控制点火系统

"别克君威"轿车的微机控制点火系的工作原理电路图如图4.29所示。

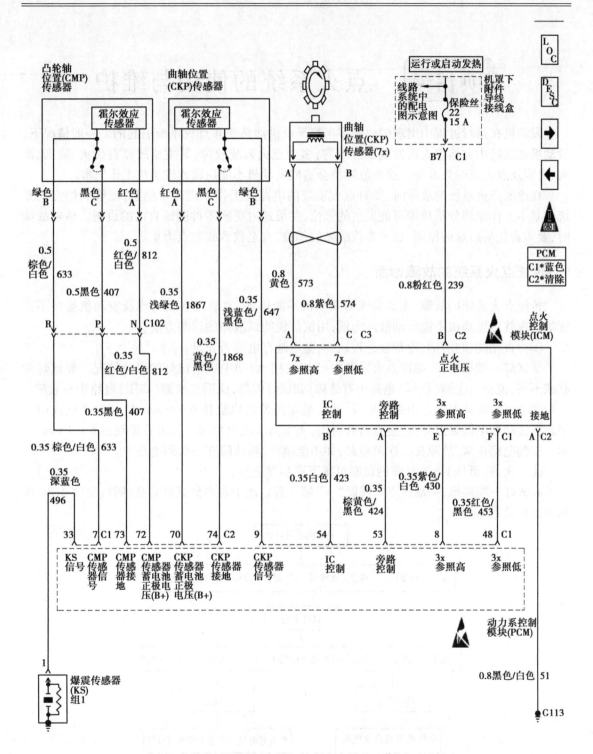

图4.29 "别克君威"轿车微机控制点火系的工作原理电路图

项目 4　点火系统的使用与维护

发动机在运行过程中出现的故障多半都是由供油系统和点火系统引起的。一般情况下，发动机在运转中突然熄火而发动机点不着，多为点火系统故障，其主要故障有无火、缺火、乱火、火弱及点火正时失准等。这些故障将会造成发动机不能启动或发动机工作失常。

在诊断点火系统的故障时，要对点火系统的电路及工作原理非常熟悉，能够利用点火系统的基本工作原理分析故障可能发生的部位，并可通过更换零件验证自己的设想。诊断故障时，要本着先易后难的原则，逐步查找故障的部位，直至找到故障点为止。

一、传统点火系统的故障诊断

传统点火系统的故障，主要表现为发动机不能启动、发动机启动困难及发动机运转不正常等。现就以发动机不能启动故障为例，用试灯说明该故障的诊断方法。

①检查燃油、润滑油、冷却液是否缺少，蓄电池存电是否充足。

②试灯一端接地，一端接点火线圈"－"接线柱，启动中观察试灯的变化情况。如试灯常亮或不亮，说明一次侧（低压）电路中有故障；如试灯闪烁，说明二次侧（高压）电路中有故障。

③也可取出分电器上中央高压线，使线端距离发动机缸体 6~8 mm，启动发动机或用一字旋具拨动断电器触点臂，使触点时开时闭，观察高压跳火情况。如火花能跳过 6~8 mm，表示一次侧电路正常，故障在二次侧电路；如不能跳火，则故障在一次侧电路中。

④一次侧（低压）电路故障的诊断可按下列步骤进行：

a.试灯一端接地，一端接点火线圈"－"端。若启动中观察到试灯常亮，则按如图 4.30 所示的流程进行检测。

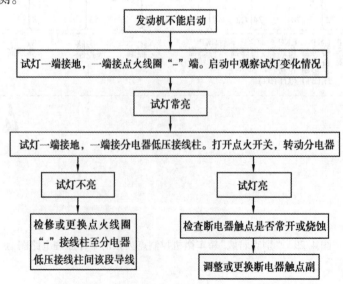

图 4.30　一次侧电路故障诊断——试灯常亮

b. 试灯一端接地,一端接点火线圈" - "端。若启动中观察到试灯不亮,则按如图 4.31 所示的流程进行检测。

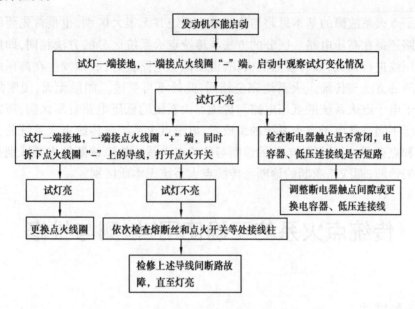

图 4.31　一次侧电路故障诊断——试灯不亮

⑤二次侧(高压)电路故障的诊断,可按如图 4.32 所示的流程进行:试灯一端接地,一端接点火线圈" - "端。

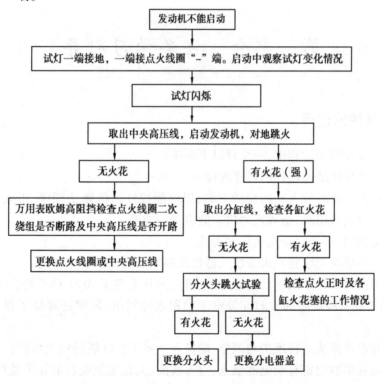

图 4.32　二次侧电路故障诊断——试灯闪烁

二、电子点火系的故障检测

判断电子点火系故障的基本思路与传统点火系统并无很大区别,也是首先要区分故障发生在低压电路还是在高压电路。区分的方法与传统点火系统区分的方法相同,即拔下分电器盖上的总高压线进行试火,如有强烈的火花,说明低压电路良好,故障发生在高压电路。判断高压电路故障的方法与传统点火系统完全相同,此处不再赘述。如果无火,说明故障出在低压电路。由于电子点火系统的低压电路与传统点火系统的低压电路有所区别,所以诊断故障的方法也有所不同。从电子点火系统的组成看,电子点火系统与传统点火系统的主要区别是信号发生器和点火器,因此低压电路的诊断与传统点火系统故障诊断的主要区别是信号发生器和点火器的诊断,而线路通断的诊断与传统点火系统无本质区别。

任务1 传统点火系的正确使用、检测与维修

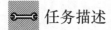

任务描述

认识和检测传统点火系基本组成部件,正确使用点火系统,学会使用点火正时枪。

第一部分 任务学习引导

一、传统点火系统的使用

传统点火系统在使用过程中,应注意以下事项。

①确保各部位导线及连接柱的可靠连接。

②确认发动机工作时分火头的旋转方向,以便能按发动机做功顺序,正确连接各缸高压线而不至于启动时点火错乱,造成发动机不能启动的故障。

③安装分电器时,必须保证点火正时正确。

④洗车时应尽量避免将点火系统元器件及高压线打湿而造成漏电。

⑤发动机熄火后需要使用辅助电器时,应将点火开关置于 ACC 挡不要长时间置于 IG 挡或 ON 挡,以免造成初级绕组的长时间放电而使蓄电池亏电,同时还降低了点火线圈的使用寿命。

⑥应定时对点火系统进行维护与调整,确保点火系工作性能的稳定可靠。

⑦远途运输的车辆应备有断电器触点、点火线圈、火花塞及电容器作为备用零件,以便中途零件损坏时可以及时更换。

二、传统点火系统的检修

1. 分电器的检修

分电器的检修如图 4.33 与图 4.34 所示。

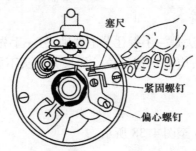

图 4.33　断电器触点间隙的调整

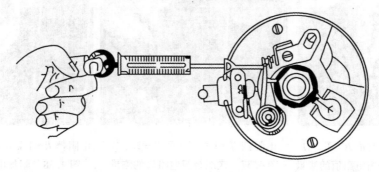

图 4.34　触点臂张力的检查

2. 分火头的检查

用高压电按图 4.35(a)所示的方法进行绝缘检查,如有跳火,说明分火头绝缘不良,应予以更换;按图 4.35(b)所示的方法测量分火头的电阻(分火头中央导电片与尖端电极之间设有一个电阻,阻值为 1 ± 0.41 kΩ),如不符合要求,应更换分火头。

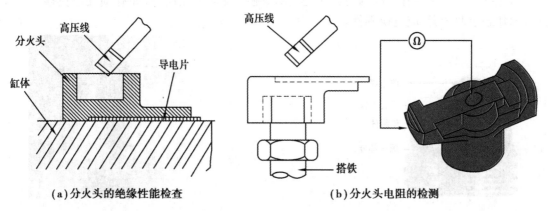

(a)分火头的绝缘性能检查　　　　　　(b)分火头电阻的检测

图 4.35　分火头的检测

3. 点火提前机构的检查

（1）真空式提前机构的检查

用嘴吸吮真空式提前机构上真空管的插头时，真空式提前机构的拉杆应能移动，否则说明调节器已失效，应更换。

（2）离心式提前机构的检查

离心式提前机构的检查方法是一手握住分电器轴，另一手先按分火头的正常转向向前转动分火头然后放松，此时分火头应能迅速复位。如果分火头不能迅速复位，说明离心式提前机构失效，应更换。

4. 点火线圈的检修

点火线圈的检修如图 4.36 至图 4.38 所示。

电阻挡 $R \times 1$ 正常值 $R = 2.2\ \Omega$　电阻挡 $R \times 1\,\mathrm{k}$ 正常值 $R = 2.2\ \Omega$　电阻挡 $R \times 1\,\mathrm{k}$ 正常值 $R = 2.2\ \Omega$

图 4.36　初级绕组电阻值的测量　　图 4.37　次级绕组电阻值的测量　　图 4.38　附加电阻值的测量

为了减少对外界的无线电干扰，现代汽车的高压线一般都有一定的阻尼电阻。检查时应用万用表检查其电阻，并与标准值比较。若符合要求，则说明高压线正常；若阻值不在正常范围之内，应更换高压线。

5. 火花塞的检修

这包括绝缘体是否有裂纹、破损，中心电极、侧电极是否烧损等，如有损耗应更换。螺纹部分损坏超过两牙者，应更换零件。

图 4.39　检查火花塞外观

图 4.40　火花塞电极间隙的调整

如图 4.41 所示,用兆欧表测量火花塞电极间绝缘电阻值,正常应为 10 MΩ 以上。

三、点火正时的调整

①首先确认或调整断电器触点间隙应符合要求。

②确认第一缸压缩上止点位置。

③确认断电器触点刚刚打开时刻。

④启动发动机,在发动机达到正常工作温度时(水温为 70~80 ℃),检查点火正时。

⑤行车检查点火正时。

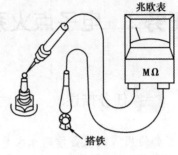

图 4.41　测量火花塞绝缘电阻

第二部分　任务实施

一、工具准备

①万用表。

②传统点火系统。

③点火正时枪。

二、技术要求与标准

①所有操作符合安全操作要求。

②所有操作符合汽车传统点火系统零部件检测标准。

三、工作内容

①认识点火系各部件的结构。

②拆装各种分电器。

③检测点火系统主要零部件(分火头、点火线圈、火花塞、附加电阻)。

四、填写维修工单

表 4.1　点火系统主要零部件参数检测数据表

检测项目	检测结果	是否合格
初级绕组电阻/Ω		
次级绕组电阻/kΩ		
附加电阻值/Ω		
火花塞间隙/mm		

任务 2　电子点火系的故障诊断与维修

任务描述

会使用常用设备诊断点火系故障;掌握分析点火系常见故障的基本思路;学会读电子点火系汽车电路图。

第一部分　任务学习引导

不同电子点火系故障诊断的区别主要在于信号发生器的检测,而其检测原理是相同的,下面以常见的霍尔效应式电子点火系为例说明电子点火系的故障诊断与维修。

1.确定故障在低压电路上还是在高压电路上

①打开分电器盖,转动曲轴,使分电器转子缺口对正霍尔信号发生器。

②拔出分电器盖上的中央高压线,使其端部距离汽缸体 5~7 mm。

③接通点火开关,用螺钉旋具在霍尔信号发生器的间隙中轻轻插入和拔出,模拟转子在间隙中的动作。

④如果高压线端部跳火,表明低压电路中的霍尔信号发生器、点火控制器及点火线圈性能良好,故障在高压电路;如不跳火,在点火线圈及线路良好的情况下,可确定故障在霍尔信号发生器或点火控制器,应进一步检查。

2.如何确定霍尔信号发生器或点火控制器有故障

按图 4.42 接好电路,用电压表检测传感器的输入电压和输出电压。将大头针插入传感器的三根导线中,红黑色导线为传感器的电源端子,棕白色导线为传感器的接地端子,二线间电压应接近电源电压,约为 10 V。绿白色导线为传感器的信号输出端子。

接通电源开关后,当触发叶轮的叶片进入传感器气隙时,信号电压应为 10 V 左右;叶片离开气隙时,信号电压应约为 0.4 V。如果测量值与上述不符,说明传感器已有故障,应予以更换;若测量值与上相符,则控制器有故障。

> 注意:相当多的车辆的点火传感器由于是三根导线散装于分电器的内部,在使用一定时间后,会在行驶中出现"放炮"现象,或是出现不规则的"放炮"现象,一般是该霍尔传感器的导线在分电器内被叶轮磨破,将其用胶布包好即可。

3.磁脉冲式点火系统点火控制器的检测

将用万用表置于"-2 V"挡,测量传感器线圈的两个端子,启动或用手转动分电器轴时,

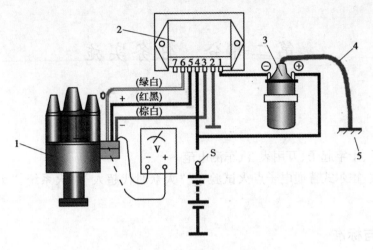

图 4.42 测量传感器电压
1—信号发生器(在分电器内);2—点火控制器;3—点火线圈;
4—高压线;5—至分电器中央接线插孔

一般应有 0.1~0.7 V 感应电压。如无电压,应予检修或更换,如图 4.43 所示。

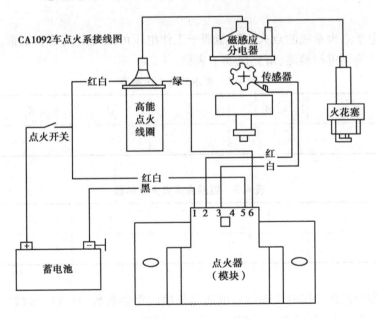

图 4.43 点火控制器的检查

点火控制器的检测:用一只 1.5 V 的干电池代替信号发生器,接到点火控制器信号输入端子上,正接时,点火线圈的初级电路导通,用万用表测量点火线圈的" - "接线柱与搭铁之间的电压,应为 1~2 V;将电池的极性颠倒后再进行测量,其值应为 12 V。若与上述不符,说明点火控制器有故障,应更换。

第二部分　任务实施

一、工具准备

①一字起子、十字起子、万用表、汽车测电笔。

②磁感应式、霍尔式普通电子点火试验台、"大众时代超人"点火系统、"大众帕萨特"点火系统。

二、技术要求与标准

①所有操作符合安全操作要求。

②所有操作符合汽车电子点火系统零部件检测标准。

三、工作内容

通过检测电子点火系统的点火控制器端子工作电压可以判定其是否正常工作,下面以霍尔式和磁感应式为例进行检测,请完成如下表格。

表4.2　霍尔式点火控制器

端子编号	A	B	C	D	E	F
电压/V						

表4.3　磁感应式点火控制器

端子编号	1	2	3	4	5	6
电压/V						

点火控制器的正常工作电压和信号电压是传输的重要参数,对这些参数的熟悉对判定和排除故障点非常有帮助,所以在实习期间应该注意积累。

任务3 微机控制点火系统的认识及检测

任务描述

会使用仪器进行微机控制点火系统的全面检测;会检测点火系波形。

第一部分 任务学习引导

点火波形是一扇点火系统的"窗户",透过这扇窗,可以推测燃烧室所发生的情况。一旦学会了怎样看波形中代表击穿电压和燃烧时间的部分,就可以知道汽缸内所发生的情况。通过分析点火波形以及和标准波形进行对比,可判定是空燃比、EGR 阀、冷却液、火花塞电极、线路中的电阻、点火线圈等是否有故障。对汽车来说,点火波形所包含的信息比其他任何波形都要多。观察点火波形的仪器有常用的有示波器和解码仪两种。

最早的示波器体积比较大,线路连接复杂。随着技术的进步和发展,示波器逐渐变得轻巧和简便,如图4.44 所示。

对于不同的点火波形,测试方法也不相同。示波器主要针对带分电器的点火系统,解码器可以测量微机控制点火系统。

图4.44 示波器

1.示波器测量点火波形的连线方法

(1)传统点火

在包装箱中找出一缸信号夹和一个容性感应夹,一缸信号夹一端接示波器的 CH3 端口,信号夹夹住发动机一缸的高压线,信号夹上标有"此面朝向火花塞"字样,注意不要夹反;容性感应夹一端接CH1 端口,然后用其中的一个夹子夹住高压总线。

(2)双缸点火

在包装箱中找出一缸信号夹和两个容性感应夹,一缸信号夹一端接示波器的 CH3 端口,信号夹夹住发动机一缸的高压线,信号夹上有"此面朝向火花塞"字样,注意不要夹反;查看点火线圈的极性,若一侧为正,则另一侧为负,相同侧的极性相同,共用同一个容性夹。

在使用仪器时,最重要的就是学会读说明书然后使用。在常用的示波器 KES-200 上有HELP 键,里面有对测试过程中连线是否正确的一个验证。

2. 测试条件

启动发动机,在不同负荷及速度下测试检验元件的性能,火花塞、点火连线头及其他次级电路的元件可能在高负荷时会功能不正常,在负荷状态下进行这些测试(在功率试验机上或路试)以精确地确定系统上的故障位置。

3. 测试步骤

①按照要求连接好设备,打开示波器电源开关;

②在示波器主菜单下按上下方向键选择"2"示波器,按 ENTER 键确认;

③在汽车专用示波器菜单下选择点火系统,按 ENTER 键进入点火系统选择菜单;

④选择次级点火,按 ENTER 键确认;

⑤选择发动机参数设定,按 ENTER 键确认;

⑥根据被测试发动机可以更改参数,按上、下方向键选择需要更改项目,按左、右方向键可以更改参数,更改完毕,按 EXIT 键返回上级菜单;

⑦按向下方向键选择次级点火测试,按 ENTER 键确认,按照测试条件,屏幕显示波形图;

⑧必要时可以通过左右方向键选择模式、周期参数、幅值等参数,然后按上下方向键改变波形,也可以选择启停,按 ENTER 键冻结波形后选择存储,供以后修车参考;

⑨按左、右方向键可以更改次级点火波图的显示模式,如三维波形、并列波形、纵列波形和单缸显示;

⑩按向右方向键选择参数,按 ENTER 键确认,可以返回发动机参数设定界面,重新更改。

第二部分　任务实施

一、工具准备

①示波器或解码仪。

②车辆或者点火试验台。

③一字起子、十字起子。

二、技术要求与标准

①安装接线必须正确,注意电源极性以及容性夹不可接反,否则不能显示正确波形。

②单缸独立点火没有高压线,示波器无法显示其波形。若要测量,需要用数据线连接电脑单元。

三、工作内容

检测点火波形,记录点火系统故障。

思考题

一、单选题

1. 传统点火系与电子点火系统最大的区别是( )。
   A. 点火能量的提高　　　B. 白金触点被点火控制器取代　　　C. 曲轴位置传感器的应用

2. 火花塞裙部的自净温度为( )。
   A. 500 ~ 600 ℃　　　　B. 750 ~ 850 ℃　　　　C. 900 ~ 1 000 ℃

3. 一般来说,缺少了( )信号,电子点火系将不能点火。
   A. 水温　　　　　　　B. 转速　　　　　　　　C. 上止点信号

4. 在无分电器点火系统中,有效火花占总能量的( )。
   A. 50% ~ 60%　　　　B. 65% ~ 75%　　　　C. 75% ~ 85%

5. 分电器电容一旦短路,断电器的触点 ( )。
   A. 火花变大　　　　　B. 火花变小　　　　　C. 无火花

6. 分电器触点闭合,接通点火开关,电流表指针指示( )。
   A. "0"　　　　　　　B. 3 或 5 A 放电　　　C. 0 ~ (3 ~ 5) A 放电摆动

7. 在启动时,电子点火系统一般总是切换到由( )直接来控制初级电流。
   A. 点火控制器　　　　B. 霍尔传感器信号　　C. 曲轴位置传感器信号

8. 当发动机功率较大. 转速较高. 压缩比较大时,应选用( )火花塞。
   A. 热型　　　　　　　B. 中型　　　　　　　C. 冷型

9. 为了防止初级电流过大烧坏点火线圈,在点火控制电路中增加了( )控制电路。
   A. 定流　　　　　　　B. 恒流　　　　　　　C. 恒压

10. 桑塔纳轿车的霍尔感应式点火信号发生器信号电压的波动范围是( )。
    A. 0.1 ~ 0.4 V　　　B. 0.4 ~ 9 V　　　　C. 9 ~ 12 V

二、简述题

1. 点火系的作用是什么? 对其有何要求?

2. 简述传统点火系统的工作原理及过程。

3. 电子点火系有何优点? 如何分类?

4. 简述点火信号发生器分类及霍尔式信号发生器的工作原理。

5. 简述微机控制点火系统的组成与工作原理。

模块 **5**
照明信号系统的检修

知识目标：

1. 了解汽车照明系统的基本组成与作用。
2. 了解汽车前照灯的分类、组成及控制电路。
3. 了解汽车信号系统的组成与作用。
4. 了解汽车信号系统的结构、原理与控制电路。

能力目标：

1. 掌握汽车前照灯的检查与调整。
2. 能够正确选用汽车灯泡并更换灯泡。
3. 掌握汽车照明系统的常见故障。
4. 能够对照明系统常见故障的原因进行分析并排除故障。
5. 能够对信号系统常见故障的原因进行分析并排除故障。

项目 1　汽车照明系统的检修

汽车照明系统是保证汽车在夜间或恶劣天气安全行驶必不可少的设备,主要由电源、照明灯具、控制装置等组成。汽车照明系统根据安装位置和作用的不同,一般可分为外部照明装置和内部照明装置。外部照明装置包括前照灯、雾灯、倒车灯及牌照灯;内部照明装置包括顶灯、阅读灯、杂物箱灯、仪表及控制按钮照明灯和行李照明灯等。

1. 前照灯

前照灯(前大灯)装于汽车头部两侧,用于夜间行车道路的照明,如图 5.1 所示。有两灯制和四灯制之分,功率一般为 40～60 W。

图 5.1　前照灯

2. 雾灯

雾灯有前雾灯和后雾灯两种,如图 5.2 所示。前雾灯装于汽车前部比前照灯稍低的位置,用于在雨雾天气行车时道路的照明。为保证雾天高速行驶的汽车向后方车辆或行人提供本车位置信息,交通管理部门规定,运行车辆应在车辆后部加装功率较大的后雾灯,以降低交通事故发生率。雾灯的光色规定为光波较长的黄色、橙色或红色。

(a)前雾灯　　　　　　　　　　　　　(b)后雾灯

图 5.2　雾灯

3.牌照灯

牌照灯装于汽车尾部的牌照上方,用于夜间照亮汽车牌照。

4.仪表灯

仪表灯装于汽车仪表板上,用于仪表照明,以便于驾驶员获取行车信息和进行正确操作,其数量根据仪表设计布置而定。

5.顶灯

顶灯装于驾驶室或车厢顶部,用于车内照明。

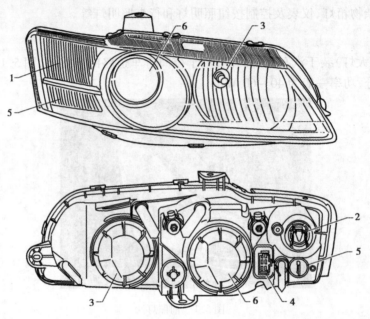

图5.3　前组合灯

1—转向信号灯;2—转向信号线束连接器;3—前照灯远光灯灯泡;
4—前照灯主线束连接器;5—驻车灯;6—前照灯近光灯灯泡

任务1　汽车前照灯的检测与调整

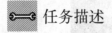 任务描述

学会利用前照灯检测仪检测汽车前照灯的灯光强度,掌握汽车前照灯的调整方法。

第一部分　任务学习引导

由于前照灯的照明效果直接影响夜间行车驾驶的操作和交通安全,因此世界各国交通管理部门多以法律的形式规定了其照明标准。前照灯与其他照明灯相比有较特殊的光学结构,其基本要求是:前照灯应保证夜间车前有明亮而均匀的照明,使驾驶员能辨明 100 m 以内道路上的任何障碍物;前照灯应具有防炫目装置,以免夜间两车交会时造成对方驾驶员炫目而发生事故。

一、前照灯的结构

前照灯灯光为白色,功率一般为 40 ~ 60 W,主要由灯泡、反射镜和配光镜三部分组成。

1. 反射镜

前照灯灯泡的光度不大,如果没有反射镜,驾驶员只能辨清车前 6 m 处有无障碍物。反射镜的作用是将灯泡的光线聚合并导向远方。如图 5.4 所示为反射镜反射灯泡光线的情况。灯丝位于焦点 F 上,灯丝的绝大部分光线向后射在立体角 ω 范围内,经反射镜反射后变成平行光束射向远方,使光度增强几百倍,从而使车前 100 ~ 150 m 处的路面得到足够照明。从灯丝射出的位于 $4\pi - \omega$ 范围内的光线则向各方散射,散射向侧方和下方的部分光线可照亮车前 5 ~ 10 m 的路面和路缘。

反射镜材料有薄钢板、玻璃、塑料等,其表面形状是旋转抛物面,内表面镀银、铝或铬,再进行抛光,如图 5.5 所示。

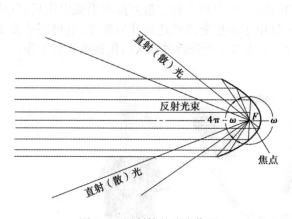

图 5.4　反射镜的聚光作用

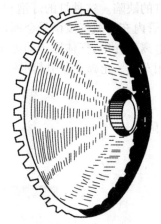

图 5.5　反射镜

2. 配光镜

配光镜是由透镜和棱镜组合而成的散光玻璃,其外形一般为圆形或方形,如图 5.6 所示。配光镜的作用是将反射镜反射出的平行光束折射,使车前路面和路缘均有很好的照明效果。

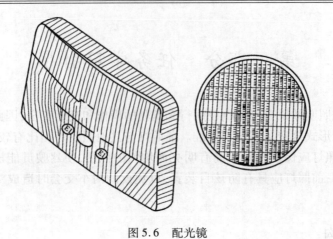

图 5.6 配光镜

3. 灯泡

目前,常用的汽车前照灯灯泡有充气灯泡、卤钨灯泡和新型高压(20 kV)放电氙灯等几种类型。

充气灯泡是从玻璃泡抽出空气,再充以氩(86%)氮(14%)混合惰性气体制成充气灯泡。灯泡通电后,灯丝发热,惰性气体受热膨胀而产生较大的压力,可以减少钨的蒸发,延长灯泡的使用寿命。

卤钨灯泡是在充入的惰性气体中渗入某种卤族元素,如碘、溴等,利用卤钨再生循环作用防止钨丝蒸发。

新型高压放电氙灯的组件系统由弧光灯组件、电子控制器和升压器三大部件组成。灯泡发出的光色和日光灯非常相似,几万伏的高压使得其光亮强度增加,亮度是目前卤素灯泡的 3 倍左右,完全满足汽车夜间高速行驶的需要,寿命可达卤素气体灯泡的 5 倍,克服了传统钨灯的缺陷。这种灯的灯泡里没有传统灯泡的灯丝,取而代之的是装在石英管内的两个电极,管内充有氙气及微量金属(或金属卤化物)。在电极上加上数万伏的引弧电压后,气体开始电离而导电,气体原子即处于激发状态,使电子发生能级跃迁而开始发光,电极间蒸发少量水银蒸气,光源立即引起水银蒸气弧光放电,待温度上升后再转入卤化物弧光灯工作。

图 5.7 新型高压放电氙灯

二、前照灯的类型

根据安装数量的不同,前照灯可分为两灯制和四灯制。两灯制每只灯具有远近双光束;四灯制外侧一对灯为远近双光束,内侧一对为远光单光束。在四灯制中,远光灯不论单独亮,还是和近光灯同时亮,都符合规定。

根据安装方式的不同,前照灯可分为外装式前照灯和内装式前照灯。前者的整个灯具在汽车上外露安装;后者的灯壳嵌装在汽车车身内,装饰圈、配光镜裸露在外。

根据反射镜结构形式的不同,前照灯可分为可拆卸式、半封闭式和全封闭式三种。可拆卸式前照灯因气密性不良,反射镜易受潮气和灰尘污染而降低反射能力,现已被淘汰不用。封闭式前照灯没有分开的灯泡,其整个总成本身就是一个灯泡,灯丝安装在反射镜前面,配光镜则与反射镜焊接在一起,如图5.8所示。

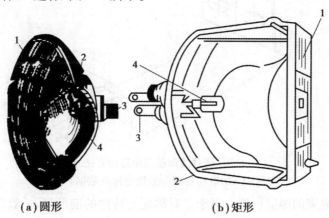

图5.8 封闭式前照灯
1—配光镜;2—反射镜;3—接头;4—灯丝

三、前照灯的调整

前照灯的检验与调整,是汽车安全检验的项目之一。

前照灯的调整是为了使前照灯在规定的距离内将道路照得明亮而均匀,且不使迎面来车的驾驶员炫目,以保证行车安全。目前,前照灯光束调整标准各国略有差异,因此,调整时应参照该车说明书和技术手册进行。

前照灯的检验可以采用屏幕检验法或仪器检验法。前者操作不便,精确度低,汽车检测站多用仪器检验法,即发展趋势是采用仪器检验,如无仪器则采用屏幕检验法。

用屏幕检验调整前照灯的方法如下:将汽车停在平坦路面上,按规定充足轮胎气压,并擦净前透镜。在离前照灯 S 处挂一幕布(或利用白墙壁),在屏幕上画出两条水平线,一条离地 H,另一条比它低 D。再画一条汽车的垂直中心线,在它两侧距中心线 $A/2$ 处再画两条垂直线,与离地 H 处的线相交点即为前照灯中心点,与较低线相交点即为光斑中心,A 为两灯中心距,如图5.9所示。调整时,先遮住右侧的前照灯,调整左侧前照灯,使其射出的光束中心对准屏幕上前照灯光斑中心,然后以同样的方法调整右侧前照灯。

前照灯的发光强度一般用前照灯检测仪进行检测。它利用光电池受光线照射后产生电动势,再由光度计(实质上是一个电流表)来指示前照灯的发光强度。前照灯的发光强度越高,光电池产生的电流就越大,光度计指示的值就越高。

前照灯的光束照射位置是光轴中心相对于前照灯配光镜几何中心在垂直方向偏上或偏下、水平方向偏左或偏右的距离。对于对称配光特性的前照灯,一般把光束最亮区域的中心线作为

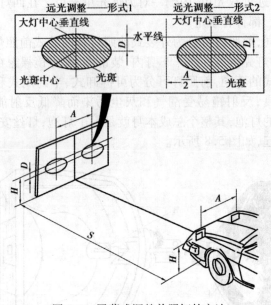

图 5.9　屏幕式调整前照灯的方法
（图中 ADHS 应参照车型规定标准数据）

光轴中心,用此检测光束的照射位置。对于非对称配光特性的前照灯,一般以光束明暗截止线交点或中心作为光轴中心,用此检测光束照射位置。前照灯的远光一般都采用对称式配光,光形分布是具有水平方向宽、垂直方向窄等特点。对于前照灯的近光,我国规定采用非对称式配光,光形分布是近光光束最亮部分向右下偏移,在配光屏幕上具有明显的明暗截止线。

第二部分　任务实施

　　分别采用屏幕式调整前照灯的方法和灯光检测仪对"长安志翔"轿车进行前照灯的灯光调整,以实训室的白墙为屏幕。

一、工具准备

①"长安志翔"轿车 1 辆。
②彩色粉笔 1 盒,0.5 m 直尺 1 把,十字旋具和一字旋具各 1 把。
③前照灯灯光检测仪。

二、技术要求与标准

①所有操作符合安全操作要求。
②所有操作符合汽车前照灯技术标准。
前照灯光束调整检验时,要求轮胎气压正常,场地平整,前照灯配光镜表面清洁,汽车空载,驾驶室只有一名驾驶员。

国家标准 GB 7258—1997《机动车运行安全技术条件》要求用前照灯检验仪来检测前照灯,其主要技术指标要求如下:

两灯制的新注册汽车的前照灯,每只灯的发光强度应大于 15 000 cd,四灯制的新注册汽车前照灯,每只灯的发光强度应大于 12 000 cd;两灯制的在用汽车的前照灯,每只灯的发光强度应大于 12 000 cd,四灯制在用汽车前照灯,每只灯的发光强度应大于 10 000 cd。检测时,要求汽车的电源系统应处于充电状态。

检测机动车前照灯的近光束照射位置时,车辆应空载,允许乘坐一名驾驶员。前照灯在距屏幕 10 m 处,若 H 为前照灯基准中心高度,光束明暗截止线转角或中点的高度应为 $0.60H \sim 0.80H$,其水平位置向左、右均不得大于 100 m。

四灯制的前照灯,其远光单光束在屏幕上的调整,要求灌输中心离地面高度为 $0.85H \sim 0.90H$。水平位置要求左灯向左偏不得大于 100 mm,向右不得大于 170 mm,右灯向左或向右均不得大于 170 mm。

③在操作过程中不允许出现安全事故。

三、工作内容

①用灯光检测仪前照灯的灯光检测。
②用屏幕式调整前照灯的方法进行前照灯的灯光调整。

四、填写维修工单

表 5.1　维修工单

××××××汽车维修公司维修工单 工单号:		
客户名称:　车牌号:　购车日期:　年 月 日 联系电话:		
联系人:　车型:　VinNo:		
送修日期: 年 月 日　交付日期: 年 月 日　行驶里程:		
故障描述	前照灯的检测与调整	
序　号	检修项目	
1	前照灯的灯光检测	
2		
3		
检修标准		
所需工具		
检修人	联系电话	时间
工作组组长	联系电话	时间

任务2　汽车照明系统电路图的识读

任务描述

能够读懂汽车前照灯、雾灯以及其他照明灯的电路图。

第一部分　任务学习引导

一、前照灯的电路

1. 前照灯电路系统的组成

车外灯的控制电路随车种的不同而不同,即使同一种类不同配置的汽车也有很大区别。如图5.10所示为CA1092型汽车的前照灯电路原理图。其电路主要由灯光开关、变光开关、前照灯继电器及前照灯组成。

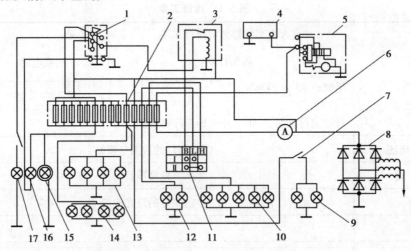

图5.10　CA1092型汽车的前照灯电路图

1—车灯开关;2—熔断器;3—前照灯继电器;4—蓄电池;5—起动机;6—电流表;
7—雾灯开关;8—发电机;9—雾灯;10—远光灯;11—变光开关;12—近光灯;13—示廓灯;
14—仪表灯;15—工作灯插座;16—顶灯;17—工作灯(发动机罩下灯)

（1）灯光开关

灯光开关有拉钮式、旋转式和组合式等多种形式,现代汽车上用得较多的是将大灯、尾灯、转向灯及变光等开关等制成一体的组合式开关,如图5.11所示。

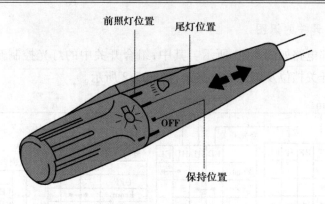

图 5.11　组合开关

该组合式开光是"丰田"汽车使用的组合开关,转动开关端部便可依次接通尾灯(包括位灯)和大灯,将开关向下压,便由近光变为远光,将开关向上扳,亦可变为远光。不同的是,松手后开关自动弹回近光位置,此位置用来作为夜间行车时的超车信号。前后扳动开关,可使左右转向灯工作。

(2)变光开关

变光开关可以根据需要切换远光和近光。它有脚踏变光开关和组合式开光两种形式。目前车辆上多采用组合开关式变光开关,安装在转向盘下方,便于驾驶员操作。脚踏式变光开关已不多用。组合式变光开关的功能前已述及,此处不再重复。

(3)大灯继电器

如前照灯的工作电流较大,特别是四灯制的汽车,如用车灯开关直接控制前照灯,车灯开关易烧坏,因此在灯光电路中设有灯光继电器。

如图 5.12 所示为触点为常开式前照灯继电器的结构和引线端子,端子 SW 与大灯开关相连,端子 E 接地,端子 B 与电源相连,端子 L 与变光开关相连。当接通前照灯开关后,继电器铁芯通电,触点闭合,通过变光开关向前照灯供电。

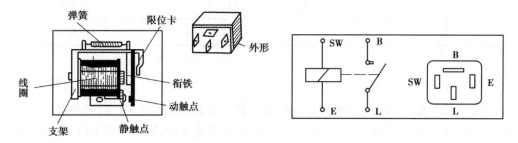

图 5.12　大灯继电器

2.前照灯电路图的识读

以"丰田威驰"轿车前照灯电路为例,进行前照灯电路图的识读。

163

（1）前照灯控制开关的识图

组合灯开关内部电路如图 5.13 所示。其中,组合开关中的灯光控制开关和变光开关控制前照灯。组合灯开关挡位及脚位导通关系,如表 5.2 所示。

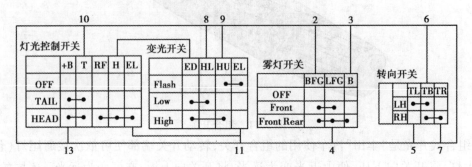

图 5.13　大灯继电器组合灯开关内部电路

表 5.2　前照灯控制开关挡位及导通脚位关系表

名　称		挡　位	导通脚位
灯光组合开关	灯光控制开关	TAIL 挡	10 与 13
		HEAD 挡	10 与 13
	变光开关	Flash 挡	9 与 11
		Low 挡且灯光控制开关在 HEAD 挡	8 与 11
		High 挡且灯光控制开关在 HEAD 挡	9 与 11
	雾灯开关	Front 挡	2 与 4
		Front Rear 挡	2,3 与 4
	转向开关	LH 挡	5 与 6
		RH 挡	6 与 7

（2）前照灯电路识图示例

如图 5.14 所示为"威驰"轿车前照灯电路。蓄电池正极电压经 F10 熔断丝盒后分三路供电:第一路经 10 A H-LP LH 熔丝后供电给 H1 左前照灯的 3 脚;第二路经 10A H-LP RH 熔丝后供电给 H2 右前照灯的 3 脚;第三路经 15A DOME 熔丝后供电 C5 组合仪表。前照灯的亮灭受 C9 组合开关的控制。

当组合开关内的灯光控制开关置于"HEAD"位置且变光开关置于"Low"位置时,组合开关的 8 脚与 11 脚导通。到达左前照灯(或右前照灯)3 脚的电压经左近光灯(或右近光灯)→C9 组合开关的 8 脚→C9 组合开关的 11 脚→A1 搭铁。此时左、右前照灯中的近光灯亮。

当组合开关内的灯光控制开关置于"HEAD"位置且变光开关置于"High"位置时,组合开

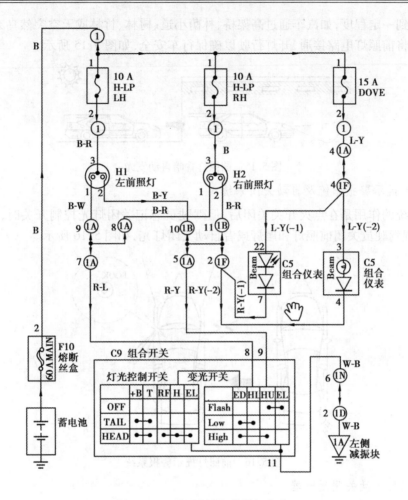

图 5.14 "威驰"轿车前照灯电路

关的 9 脚与 11 脚导通。到达左前照灯(或右前照灯)3 脚的电压经左远光灯(或右远光灯)→
C9 组合开关的 9 脚→C9 组合开关的 11 脚→A1 搭铁。此时左、右前照灯中的远光灯亮。

当变光开关置于"Flash"位置时,组合开关的 9 脚与 11 脚导通,但此时远光灯电路不受灯
光控制开关的控制。

3. 前照灯的其他电子控制装置

为了提高汽车行驶的安全性和方便性,很多新型车辆采用了电子控制装置,可对前照灯
自动进行控制。

(1)前照灯会车自动变光器

前照灯会车自动变光器的光敏器件一般安装于通风栅之后,散热器之前。当在 200 m 以
外,对方车辆有灯光信号时,能够自动地将本车的远光变为近光,以避免对方驾驶员炫目。两
车交会后,又可自动恢复为远光,同时仍保留脚踏式机械变光开关。

(2)前照灯昏暗自动发光器

这种昏暗自动发光器的作用是在汽车行驶过程中(并非夜间行驶),如果汽车前方自然光

的强度降低到一定程度,如汽车通过高架桥、林荫小道、树林、竹林或天空突然乌云密布等,发光器便自动将前照灯电路接通,开灯行驶以确保行车安全,如图 5.15 所示。

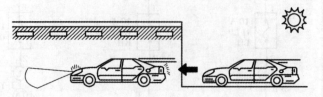

图 5.15　前照灯昏暗自动发光

(3)灯光提示警报系统及自动关闭系统

这种系统的作用是在点火开关关闭后,但驾驶员忘记关闭灯光控制开关时,能够自动发出警报,提醒驾驶员关闭前照灯和尾灯或者自动关闭灯光,如图 5.16 所示。

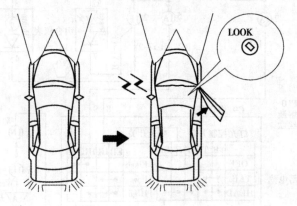

图 5.16　前照灯提示警报系统

(4)前照灯自动关闭延时器

前照灯自动关闭延时器是一种自动关闭前照灯的控制装置。当汽车停驶时,它可为驾驶员下车离去提供一段照明时间。

在有些汽车上还装有日间行车灯系统,这样可以自动减弱前照灯在白天使用时的发光强度,以延长灯泡的使用寿命,降低电能的消耗。另外,有些汽车的后备厢里装有灯光损坏传感器,可以在前照灯、尾灯或制动灯等灯泡损坏时发出警报,以提醒驾驶员。

二、其他照明灯电路

1.示廓灯、尾灯、牌照灯、指示灯电路图的识读

"丰田"轿车示廓灯、尾灯、牌照灯、指示灯电路如图 5.17 所示。当灯光控制开关位于"TAIL"或"HEAD"挡时,蓄电池电压经熔断线和组合开关后,分别供电给示廓灯、尾灯、牌照灯、指示灯电路,点亮示廓灯、尾灯、牌照灯、指示灯。

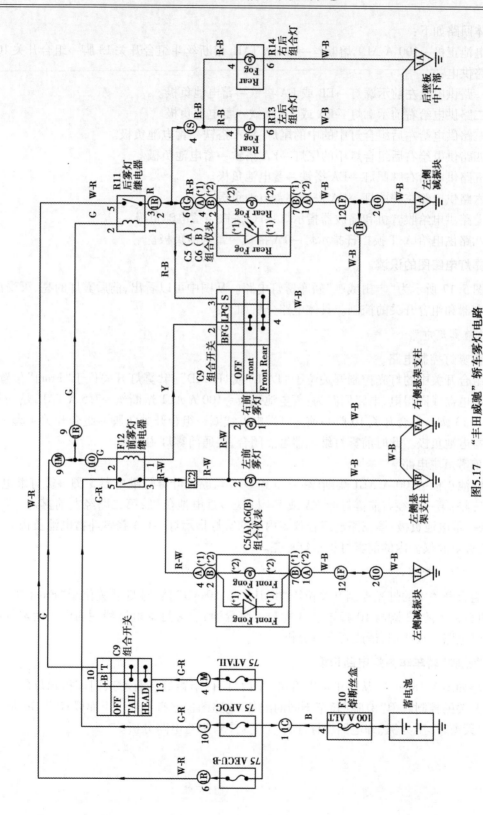

图5.17　"丰田威驰"轿车雾灯电路

167

具体回路如下：

蓄电池正极→100 A ALT 熔断丝→7.5 A TAIL 熔断丝斗组合开关 13 脚→组合开关 10 脚后分八路供电：

第一路供电给左前示廓灯→EB 或 EA 搭铁→蓄电池负极。

第二路供电给右前示廓灯→EA 或 EB 搭铁→蓄电池负极。

第三路供电给左后组合灯中的中的尾灯→EA 搭铁→蓄电池负极。

第四路供电绘右后组合灯中的尾灯→EA 搭铁→蓄电池负极。

第五路供电给右牌照灯→EA 搭铁→蓄电池负极。

第六路供电给左牌照灯→EA 搭铁→蓄电池负极。

第七路供电给收音机和播放器指示灯→1C 搭铁→蓄电池负极。

第八路供电给 A/T 换挡杆指示灯→1A 搭铁→蓄电池负极。

2. 雾灯电路图的识读

如图 5.17 所示为"丰田威驰"轿车雾灯电路。从图中可以看出,前后雾灯的亮、灭受前后雾灯继电器和组合开关的控制。具体电路分析如下：

(1)前雾灯电路

1)前雾灯控制电路

当组合开关中的灯光控制开关位于"TAIL"或"HEAD"挡,雾灯开关位于"Front"位置时,前雾灯继电器线圈得电,电路回路为:蓄电池正极→100 A ALT 熔断丝→7.5 A TAIL 熔断丝→组合开关 13 脚→组合开关 10 脚→前雾灯继电器线圈→组合开关 2 脚→组合开关 4 脚→1 A 搭铁→蓄电池负极。此时前雾灯继电器触点闭合,接通前雾灯主电路。

2)前雾灯主电路

蓄电池正极→100 A ALT 熔断丝→7.5 A FOG 熔断丝叶雾灯继电器 5 脚→雾灯继电器 3 脚后分三路:第一路经右前雾灯叶 FA 或 FB 搭铁→蓄电池负极;第二路经左前雾灯→FA 或 FB 搭铁→蓄电池负极;第三路经组合仪表内的前雾灯指示灯→1 A 搭铁斗蓄电池负极。此时左、右前雾灯及仪表内的前雾灯指示灯点亮。

(2)后雾灯电路

当组合开关中的灯光控制开关位于"TAIL"或"HEAD"挡,雾灯开关位于"Front Rear"位置时,组合开关的 13 脚与 10 脚导通、3 脚与 4 脚导通,后雾灯继电器线圈通电。后雾灯电路与前雾灯电路比较相似,请读者自行分析。

3."威驰"轿车车内灯电路识读

电路如图 5.18 所示,从图中可以看出,车内灯、行李箱灯、阅读灯、门灯指示灯的亮灭直接受灯开关的控制。因"威驰"轿车不同的配备,电路图也略有不同。下面以 GLX Grade、DLX Grade、"天窗"车型为例(即电路中标注有 *1、*3、*5)进行电路分析。

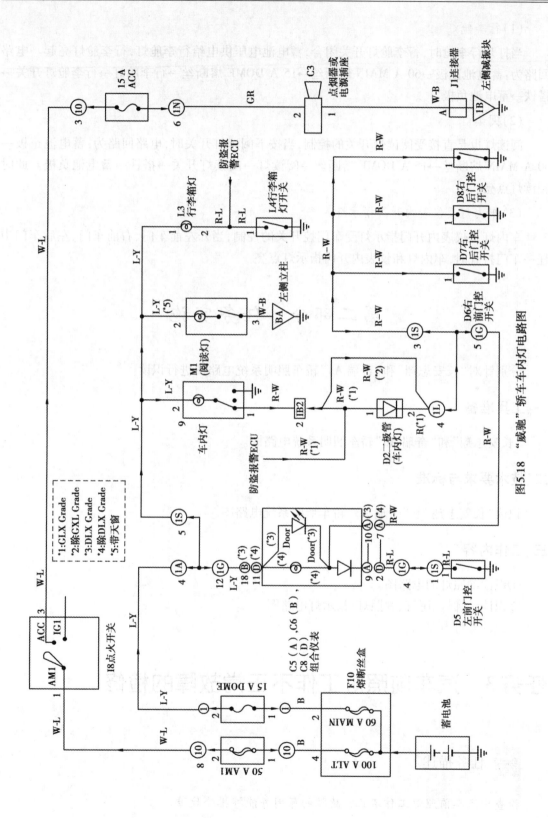

图5.18　"威驰"轿车车内灯电路图

（1）行李舱灯

当打开行李舱时，行李舱灯开关闭合，蓄电池电压供电给行李舱灯，行李舱灯亮起。电路回路为：蓄电池正极→60 A MAIN 熔断丝→15 A DOME 熔断丝→行李舱灯→行李舱灯开关→搭铁→蓄电池负极。

（2）阅读灯

阅读灯也是直接受阅读灯开关的控制，当按下阅读灯开关时，电路回路为：蓄电池正极→60 A MAIN 熔断丝→15 A DOME 熔断丝→阅读灯→阅读灯开关→搭铁→蓄电池负极。此时阅读灯点亮。

（3）车内灯及仪表内开门指示灯

车内灯及仪表内开门指示灯受车门控开关的控制，当开左前车门、右前车门、左后车门中任一车门打开时，车内灯和仪表内开门指示灯点亮。

第二部分　任务实施

分别针对"长安志翔"和"奇瑞 A3"轿车照明系统电路图进行识读。

一、工具准备

"长安志翔"和"奇瑞 A3"轿车照明系统电路图。

二、技术要求与标准

识读"长安志翔"和"奇瑞 A3"轿车照明系统电路图。

三、工作内容

①识读前照灯的电路图。
②识读示廓灯、尾灯、牌照灯、指示灯电路图。
③识读雾灯电路图。

任务 3　汽车前照灯工作不正常故障的检修

任务描述

检查出汽车前照灯工作不正常故障的原因并能够排除故障。

第一部分 任务学习引导

一、前照灯工作不正常的现象

如表5.3所示为"威驰"轿车前照灯电路常见故障表。

表5.3 前照灯故障诊断表

故障现象	故障部位
近光灯不亮(一边)	①灯泡。 ②左侧或右侧前照灯灯丝。 ③线束。
近光灯不亮(所有)	①前照灯调光开关总成。 ②线束。
远光灯不亮(一边)	①灯泡。 ②左侧或右侧前照灯灯丝。 ③线束。
远光灯不亮(所有)	①前照灯调光开关总成。 ②线束。
灯光不闪烁	①前照灯调光开关总成。 ②线束。
前照灯暗淡	①灯泡。 ②线束。

二、前照灯电路的检测与修复

1. 前照灯电路检测要点

对于前照灯电路的检查,应重点检查三个部分:第一为电源至灯光部分,此部分电路包括蓄电池电压及熔丝;第二部分为灯光至控制开关部分,此部分应主要检查灯、控制开关;第三部分为控制开关至搭铁部分,此段主要检查搭铁点,如图5.19所示。

171

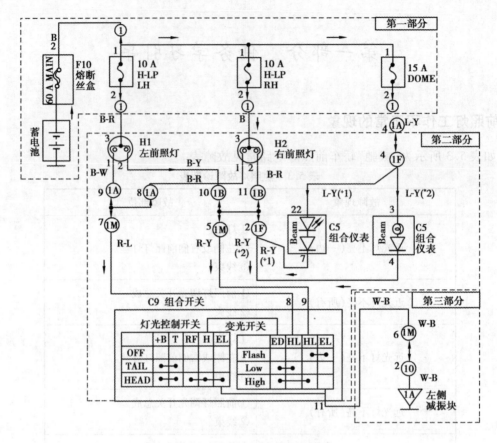

图 5.19　前照灯电路检测图

2. 前照灯都比较黯淡的检查

如果前照灯都比较黯淡,应首先检查电源电压是否正常,如果偏低,则检查充电系统,否则检查前照灯及其线路接触情况并进行修理。

3. 前照灯组合开关总成的检查

①按照表 5.4 检查开关在每个位置时各端子之间是否导通。

②按照表 5.5 检查开关在每个位置时各端子之间是否导通。

表 5.4　检查灯光控制开关位置

开关动作	测试端子	规定状态
OFF	10-11,12-13	不导通
TAIL	10-13	导通
HEAD	10-13,11-12	导通

注:如果不符合规定,则更换开关。

表 5.5　检查前照灯变光开头位置

开关动作	测试端子	规定状态
Flash	9-11	导通
Low Beam	8-11	导通
High Beam	9-11	导通

三、前照灯的拆装

"威驰"轿车左前照灯分解图如图 5.20 所示。

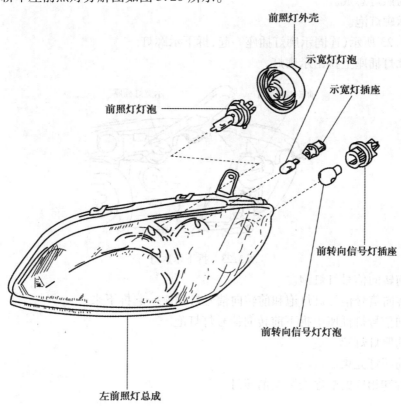

图 5.20　前照灯分解图

各单元总成的拆装如下：

①拆下散热器护栅附属总成。

②拆下前保险杠盖。

③拆下左前照灯总成。

a. 拆下 3 个螺螺栓,如图 5.21 所示;

b. 拆下连接器;

c. 向前拉出前照灯总成,如图 5.22 所示;

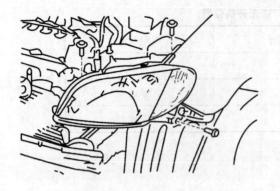

图 5.21　拆下前照灯

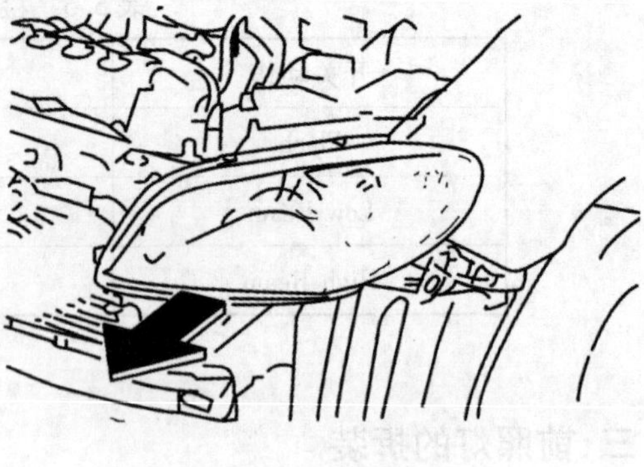

图 5.22　拉出前照灯总成

d. 拆下前照灯总成。

④拆下示廓灯泡。

a. 如图 5.23 所示,连同示廓灯插座一起,拆下示廓灯。

b. 从示廓灯插座上拉出示廓灯。

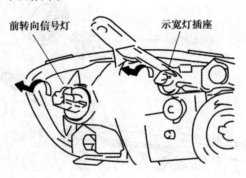

前转向信号灯　　　示宽灯插座

图 5.23　拆下示廓灯

⑤拆下前转向信号灯灯泡。

a. 把前转向信号信号灯灯泡和前转向信号灯插座一起拆下来。

b. 前转向信号灯插座上拆下前转向信号灯灯泡。

⑥拆下前照灯灯罩。

⑦调整前照灯光束。

⑧按与拆卸相反的顺序安装左前照灯。

第二部分　任务实施

分别针对"长安志翔"和"奇瑞 A3"轿车进行前照灯的故障设置,然后由学生根据电路图分析故障原因并进行故障排除。

一、工具准备

①"长安志翔"轿车 2 辆。
②"奇瑞 A3"轿车 1 辆。
③"长安志翔"和"奇瑞 A3"轿车照明系统电路图。
④万用表若干。

二、技术要求与标准

①所有操作符合安全操作要求。
②所有操作符合汽车前照灯的技术标准。
③在操作过程中不允许出现安全事故。

三、工作内容

①观察故障现象。
②对照相应电路图进行分析,找出故障原因。
③进行故障排除。

四、填写维修工单

表 5.6　维修工单

×××××汽车维修公司维修工单　　　　　工单号:		
客户名称:　　　　车牌号:　　　购车日期:　　　年　月　日　联系电话:		
联系人:　　　　　车型:　　　VinNo:		
送修日期:　年　月　日　交付日期:　年　月　日　行驶里程:		
故障描述	前照灯工作不正常	
序　号	检修项目	结　论
1	灯具	
2	熔丝	
3	线束	
4	控制开关	
检修标准		
所需工具		
检修人	联系电话	时间
工作组组长	联系电话	时间

五、考核

表 5.7 考核表

序号	考核内容	配分	评分标准	考核记录	扣分	得分
1	正确使用工具、仪表、量具	10	每次工具使用不当扣 3 分			
			每次量具、仪表使用不当扣 3 分			
2	正确分析前照灯电路	20	不能正确回答每处扣 5 分			
3	正确连接前照灯电路	30	操作不熟练扣 8 分			
			操作错误扣 12 分			
4	正确检查诊断前照灯电路的故障	30				
5	操作规范,整洁有序,不超时	10	第一项扣 4 分,后两项各扣 3 分			
	遵守安全操作规程,无事故		出现元器件损坏,此题为 0 分			
6	分数总计	100				

项目 2　　汽车信号系统的检修

汽车信号装置的作用是通过声、光信号向环境(如人、车辆)发出警告、示意信号,以引起有关人员注意,确保车辆行驶的安全。它包括灯光信号装置和声音信号装置两部分。

1. 灯光信号

转向信号灯:装于汽车前后或侧面,用于在汽车转弯时发出明暗交替的闪光信号。

危险报警灯:当车辆出现故障停在转上时,按下危险警报开关,全部转向灯同时闪亮,危险报警灯与转向信号灯共用。

示廓灯:装于汽车前后两侧边缘,白色,用于标示汽车夜间行驶或停车时的宽度轮廓。

尾灯:装于汽车尾部,左右各一只,红色,用于在夜间行驶时向后面的车辆或行人提供位置信息。

制动灯:装于汽车后面,用于当汽车制动或减速停车时,向车后发出灯光信号,以警示随后车辆及行人。

倒车灯:装于汽车尾部,左右各一只,白色,用于照亮车后路面,并警告车后的车辆和行人:该车正在倒车。

2. 声音信号

这包括倒车蜂鸣器、语音、电喇叭等。

任务 1　汽车信号系统电路图识读

以"丰田威驰"轿车为例,对汽车信号系统电路进行识读。

一、识读转向信号和危险报警灯电路

转向与危险报警灯电路主要由转向信号闪光灯继电器控制,如图 5.24 所示。供电电流回路为:蓄电池电源→100 A ALT 熔丝→50 A AM1 熔丝斗点火开关 IGl→10 A 仪表熔丝→闪光继电器 1 脚,此为 IG 电源;蓄电池电源→100 A ALT 熔丝→10 A 危险报警灯熔丝→闪光继电器 4 脚,此为常火电源供电。闪光灯继电器的 7 脚为搭铁脚,经 1 A 搭铁。闪光灯继电器的 8 脚外接危险信号报警灯,当按下危险信号报警灯开关时,闪光灯继电器的 8 脚搭铁,闪光灯继电器收到危险报警信号,闪光灯继电器的 5 脚、6 脚外接转向开关。

当转向开关置于"左"挡时,转向开关的 5 脚与 6 脚接通,电流经转向信号闪光灯继电器的 5 脚→转向开关的 6 脚→1 A 搭铁。此时,闪光灯继电器内部左转向触点闭合,电压经闪光灯继电器的 3 脚输出分四路:第一路到左前转向信号灯→EB 或 EA 搭铁,此时左前转向信号灯亮起;第二路到左前侧转向信号灯→EB 或 EA 搭铁,此时左侧转向灯亮起;第三路经左后组合灯→BB 搭铁,左后组合灯中的转向灯亮起;第四路经组合仪表的 A2 脚(或 A21 脚)→组合仪表内部的左转向指示灯→组合仪表的 A1 脚(或 B7 脚)→1 A 搭铁,组合仪表上的左转向指示灯亮起。

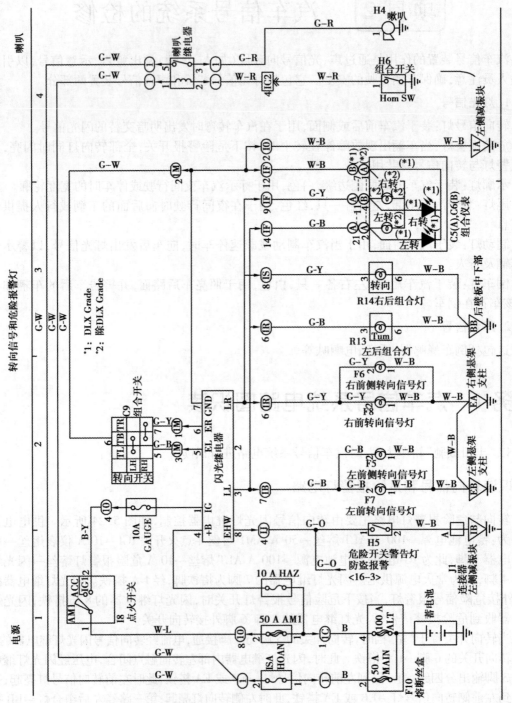

图5.24 转向灯和危险报警灯电路图

178

当转向开关置于"右"挡时,转向开关的 7 脚与 6 脚接通,电流经转向信号闪光灯继电器的 6 脚→转向开关的 7 脚→1 A 搭铁,此时,闪光灯继电器内部右转向触点闭合,电压经闪光灯继电器的 2 脚输出分四路:第一路到右前转向信号灯→EB 或 EA 搭铁,此时右前转向信号灯亮起;第二路到右前侧转向信号灯→EB 或 EA 搭铁,此时右侧转向灯亮起;第三路经右后组合灯→BB 搭铁,右后组合灯中的转向灯亮起;第四路经组合仪表的 A2 脚(或 A21 脚)→组合仪表内部的右转向指示灯→组合仪表的 A1 脚(或 B7 脚)→1 A 搭铁,组合仪表上的右转向指示灯亮起。

二、识读制动灯电路

如图 5.25 所示为"丰田威驰"轿车制动灯电路。

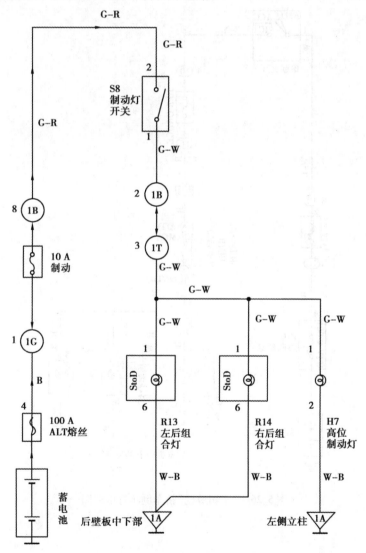

图 5.25　"丰田威驰"轿车制动灯电路图

蓄电池电蓄电池电压经熔丝后供电给制动灯电路,踩下制动动踏板时,制动灯开关闭合,蓄电池电压经100 A ALT熔丝→10 A制动熔丝十制动灯开关分三路:第一路到左后组合灯中的制动灯斗1Ai替铁,此时左后制动灯亮起;第二路到右后组合灯中的制动灯斗1A搭铁,此时右后制动灯亮起;第三路到高位制动灯-1A搭铁,此时高位制动灯亮起。

三、识读倒车灯电路图

如图5.26所示为"丰田威驰"轿车倒车灯电路。

当空挡启动开关或倒挡灯开关闭合时,蓄电池电压→100 A ALT熔丝→50AAml熔丝→点火开关→10 A仪表熔丝→空挡启动开关或倒挡灯开关后分两路:一路经左后组合灯中的倒车灯→搭铁;另一路经右后组合灯中的倒车灯→BB搭铁。此时左右倒车灯均亮。

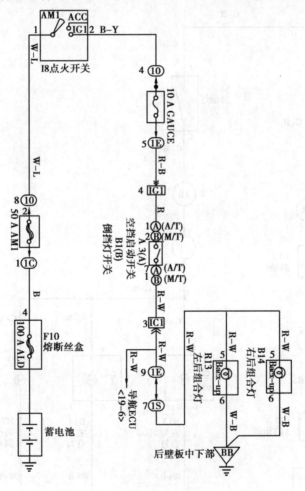

图5.26 "丰田威驰"轿车倒车灯电路图

任务 2　汽车转向信号灯与危险报警灯不亮的检测与修复

任务描述

一辆"威驰"轿车的左侧转向灯不亮,要排除故障,我们必须知道汽车转向灯与危险报警灯信号系统的构成和信号系统的检修方法,会识读电路图。

第一部分　任务学习引导

一、汽车转向灯与危险报警灯信号装置

为指示汽车的行驶方向,汽车上都装有转向信号灯。转向灯系统一般由转向信号灯、转向指示灯、转向开关、闪光器等组成。当汽车要向左或右转向时,驾驶员操纵转向开关可使车辆左边或右边的转向信号灯经闪光器通电而闪烁发光。转向后,回转转向盘,转向盘控制装置可自动使转向开关回位,转向灯熄灭。驾驶员还可以通过操纵危险警报开关使全部转向灯闪亮,发出警示。

转向信号灯一般应具有一定的频闪。我国规定为 60～120 次/分,日本对转向闪光灯频闪规定为(85＋10)次/分,要求信号效果要好,而且亮暗时间比(通电率)在 3∶2 为佳。

转向信号灯的频闪由闪光器控制,闪光器可根据不同的原理运作。目前使用的闪光器主要有电热式、电容式、电子式。电热式闪光器结构简单,制造成本低,但闪光频率不够稳定,使用寿命短,已被淘汰。电子式闪光器具有性能稳定、可靠性高、使用寿命长的特点,已获得广泛应用。

1.电容式闪光器

电容式闪光器的结构与工作原理如图 5.27 所示。

它主要是由一个继电器和一个电容器组成。继电器的铁芯 6 上绕有串联线圈 3 和并联线圈 4,电容器 7 采用大容量的电解电容器(约 1 500 μF)。电容式闪光器是利用电容器充、放电延时特性,使继电器的两个线圈产生的电磁吸力时而相加,时而相减,继电器便产生周期的开关动作,从而使转向信号灯闪烁。

其工作原理如下:

当汽车向左转弯时,接通转向灯开关 8,左转向信号灯 9 就被串入电路中,电流从蓄电池正极→电源开关 11→接线柱 B→串联线圈 3→常闭触点 1→接线栓 L→转向灯开关 8→左转

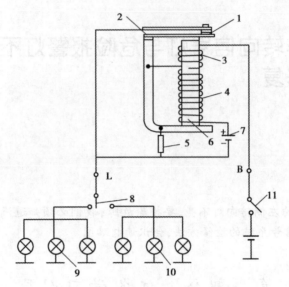

图 5.27　电容式闪光器（SG112 型）

1—触点;2—弹簧片;3—串联线圈;4—并联线圈;5—灭弧电阻;

6—铁芯;7—电解电容器;8—转向灯开关;9—左传向灯信号灯和指示灯;

10—右传向灯信号灯和指示灯;11—电源开关

向信号灯和指示灯 9→搭铁→蓄电池负极,形成回路。此时并联线圈 4、电容器 7 及电阻 5 被触点 1 短路,而电流通过线圈 3 产生的电磁吸力大于弹簧片 2 的作用力,触点 1 迅速被打开,转向信号灯处于暗的状态(转向信号灯和指示灯尚未来得及亮)。

触点 1 打开后,蓄电池向电容器 7 充电,其充电电流由蓄电池正极→电源开关 11→接线柱 B→串联线圈→并联线圈 4→电容器 7 接线柱 L→转向灯外关 8→左转向信号灯和指示灯 9→搭铁→蓄电池负极,形成回路。由于线圈 4 电阻较大,充电电流很小,不足以使转向信号灯亮,则转向信号灯仍处于暗的状态。同时,充电电流通过串联线圈 3 和并联线圈 4 产生的电磁吸力方向相同,使触点继续打开,随着电容器的充电,电容器两端的电压逐渐升高,其充电电流逐渐减小,串联圈 3 和并联线圈 4 的电磁吸力减小,使触点 1 重又闭合。

触点 1 闭合后,转向信号灯和指示灯处于亮的状态,此时电流由蓄电池正极经接线柱 B→串联线圈 3→常闭触点 1→接线柱 L→转向灯开关 8→左转向信号灯和指示灯 9 回到蓄电池负极。与此同时,电容器通过线圈 4 和触点 1 放电,其放电电流通过线圈 4 时产生的磁场方向与线圈 3 相反,所产生的电磁吸力减小,故触点仍保持闭合,左转向信号灯和指示灯 9 继续发亮。随着电容器的放电,电容器两端电压逐渐下降,其放电电流减小,则线圈 4 的退磁作用减弱,串联线圈 3 的电磁吸力增强,触点 1 重又打开,灯变暗。如此反复,继电器的触点不断开闭,使转向信号灯和指示灯发出闪光。灭弧电阻 5 与触点 1 并联,用来减小触点火花。

注意:必须按规定的电压和灯泡的总功率使用;接线必须正确,否则闪光器不闪光,且电容器易损坏;在负极搭铁的车辆上 B 应接蓄电池,L 接转向开关。

2.电子闪光器

电子闪光器的结构和线路繁多,常用的有全晶体管式无触点闪光器、由晶体管和小型继电器组成的有触点晶体管式闪光器,以及由集成块和小型继电器组成的有触点集成电路闪光器。其中,后两种电子闪光器应用较多。

(1)带继电器的有触点晶体管式闪光器

带继电器的有触点晶体管式闪光器如图5.28所示。它由一个晶体管的开关电路和一个继电器所组成。

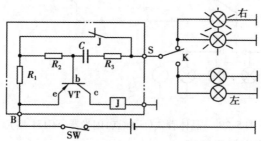

图5.28 带继电器的有触点晶体管式闪光器

当汽车向右转弯时,接通电源开关SW和转向灯开关K,电流由蓄电池正极→电源开关SW→接线柱"B"→电阻R_1→继电器J的常闭触点→接线柱"S"→转向灯开关K→右转信号灯→搭铁→蓄电池负极,右转向信号灯亮。当电流通过时,在R上产生电压降,晶体管VT因正向偏压而导通,集电极电流I通过继电器J的线圈,使继电器常闭触头立即断开,右转向信号灯熄灭。

晶体管VT导通的同时,VT的基极电流向电容器C充电。充电电路是:蓄电池正极→电源开关SW→接线柱B→VT的发射极e、基极b→电容器C→电阻R_3→接线柱S→转向灯开关K→右转向信号灯→搭铁→蓄电池负极。在充电过程中,随着电容器电荷的积累,充电电流I逐渐减小,晶体管VT的集电极电流I也随之减小,当此电流不足以维持衔铁的吸合而释放时,继电器J的常闭触点J又重新闭合,转向信号灯再次发亮。这时,电容器C通过电阻R、继电器的常闭触点J、电阻R_3放电。放电电流在R上产生的电压降为VT提供反向偏压,加速了VT的截止,使继电器J的常闭触点迅速断开。当放电电流接近零时,R_1上的电压降又为VT提供正偏压使其导通。这样,电容器C不断地充电和放电,晶体管VT也就不断地导通与截止,控制继电器的触点反复地闭合、断开,使转向信号灯发出闪光。

(2)体管式(无触点)闪光器

图5.29为国产SGl31型全晶体管式(无触点)闪光器的电路图。它是利用电容器充放电延时的特性控制晶体管VT_1的导通和截止,从而达到闪光的目的。

接通转向开关后,晶体管VT_1的基极电流由两路提供,一路经电阻R_2,另一路经R_1和C,使VT_1导通,VT_1导通时,VT_2、VT_3组成的复合管处于截止状态。由于VT_1的导通电流很小,仅60 mA左右,故转向信号灯暗。与此同时,电源对电容器C充电,随着C两端电压升高,充电电流减小,VT_1的基极电流减小,使VT_1由导通变为截止。这时A点电位升高,当其电位达到1.4 V时,VT_2、VT_3导通,于是转向信号灯亮。此时电容器C经过R_1、R_2放电,放电时间为灯亮时间。C放完电后接着又充电,VT_1再次导通使VT_2、VT_3截止,转向信号灯又熄灭,C的充电时间为灯灭的时间。如此反复,使转向信号灯发出闪光。改变R_1、R_2的电阻值和C的大

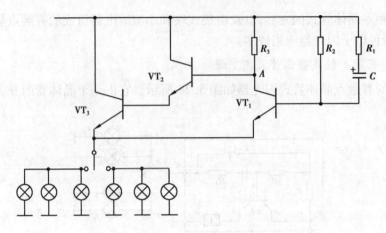

图 5.29　晶体管式(无触点)闪光器(SG131 型)

小以及 VT_1 的 β 值,即可改变闪光频率。

(3)成块和小型继电器组成的有触点集成电路闪光器

集成电路闪光器可用通用集成电路制成,也有专用闪光器集成电路。进口汽车上的集成电路闪光器一般采用的是专用集成电路。

①普通集成电路电子闪光器普通集成电路电子闪光器目前常采用双极时基电路,如图5.30所示。

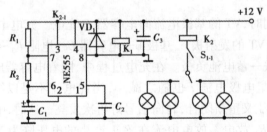

图 5.30　NE555 集成电路电子闪光器电路原理图

此电路的外围元器件较少,因为采用的集成电路为普通型,所以成本较低。电路中闪光灯故障检测由干簧管继电器 K_1 完成,具备了启动检测和故障检测的功能,具有实用性。特别是 K_1 的干簧管线圈几乎不产生电压降、不发热,因此对大负荷工作时很有利。继电器 K_1 的触点为动断触点,当一个转向灯损坏时,另一个灯常亮。K_1 的触点闭合是靠弹簧的复原力,压力较小,触点的接触电阻大。触点断开时却是由线圈通电后产生的磁力通过衔铁吸引开,其力量远远大于弹簧力,当触点出现黏合、铆合(由金属材料转移所产生)时,一般可以拉开。但以 NE555 制成的闪光器,在设计上未对汽车使用时可能出现的瞬态电压采取技术性保护,因此在装车使用中,NE555 损坏较多。

②专用集成电路电子闪光器为制造闪光器而设计制造的集成电路,国外称为汽车方向指示器集成电路。我国目前也有此类产品,例如 BU243。它的主要功能和特点为:当一个转向灯损坏时闪烁频率加倍;抗瞬时电压冲击为 ±125 V/0.1 ms;输出电流可达到 300 mA。

图 5.31 为 BU243 的原理框图,图 5.32 为电路图。该产品与德律风根公司的 U243 性能相同,可替换使用。

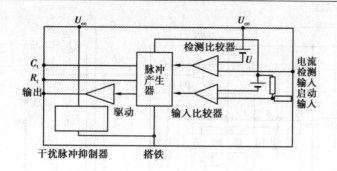

图 5.31 BU243 电子闪光器原理框图

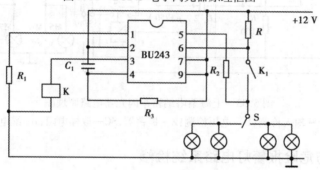

图 5.32 BU243 电子闪光器电路原理图

目前,国产电子闪光器控制线路采用国外专用集成块,其性能指标可达到国外 20 世纪 80 年代水平。但进行耐久试验时,多数触点将出现粘死或铆合死,产生不能断开的故障。需进一步增大触点容量以解决烧蚀产生的粘死问题,触点的动静点也应采用不同的金属材料制造,以防止触点金属材料转移产生铆合现象。上海"桑塔纳"轿车装用的电子闪光器(由德国西门子公司制造)即为这一形式。它的核心器件 ICU243B 是一块低功耗、高精度的汽车电子闪光器专用集成电路。U243B 的标称电压为 12 V,实际工作电压范围为 9 ~ 18 V,采用双列八脚直插塑料封装,其引脚及电路原理图如图 5.33 所示。内部电路主要由输入检测器 SR、电压检测器 D、振荡器 Z 及功率输出级四部分组成。

输入检测器用来检测转向信号灯开关是否接通。振荡器由一个电压比较器和外接 R_1 及 C_1 构成。内部电路给比较器的一端提供了一个参考电压(其值的高低由电压检测器控制),比较器的另一端则由外接 R_1 及 C_1 提供一个变化的电压,从而形成电路的振荡。

振荡器工作时,输出级便控制继电器线圈的电路,使继电器触点反复开、闭,于是转向信号灯和转向指示灯便以 80 次/min 的频率闪光。

如果一只转向信号灯烧坏,则流过取样电阻 RS 的电流减小,其电压降减小,经电压检测器识别后控制振荡器电压比较器的参考电压,从而改变振荡(即闪光)频率,则转向指示灯的闪光频率加快一倍,以示需要检修更换灯泡。

有些汽车利用闪光器还可作危险报警之用。当汽车出现危险情况时,只要接通危险报警开关,则汽车前、后、左、右的转向信号灯同时闪烁以示危险。

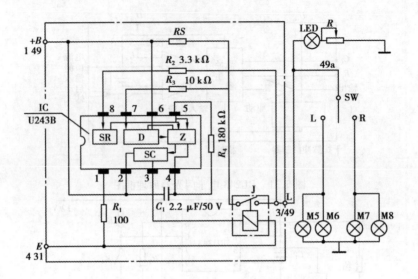

图 5.33　上海桑塔纳轿车闪光器电路原理图

SR—输入检测；D—电压检测；Z—振荡器；SC—取样电阻；J—继电器

二、汽车转向灯与危险报警灯电路系统检修

1.常见故障

这主要表现为转向信号灯单个不亮、全部不亮、灯亮但是不闪、转向灯闪光频率不正常等。

2.故障原因

①转向信号灯全部不亮，一般是由闪光器、电源线或者保险装置断路所致。

②闪光频率不正常，一般是闪光器、转向信号灯开关接线松动，以及闪光器故障所致。如表5.8所示为"威驰"转向信号和报警系统故障诊断表。

表 5.8　"威驰"转向信号和报警系统故障诊断表

故障现象	产生故障部位
转向、报警灯不工作	熔丝、闪光继电器、线束
报警灯不工作、转向灯工作	报警灯开关总成、线束
转向工作不正常、报警灯工作正常	转向信号开关、线束
转向信号有一侧不正常	转向信号开关、线束
只有一个灯泡工作不正常	灯泡、线束

3.电路检测

（1）检查闪光器

闪光器检测如图5.34及表5.9,表5.10所示。

表 5.9　连接器端子位置

测试端子	状　态	规定状态
1-搭铁	点火开关 ON	蓄电池正极电压
1-搭铁	点火开关 OFF	没有电压
4-搭铁	常火	蓄电池正极电压
7-搭铁	常火	导通

表 5.10　连接器后端子位置

测试端子	状　态	规定状态
2-搭铁	安全开关 OFF→ON	0 V→0~9 V(60~120 次/min)
2-搭铁	转向信号开关(右转)OFF→ON	0 V→0~9 V(60~120 次/min)
3-搭铁	安全开关 OFF→ON	0 V→0~9 V(60~120 次/min)
3-搭铁	转向信号开关(左转)OFF→ON	0 V→0~9 V(60~120 次/min)
5-搭铁	转向信号开关(左转)OFF→ON	大于 0~9 V
6-搭铁	转向信号开关(右转)OFF→ON	大于 0~9 V
8-搭铁	安全开关 OFF→ON	大于 0~9 V

(2)检查组合开关

组合开关中转向开关的脚位导通关系如图 5.35 所示,再按照表 5.11 检查各脚位之间是否导通。

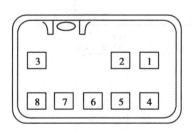

图 5.34　转向信号闪光器

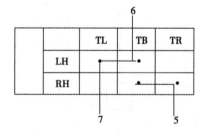

图 5.35　转向开关脚位导通关系

187

表 5.11 转向开关各脚位之间导通关系

开关动作	脚 位	规定状态
右转	5-6	导通
空位	5-6-7	不导通
左转	6-7	导通

注:如不符合规定,则更换开关。

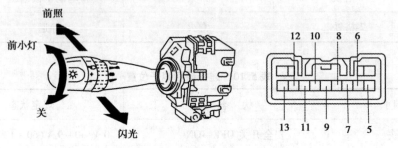

图 5.36 组合开关及脚位图

(3)检查危险报警灯开关

检查危险报警开关电路图如图 5.37 所示,可以检测脚位 1 和 2 之间是否导通,如表 5.12 所示。

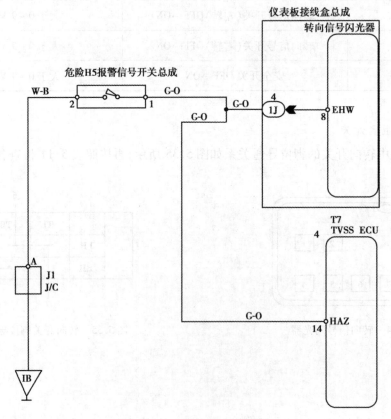

图 5.37 危险报警灯电路图

表 5.12　危险报警开关脚位之间导通关系

开关动作	脚　位	规定状态
ON	1-2	导通
OFF	1-2	不导通

第二部分　任务实施

分别针对"长安志翔"和"奇瑞 A3"轿车进行转向信号灯和危险报警灯的故障设置,然后根据电路图分析故障原因并进行故障排除。

一、工具准备

①"长安志翔"轿车 2 辆。
②"奇瑞 A3"轿车 1 辆。
③"长安志翔"和"奇瑞 A3"转向信号灯和危险报警灯电路图。
④万用表若干。

二、技术要求与标准

①所有操作符合安全操作要求。
②所有操作符合汽车转向信号灯的技术标准。
③在操作过程中不允许出现安全事故。

三、工作内容

①观察故障现象。
②对照相应电路图进行分析,找出故障原因。
③进行故障排除。

四、填写维修工单

表5.13　维修工单

×××××汽车维修公司维修工单		工单号：
客户名称：　　　车牌号：　　　购车日期：　年　月　日　联系电话：		
联系人：　　　车型：　　　VinNo：　□□□□□□□□□□□□□□□ □□□□□□□		
送修日期：年　月　日　交付日期：年　月　日　行驶里程：		
故障描述		
序　号	检修项目	结　论
1	灯具	
2	熔丝	
3	线束	
4	控制开关	
检修标准		
所需工具		
检修人　　联系电话　　时间		
工作组组长　　联系电话　　时间		

五、考核

表5.14　考核表

序号	考核内容	配分	评分标准	考核记录	扣分	得分
1	正确使用工具、仪表、量具	10	每次工具使用不当扣3分			
			每次量具、仪表使用不当扣3分			
2	正确分析转向信号灯与危险报警灯电路	20	不能正确回答每处扣5分			
3	正确连接电路	30	操作不熟练扣8分			
			操作错误扣12分			

续表

序号	考核内容	配分	评分标准	考核记录	扣分	得分
4	正确检查诊断转向信号灯与危险报警灯电路的故障	30				
5	操作规范,整洁有序,不超时	10	第一项扣 4 分,后两项各扣 3 分			
	遵守安全操作规程,无事故		出现元器件损坏,此题为 0 分			
6	分数总计	100				

任务 3　汽车电喇叭工作不正常故障的检修

任务描述

一辆"千里马"轿车在行驶中,其喇叭声音不是像蚊子叫,就是很沙哑,甚至连一点声音都没有。经检查,该车的电喇叭由于进水导致触点接触不良,更换电喇叭后,故障排除。要完成这个工作任务,我们必须知道汽车电喇叭电路的工作原理,以及喇叭音频与音量的调整方法。

第一部分　任务学习引导

一、电喇叭的结构与原理

电喇叭由振动机构和电路断续机构两个部分组成,按外形不同可分为筒形、螺旋形和盆形电喇叭。由于盆形电喇叭具有尺寸小、质量轻、指向性好等特点,因此为现代汽车普遍采用。

盆形电喇叭的结构如图 5.38 所示。其工作原理是:当按下喇叭按钮 10 时,进入喇叭的电流由蓄电池正极→线圈 2→触点 7→喇叭按钮 10→搭铁→蓄电池负极构成回路。线圈 2 通电后产生电磁吸力,吸动上铁芯 3 及衔铁 6 下移,使膜片 4 向下拱曲,衔铁 6 下移中将触点 7 顶开,线圈 2 电路被切断,其电磁力消失,上铁芯 3、衔铁 6 在膜片 4 弹力的作用下复位,触点 7 又闭合。如此反复一通一断,使膜片及共鸣板连续振动辐射发声。

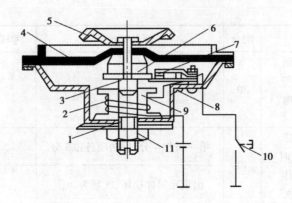

图 5.38 盆形电喇叭

1—下铁芯;2—线圈;3—上铁芯;4—膜片;5—共鸣板;

6—衔铁;7—触点;8—调整螺钉;9—铁芯;

10—喇叭按钮;11—锁紧螺母

二、无触点电喇叭

有触点电磁振动式电喇叭由于触点易烧蚀、氧化,从而影响电喇叭的工作可靠性,故障率高。因此,无触点电喇叭应运而生,它利用晶体管控制电路来激励膜片振动产生声响。

无触点电喇叭主要由多谐振荡电路和功率放大电路组成,如图 5.39 所示。工作原理如下:由 VT_1、VT_2、VT_3 和 C_1、C_2 及 $R_1 \sim R_9$ 组成多谐振荡电路,当按下喇叭按钮时,电路即通电。由于 VT_1 和 VT_2 的电路参数总有微小差异,两个三极管的导通程度不可能完全一致。假设在电路接通瞬间 VT_1 先导通,VT_1 的集电极电位首先下降,于是多谐振荡电路通过 C_1、C_2 正反馈电路形成正反馈过程,使 VT_1 迅速饱和导通,而 VT_2 则迅速截止,VT_3 也截止,电路进入暂时稳态。此时,C_1 充电使 VT_2 的基极电位升高,当达到 VT_2 的导通电压时,VT_2 开始导通,VT_3 也随之导通。多谐振荡电路又形成正反馈过程,使 VT_2 迅速导通,而 VT_1 则迅速截止,电路进入新的暂时稳态。这时,C_2 的充电又使 VT_1 的基极电位升高,使 VT_1 又导通,电路又产生一个正反馈过程,使 VT_1 迅速饱和导通,而 VT_2、VT_3 则迅速截止。如此周而复始,形成振荡。此振荡电流信号经 VT_4、VT_5 的直流放大,控制喇叭线圈电流的通断,从而使喇叭发出声响。

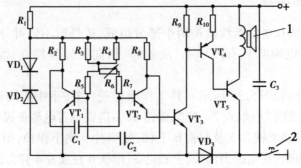

图 5.39 无触点电喇叭电路图

1—喇叭;2—喇叭按钮

电路中,电容 C_3 是喇叭的电源滤波电容,以防其他电路瞬变电压的干扰。VD_2、R_1 为多谐振荡器的稳压电路,使振荡频率稳定。VD_1 用作温度补偿,VD_3 起电源反接保护作用,R_6 可用于调节喇叭的音量。

三、喇叭继电器

在汽车上常装有两个不同音频的喇叭。当装用双喇叭时,由于其消耗的电流较大,用按钮直接控制时,按钮容易烧坏,故常采用喇叭继电器控制,其构造与接线方法如图 5.40 所示。

当按下喇叭按钮 5 时,喇叭继电器线圈 3 通电产生电磁力,触点 1 闭合,大电流通过支架 4、触点臂 2、触点 1 流到喇叭。由于喇叭继电器线圈的电阻很大,因此通过按钮 5 的电流很小,故可起到保护按钮作用。

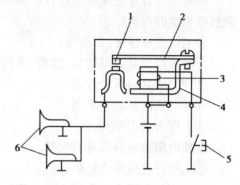

图 5.40 喇叭继电器
1—触点;2—触点臂;3—线圈;4—支架;
5—喇叭按钮;6—喇叭

四、电喇叭的维护和调整

喇叭的安装固定方法对其发音影响较大。为了保证喇叭声音正常,喇叭不作刚性安装,在喇叭与固定架之间装有片状弹簧或橡胶垫。

技术良好的喇叭,发音响亮清晰而无沙哑声。喇叭触点应保持清洁且接触良好。电喇叭的调整包括音调和音量的调整。

(1)音调调整

音调的高低取决于膜片的振动频率。减小喇叭上、下铁芯间的间隙,则提高音调;增大间隙则音调降低。调整方法是:松开锁紧螺母 11,如图 5.31 所示,转动下铁芯,使上、下铁芯间的间隙调至合适量,通常为 0.5~1.5 mm,拧紧锁紧螺母即可。

(2)音量调整

音量的强弱取决于通过喇叭线圈的电流大小,电流大则音量强。线圈电流可通过调整螺钉 8 改变喇叭触点 7 的接触压力来调整,如图 5.31 所示。若触点的接触压力增大,喇叭的音量则变大。

五、电喇叭电路的检修

1. 电喇叭常见故障的检修

(1)电喇叭不响

造成电喇叭不响的原因有:按钮触点烧蚀、接触不良、继电器触点接触不良或线圈烧断、引线脱落、熔断器烧断、电喇叭内部不良等,对上述原因逐一排查。

(2)电喇叭常响

电喇叭常响的常见原因有:按钮卡死、继电器触点烧结、继电器按钮线搭铁。遇常响故障时,应及时拔下喇叭保险制止长鸣现象,然后按上述原因所在部位逐点排查。

（3）喇叭变音

电喇叭变音常见现象是双音电喇叭变为单音,这种故障只要查出单只不响的原因,加以调整或更换即可消除。

若喇叭发音沙哑,应检查:

①膜片厚度是否不均匀、破裂,高低音膜片是否混用(高音喇叭膜片较厚)。

②声筒或共鸣板是否破裂。

③芯空气间隙是否不当。

④点压力是否不当。

⑤弧电阻或电容器是否失效。

⑥动部件连接是否松旷。

⑦电喇叭固定方法是否不当。喇叭与车架等支座不得刚性连接,应用缓冲钢片或胶垫,螺旋形喇叭传声筒及盆形喇叭振动片不得与其他物体相碰。

2. 电喇叭电路的检修

（1）电路分析

"丰田威驰"轿车喇叭电路如图5.41所示。其喇叭电路分两部分,一部分是控制电路,另一部分是喇叭主电路。

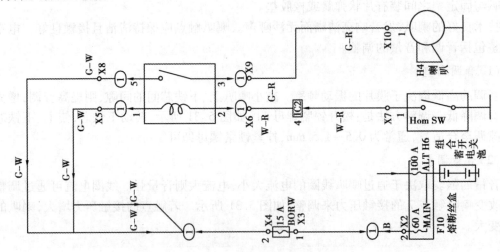

图5.41 "丰田威驰"轿车电喇叭电路检测图

当按下喇叭开关时,喇叭继电器线圈的电喇叭继电器触点5脚与3脚导通,接通喇叭主电路,回路为:蓄电池正极→60 A MAIN 熔断丝→15 A HORN 熔断丝→ + 喇叭继电器5脚→喇叭继电器3脚→喇叭→蓄电池负极。此时喇叭通电发声。

（2）电路检修

对于喇叭不响故障,我们可以用电压表检测喇叭电路中的各测试点。喇叭开关未按下时,X1—X8各点电压均为蓄电池电压,X9、X10点电压为0 V;而按下喇叭开关时,X6、X7点电压为0 V,X9、Xl0点电压为蓄电池电压。如不正常,则检查相应电路的部件及线束。

194

第二部分　任务实施

分别针对"长安志翔"和"奇瑞 A3"轿车进行电喇叭故障设置,然后由学生根据电路图分析故障原因并进行故障排除。

一、工具准备

①"长安志翔"轿车 2 辆。
②"奇瑞 A3"轿车 1 辆。
③"长安志翔"和"奇瑞 A3"电喇叭电路图。
④万用表若干。
⑤常用维修工具。

二、技术要求与标准

①所有操作符合安全操作要求。
②所有操作符合汽车电喇叭的技术标准。
③在操作过程中不允许出现安全事故。

三、工作内容

①观察故障现象。
②对照相应电路图进行分析,找出故障原因。
③进行故障排除。

四、填写维修工单

表 5.15　维修工单

××××××汽车维修公司维修工单　　　　工单号:		
客户名称:　　　车牌号:　　　购车日期:　　年　月　日　联系电话:		
联系人:　　　车型:　　　VinNo:		
送修日期:　年　月　日　交付日期:　年　月　日　行驶里程:		
故障描述		
序　号	检修项目	结　论
1	电喇叭	

续表

2		
3		
4		
检修标准		
所需工具		

检修人		联系电话		时间	
工作组组长		联系电话		时间	

五、考核

表 5.16　考核表

序号	考核内容	配分	评分标准	考核记录	扣分	得分
1	正确使用工具、仪表、量具	10	每次工具使用不当扣 3 分			
			每次量具、仪表使用不当扣 3 分			
2	正确分析电喇叭电路	20	不能正确回答每处扣 5 分			
3	正确连接电路	30	操作不熟练扣 8 分			
			操作错误扣 12 分			
4	正确检查电喇叭电路的故障	30				
5	正确调整电喇叭的音量		操作不熟练扣 8 分			
5	操作规范,整洁有序,不超时	10	第一项扣 4 分,后两项各扣 3 分			
	遵守安全操作规程,无事故		出现元器件损坏,此题为 0 分			
6	分数总计	100				

模块 6
汽车仪表及报警系统的检修

知识目标：

1. 掌握汽车各种仪表与报警装置的工作原理。

2. 了解各种仪表与报警装置的基本结构、电子显示系统的组成。

能力目标：

1. 能够正确叙述汽车仪表与报警系统电路原理。

2. 能够对损坏的汽车仪表进行维修。

3. 能够诊断汽车仪表与报警电路系统的常见故障。

4. 能够排除汽车仪表与报警电路系统的常见故障。

项目 1　汽车仪表的检修

为了使驾驶员随时观察与掌握汽车各系统的工作状态,在驾驶室仪表板上装有各种指示仪表。汽车常用仪表一般是由传感器和指示仪表两部分组成,按功能不同可分为电压表、机油压力表、水温表、燃油表、车速里程表、发动机转速表等。按结构不同可分为指针式和电子显示式两种类型,即一种是传统的模拟显示,目前在中国市场上应用份额较大,大多为早期引进的车型、货车、微型车等,另一种是数字式仪表。按工作原理不同可分为电磁驱动式、电热驱动式(双金属片式)、磁感应式(如车速里程表)和电子控制式四种。

任务 1　常规汽车仪表的检修

一、机油压力表

机油压力表用来指示发动机机油压力的大小,以便驾驶员或维修人员了解发动机润滑系统工作是否正常。它由装在发动机主油道上的机油压力传感器和仪表板上的机油压力指示表组成。常用的机油压力表有双金属片式、电磁式和动磁式三种。其中以双金属片式机油压力表应用最为广泛。

双金属片式机油压力表的结构如图 6.1 所示。

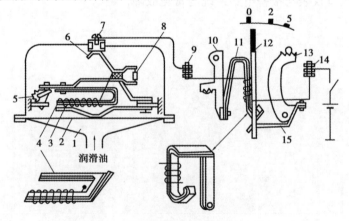

图 6.1　双金属片式机油压力表
1—油腔;2—膜片;3,15—弹簧片;4—传感器双金属片;5—调节齿轮;
6—接触片;7—传感器接线柱;8—校正电阻;9,14—指示表接线柱;
10,13—调节齿扇;11—指示表双金属片;12—指针机油压力表传感器内部装有弹性膜片 2,膜片下的油腔 1 与发动机主油道相通,机油压力可直接作用在膜片上,膜片的上面顶着弓形弹簧片 3,弹簧片的一端与外壳固定搭铁,另一端的触点与双金属片 4 端部触点接触,双金属片上绕有电热线圈,校正电阻 8 与双金属片 4 上的线圈并联。

机油压力指示表内装有特殊形状的双金属片 11,它的直臂末端固定在调节齿扇 10 上,另一钩形悬臂端部与指针 12 相连,其上也绕有电热线圈,线圈的两头构成指示表的两个接线柱。当电源开关接通时,电流由蓄电池正极→电源开关→接线柱 14→指示表双金属片 11 的电热线圈→接线柱 9→接触片 6→分两路(一路流经传感器双金属片 4 的电热线圈;另一路流经校正电阻 8→双金属片 4)→双金属片 4 的触点→弹簧片 3→搭铁→蓄电池负极构成回路。由于电流流过双金属片 4 和 11 上的电热线圈,使双金属片受热变形。双金属片由两种膨胀系数不同的金属制成,受热时,膨胀系数大的一面向膨胀系数小的一面弯曲。当电路中有电流通过时,绕在双金属片上的线圈产生热量,造成传感器双金属片受热弯曲,使触点断开,切断电路;而指示表双金属片受热弯曲,使指针偏转,从而指示机油压力的大小。

当机油压力很低时,膜片 2 几乎没有变形,这时作用在触点上的压力很小。当电流流过而温度略有上升时,双金属片 4 就受热弯曲,使触点分开,切断电路并停止产生热量;一段时间后,双金属片冷却伸直,触点又闭合,电路又被接通。因此,触点闭合时间短,而打开时间长,通过指示表电热线圈的平均电流值小,使指示表双金属片 11 因温度较低而弯曲程度小,指针 12 偏转角度很小,即指示出较低的油压。

当机油压力升高时,膜片 2 向上拱曲增大,加在触点上的压力增大,双金属片 4 需要在较高温度下即其上电热线圈通过较大电流、较长时间后,才能弯曲到使触点分开;而触点分开后稍加冷却就会很快闭合。因此,触点打开时间短,而闭合时间长,通过指示表电热线圈的平均电流值大,指针 12 偏转角度增大,即指示出较高的油压。

为使机油压力的指示值不受外界温度的影响,双金属片 4 制成"＝"形,其上绕有电热线圈的一边称为工作臂,另一边称为补偿臂。当外界温度变化时,工作臂的附加变形被补偿臂的相应变形所补偿,使指示表的读数不变。在安装传感器时,必须使传感器壳体上的箭头向上,不应偏出 ±30°,这样可保证工作臂位于补偿臂之上,当工作臂产生的热气上升时,不致影响补偿臂而造成读数误差。

二、水温表

水温表用来指示发动机内部冷却水温度。它由装在汽缸盖水套中的温度传感器和装在仪表板上的水温指示表组成,有电热式和电磁式两种。

1. 电热式水温表

电热式水温表由指示表和传感器两部分组成,如图 6.2 所示。传感器是一个密封的铜套筒,内装有条形双金属片 2,其上绕有电热线圈,电热线圈一端接在活动触点上,另一端接在接触片 3 上与传感器接线柱 4 相连,固定触点 1 搭铁。指示表的双金属片 7 上绕有电热线圈(也称加热线圈),当电流通过线圈时产生一定的热量,使双金属片弯曲变形,从而带动指针偏转。电热式水温表的表盘左端为高温,右端为低温。

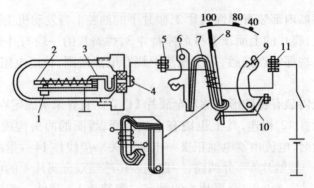

图 6.2　电热式水温表
1—固定触点;2—双金属片;3—连接片;4—冷却液温度传感器接线柱;
5,11—冷却液温度表接线柱;6,9—调节齿扇;7—双金属片;8—指针;10—弹簧片

当电路接通、水温低时,双金属片经电热线圈加热变形使触点分开。但由于周围的水温低,变形不大,且触点分离后,双金属片很快冷却,又使触点重新闭合,因而触点间的压力较大,闭合时间较长,电路中流过的电流有效值较大。这时指示表的双金属片变形也大,使指针向右偏转大,指示水温低。

当水温升高时,传感器密封套筒内温度也增高,因此,双金属片受热变形后,冷却的速度减慢,所以触点分离时间增长,触点闭合时间缩短,流经加热线圈的平均电流减小,双金属片 7 变形减小,指针偏转小,指示较高温度。

发动机正常工作时,水温应为 80 ~ 90 ℃。

2. 电磁式水温表

电磁式水温表的结构原理如图 6.3 所示。它主要由热敏电阻传感器和电磁式水温指示表组成。传感器中装有负温度系数热敏电阻,其电阻值会随水温升高而减小。当电源开关接通时,电流由蓄电池正极→电源开关→电阻 R →线圈 L_2 →分两路(一路流经热敏电阻 1;另一路流经线圈 L_1)→搭铁→蓄电池负极构成回路。

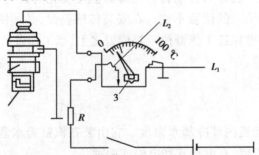

图 6.3　电磁式水温表
1—热敏电阻;2—传感器;3—衔铁

当水温低时,传感器中热敏电阻的阻值大,流经线圈 L_1 与 L_2 的电流相差不多,但由于 L_1 的匝数多,产生的磁场强,带指针的衔铁 3 会向左偏转,使表针指向低温刻度;当水温增高时,热敏电阻阻值减小,分流作用增强,流经 L_1 的电流减小,磁场力减弱,衔铁向右偏转,表针指向高温刻度。

检查电磁式温度传感器和水温指示表时,可拆下传感器上的接线,测量传感器输入端与搭铁之间的电阻。若室温下热敏电阻的阻值为 100 Ω 左右,则表明传感器良好;另用一阻值为 80 ~ 100 Ω 的电阻代替传感器直接搭铁,当接通电源时,如果水温指示表的表针指在60 ~ 70 ℃,则表明水温指示表良好。

三、燃油表

燃油表用来指示燃油箱内燃油的储存量。它由装在燃油箱内的传感器和装在仪表板上的燃油指示表组成。燃油指示表有电磁式、动磁式和双金属片式,近年来还出现了新型的电子燃油表。其传感器均为可变电阻式。由于电磁式和双金属片式指示表的结构与原理与前述仪表基本相同,下面主要介绍动磁式。

动磁式燃油表的结构原理如图 6.4 所示。它的两个线圈互相垂直地绕在一个矩形塑料架上,塑料套筒轴承和金属轴穿过交叉线圈,金属轴上装有永久磁铁转子,转子上连有指针。可变电阻式传感器由滑片、可变电阻和浮子组成。

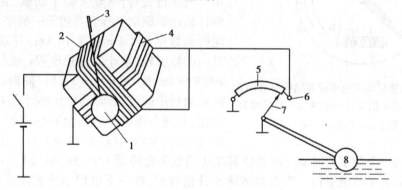

图 6.4　动磁式燃油表
1—永久磁铁转子;2—左线圈;3—指针;4—右线圈;5—可变电阻;
6—接线柱;7—滑片;8—浮子

当接通电源开关后,燃油表中的电流回路是:蓄电池正极→电源开关→ 左线圈 2→分两路(一路流经右线圈 4;另一路流经接线柱 6→可变电阻 5→滑片 7)→搭铁→蓄电池负极。

当油箱无油时,浮子 8 下沉,可变电阻 5 上的滑片 7 移至最右端,可变电阻 5 和右线圈 4 均被短路,永久磁铁转子 1 在左线圈 2 的磁力作用下向左偏转,带动指针 4 指示油位为 0。随着油量的增加,浮子上升,可变电阻部分接入,使左线圈 2 中的电流相对减小,右线圈中的电流相对增大,永久磁铁转子在合成磁场作用下转动,使指针向右偏转,指示出与油箱油量相应的标度。

动磁式燃油表的优点是当电源电压波动时,通过左、右两线圈的电流成比例增减,使指示值不受影响;又因为线圈中没有铁芯,所以没有磁滞现象,指示误差小。

四、车速里程表

车速里程表是用来指示汽车行驶速度和累计行驶里程数的仪表。它由车速表和里程表两部分组成,有的车速里程表上还带有里程小计表和里程小计表复位杆。

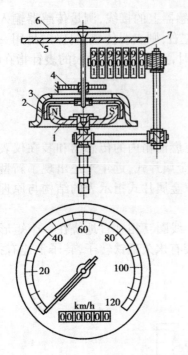

图 6.5 磁感应式车速里程表结构原理图
1—永久磁铁;2—铝罩;3—磁屏;4—盘形弹簧;
5—刻度盘;6—指针;7—数字轮

常用的磁感应式车速里程表的结构如图 6.5 所示。车速里程表的主动轴由与变速器输出轴相啮合的软轴驱动。汽车静止时,在盘形弹簧 4 的作用下,车速表指针位于刻度盘零位。汽车行驶时,主动轴带着永久磁铁 1 旋转,在铝罩 2 上形成磁涡流。该涡流产生一个磁场,旋转的永久磁铁磁场与铝罩磁场相互作用产生转矩,克服盘形弹簧的弹力,使铝罩 2 朝永久磁铁 1 转动方向转过一个角度,与盘形弹簧的弹力相平衡,指针便在刻度盘上指示出相应的车速。车速越高,永久磁铁 1 旋转越快,铝罩上的磁涡流越强,形成的转矩越大,指针指示值也越高。

里程表则经蜗轮蜗杆机构减速后用数字轮显示。汽车行驶时,软轴带动主动轴,并经 3 对蜗轮蜗杆减速后驱动里程表右边第一数字轮(第一数字轮所刻数字为 1 km 或 1/10 km)并逐级向左传到其余的数字轮,累计出行驶里程(最大显示里程为 999 999 km 或 99 999.9 km)。同时,里程表上的齿轮通过中间齿轮,驱动里程小计表 1/10 km 位数字轮,并向左逐级传到其余的数字轮,显示出小计里程(最大显示里程为 999.9 km)。里程表和里程

小计表的任何一个数字轮转动一圈就使其左边的数字轮转动 1/10 圈,形成 1:10 的传动比,这样就可以显示出行驶里程。当需要清除小计里程时,按一下里程小计表复位杆,即可使里程小计表的指示回零。

五、发动机转速表

发动机转速表用来指示发动机运转速度,常用的有机械式和电子式两种。由于电子式转速表具有结构简单、指示准确、安装方便等优点,因此被广泛应用。

图 6.6 是汽油机用的电容放电式转速表电路原理图,其转速信号来自于点火系统初级电路的脉冲信号。当断电器触点 K 闭合时,三极管 VT 的基极搭铁而处于截止状态,电源经 R_3、C_3、VD_2,向电容 C_3 充电;当触点 K 断开时,三极管 VT 由截止转为导通,此时电容 C_3 经三极管 VT、转速表 n 和二极管 VD_1 构成放电回路,驱动转速表。发动机工作时,断电器触点

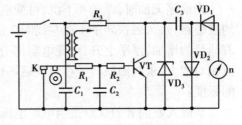

图 6.6 电容放电式转速表

的开闭频率与发动机的转速成正比,电容 C_3 不断进行充放电,通过转速表 n 的放电电流平均值也与发动机的转速成正比。电路中的稳压管 VD_3 使电容 C_3 有一个稳定的充电电压,提高了转速表的测量精度。

六、仪表稳压器

双金属片式水温表和燃油表配用可变电阻式传感器时,应在电路中串入仪表稳压器,其作用是当电源电压变化时稳定仪表平均电压,避免仪表出现指示误差。

电热式仪表稳压器的结构如图 6.7 所示。它由双金属片、一对常闭触点、电热线圈、座板和外壳等组成。电热线圈一端搭铁,另一端焊在双金属片上。双金属片的一端用铆钉固定,另一端铆有活动触点。固定触点铆在调节片上,调节片的一端也用铆钉固定并与电源接线相连。两触点之间的压力可通过调节螺钉调整。

仪表稳压器的原理电路如图 6.8 所示。当电源电压偏高时,电热线圈中的电流增大,产生热量大,使触点在较短的时间里断开,断开的触点又需较长时间冷却才能重新闭合,于是触点闭合时间短,断开时间长,从而将偏高的电源电压降低为某一输出电压平均值。若电源电压偏低时,电热线圈中的电流减小,产生热量少,使触点断开时间短而闭合时间长,从而将偏低的电源电压提高到同一输出电压平均值。

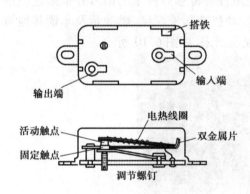

图 6.7　电热式仪表稳压器结构图

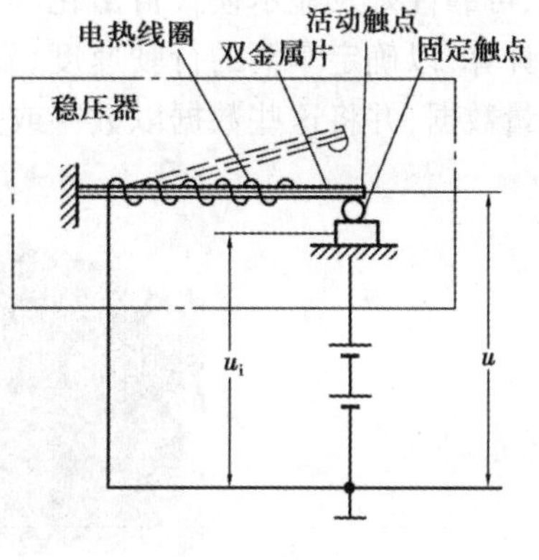

图 6.8　电热式仪表稳压器原理

仪表稳压器工作时的电压波形如图 6.9 所示。

电热式仪表稳压器在使用中应注意以下几点:

①仪表稳压器安装时,两接线柱的接线不得接错。

②凡使用仪表稳压器的燃油表及水温表,不允许直接与电源相接,否则会烧坏仪表。

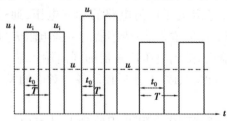

图 6.9　电热式仪表稳压器电压波形图

任务2　电子式汽车仪表的检修

第一部分　任务学习引导

一、汽车电子仪表简介

由于传统的仪表为驾驶员提供的数据信息远远不能满足现代汽车新技术的发展要求,所以电子显示组合仪表逐渐成为汽车仪表发展的主流。它相对于传统仪表具有易于辨认、精确度高、可靠性好及显示模式自由化等特点,能够利用各种传感器传来的信号并根据这些信号进行计算,以确定车辆的行驶速度、发动机转速、发动机冷却液温度、燃油量及车辆其他情况的测量数据,并将这些数据以数字或条形图形式显示出来,如图6.10所示。

图6.10　电子显示组合仪表

1. 电子燃油表

电子燃油表电路原理如图6.11所示。电子燃油表的传感器仍采用浮子式可变电阻传感器。R_x 是传感器的可变电阻,油箱无油时,其电阻值约为100 Ω,满油时约为5 Ω。电阻 R_{15} 和二极管 VD_8 组成稳压电路,其稳定电压作为电路的标准电压,通过 $R_8 \sim R_{14}$ 接到由集成电路 IC_1 和 IC_2 组成的电压比较器的反向输入端;传感器的可变电阻 R_x 由 A 端输出电压信号,经电容 C 和电阻 R_{16} 组成的缓冲器后,接到电压比较器的同向输入端。电压比较器将此电压信号与反向输入端的标准电压进行比较、放大,然后控制各自对应的发光二极管,以显示油箱内燃油量的多少。

当油箱内燃油加满时,传感器可变电阻 R_x 阻值最小,A 点电位最低,各电压比较器输出为低电平,此时6只绿色发光二极管 $VD_2 \sim VD_7$ 全部点亮,而红色二极管 VD_1 因其正极电位变低而熄灭,这表示油箱已满。随着汽车的运行,油箱内的燃油量逐渐减少,绿色发光二极管 VD_7 至 VD_2 依次熄灭。燃油量越少,绿色发光二极管亮的个数越少。当油箱内燃油用完时,R_x 的阻值最大,A 点电位最高,集成块 IC_2 第5脚电位高于第6脚的标准电位,第7脚可输出高电

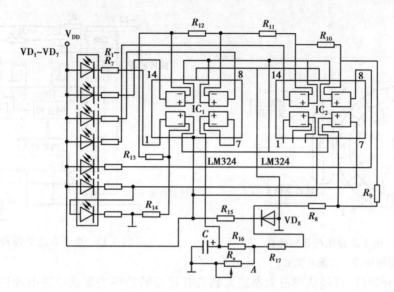

图 6.11　电子燃油表电路图

位,此时红色发光二极管亮,其余 6 只绿色发光二极管全部熄灭,表示燃油量过少,必须给油箱补加燃油。

2. 车速里程表

(1)电子式车速里程表

电子式车速里程表是用设在变速器上的传感器获取车速信号,并通过导线传输信号,能够克服磁感应式车速里程表用钢缆软轴传输转矩带来的磨损等缺点。电子式车速里程表还具有精度高、指示平稳和寿命长等优点。因此,现代汽车普遍采用电子式车速里程表,如国产"桑塔纳"2000 型、"奥迪"100 型轿车都采用了电子式车速里程表。

电子式车速里程表主要由车速传感器、电子电路、车速表和里程表四部分组成,既能指示汽车行驶速度,又能记录行驶里程(包括累计里程和单程里程),并具有复零功能。

车速传感器一般采用舌簧开关式或磁感应式传感器,如图 6.12 所示,由变速器驱动,能够产生与汽车行速度成正比的电信号。"桑塔纳"2000 型、"奥迪"100 型轿车采用舌簧开关式传感器,由一个舌簧开关和一个具有 4 对磁极的转子组成。转子每转一周,舌簧开关中的触点闭合 8 次,产生 8 个脉冲信号,汽车每行驶 1 km,车速传感器将输出 4 127 个脉冲信号。

电子电路的作用是将车速传感器输入的与车速成正比的频率信号,经过整形、触发、输出一个与车速成正比的电流信号。电子电路主要包括稳压电路、单稳态触发电路、恒流源驱电路、64 分频电路和功率放大电路,如图 6.13 所示。车速表的指示精度由电阻 R_1 调节,初始工作电流由电阻 R_2 调节,电阻 R_3 和电容 C_3 用于电源滤波。

车速表实际上是一个磁电式电流表。当汽车以不同车速行驶时,从电子电路接线端子 6 输入与车速成正比的电流信号便驱动车速表指针偏转,从而指示相应的车速。在车速表刻度盘上 50～130 km/h 的区域标有红色标记,表示经济车速区域。

里程表由步进电动机及六位数字的十进位齿轮计数器组成。步进电动机是一种利用电磁铁的作用原理将脉冲信号转换为线位移或角位移的微型电动机。车速传感器输出的频率

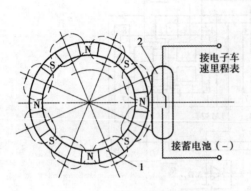

图 6.12 电子车速里程表传感器

1—塑料环;2—舌簧开关管

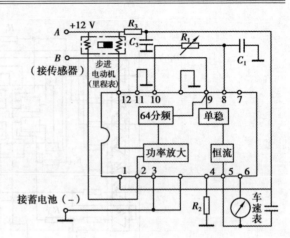

图 6.13 电子车速里程表电路

信号经过 64 分频后,再经功率放大器放大到具有足够的功率去驱动步进电动机,带动六位数字的十进位齿轮计数器工作,从而记录累计里程和日程里程。

累计里程和日程里程的任何一位数字轮转动一圈,进位齿轮就会使其左边的相邻计数轮转动 1/10 圈。车速里程表上设有一个单程里程计复位杆,当需要清除单程里程时,只需按一下复位杆,单程里程计的 4 个数字轮就会全部复位为零。

(2)数字车速表

数字式车速表系统的构成如图 6.14 所示。车载微机随时接收车速表传感器送出的电压脉冲信号,并计算在单位时间里车速传感器发出的脉冲信号次数,再根据计时器提供的时间参考值,经计算处理得到汽车行驶速度,并通过微机指令让显示器显示出来。无论前进还是倒退,汽车的速度都能显示出来。速度单位通常可由驾驶员用按钮选择,即显示 km/h(公里/时)或 MPH(英里/时)。车速信号还可传送到制动防抱死系统(ABS)和巡航控制系统(CCS)的电子控制单元中,用于它们的控制(备用信号)。车速超过某极限时还可向驾驶员发出警报。

(3)数字里程表

数字里程表是利用集成电路通过车速传感器所产生的脉冲信号,来计算并存储汽车所走过的里程。累加各次行驶过的里程数,便可得到总里程数。通常这种里程表显示七位数字,最小的一位数字是里程单位的十分之一。里程范围由指定的一组数字存储空间限定,各国车辆安全规范都有其规定值。其中,美国《联邦机动车辆安全规范》要求英制单位范围是从 000 000.0～500 000.0 mile,目前大多数里程表的英制范围为 000 000.0～199 999.9 mile。容量范围大的英制单位范围为 000 000.0～925 691.9 mile。对于米制单位,范围则从 000 000.0～858 993.4 km,然后转到 000 000.0,再继续增加到 622 113.6 km(总里程数等于英制单位的 925 691.9 mile)。里程表一般采用 EEPROM 存储器,即使蓄电池断开,也不会使存储的数据丢失。

采用集成电路的里程表,如果集成电路坏了,有的制造厂能提供替换的芯片。不过新的芯片要进行程序化处理,以显示里程表最后的读数。大多数替换的芯片会显示一个 X、S 或

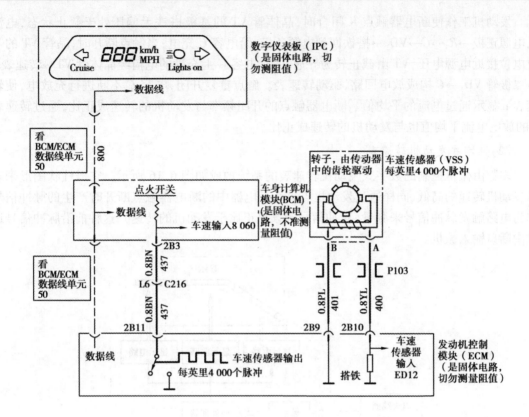

图 6.14　数字式车速表系统电路

*,表示该里程表已经换过了。集成电路里程表回零是不可能的,通常,集成电路里程表读数的校正只能在新车初驶的 10 mile 内进行。

3.发动机转速表

(1)电子式发动机转速表

电子式发动机转速表的电路如图 6.15 所示,由 R_1、R_2、C_1 组成的积分电路(作用是给开闭脉冲信号整形),以及充放电电容 C、晶体管 VT、稳压管 VD_2(使电容 C 充电电压稳定,提高转速表的测量精度)及转速表 n 等组成。其转速信号取自于点火系统初级电路的脉冲信号。VD_3 起保护作用,以防止 VT 集电极出现瞬间高电压被击穿。

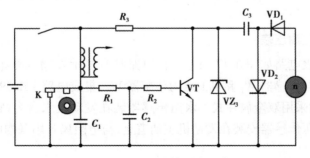

图 6.15　电子式转速表电路

发动机工作使断电器触点 K 闭合时,晶体管 VT 的基极搭铁无偏压处于截止状态,电流从电源正极→R_3→C→VD_2→搭铁回到电源负极,给电容 C 充电;当触点断开时,晶管 VT 的基极电位接近电源电压,VT 由截止转为导通,此时电容 C 上充满的电荷经晶体管 VT→转速表 n →二极管 VD_1→C 构成放电回路,驱动转速表。触点重复开闭,电容 C 不断进行充放电,使转速表 n 显示通过电流的平均值。断电器触点的开闭频率与发动机的转速成正比,通过转速表 n 的放电电流平均值也与发动机的转速成正比。

(2)数字式发动机转速表

多数由微机控制的数字式发动机转速表的系统构成如图 6.16 所示。它以柱状图形来表示发动机转速的高低,同样通过发动机点火系分电器中的断电器触点断开时产生的脉冲信号作为电路触发脉冲信号来测量(脉冲信号的频率正比于发动机的转速),这种前沿脉冲信号通过中断口输入微机。

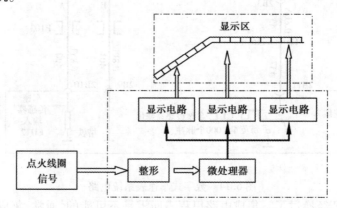

图 6.16 数字式发动机转速表系统构成

为减小计算误差,脉冲的周期通常采用四个周期的平均值来计算,即

$$T = (T_1 + T_2 + T_3 + T_4)/4$$
$$n = K(1/T)$$

式中 T_1, T_2, T_3, T_4——四个周期值;

n——发动机的转速,r/min;

K——系数。

显示的时间随脉冲时间周期大小、点火变化而不同,并且随发动机的转速由大到小按比例缩短。

4.汽车电子水温、油压表

电子水温、油压表电路如图 6.17 所示。该电路具有显示发动机冷却水温和机油压力两种功能:它主要由水温传感器 W_1 和机油压力传感器 W_2、集成电路 LM339 和发光二极管显示器等组成。传感器均采用双金属片式。水温传感器装在发动机水套内,它与电阻 Ru 串联组成水温测量电路;油压传感器安装在发动机主油道上,与电阻风 8 串联构成测量电路。

(1)水温显示

水温表有 40 ℃、85 ℃和 95 ℃三种水温设备发光显示和仪表刻度。通过水温传感器 W_1

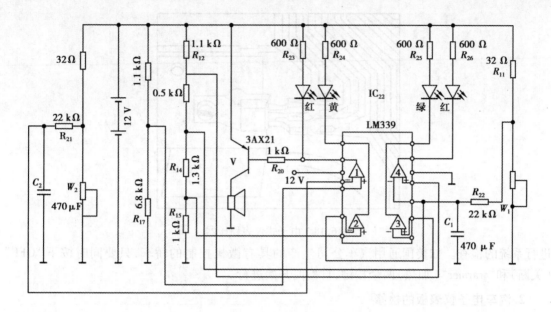

图6.17　电子水温、油压表电路

检测,水温40 ℃为安全起始,提请注意信号,用黄色发光二极管来显示;85 ℃为发动机正常温度信号,用绿色发光二极管显示;95 ℃发动机过热危险报警信号,用红色发光二极管显示,与此同时,由晶体管 V 所控制的蜂鸣器也发出报警声响信号。

（2）油压显示

机油压力表可按油压过低、油压正常和油压过高三种情况来设置发光显示和仪表刻度。在油压过低时,以金属片式油压传感器产生的脉冲信号频率最低,即每分钟 5~20 次,此时可用红色发光二极管显示,以发出报警信号;当油压正常时,可用绿色发光二极管显示;当油压过高时,油压传感器便产生出较高频串的脉冲信号,每分钟 100~120 次,用黄色发光二极管显示。

5. 电子式仪表稳压器

电子式仪表稳压器采用三端集成稳压器可简化仪表结构,降低仪表成本,提高稳压精度,延长仪表寿命。

"桑塔纳""奥迪"轿车仪表板采用了专用的三端式电子稳压器,其结构见图6.18。图中 A 脚为输出脚,E 为电源输入端。该稳压器输出电压为 9.5~10.5 V。

二、汽车电子仪表的检修

汽车电子仪表及显示系统看起来十分复杂,整个系统按不同显示功能由不同的独立装置组合而成,但只要深入了解该系统的内部结构和各独立装置之间的相互联系,就不难弄懂其工作原则,也不难掌握各仪表装置及整个系统的维修方法。

1. 电子仪表板的检测

很多电子仪表板具有自检功能,只要给出指令,电子仪表板上的电脑就能对其主显示置

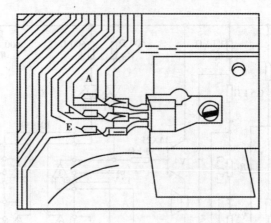

图6.18　电子式仪表稳压器

进行系统的检查。如美国通用汽车公司生产的具有微机控制的轿车,只要同时按下"OFF"(关断)和"warmer"(加热)两个按键,自检便开始进行。

2.汽车电子仪表板的检修

汽车电子仪表显示系统的故障一般都出在传感器、连接器、导线、个别仪表及显示器上。

（1）传感器的检测

对各种电阻式传感器的检查,通常是采用测量其电阻的方法来判断它的好坏,即把所测的电阻值与其规定的标准电阻值相比较,判断传感器有无故障。若所测的电阻值小于规定值,表明传感器内部短路;若其电阻值很大,则说明传感器内部断路或接触不良,应更换传感器。

（2）个别仪表的故障排除

若发现电子仪表板上有个别仪表发生故障,首先应检查各导线的连接情况,包括各连接器的接触状况,线束是否破损、搭铁、断路和短路等,然后再用检测设备分别对该仪表及其传感器进行检测。查明故障原因后,能修理的就修,不能修的应该更换新件。

（3）显示器上部分笔画、线段故障的处理

显示屏部分笔画、线段出现故障时,应将仪表板上的显示器调整到静态显示状态,仔细观察是否还有别的故障。再就此时出现的故障,使用检测设备对与此有关的电路或装置进行认真检查,如果仅有一两个笔画或线段不发亮或不显示,则说明逻辑电路板通过多路传输的脉冲信号正确,可能是显示装置的部分线段工作不正常,遇到此情况应作进一步检查,属于接触不良的应加以紧固,确保其电路畅通;若是属电子显示器本身问题,通常应更换显示板。

3.电子仪表板检修时的注意事项

电子仪表板上的部件都比较精密,维修和使用要求都较高,检修时应遵照各汽车厂使用维修手册的有关规定进行。下面介绍检修时的一般注意事项:

①更换仪表板上的部件时,通常要拆下仪表板总成,进行这项作业应事先切断蓄电池电源。

②检修电子仪表板时,不论在车上或工作台上作业,作业地点或维修人员都不能带有静电。为此作业时应使用静电保护装置,通常使用一根与车身连接搭铁的手腕带和一个放置电

子部件的导电垫板。

　　③仪表板的新元器件存放在镀镍包装袋内,应在安装时再从袋内取出,而不要提早取出。取出时注意不要碰触导电接头。需要修理的仪表板也需注意爱护,拆下后应立即装进包装袋内,以防再受损害。

　　④在处理电子式车速里程表的电路板时,必须使用原来的塑料盒,以免因静电感应而损坏。若不慎碰及电路板的接头时,会使仪表的读数消除,此时就必须到专门的修理单位进行维修后才能使用。

第二部分　任务实施

一、工具准备

　　①"长安志翔"轿车1辆。
　　②万用表若干。

二、技术要求与标准

　　①所有操作符合安全操作要求。
　　②所有操作符合汽车仪表系统技术标准。
　　③在操作过程中不允许出现安全事故。

三、工作内容

　　①对客户所述故障进行分析。
　　②故障症状确认。
　　③电路检查。
　　④修理或更换。
　　⑤确认试验。
　　⑥结束。

四、填写维修工单

表 6.1　维修工单

×××××汽车维修公司维修工单　　　　　　工单号：				
客户名称：　　　车牌号：　　　购车日期：　　　年　月　日　联系电话：				
联系人：　　　车型：　　□□□□□□□□□□□□□□□□□				
VinNo：				
送修日期：　年　月　日　交付日期：　年　月　日　行驶里程：				
故障描述				
序　号	检修项目			
1				
2				
3				
检修标准				
所需工具				
检修人		联系电话	时间	
工作组组长		联系电话	时间	

项目 **2** 汽车报警系统的检修

案例：一辆五十铃TDL型汽车，接通点火开关、不发动车时，充电指示灯不亮，燃油表和水温表均无反应。发动着车后，充电指示灯微红，但机油报警灯、燃油表、水温表无反应。经检查，有一金属片将中性点与充电指示灯搭铁线连通了，将其取出后，故障消失。

为了保证行车安全和提高车辆的可靠性，现代汽车安装了许多报警装置，如遇冷却液温度过高、机油压力过低、燃油储存量过少、制动液液面高度不足及制动管路失效时，便会发出报警信号。报警装置一般均由传感器和红色警告灯组成。

第一部分 任务学习引导

一、常见警告灯、指示灯和开关符号

常见的报警灯、指示灯和开关图形符号，如表6.2所示。

表6.2 常见报警灯图形符号及作用

序号	名 称	图 形	颜色	作 用
1	蓄电池液面过低报警灯	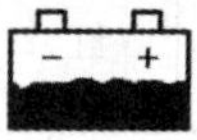	红	蓄电池的液面比规定量低时,灯亮
2	机油压力报警灯		红	发动机机油压力在0.03 MPa以下时,灯亮
3	充电指示灯	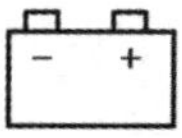	红	硅整流发电机不发电时,灯亮
4	预热指示灯		黄	点火开关闭合时灯亮,预热结束时灯灭
5	燃油滤清器积水报警灯		红	燃油滤清器内积水时灯亮
6	远光指示灯	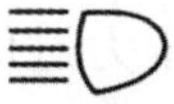	蓝	使用前照灯远光时灯亮
7	散热器液量不足报警灯		黄	散热器的液量比规定的少时灯亮

续表

序号	名 称	图 形	颜色	作 用
8	转向指示灯	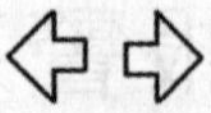 ⇦ ⇨	绿	开转向灯时,灯亮
9	驻车制动器报警灯	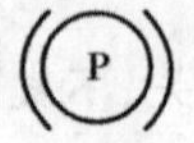 (P)	红	驻车制动器起作用时灯亮
10	车轮制动器失效报警灯	 (!)	红	制动器失效时灯亮
11	燃油不足报警灯		黄	燃料余量约在 10 L 以下时,灯亮
12	安全带报警灯		红	不管是否装上安全带扣,发动机启动后约 7 s 灯灭
13	车门未关报警灯		红	车门打开或半开时灯亮
14	制动灯或后位灯失效报警灯	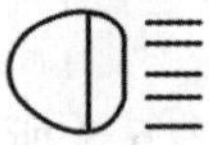	黄	制动灯或后位灯断路时灯亮
15	洗涤器液面过低报警灯		黄	洗涤器液面过低时灯亮
16	发动机故障报警灯	 CHECK	红	发动机电控系统有故障时灯亮

二、常用报警装置

1. 机油压力报警装置

有些汽车上除装有机油压力表外,还装有机油压力报警装置。当润滑系统机油压力低于允许值时,报警灯亮,以引起驾驶员注意。弹簧管式机油压力报警装置原理如图 6.19 所示。它由装在发动机主油道的弹簧管式传感器和装在仪表板上的红色报警灯组成。其传感器内的管形弹簧 4 的一端经管接头 1 与发动机主油道相连,另一端与动触点 2 相连,静触点 3 经接触片与接线柱 5 相连。当电源开关闭合后,机油压力低于 50 ~ 90 kPa 时,管形弹簧 4 变形很小,触点闭合,电路接通,报警灯发亮,表示机油压力过低;当油压超过该值时,管形弹簧 4 产生的变形较大,使触点分开,电路切断,报警灯熄灭。

2. 燃油量报警装置

燃油量报警装置的作用是当油箱内燃油减少到规定值以下时,仪表板上的燃油量报警灯点亮,提醒驾驶员注意。热敏电阻式燃油量报警装置如图 6.20 所示。它由热敏电阻式传感器和报警灯组成。当燃油多时,具有负温度特性的热敏电阻 1 浸泡在燃油中,散热快,温度较低,电阻值大,所以电路中电流很小,报警灯不亮。当燃油减少到规定值以下时,热敏电阻 1 露出油面,散热慢,温度升高,电阻值减小,电路中电流增大,报警灯亮。

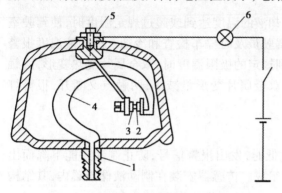

图 6.19　弹簧管式机油压力报警装置

1—管接头;2—动触点;3—静触点;4—管形弹簧;

5—接线柱;6—报警灯

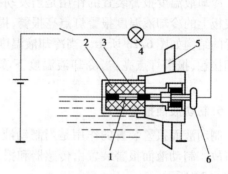

图 6.20　热敏电阻式燃油报警装置

1—热敏电阻;2—防爆金属网;3—外壳;4—报警灯;

5—油箱外壳;6—接线柱

3.制动信号灯断线报警装置

制动信号灯断线报警装置电路如图 6.21 所示。汽车制动时,制动踏板被踩下,制动灯开关接通,电流分别经线圈 4 和 6 使左右制动信号灯亮。此时两线圈所产生的磁场相互抵消,舌簧开关 5 保持断开,报警灯不亮。当某一制动信号灯不亮时,线圈 4(或 6)无电流通过,则通电线圈产生电磁吸力使舌簧开关闭合,报警灯 3 亮。

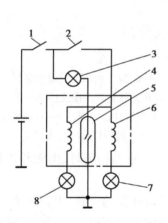

图 6.21　制动信号灯断线报警装置电路图

1—点火开关;2—制动灯开关;3—报警灯;

4,6—电磁线圈;5—舌簧开关;7,8—制动信号灯

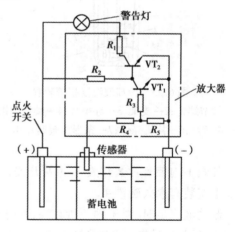

图 6.22　蓄电池液面过低报警装置

4.蓄电池液面过低报警装置

蓄电池液面过低报警装置如图 6.22 所示。它由传感器、放大器、报警灯等组成。传感器由铅棒和加液塞组成,通常安装在蓄电池正极桩数起第三个单格内。当蓄电池液面高度正常时,传感器的铅棒上的电位为 +8 V,从而使 VT_1 导通,VT_2 截止,报警灯不亮;当蓄电池液面在最低限以下时,传感器的铅棒就无法与电解液接触,铅棒就无正电位,从而使 VT_1 截止,VT_2

导通,报警灯电路接通,报警灯亮。

5. 冷却液温度报警装置

冷却液温度报警装置的作用是当发动机冷却液的温度达到或超过规定温度时,使驾驶室仪表板上的冷却液温度报警灯点亮报警,提醒驾驶员及时停车检查和冷却。冷却液温度报警装置的结构如图 6.23 所示。当冷却液温度达到规定的极限温度时,双金属片受热变形,两触点相接触,报警灯点亮;当冷却液温度下降后,双金属片变形量减小,两触点又断开,报警灯熄灭。

6. 制动液面报警装置

制动液面报警装置的作用是当制动液面过低时,发出报警信号,防止制动效能下降而出现事故。制动液面报警装置由传感器和报警灯组成。传感器安装在制动液储液罐内,其结构如图 6.24 所示。

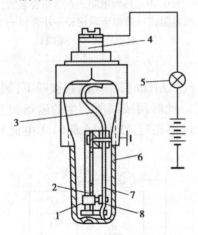

图 6.23 冷却液温度报警装置
1—调节螺钉;2—支架;3—导电片;4—端钮铜接头;
5—报警灯;6—接头壳体;7—条形双金属片;8—触点

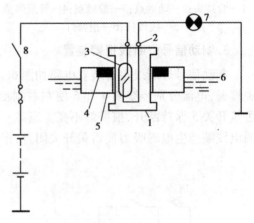

图 6.24 制动液面报警装置
1—舌簧开关外壳;2—接线柱;3—舌簧开关;
4—永久磁铁;5—浮子;6—制动液面;
7—报警灯;8—点火开关

外壳 1 内装有舌簧开关 3,舌簧开关 3 的两个接线柱 2 分别与报警灯、电源相连接,在浮子 5 上安装有永久磁铁 4。

制动液充足时,浮子的位置较高,此时永久磁铁高于舌簧开关的位置,舌簧开关处于断开状态,报警灯电路断开,报警灯不亮。当浮子随着液面下降到规定值以下时,永久磁铁就接近了舌簧开关,吸动开关使之闭合,接通报警灯电路,报警灯发光报警。

7. 空气滤清器滤芯报警装置

空气滤清器滤芯报警装置的作用是当空气滤清器滤芯发生堵塞时,报警灯点亮起到警告作用。该报警装置由负压开关传感器和报警指示灯组成。负压开关传感器结构如图 6.25 所示。

负压传感器上、下气室中的气压不相等时,产生压力差使膜片 4 移动,与膜片相连的磁铁 5 随之移动。在磁铁的作用下,舌簧开关 6 吸合或断开使电路接通或切断。

将负压传感器的 A 孔或 B 孔用连通管分别与空气滤清器滤芯的内外侧相连通,如图6.26
所示。当滤芯未发生堵塞时,传感器上、下气室间压差小,膜片及磁铁的移动量小,舌簧开关
处于断开状态;当滤芯发生堵塞时,传感器上、下气室间压差增大,膜片及磁铁的移动量增大,
磁铁使舌簧开关磁化而闭合,接通报警灯电路,使其发光报警。

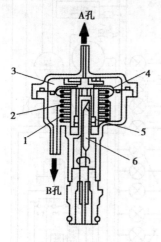

图 6.25　负压开关传感器
1—弹簧;2—下气室;3—上气室;
4—膜片;5—磁铁;6—舌簧开关

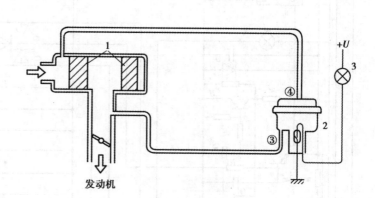

图 6.26　空气滤清器滤芯报警装置示意图
1—滤芯;2—负压传感器;3—报警灯

三、报警系统电路分析

"桑塔纳"轿车与"奥迪""红旗"轿车的报警灯电路如图6.27,图6.28 所示。

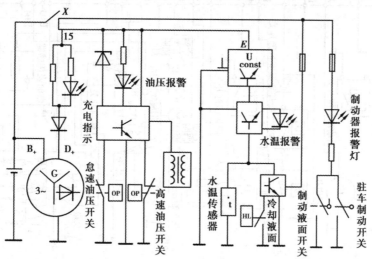

图 6.27　"桑塔纳"轿车报警灯电路

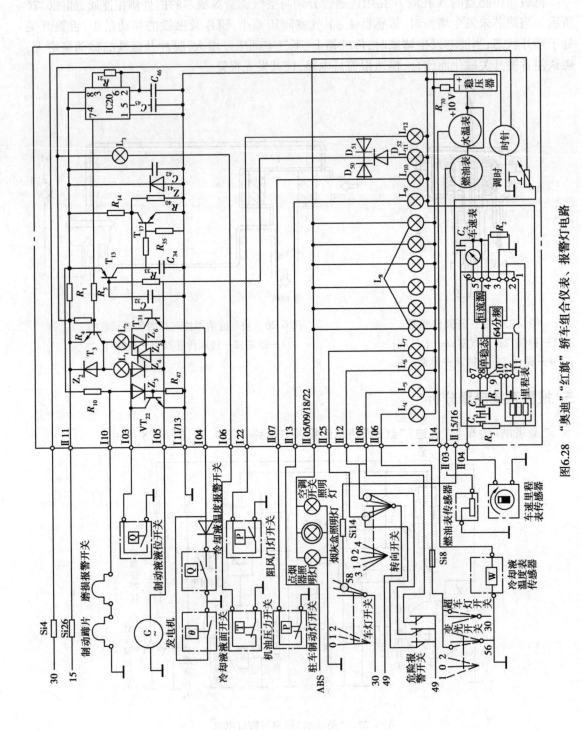

图6.28 "奥迪" "红旗" 轿车组合仪表、报警灯电路

218

四、报警系统的故障诊断

1. 机油压力报警灯的常见故障诊断与排除

（1）在发动机不工作的情况下接通点火开关，报警灯不亮

此时观察其他警告灯和仪表，如都不工作，则故障出在点火开关至蓄电池之间的线路上，可用万用电表分段检查。如其他警告灯和仪表都工作，则故障出在警告灯和油压报警开关之间，可将油压报警开关接线柱上的导线拆下用此导线搭铁，如警告灯亮，则故障出在油压报警开关；如警告灯仍不亮，则故障出在灯泡或灯泡至油压报警开关的导线上。

（2）发动机怠速或高于怠速运转时，指示灯仍亮

出现这种故障时，先拆下油压报警开关接线柱上的导线，如警告灯不亮，则说明油压报警开关损坏，或发动机本身油压低于 39～69 kPa。

2. 冷却液温度报警灯常亮故障

首先检查发动机冷却液温度是否真的过高，储液罐液面是否过低。如果这些都正常而仍然报警的话，可拔下储液罐液位开关插头，如果报警灯熄灭，说明故障在液位开关；若仍然亮，接好液位开关插头，拔下冷却液温度报警开关插头，如果报警灯熄灭，说明故障在冷却液温度报警开关；若仍然亮，则说明线路有搭铁处。

第二部分　任务实施

一、工具准备

①"长安志翔"轿车 1 辆。
②万用表若干。

二、技术要求与标准

①所有操作符合安全操作要求。
②所有操作符合汽车仪表系统及报警系统技术标准。
③在操作过程中不允许出现安全事故。

三、工作内容

进行故障诊断：
①对客户所述故障进行分析。
②故障症状确认。

③电路检查。

④修理或更换。

⑤确认试验。

⑥结束。

四、填写维修工单

表6.3　维修工单

×××××汽车维修公司维修工单　　　　　工单号：					
客户名称：　　　车牌号：　　　购车日期：　　年　月　日　联系电话：					
联系人：　　　车型：					
VinNo：					
送修日期：　年　月　日　交付日期：　年　月　日　行驶里程：					
故障描述					
序号	检修项目				
1					
2					
3					
检修标准					
所需工具					
检修人		联系电话		时间	
工作组组长		联系电话		时间	

模块 **7**
汽车空调系统的检修

能力目标：

1. 能够正确维护和检测汽车空调制冷系统。
2. 能够对汽车空调系统的电路进行分析。
3. 能够对汽车空调制冷系统常见故障的原因进行分析并排除故障。

知识目标：

1. 了解汽车空调系统的组成及主要功能。
2. 了解汽车空调制冷系统的组成及制冷循环工作过程。
3. 了解制冷系统主要零部件的作用、构造及工作原理。
4. 了解汽车空调采暖、通风系统基本工作过程及自动控制的基本原理。

项目 1 汽车空调系统的组成及检修

汽车空调是对车厢内空气的温度、湿度、洁净度、流速等进行调节的一种装置。人们对冷暖的感觉不仅取决于温度的高低,也受湿度和风速的影响。温度相同而湿度和风速不同也会产生不同的温感。一定的乘坐环境温度及大气湿度,不仅会使人感到舒适,而且直接影响驾驶人的安全操作。所以,汽车空调已成为现代汽车的主要安全措施之一。

汽车空调能对车厢内空气进行加热、制冷、通风和净化处理,以满足人们对车辆乘坐环境的舒适要求。为此汽车空调应具备如下功能:

①温度调节:将车内温度调节到人体感觉舒适的温度;

②湿度调节:将车内湿度调节到人体感觉舒适的湿度;

③空气洁净度调节:过滤空气中的尘土和杂质,对空气进行杀菌消毒;

④空气流速调节:调节车内出风口位置、出风的方向以及风量的大小。

除以上功能外,汽车空调还应该具有预防或去除风窗玻璃上的雾、霜和冰雪,从而保证驾驶员和乘客身体健康和行车安全。

任务 1 汽车空调系统主要部件的检修

任务描述

能够对空调制冷系统的主要部件进行检测。

第一部分 任务学习引导

一、汽车空调系统的组成与分类

1. 汽车空调系统的组成

汽车安装空调系统的目的是为了调节车内空气的温度和湿度,改善车内空气的流动性,提高空气的清洁度。因此,汽车空调主要由以下几部分组成。

（1）制冷装置

制冷装置对车室内的空气或由外部进入车室内的新鲜空气进行冷却或除湿,使车室内的空气变得凉爽舒适。它由压缩机、冷凝器、储液干燥器、膨胀阀、蒸发器、冷凝器散热风扇、制冷管道、制冷剂等组成,如图7.1所示。

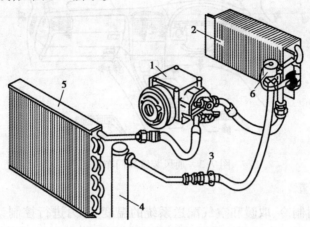

图7.1　制冷装置的结构图
1—压缩机;2—蒸发器;3—液窗;4—储液干燥器;5—冷凝器;6—膨胀阀

（2）取暖装置

取暖装置主要用于取暖,对车室内的空气或外部进入车室内的新鲜空气进行加热,达到取暖、除湿的作用。它由加热器、水阀、水管、发动机冷却液组成,如图7.2所示。

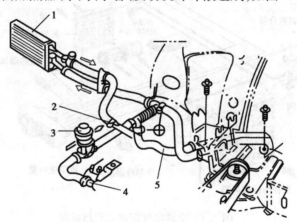

图7.2　取暖装置的结构图
1—加热器;2—发动机进水管;3—热水阀;4—发动机出水管;5—预热管

（3）通风装置

通风装置将外部新鲜空气吸进车室内,起到通风和换气的作用。同时通风对预防或去除风窗玻璃上的雾、霜、冰雪起着良好的作用。它由进气模式风门、鼓风机、混合气模式风门、气流模式风门、导风管等组成,如图7.3所示。

（4）空气净化装置

空气净化装置将除去车室内空气中的尘埃、臭味、烟气及有毒气体,使车室内的空气变得清新。

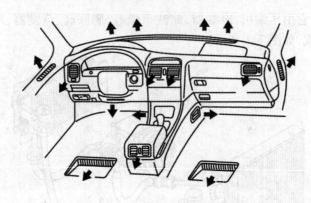

图 7.3　通风装置风门布置图

（5）电气控制装置

电气控制装置对制冷、取暖和空气配送系统的温度、压力进行控制,同时对车内的温度、风量、流向进行调节,并配有故障诊断和网络通信的功能,完善了控制系统的自动程度。它由点火开关,A/C 开关、电磁离合器、鼓风机开关调速电阻器、各种温度传感器、制冷剂高低压力开关、温度控制器、送风模式控制装置、各种继电器等组成,如图 7.4 所示。

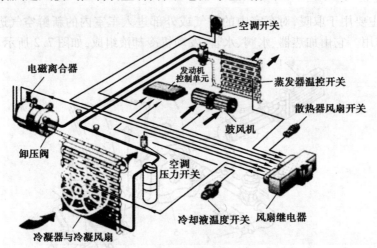

图 7.4　空调电气控制系统组成图

2. 汽车空调系统的分类

（1）按驱动方式分

汽车空调系统按驱动方式可分为非独立式和独立式空调系统两种。

1）非独立式空调

非独立式空调即空调制冷系统的工作由车用发动机提供动力。其优点是结构简单、便于安装布置、噪声小。但制冷量小、工作稳定性差。空调的制冷性能受发动机工作影响较大,低速制冷量不足,高速则制冷量过剩,并且消耗发动机 10% ~15% 的功率,因而对汽车的加速性能和爬坡性能影响较大,汽车停驶时,空调系统也不能工作。这种类型的空调系统多用于制冷量相对较小的小客车和轿车上。

2)独立式空调

独立式空调即单独用一台专用发动机(副发动机)来驱动空调系统的制冷系统的工作。其优点是制冷量大、工作稳定、制冷系统工作状况不受汽车(主)发动机的影响,制冷系统对汽车的行驶性能也无影响。而且发动机怠速或车辆停驶时,制冷系统可正常运行;但结构复杂,加装一台发动机,不仅加大了车辆成本,而且增加了整车的质量、体积和布置难度。因此,这种类型的空调系统多用于大、中型客车上。

(2)按功能分

汽车空调系统按功能可分为单一功能、冷暖一体机和全功能型空调系统3种。

1)单一功能型

单一功能型即将制冷、取暖、强制通风系统各自独立安装,独立操作,单独工作互不干涉,一般多用于大型客车和载货汽车上。

2)冷暖一体机型

冷暖一体机型的显著特点是制冷、取暖和通风共用一台鼓风机,一个风道送风口,在同一控制面板上控制。这种结构又可分为冷、暖分别工作的组合式和同时工作的混合调温式两种。

3)全功能型

全功能型即集制冷、除湿、采暖、通风、空气净化于一体。

轿车空调一般都采用后两种,其特点是结构紧凑、占用空间小、调温容易、操控方便等。

(3)按结构形式分

汽车空调系统控制按结构形式可分为整体式、分体式和分散式3种。

1)整体式空调

整体式空调即将副发动机、空调系统各组成部件通过皮带、管道连接成一个整体,安装在一个专门的机架上,构成一个独立总成,由副发动机带动,通过车内送风管将冷风送入车室内。

2)分体式空调

分体式空调是将空调系统各组成部件以及独立式空调的副发动机部分或全部分开布置,用管道连接成一个制冷系统。

3)分散式空调

分散式空调是将空调系统各组成部件分散安装在汽车各个部位,并用管道相连接。轿车、中小型客车及货车都采用这种结构形式。

(4)按送风方式分

汽车空调系统控制按送风方式可分为直吹式和风道式两种。

1)直吹式

直吹式即将冷气或暖气直接从空调器送风面板吹出,其结构简单、阻力损失小,但送风均匀性差。一般轿车、中小型客车及货车空调均采用此种送风方式。

2)风道式

风道式即将空调器处理后的空气用风机送到专设的送风道再由车厢顶部或座位下的各

风口、风阀送至车内。此种方式送风较均匀,冷气或暖气可送到所需要的部位,但结构较复杂、风道阻力大、风机耗功大。主要用于一些大型客车的独立式空调系统。风道式又分为:两侧风道式和中央风道式。两侧风道式送风道布置在车顶转角处,一般不占用车内有效空间,对乘客行走影响不大,但要求车窗离车顶有一定距离。中央风道式的优点正好与其相反,为不影响乘客行走,风道必须做得很扁,同时车厢顶要设计得较高一些。

(5)按控制方式分

汽车空调系统按控制方式可分为手动、半自动和全自动(智能)空调系统3种。

1)手动空调系统

这类系统不具备车内温度和空气配送自动调节功能,制冷、采暖和风量的调节需要使用者按照需要调节,控制电路简单,通常使用在普及型轿车和中、大型货车上。

2)半自动空调系统

这类系统虽然具备车内温度和空气配送调节功能,但制冷、采暖和送风量等部分功能仍然需要使用者调节,它配有电子控制和保护电路,通常使用在普及型或部分中档轿车上。

3)全自动(智能)空调系统

这类系统具有自动调节和控制车内温度、风量以及空气配送方式的功能,保护系统完善,并具有故障诊断和网络通信功能,工作稳定可靠,目前广泛应用于中、高档轿车和大型豪华客车上。

二、制冷剂与冷冻油

1. 制冷剂

在制冷系统中用于转换热量并循环流动的物质。在我国,车用空调使用的制冷剂主要是R12与R134a两种,由于R12对地球表面臭氧层有破坏作用,在2000年以后已停止使用。R134a因为具有与R12相似的热力特性,又具有良好的环保性能,所以目前在汽车空调中都使用R134a。

(1)对制冷剂的要求

对制冷剂的要求主要表现在以下几个方面。

①在适当蒸发温度时,蒸发压力不低于大气,以防止空气进入制冷系统。

②在适当冷凝压力时,温度不能过高。

③无色、无味、无毒、无刺激性,对人体健康无损害。

④不易燃烧,不易爆炸,不变质。

⑤无腐蚀性。

⑥价格合理,容易得到。

⑦性能系数较高。

⑧与冷冻油接触时,化学、物理稳定性良好。

⑨有较低的凝固点,能在低温下工作。

⑩泄漏时容易侦测。

（2）制冷剂的类型

常用的制冷剂类型主要有 R12 和 R134a 两种。

1）R12

制冷剂 R12 又称氟利昂，是二氯二氟甲烷（分子式为 CF_2Cl_2），代号为 R12。该制冷剂的特点是：具有良好的热力学、物理化学和安全性能，无色透明，有一点芳香味，毒性低、不燃烧、不爆炸，在标准大气压下，温度在 $-29.8\ ℃$ 时开始蒸发为气体。对天然橡胶和塑料有一定的膨润作用，R12 制冷剂系统使用的密封件应采用丁腈橡胶或氯醇橡胶。

制冷剂 R12 中的氯分子对大气臭氧层有很大的破坏作用，会产生温室效应，被蒙特利尔议定书列为禁用物质。

2）R134a

制冷剂 R134a 又称无氟制冷剂（不含 Cl 分子，实际应称为无氯制冷剂），是四氟乙烷（分子式为 $C_2H_2F_4$），代号为 R134a，如图 7.5 所示。该制冷剂的特点是：具有与 R12 相近的热力学性质，物理化学性质稳定，安全性好，无色、无味、不燃烧、不爆炸、无腐蚀性，不破坏大气臭氧层，蒸发潜热高、定压比热大，具有较好的制冷能力，制冷系数比 R12 略小。

(a)小罐装R134a制冷剂　　　　(b)钢瓶装R134a制冷剂

图 7.5　两种不同灌装的 R134a 制冷剂

R134a 与矿物油不相溶，使用 R134a 制冷剂不能使用矿物油作冷冻机油。

提示：R12 与 R134a 两种制冷剂绝对不能混用。

（3）制冷剂使用时的注意事项

制冷剂使用时的注意事项有如下几个方面。

①操作制冷剂时，不要与皮肤接触，应戴护目镜，以免冻伤皮肤和眼球。

②避免振动和放置高温处，以免发生爆炸。

③远离火苗，避免 R12 分解产生有毒光气。

④R134a 与 R12 不能混用，因为不相溶，会导致压缩机损坏。

⑤使用 R134a 制冷剂的系统，应避免使用铜材料，否则会产生镀铜现象。

⑥制冷剂应放置在低于 40 ℃ 以下的地方保存。

2.冷冻机油

在制冷系统中，用于保证压缩机正常工作，不易磨损，随系统循环流动并和制冷剂相溶的油称为冷冻机油(Refviation Oil),如图7.6所示。目前汽车空调系统中使用的冷冻油有R12用矿物油和R134a用合成油(PAG、ESTER)两种。

图7.6　冷冻机油

(1)对冷冻机油性能的要求

①冷冻机油的凝固点要低,在低温下具有良好的流动性。

②冷冻机油应具有一定的黏度,且受温度的影响要小。

③冷冻机油与制冷剂的溶解性能要好。

④冷冻机油的闪点温度要高,且具有较高的热稳定性。

⑤冷冻机油应无水分,吸水性要小。

(2)冷冻机油的作用

①润滑作用:高速旋转的压缩机各运动部件表面必须润滑,以减小摩擦阻力和零件磨损,延长使用寿命以及降低功耗和噪声,提高制冷系数。

②冷却作用:运动部件表面的摩擦会产生高温,冷冻油在润滑的同时也起到了冷却作用。如果压缩机润滑不够会引起温度上升,还会使系统压力升高,制冷系数降低,甚至压缩机烧坏。

③密封作用:汽车空调压缩机的输入轴都靠专用的密封圈来密封,以防止制冷剂泄漏。有润滑油,密封圈才起密封作用。

④降低压缩机的噪声:能在压缩机的表面形成一种油膜,保护运动部件,防止因金属摩擦而发出声响。

(3)冷冻机油使用注意事项

①冷冻机油应保存在干燥、密封的容器里,放在阴暗处以免空气中的水分和其他杂质进入油中。

②不同牌号的冷冻机油不能混装、混用。

③变质的冷冻机油不能使用。

④制冷系统中不能加注过量的冷冻机油,以免影响制冷效果。

三、制冷装置

1.制冷装置的工作原理

蒸汽压缩式制冷装置主要由压缩机、冷凝器、储液干燥器、膨胀阀、蒸发器、连接管路等组成,如图7.7所示。蒸汽压缩式制冷装置是利用液态制冷剂汽化吸热产生制冷效应的。其制冷系统循环工作过程如图7.8所示。

①压缩过程:压缩机工作时将蒸发器出口处的低温低压的气态制冷剂吸入汽缸内,将其压缩成高温高压的气体排出,泵入冷凝器。

②冷凝过程:冷凝器将高温高压气态过热制冷剂的大部分热量通过风扇向室外散发变为液态,然后流入储液干燥器。

③干燥过程:储液干燥器将高温高压的液态制冷剂过滤,除去制冷剂中的杂质和水分,送

入膨胀阀,并储存小部分的制冷剂。

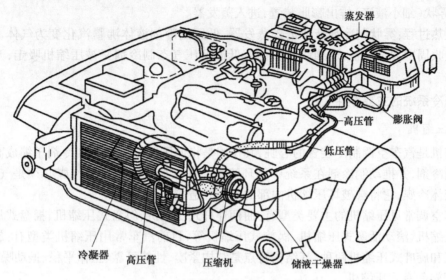

图 7.7　制冷装置在轿车上的布置图

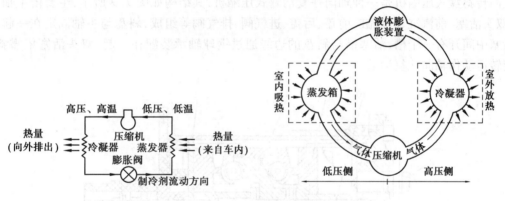

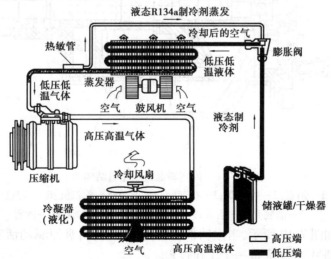

图 7.8　制冷装置的制冷循环示意图

④节流过程:温度和压力较高的液态制冷剂通过膨胀装置后体积变大,压力和温度急剧下降,以雾状(细小液滴)排出膨胀装置,进入蒸发器。

⑤吸热过程:雾状制冷剂液体进入蒸发器,低压制冷剂液体沸腾汽化变为气体。在汽化过程中吸收周围大量热量,达到制冷目的。低温低压气态制冷剂又被压缩机吸走,开始下一个循环。

2. 制冷系统的主要零件

(1)压缩机

压缩机是汽车空调制冷装置的心脏,其作用是将低压低温的气态制冷剂压缩成高压高温的气态制冷剂,并推动制冷剂在系统中循环流动。在压缩机内循环的冷媒必须是气体冷媒,如果是液体冷媒,它将会破坏压缩机内部的阀板并造成压缩机损坏。

汽车空调常见压缩机的主要类型有:曲柄连杆式压缩机、斜盘式压缩机、摇盘式压缩机和旋叶式压缩机、滚动活塞式压缩机、涡旋式压缩机等,目前汽车常用压缩机类型有:旋转斜盘式压缩机和旋叶式压缩机两种,其结构特点是结构紧凑、性能可靠、工作平稳、振动噪声小。

1)回转斜盘式压缩机

回转斜盘式压缩机是一种轴向往复活塞式压缩机,其结构如图 7.9 所示,主要由主轴、斜盘、双头活塞、前汽缸、后汽缸、前盖、后盖、进气阀、排气阀等组成,斜盘与主轴固定在一起,双头活塞中间开有一个槽,活塞槽与斜盘的边缘通过钢球轴承装配在一起,双头活塞依靠斜盘的旋转运动作轴向往复运动。

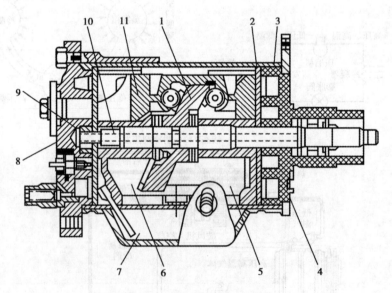

图 7.9　回转斜盘式压缩机结构图

1—斜盘;2—进气阀;3—排气阀;4—前盖;5—前汽缸;6—后汽缸;
7—油底壳;8—后盖;9—机油泵齿轮;10—主轴;11—活塞

其工作原理如图 7.10 所示,当主轴带动斜盘转动时,斜盘便驱动活塞作轴向往复运动。活塞从一端行驶到另一端,完成一个工作过程。

回转斜盘式压缩机的双头活塞是在各自相对的汽缸(一前一后)内滑动。活塞的一头在前缸压缩蒸汽时,活塞的另一头在后缸内吸入蒸汽;反向时,作用互相对调。各汽缸均装有进、排气门,另有一根排气管,用于连通前后高压腔。

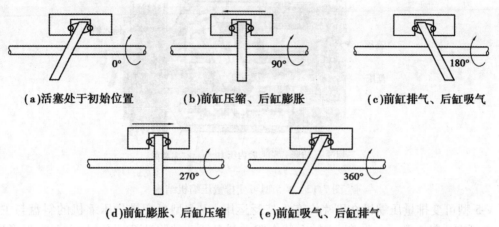

(a)活塞处于初始位置　0°　　(b)前缸压缩、后缸膨胀　90°　　(c)前缸排气、后缸吸气　180°

(d)前缸膨胀、后缸压缩　270°　　(e)前缸吸气、后缸排气　360°

图 7.10　回转斜盘式压缩机工作原理图

2)摇板斜盘式压缩机

摇板斜盘式压缩机是往复式单向活塞结构,其结构如图 7.11 所示,主要由活塞、连杆、摇板等组成。

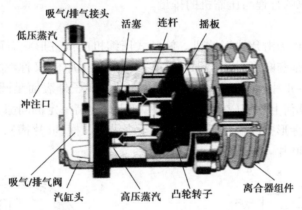

图 7.11　摇板斜盘式压缩机结构

摇板斜盘式压缩机是将 5 个(或 7 个)汽缸均匀分布在压缩机缸体内。摇板(又称行星盘)上均匀安装有 5 个或 7 个球窝,每个球窝连接座里的连杆都与一个活塞相连。主轴穿过摇板支承在缸体两端的径向轴承上。主轴上用销子固定斜盘,摇板(行星盘)紧靠着传动板的斜面(由弹簧压紧,压紧力可由调节螺钉调节),中间有平面轴承隔开,靠防旋齿轮或导向销限制摇板,使之不能作圆周方向的位移,只能靠传动板的推动作轴向往复摆动(当主轴转动时),从而带动活塞作轴向往复运动,吸入低压的制冷剂气体再压缩并排出高压制冷剂气体。汽缸盖的中心腔室为排气腔,周围空腔为吸气腔,这样的布置有利于排气腔的密封。

3)斜盘式变排量压缩机

斜盘式变排量压缩机是根据制冷负荷的变化,连续平滑地改变活塞排量实现系统制冷量的调节,如图 7.12 所示。

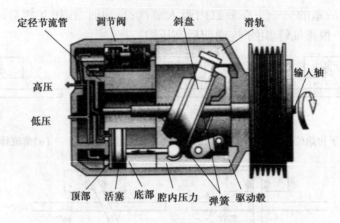

图 7.12　V-5 型可变排量压缩机结构

V-5 型可变排量压缩机在别克汽车上广泛运用。V-5 型可变排量压缩机的斜盘与主轴间有一个可在主轴上滑动的轴套，主轴上装有驱动斜盘运动的驱动杆，驱动杆上开有弧形槽，斜盘与驱动杆通过长销轴构成活动连接。当主轴旋转时，驱动杆的弧形槽带动长销轴驱动摇板运动。摇板的防旋转机构采用摇板导向销，这样既可启动防止摇板旋转，又可使摇板相对主轴摆动。该压缩机实现变排量的关键在于摇板和传动板与主轴的倾斜夹角可以在一定范围内改变，从而改变活塞的行程与压缩机的排量。

4）旋叶式压缩机

旋叶式压缩机又称为滑片式压缩机。旋叶式压缩机的汽缸形状有两种：一种是圆形，如图 7.13 所示；另一种是椭圆形，如图 7.14 所示。它主要由机体（又称汽缸）、转子及叶片等组成。圆形缸叶片有 2~4 片，椭圆形缸叶片有 4~5 片。转子外表面呈圆形，转子偏心地安装在汽缸内，使二者在几何上相切（在实际结构中，切点处保持一定的间隙），在汽缸内壁与转子外表面间形成一个月牙形空间。转子上开有若干个纵向凹槽（叶片槽），在每个凹槽中都装有能沿径向自由活动的叶片。

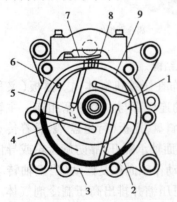

图 7.13　圆形旋叶式压缩机结构图
1—转子；2—吸气孔；3—汽缸；
4—叶片；5—润滑油孔；6—单向阀；
7—排气阀；8—排气孔；9—转子与汽缸接触点

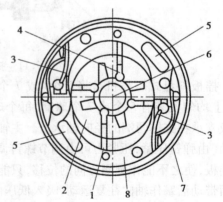

图 7.14　椭圆形旋叶式压缩机结构图
1—叶片；2—转子；3—排气弹簧；4—进油孔；
5—吸气腔；6—主轴；7—机壳；8—缸体

当转子旋转时,叶片受离心力和油压的作用从槽中甩出,其端部紧贴汽缸内表面,把月牙形的空间隔成若干个扇形小室。随着转子的连续旋转,扇形小室容积从大到小周而复始地变化。在机体上开设有吸气孔口和排气孔口。扇形小室容积增大时,与吸气孔口相通,吸入气体,直到扇形小室容积达到最大值,组成该扇形小室的后一个叶片越过吸气孔口的上边缘时吸气终止。紧接着,扇形小室的容积随转子的转动开始缩小,气体在扇形小室内被压缩。当组成该扇形小室的前一个叶片(简称前叶片)达到排气孔口的上边缘时,扇形小室开始和排气孔口相通,则压缩过程结束,排气开始。在扇形小室的后叶片越过排气孔口的下边缘时,排气终止。之后,扇形小室容积达到最小值。转子继续旋转,扇形小室容积又开始增大,留在余隙容积中的高压气体膨胀。当扇形小室的前叶片达到吸气孔口的下边缘后,该扇形小室又和吸气孔口相通,又重新开始进行吸气—压缩—排气—膨胀。

5)电磁离合器

电磁离合器一般安装在压缩机前端面,是压缩机总成的一部分。其作用是控制发动机与压缩机的动力传递,空调制冷系统工作时,使发动机能驱动压缩机运转,制冷系统停止运行时,切断发动机到压缩机的动力传递。

电磁离合器的结构如图7.15所示。主要由压力板、皮带轮和定子线圈等主要部件组成,压力板与压缩机轴相连,皮带轮通过轴承安装在压缩机的壳体上,皮带轮通过皮带由发动机驱动,定子线圈也安装在压缩机的壳体上。

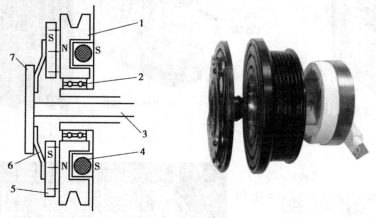

图7.15 电磁离合器的结构图

1—皮带轮;2—轴承;3—压缩机主轴;4—电磁线圈;5—压力板;6—弹簧;7—驱动盘

电磁离合器的工作原理如图7.16所示,当空调开关接通时,电流通过电磁离合器的电磁线圈,电磁线圈产生电磁吸力,使压缩机的压力板与带轮接合,将发动机的扭矩传递给压缩机主轴,使压缩机主轴旋转。当断开空调开关时,电磁线圈的吸力消失,在弹簧作用下压缩机的压力板与带轮脱离,压缩机停止工作。

(2)冷凝器

冷凝器是汽车空调制冷装置中的热交换设备,其作用是使从压缩机排出的高温高压气态制冷剂在冷凝器中得到液化或冷凝,并把热量散发到车外空气中,从而使其凝结为高温高压液态制冷剂,冷凝器一般安装于发动机散热器前。冷凝器的结构形式主要有管片式(图7.17)、管带式(图7.18)、平流式(图7.19)等几种。

233

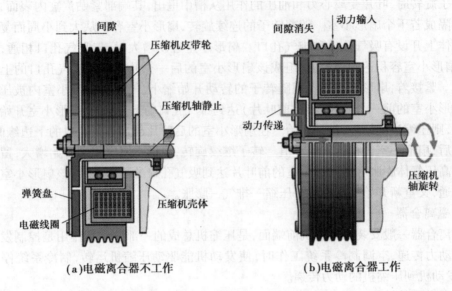

(a)电磁离合器不工作　　　　　　(b)电磁离合器工作

图 7.16　电磁离合器的工作原理图

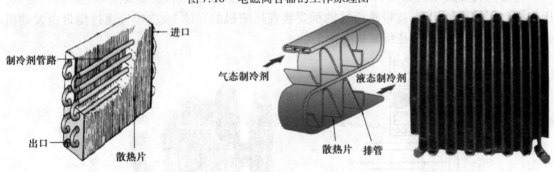

图 7.17　管片式冷凝器示意图　　　　　图 7.18　管带式冷凝器

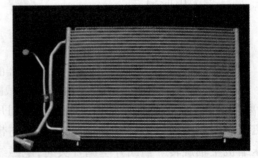

图 7.19　平流式冷凝器

1)管片式(管翅式)

用胀管法将铝翅片胀紧在紫铜管上,管的端部用 U 形弯头焊接起来,它是汽车空调中早期采用的一种冷凝器,结构简单,加工方便,但清理焊接氧化皮比较麻烦,而且散热效率较低。一般用在大中型客车的制冷装置上。

234

2）管带式

它是由多孔扁管弯成蛇管形,并在其中安置散热带后焊接而成。管带式冷凝器的散热效果比管片式冷凝器好一些(一般高15%左右),但工艺复杂,焊接难度大,且材料要求高,一般用在小型汽车的制冷装置上。

3）平流式

它是在两条集流管间用多条扁管相连,将几条扁管隔成一组,形成进入处管道多,逐渐减少每组管道数,实现了冷凝器内制冷剂温度及流量分配均匀,从而提高了换热效率,降低了制冷剂在冷凝中的压力损耗,这样即可减少压缩机功能。由于管道内换热面积得到充分利用,对于同样的迎风面积,平流式冷凝器的换热量得到了提高。

制冷剂蒸汽在冷凝器中放热变成液体时的变化过程可分为降低过热、冷却凝结和过度冷却3个阶段。

汽车空调的冷凝器属于风冷式的,需要冷却风扇将冷凝器管片表面的热量带走。因此,冷凝效果好坏除与冷凝器本身结构、尺寸、材料和工艺所决定的散热能力有关以外,还与通风效果有关。即与风扇的通风能力、冷凝器的安装位置及周边导流措施有关。

（3）蒸发器

蒸发器和冷凝器一样,也是汽车空调制冷装置中的热交换设备,其作用是将经过节流降压后的液态制冷剂在蒸发器内沸腾汽化,吸收蒸发器表面的周围空气的热量而降温,风机再将冷风吹到车室内,达到降温的目的,蒸发器一般安装于驾驶室仪表台的后面。

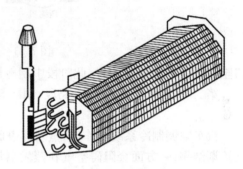

图7.20 管片式蒸发器

目前,蒸发器主要有管片式、管带式和层叠式3种结构,其结构分别如图7.20～图7.22所示。管片式结构简单、加工方便,但换热效率较差。管带式比管片式工艺复杂,效率可提高10%左右。层叠式加工难度最大,但其换热效率也最高,结构也最紧凑。

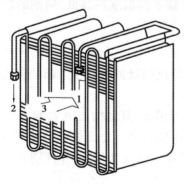

图7.21 管带式蒸发器

1—进口;2—出口;3—外界空气

图7.22 层叠式蒸发器

制冷剂流入蒸发器内的蒸发吸热过程一般分为两个阶段,如图7.23所示。

第一阶段,节流后的湿蒸汽进入蒸发器内吸热而沸腾汽化,变成饱和气体。即蒸发器入

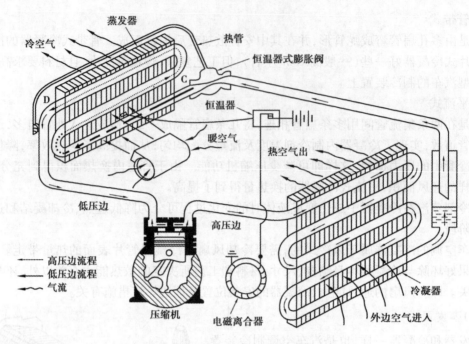

图 7.23 蒸发器的工作过程图

口至管路中 C 点处的位置,此阶段中制冷剂为定压定温蒸发阶段。

第二阶段,从 C 至 D 的管路段,制冷剂继续吸热,成为过热蒸汽阶段。过热度一般为 3 ~ 8 ℃。

汽车空调制冷系统工作后,蒸发器表面温度会变得愈来愈低,如不加以控制,蒸发器表面会逐渐结霜,一方面会阻碍空气在蒸发器散热片中的流动;另一方面还会隔绝热空气向制冷剂的传热。所以循环离合器制冷装置都设置防霜开关,或称为温控开关。恒温器将感温包插入蒸发器散热片中,以充分感应蒸发器表面温度,当该温度低于 0 ~ 2 ℃时,恒温器中的触点断开,压缩机停止转动,待蒸发器表面温度又回升至 5 ~ 6 ℃时,恒温器触点又闭合,压缩机开始工作,蒸发器表面温度又逐渐下降。恒温器根据蒸发器表面温度的高低,周期的切断压缩机电磁离合器电流通路,从而达到控制温度的目的。

(4)储液干燥器

储液干燥器用于膨胀阀式制冷装置中,安装在冷凝器出口处的管路中。起储存液态制冷剂,同时起去除制冷剂中的水分和杂质的作用。

储液干燥器主要由储液器、干燥剂、过滤器、观察窗等组成,其结构如图 7.24 所示。储液干燥器一般都是密封焊死的钢质或铝质压力容器,一般不能拆装。里面放有干燥剂、过滤网。在储液罐顶部通常还设有视液观察玻璃,可观察系统制冷剂的流动状况,并判别制冷剂量的多少及是否受到污染。

从冷凝器来的高温高压液态制冷剂,流入储液干燥器后,经干燥、过滤从底部出液管口被吸出送至膨胀阀。而当压缩机转速较高时,系统制冷剂流动快,从储液干燥器中被抽吸出的制冷剂多,而流回的量少,储液干燥器中制冷剂储量减少,直至流入量与吸出量平衡时,液面保持在储液干燥器内较低水平位置;当压缩机转速较低时,系统制冷剂流动慢,从储液罐中被抽吸出的制冷剂少,而流回的量多,储液干燥器内液面将保持在较高水平位置。

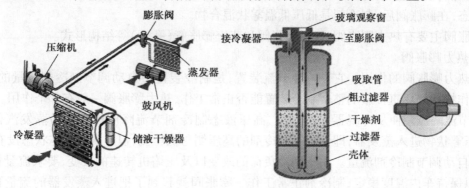

图 7.24　储液干燥器

使用 R134a 制冷剂的制冷装置中储液干燥器不能与使用 R12 制冷剂的制冷装置中储液干燥器互换,两种储液干燥器中的干燥剂则不同,R134a 制冷剂使用沸石作为干燥剂,R12 制冷剂使用硅胶作为干燥剂。

(5)集液器

集液器用于孔管式的制冷装置中,主要将制冷剂进行气液分离,同时还起到与储液干燥器相同的作用。它安装在蒸发器出口处的管路中。

集液器的结构如图 7.25 所示。集液器内除有干燥剂、过滤器之外,它的出气管为 U 形,出气管的吸入口在容器的顶部,以改善气液分离效果。U 形管的底部有一小孔供冷冻油回流,集液器工作时,罐中大部分装的是气体,所以它的体积较储液干燥器大得多。由于孔管本身不能调节流量,在某些工况下,进入蒸发器内的制冷剂来不及蒸发而流向压缩机,为了防止液击,孔管式制冷装置在压缩机之前的管路上安装了集液器,同时也作为储存制冷剂变化流量的容器。

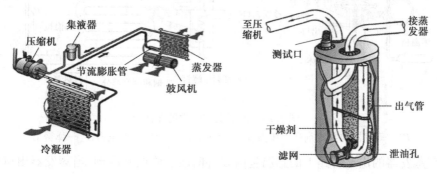

图 7.25　集液器

当制冷装置工作时,制冷剂从顶部进入容器后,未蒸发的液态制冷剂将沉入容器底部,在顶部的气态制冷剂被引出管吸向压缩机。U 形管底部的小孔,允许少量冷冻油流回压缩机,以保证压缩机工作时润滑的需要。此小孔也会有少量的制冷剂流回压缩机,由于在到达压缩机之前的低压管路中少量制冷剂会汽化完毕,所以不会引起“液击”。

(6)膨胀阀

膨胀阀又称节流阀,它是一种感压和感温阀,是汽车空调制冷装置中的一个主要部件。

237

它安装在蒸发器入口前,为制冷循环高压与低压之间的分界点。在膨胀阀前,制冷剂是高温高压液态,在膨胀阀后,制冷剂是低压低温雾状混合物。

膨胀阀主要有热力膨胀阀、H 形膨胀阀和节流膨胀管(孔管)等结构形式。

1)热力膨胀阀

①热力膨胀阀的作用。它是一种节流装置,是制冷装置中自动调节制冷剂流量的元件,它的工作特性好坏直接影响整个制冷装置能否正常工作,热力膨胀阀一般有 3 个作用。

a.节流降压。使从冷凝器来的高温、高压液态制冷剂节流降压成为容易蒸发汽化的低温、低压雾状物进入蒸发器,即分隔了制冷剂的高压侧与低压侧,但工质的液体状态没有变。

b.自动调节制冷剂流量。由于制冷负荷的改变以及压缩机转速的改变,要求流量作相应调整,以保持车内温度稳定,制冷剂正常工作。膨胀阀就起到了把进入蒸发器的流量自动调节到制冷循环所要求的合适程度的作用。

c.控制制冷剂流量,防止液击和异常过热现象发生。膨胀阀以感温包作为感温元件控制流量大小,保证蒸发器尾部有一定量的过热度,从而保证蒸发器总容积的有效利用,避免液态制冷剂进入压缩机而造成的"液击"现象,同时又能将过热度控制在一定范围,从而防止异常过热现象的发生。

②热力膨胀阀的结构和工作原理。热力膨胀阀有内平衡式和外平衡式两种。内平衡式热力膨胀阀的膜片下面的制冷剂压力是从阀体内部通道传递来的膨胀阀孔的出口压力。外平衡式热力膨胀阀的膜片下面的制冷剂压力是通过外接管,从蒸发器出口处引来的压力。

a.内平衡式热力膨胀阀。内平衡式热力膨胀阀由膜片、调节弹簧、针阀、感温包、毛细管等组成,如图 7.26 所示。

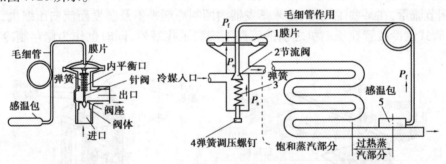

图 7.26　内平衡式热力膨胀阀

P_e—蒸发器内制冷剂产生压力;P_f—毛细管内制冷剂产生压力;P_s—弹簧力

固定在蒸发器的出口管路上的感温包内装有惰性液体或制冷剂,当蒸发器出口处的温度较高时,感温包内液体温度随之上升,内压升高,作用在膜片上的压力 P_f 大于蒸发器进口压力 P_e 和弹簧压力 P_s 的总和,于是针阀离开阀座,阀门开启,制冷剂流入蒸发器。阀门开启后,较多的制冷剂进入蒸发器,使蒸发器内压力上升,当温度降低后,膜片下侧压力增加,上侧压力降低,于是阀门关闭。由于膜片上、下侧压力经常处于不平衡状态,所以不断地开启、闭合的循环。

b.外平衡式热力膨胀阀。外平衡式热力膨胀阀和内平衡式的结构大同小异,主要由弹簧、膜片、毛细管、感温包、针阀、外平衡管等组成,其结构如图 7.27 所示。

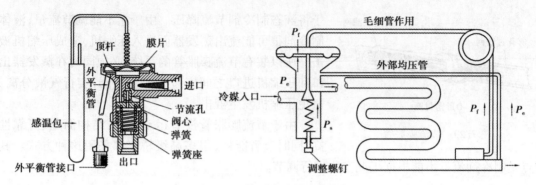

图7.27 外平衡式热力膨胀阀

P_e—蒸发器出口制冷剂产生压力;P_f—毛细管内制冷剂产生压力;P_s—弹簧力

当车内温度处在某一工况时,膨胀阀处在一定的开度,P_e,P_f和P_s应处于平衡状态($P_f = P_e + P_s$)。如果车内的温度升高,蒸发器出口过热度增大,则感温包感应的温度上升,相应的感应压力P_f也增大($P_f > P_e + P_s$),因此,膜片向下移动,并推动传动杆使膨胀阀孔开度增大,使制冷剂流量增加,制冷量也增大,随之蒸发器出口过热度相应下降达到新的平衡,反之,当感应压力P_f减小($P_f < P_e + P_s$)时,膜片向上移动,并带动传动杆使膨胀阀孔开度减小,使制冷剂流量减小,制冷量也减小,随之蒸发器出口过热度相应上升达到新的平衡,满足了蒸发器变化的要求。

2)H形膨胀阀

H形膨胀阀结构如图7.28所示,因其内部通道形同H而得名。它取消了外平衡膨胀阀的外平衡管和感温包,直接与蒸发器进出口相连。它有4个接口通往空调系统,其中两个接口和普通膨胀阀一样,一个接储液干燥瓶出口,一个接蒸发器入口。另外两个接口:一个接蒸发器出口;一个接压缩机进口。感温元件处在进入压缩机的制冷剂气流中。该膨胀阀由于取消了F形热力膨胀阀中的感温包、毛细管和外平衡接管,提高了调节灵敏度,结构紧凑,抗震可靠。

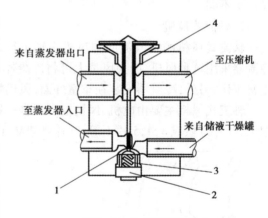

图7.28 H形膨胀阀

1—球阀;2—弹簧调整螺钉;3—弹簧;4—感温器

从图7.28中可以看出,在高压液体进口和出口之间,有一个球阀控制的节流孔,节流孔的开度大小由弹簧和感温器控制。感温器内部的制冷剂直接感应从蒸发器出来的蒸汽温度,以控制杆下球阀的上下运动,并与弹簧一起控制流量的大小。蒸发器的温度高时,感温器内制冷剂压力增大,克服弹簧压力,球阀开度增大,制冷剂流量增加,制冷量增大,反之亦然。

3)节流膨胀管

节流膨胀管是孔管式制冷装置(CCOT)的节流部件,其结构如图7.29所示。它是一根细铜管,装在一根塑料套管内,塑料套管外环形槽内装有密封圈,是一种固定孔口的节流装置,其两端都装有过滤网,以防堵塞。节流膨胀管直接安装在冷凝器出口和蒸发器进口之间,用

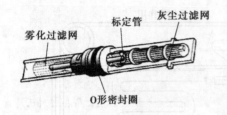

雾化过滤网　标定管　灰尘过滤网

O形密封圈

图 7.29　节流膨胀管

于将液态制冷剂节流降压。由于它不能调节流量,液体制冷剂很可能流出蒸发器而进入压缩机,造成压缩机液击。所以装有节流膨胀管的系统,必须同时在蒸发器出口和压缩机进口之间安装一个集液器,实行气液分离,避免压缩机发生液击。

由于节流膨胀管没有运动部件,结构简单、可靠性高,同时节省能耗,很多高级轿车都采用这种方式。其缺点是制冷剂流量不能根据工况变化进行调节。

(7)风机

汽车空调制冷装置采用的风机按气体流向和风机主轴的关系,可分为离心式风机和轴流式风机两种。

1)离心式风机

离心式风机的空气流向与风机主轴成直角,它的特点是风压高、风量小、噪声也小。蒸发器采用这种风机,因为风压高,可将空气吹到车室内每个乘员身上,使乘员有冷风感;噪声小使乘员不至于感到不适而过早疲劳。

离心式风机主要由电机、风机轴(与电机同轴)、风机叶片及风机壳体等组成,如图7.30所示。风机叶片有直叶片、前弯片、后弯片等形状,随叶轮叶片形状的不同,所产生的风量和风压也不同。

2)轴流式风机

轴流式风机的空气流向与风机主轴平行,它的特点是风量大、风压小、耗电省、噪声大。冷凝器采用这种风机,因为风量大可将冷凝器四周的热空气全部吹走;风压小不影响冷凝器正常工作,另外,冷凝器安装在车室外面,风机噪声大但影响不到车内。

轴流式风机主要由电机、风机轴、风机叶片及键等组成,如图7.31所示。叶片固定在骨架上,叶片常做成3,4,5片不等,叶片骨架穿在电机轴上,由键带动旋转。

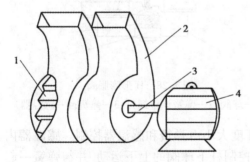

图 7.30　离心式风机的结构图
1—风机叶片;2—风机壳体;
3—风机轴;4—电动机

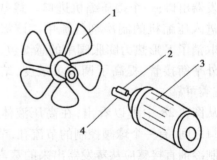

图 7.31　轴流式风机的结构图
1—风机叶片;2—键;3—电动机;4—风机轴

四、取暖装置

冬季天气寒冷,在运动的汽车内人们感觉更寒冷。这时,汽车空调可以向车内提供暖风,提高车室内的温度,使乘员不再感觉到寒冷。另外在冬季或者初春,室内外温差较大,车窗玻璃会结霜或起雾,影响司机和乘客的视线,不利于安全行车,这时可以采用暖风来除霜和除雾。这种对车内空气或进入车内的外部空气进行加热的装置,称为汽车取暖装置。

取暖装置具有给车内提供暖气,提高车内温度的功能,同时还能除霜去雾、调节车内温湿度。按所使用的热源不同可分为:热水式取暖装置、气暖式取暖装置、独立热源式取暖装置、综合预热式取暖装置,目前水暖式取暖装置应用较为普遍。

1.热水式取暖装置的组成与工作原理

热水式取暖装置是利用发动机冷却水的热量来取暖的,一般由加热器、鼓风机、热水阀及控制面板等组成,如图7.32所示。

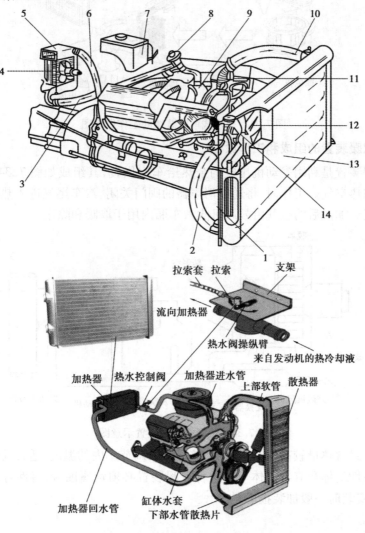

图 7.32　热水式取暖装置的组成原理图

1—溢流管;2—回液管;3—加热器进水管;4—风扇;5—加热器;
6—加热器出水管;7—溢流罐(副水箱);8—热水阀;9—发动机;
10—出液管;11—节温器;12—风扇;13—散热器;14—水泵

部分汽车(如大众"桑塔纳 2000")在冷却水进入加热器前的管路上设有热水阀,并由空调面板上的调节旋钮通过钢丝绳进行控制。控制该暖水阀的开、闭或开度大小以调节水量,从而实现车内温度的调节。

从发动机缸体流出的高温冷却水,一部分进入加热器,利用鼓风机强迫冷空气通过加热器,空气被加热后送入车厢,用来取暖或进行风窗除霜。加热器中冷却水进行热交换后又被发动机冷却液泵抽回发动机,完成一次循环。

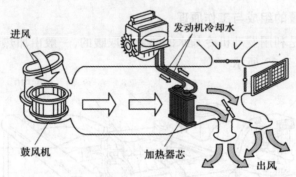

图 7.33 热水式取暖装置的工作原理图

2. 气暖式取暖装置的组成和工作原理

气暖式取暖装置是利用发动机排气的余热给车室供暖,其组成如图 7.34 所示。该装置利用热交换器加热空气。工作时,将通往消声器的阀门关闭,汽车尾气进入热交换器,加热热交换器外的空气。加热后的空气由鼓风机吹入车厢内用于取暖和除霜。

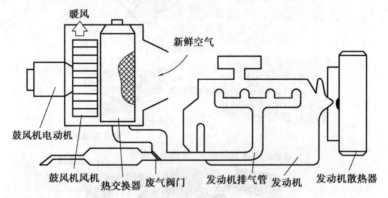

图 7.34 气暖式取暖装置示意图

此种加热形式含热量较高,能够提供足够暖气来调节车内的温度,适合北方严寒地区,但气体中含有腐蚀性气体和有毒气体 CO,这种取暖装置必须耐腐蚀、密封性好,一旦穿孔后果不堪设想,因此安装时一般加装报警器。

五、通风装置

1. 通风装置

通风装置的作用是将车外新鲜空气引入车内,将车内的污浊空气排出车外,同时还具有风窗玻璃除霜的作用。

根据我国对轿车、客车的空调新鲜空气要求,换气量按人体卫生标准最低不少于 $20\ m^3/h\cdot$ 人,且车内的 CO_2 的体积分数一般应控制在 0.03% 以下,风速在 0.2 m/s。

汽车空调的通风方式一般有动压通风、强制通风和综合通风 3 种。

(1)动压通风

动压通风也称自然通风,它是利用汽车行驶时对车身外部所产生的风压为动力,在适当的地方开设逆风口和排风口,以实现车内的通风换气。

进、排风口的位置决定于汽车行驶时车身外表面的风压分布状况和车身结构形式。进风口应设置在正风压区,并且离地面尽可能地高,以免引入汽车行驶时扬起带有尘土的空气。排风口则设置在汽车车厢后部的负压区,并且应尽量加大排气口的有效流通面积,提高排气效果,还必须注意到防尘、噪声以及雨水的侵入。

如图 7.35(a)所示是用普通轿车车身的模型进行风洞试验的表面压力分布图。由图可见,车身外部大多受到负压,只有在车前及前风窗玻璃周围为正压区。因此,轿车的进风口设在车窗的下部正风压区,而且此处都设有进气阀门和内循环空气阀门,用来控制新鲜空气的流量。一般在空调系统刚启动,而且车内外温差较大时,关闭外循环气道,采用内循环方式工作,这样可以尽快降低车内温度。排风口设置在轿车尾部负压区,动压通风时,车内空气的流动如图 7.35(b)所示。

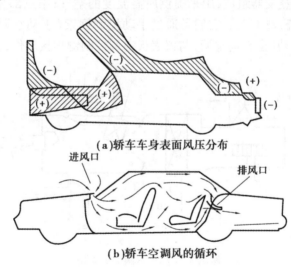

(a)轿车车身表面风压分布

(b)轿车空调风的循环

图 7.35　动压通风示意图

由于动压通风不消耗动力,且结构简单,通风效果也较好,因此,轿车大都设有动压通风口。

(2)强制通风

强制通风是利用鼓风机强制将车外空气送入车厢内进行通风换气,如图 7.36 所示。这种方式需要能源和通风设备,在冷暖一体化的汽

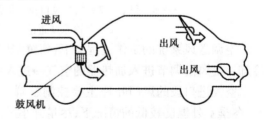

图 7.36　强制通风示意图

车空调上,大多采用通风、供暖和制冷的联合装置,将外气与空调冷暖空气混合后送入车内,此种通风装置常见于高级轿车和豪华旅行车上。

(3)综合通风

综合通风是指在一辆汽车上同时采用动压通风和强制通风。采用综合通风系统的汽车比单独采用强制通风或自然通风的汽车结构要复杂得多。最简单的综合通风系统是在自然通风的车身基础上,安装强制通风扇,根据需要可分别使用和同时使用。这样,基本上能满足各种气候条件的通风换气要求。

综合通风系统虽然结构复杂,但省电,经济性好,运行成本低。特别是在春秋季节的天气,用动压通风导入凉爽的外部空气,以取代制冷系统工作,同样可以保证舒适性要求,这种通风方式近年来在汽车上的应用逐渐增多。

2. 空气配送系统

汽车空调已由单一制冷或采暖方式发展到冷暖一体化形式,由季节性空调发展到全年性空调,真正起到空气调节的作用。系统根据空调的工作要求,可以将冷、热风按照配置送到驾驶室内,满足调节需要。

图7.37是汽车空调配气系统的基本结构图,它通常由3部分构成:第一部分为空气进口段,主要由用来控制新鲜空气和室内循环空气的风门叶片和伺服器组成;第二部分为空气混合段,主要由加热器和蒸发器组成,用来提供所需温度的空气;第三部分为空气分配段,使空气吹向面部、脚部和风窗玻璃上。它们是通过手动控制钢索(手动空调)、气动真空装置(半自动空调)或者电控气动(全自动空调)与仪表板空调控制键连接动作,执行配气工作的。

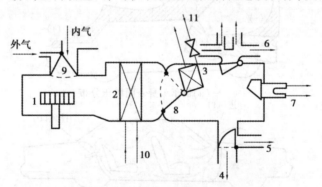

图7.37 汽车空调送风系统

1—风机;2—蒸发器;3—加热器;4—脚部吹风口;5—面部吹风口;
6—除霜风口;7—侧吹风口;8—加热器旁通风门;9—空气进口风门叶片;
10—制冷系统进液出气管;11—水阀调节进出水管

空调送风系统的工作过程如下:新鲜空气 + 车内循环空气→进入风机→空气进入蒸发器冷却→由风门调节进入加热器的空气→进入各吹风口。

空气进口段的风门叶片主要控制新鲜空气和室内循环空气的比例,当夏季室外温度较高、冬季室外温度较低的情况下,尽量开小风门叶片,以减少冷热气量的损耗。当车内空气品质下降,汽车长时间运行或者室内外温差不大时,这时应定期开大风门叶片。一般汽车空调空气进口段风门叶片的开启比例为15%～30%。

加热器旁通风门叶片主要用于调节通过加热器的空气量。顺时针旋转风门叶片,开大旁通风门,通过加热器空气量少,由风口4,5,7吹出冷风;反之,逆时针旋转风门叶片,关小旁通风门,这时由风口4,5,6,7吹出热风供采暖和玻璃除霜用。

汽车空调配气方式有以下几种:

(1)空气混合式配气系统

如图7.38(a)所示为空气混合式配气流程图。从图中可以看出其工作过程为:车外空气＋车内空气→进入风机3→混合空气进入蒸发器1冷却→由风门调节进入加热器加热→进入各吹风口4,5,7。进入蒸发器1后再进入加热器2的空气量可用风门进行调节。若进入加热器的风量少,即冷风量相对较多,这时冷风由冷气吹出口7吹出;反之,则吹出的热风较多,热风由除霜吹出口5或热风(脚部)吹出口4吹出。

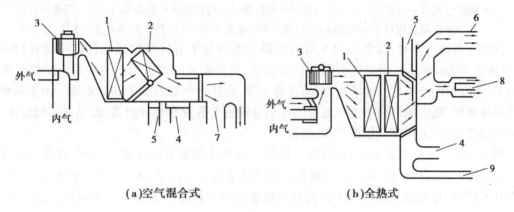

(a)空气混合式　　　　　　(b)全热式

图7.38　汽车空调送风流程图

1—蒸发器;2—加热器;3—风机;4—热风吹出口;5—除霜吹出口;
6—中心吹出口;7—冷气吹出口;8—侧吹出口;9—尾部吹出口

空气混合式配气系统的优点是能节省部分冷气量,缺点是冷暖风不能均匀混合,空气处理后的参数不能完全满足要求,亦即被处理的空气参数精度较差一些。

(2)全热式配气系统

如图7.38(b)所示为全热式配气流程图。从图中可以看出其工作过程为:车外空气＋车内空气→进入风机3→混合空气进入蒸发器1冷却→出来后的空气全部进入加热器2→加热后的空气由各风门调节风量分别进入4,5,6,8,9各吹风口。

全热式与空气混合式的区别在于由蒸发器出来的冷空气全部直接进入加热器,两者之间不设风门进行冷热空气的风量调节,而是冷空气全部进入加热器再加热。

全热式配气系统的优点是被处理后的空气参数精度较高,缺点是浪费一部分冷气,亦即为了达到较高的空气参数精度而不惜浪费少量冷气。这种配气方式只用在一些高级豪华汽车空调上。

(3)加热与冷却并进混合式配气系统

如图7.39所示为加热与冷却并进式配气工作原理图。

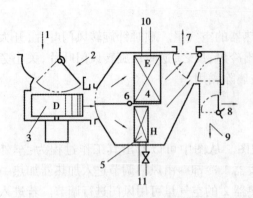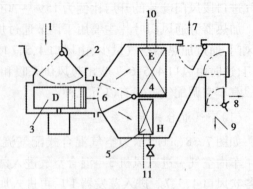

(a)混合风门在上方、下方区域之间的位置   (b)混合风门在最下方位置

图 7.39 加热与冷却并进式配气工作原理图

1—新鲜空气;2—内循环空气;3—风机,4—蒸发器;5—加热器;6—混合风门;7—上部通风口;

8—除霜吹出口;9—脚部吹出口;10—制冷剂进出管;11—热水阀调节进出水管

该配气系统工作时,混合风门 6 可以在最上方与最下方区域之间的任何位置开启或停留,如图 7.39(a)所示。当空气由风机 D 吹出后,将由调风门调节进入并联的蒸发器 E 和加热器 H,蒸发器的冷风从上面吹出,对着人身上部,而热空气对着脚下和除霜处。由于风量和温度多种多样,则由风门调节空气流量的大小分别进入蒸发器和加热器,以满足不同温度、不同风量的要求,其工作模式如图 7.40 所示。

当混合风门 6 处在最上方,这时混合风门 6 将通往蒸发器的通道口关闭;或者当混合风门 6 处在最下方,这时混合风门 6 将通往加热器的通道口关闭了,如图 4.15(b)所示。这样在 E 或 H 不用时,单纯暖气或冷气不经混合直接送至各出风口。若两者都不运行,送入车内的便是自然风。

(4)半空调配气系统

新鲜空气和车室内循环空气经风门调节后,先经过风机吹进蒸发器进行冷却,然后由混合风门调节,一部分空气进入加热器,冷气出口不再进行调节,其模式如图 7.41 所示。

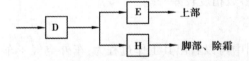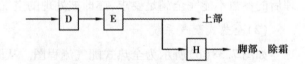

图 7.40 加热与冷却并进混合式工作模式   图 7.41 半空调工作模式

同样,由风门来调节其送入车内的空气温度。若蒸发器 E 不工作,将空气全部引到加热器 H,则送出的是暖风;若加热器 H 不工作,则送出来的全部是冷风;若两者都不工作,则送出来的是自然风。其系统结构如图 7.42 所示。

从目前汽车空调的配气方式来看,空气混合式使用的最多。它是将空气经过蒸发器进行降温除湿处理后,用调节风门将一部分空气送到加热器加热,出来的热气和冷气再混合,可以调节人们所需要的各种温度的空气,而且除霜的热风可直接从加热器引到除霜风口,直接吹向风窗玻璃。它的最大特点是效率高,节能显著。

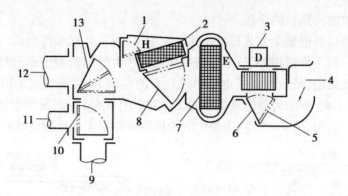

图 7.42　半空调配气系统图

1—限流风门;2—加热器芯;3—风机电动机;4—新鲜空气入口;

5—新鲜/再循环空气风门;6—再循环空气风口;7—蒸发器芯;

8—混合风门;9—至面板风口;10—A/C 除霜风门;

11—至除霜器风口;12—至底板出口;13—加热除霜口

六、空气净化装置

空气净化装置可以除去车内空气中灰尘,保持车内空气清洁,部分车辆的空气净化装置还具备去除异味、杀灭细菌的作用,一些高级轿车上的空气净化系统还装备了负氧离子发生器,使车内的空气更加清新。

汽车空调系统采用的空气净化装置通常有空气过滤式和静电集尘式两种。

空气过滤式空气净化装置在空调系统的送风和回风口处设置空气滤清装置,它仅能滤除空气中的灰尘和杂物,如图 7.43 所示。其结构简单,只需定期清理过滤网上的灰尘和杂物即可,故广泛用于各种汽车空调系统中。

静电集尘式空气净化装置则是在空气进口的过滤器后再设置一套静电集尘装置或单独安装一套用于净化车内空气的静电除尘装置。它除具有过滤和吸附烟尘等微小颗粒的杂质作用外,还具有除臭、杀菌、产生负氧离子以使车内空

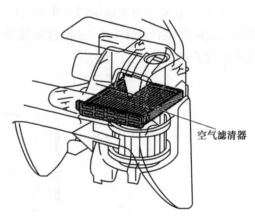

空气滤清器

图 7.43　空调进气口的空气滤清器

气更为新鲜洁净的作用。但由于其结构复杂、成本高,因此目前只应用于高级轿车和旅行车上。

如图 7.44 所示为静电集尘式空气净化装置的空气净化过程。

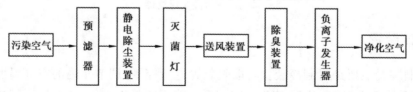

污染空气 → 预滤器 → 静电除尘装置 → 灭菌灯 → 送风装置 → 除臭装置 → 负离子发生器 → 净化空气

图 7.44　静电集尘式空气净化装置原理图

预滤器用于过滤大颗粒的杂质。

静电集尘器则以静电集尘方式把微小的颗粒尘埃、烟灰及汽车排出的气体中含有的微粒吸附在集尘板上。其工作原理如下:通过高压放电时产生的加速离子通过热扩散或相互碰撞而使浮游尘埃颗粒带电,然后在高压电场中库仑力的作用下,克服空气的阻力而被吸附在集尘电极板上,如图7.45所示为静电集尘原理图。其中图7.45(a)是放电电极流出的辉光电流使尘埃颗粒带电的状况,图7.45(b)为带电的尘埃颗粒向集尘电极板运动的状况。

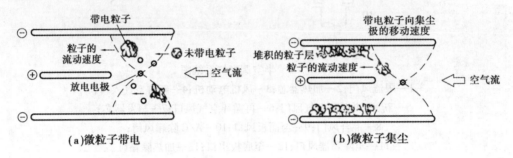

(a)微粒子带电　　　　　　　　　　　　　(b)微粒子集尘

图7.45　静电集尘原理图

灭菌灯用于杀死吸附在集尘板上的细菌,它是一只低压水银放电管,能发射出波长为353.7 nm的紫外线光,其杀菌能力约为太阳光的15倍。

除臭装置用于去除车厢内的油料及烟雾等气味,一般是采用活性炭过滤器、纤维式或滤纸式空气过滤器来吸附烟尘和臭气等有害气体。

如图7.46所示为实用的静电集尘式空气净化装置结构示意图,它通常安装在制冷、采暖采用内循环方式的大客车上,采用这种装置净化后的空气清洁度很高,可以充分满足汽车对舒适性的要求。

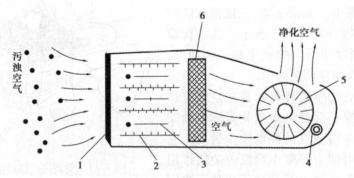

图7.46　静电集尘式空气净化装置

1—粗滤器;2—集尘电极;3—充电电极;4—负离子发生器;
5—风机;6—活性炭过滤器

七、电气控制装置

电气控制装置主要是对制冷装置与取暖装置进行控制,调节车内的空气温度、风量、流向,确保空调系统正常工作。为了使汽车空调系统能正常工作,车内能维持所需的舒适性条件,汽车空调系统中设有一系列控制元件和执行机构。控制对象可按参数划分,如温度、压力和转速等;也可按部件划分,如蒸发器、压缩机离合器、风门以及风机、电机等。空调电气控制装置的组成,如图 7.47 所示。

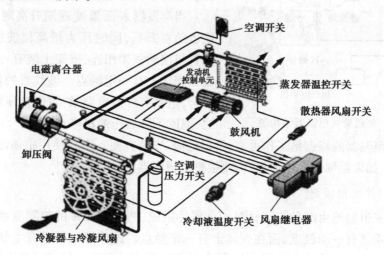

图 7.47　汽车空调电气控制装置组成

1.温度控制器

温度控制器又称恒温器、温度开关,它是汽车空调系统中的一种温度控制部件,感受蒸发器表面的温度,通过自身机构的动作从而控制压缩机电磁离合器线圈中电流的通、断,使压缩机产生转动与停止的动作,从而起到调节车内温度及防止蒸发器节霜的一种电气控制装置。恒温器有 3 种形式,即波纹管式、双金属片式和热敏电阻式。

（1）波纹管式恒温器

波纹管式恒温器由感温驱动机构、温度设定机构和触点 3 部分组成。

感温驱动机构由波纹管、毛细管和感温包等组成,如图 7.48 所示。感温驱动机构本身是一个封闭系统,内部装有感温介质。感温包作为传感器放置在被测部位,温度的变化使得波纹管内压力发生变化,导致波纹管伸长或缩短,并将此位移信号通过顶端作用点 A 传递出去。在弹簧力的作用下,A 点的位移与感温介质压力变化呈线性关系。

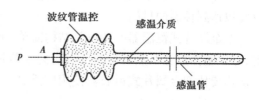

图 7.48　感温驱动机构的组成图

温度设定机构主要由凸轮、调节螺钉和调节弹簧等组成,如图 7.49 所示。其功能是使恒温器在一定温度范围内的任一设定温度起控制作用。温度的设定主要是通过调节凸轮改变主弹簧对波纹管内作用力的大小来决定,它的外部调节有刻度盘、控制杆和旋具调节等形式。当主弹簧被拉紧时,感温包内要有比较高的温度才能使触点闭合,即车厢内温度较高。恒温器内的另一个弹簧用于调节触点断开时的温度范围,此范围通常为 4 ~ 6 ℃,这样为蒸发器除霜提供了足够的时间。

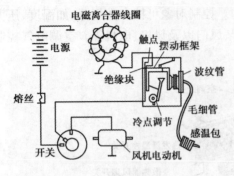

图 7.49 波纹管式恒温器结构图

触点开闭机构主要由固定和活动触点、弹簧、杠杆等组成,如图 7.49 所示。通过触点的开闭,控制着压缩机上电磁离合器电路的通断。

当蒸发器表面温度逐渐升高时,感温包内温度也随着升高,同时压力增高使波纹管伸长。波纹管与摆动框架相连,框架上装有一动触点,而恒温器壳体上有一定触点。波纹管的伸长使得触点闭合,电磁离合器电路被接通,使压缩机工作。反之,温度下降后压缩机停止工作。

波纹管式恒温器的特点是工作可靠、价格低廉、安装方便。但在使用中须注意,毛细管弯成直角。另外,如果毛细管发生泄漏,应更换整个恒温器。

(2)双金属片式恒温器

双金属片式恒温器由两种不同材料的金属片组成,两种金属片的热膨胀系数相差较大。在双金属片的端部有一动触点,而在壳体上有一定触点。这种恒温器没有毛细管和感温包,直接靠空气流过其表面感受温度而工作,它的温度设定方法与波纹管式恒温器相同。

双金属片恒温器工作原理如图 7.50 所示。在设定温度范围内,双金属片平伸,两触点闭合。此时,电磁离合器电路接通,压缩机工作。当流过恒温器的空气温度低于所设定温度时,由于两种金属片的热膨胀系数不同,膨胀系数大的金属片收缩得多,这样就造成了双金属片弯曲,触点断开,电磁离合器分离,压缩机停止工作。当温度上升后,金属片受热后逐渐平伸,触点又闭合,从而接通电路。如此反复以达到控温的目的。

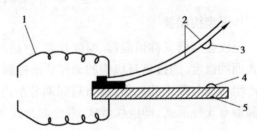

图 7.50 双金属片恒温器工作原理图
1—引线;2—双金属片;3—动触点;
4—定触点;5—温控器壳体

双金属片式恒温器的特点是结构简单、不宜损坏且价格便宜。但作为直接感受温度的部件,必须整体放置在蒸发箱内,因此,为安装带来了不便。也正是这个原因,波纹管式恒温器的应用要比双金属片式恒温器使用广泛。

(3)热敏电阻式恒温器

热敏电阻式恒温器装在蒸发器出口处(或其他需要感温的位置),用以检测蒸发器的出口温度,热敏电阻通过导线与晶体管电子线路相连,由于温度变化使热敏电阻的阻值发生变化,从而控制电路的接通或断开。

热敏电阻式恒温器是一般采用负温度系数的热敏电阻,即温度升高电阻值减小,温度降低电阻值增加。热敏电阻将温度变化转换为电阻变化,即转换为电压变化。当热敏电阻的电压变化信号被放大时,便可驱动电磁离合器的继电器动作,实现压缩机启停控制,达到对车内温度控制的目的,车内温度的高低是由控制电路中的调温电阻来调节的。

热敏电阻式恒温器的工作原理如图7.51所示。当空调系统开始工作时,空调开关接通,来自蓄电池的电流经空调开关→R_{13}→R_1加至VT_1的基极,此时,如车内的温度高,具有负温度系数的热敏电阻R_{13}的阻值小,基极电位高,使VT_1导通,VT_2,VT_3,VT_4也相继导通,电流由蓄电池→空调开关→电磁线圈→VT_4→搭铁,因为电磁线圈有电流通过,电磁线圈的触点闭合,电磁离合器导通,压缩机开始制冷。当车内温度下降到低于调整值时,即蒸发器出口温度低于规定值,热敏电阻R_{13}的阻值增大,使VT_1的基极电位下降,这时VT_1,VT_2,VT_3,VT_4均截止,电磁线圈中无电流通过,触点打开,电磁离合器断电,压缩机停止工作。之后蒸发器表面的温度又要上升,热敏电阻的阻值又要减小到一定值,使得VT_1,VT_2,VT_3,VT_4导通,继电器的触点闭合,电磁离合器重新吸合使压缩机工作。不断重复上述过程,就使得车内的温度稳定在所要求的范围之内了。

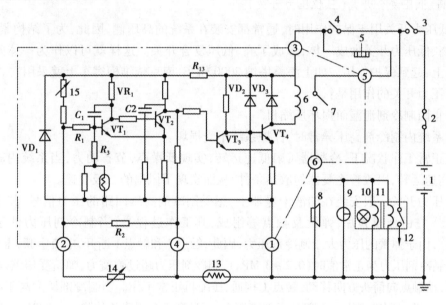

图7.51　热敏电阻式恒温器的工作原理图

1—蓄电池;2—熔丝;3—点火开关;4—空调开关;5—压力开关;6—电磁线圈;7—触点;

8—电磁离合器;9—空调工况指示灯;10—真空开关阀;11—冷凝器风扇继电器;

12—通往调节器(冷凝器风扇、空调发电机);13—热敏电阻;14—可变电阻;15—调温电阻

2. 压力开关

汽车空调设有压力开关电路,压力开关也称压力继电器或压力控制器,分为高压压力开关、低压压力开关和高低压复合开关,安装在制冷系统的高压侧管路上。当制冷系统中制冷剂压力出现异常时迅速切断电磁离合器电路,使压缩机停止工作,待压力恢复后,压缩机又开始正常工作,因而保护了制冷系统不因压力异常而损坏。

(1)高压压力开关

高压压力开关装在压缩机至冷凝器之间的高压管路上,其作用是防止系统在异常的高压压力下工作。当因冷凝器散热不良、散热堵塞和风扇损坏等,导致冷凝压力出现异常上升时,开关自动切断电磁离合器的电路,使压缩机停转,或接通冷却风扇高速挡电路,自动提高风扇转速,以降低冷凝温度和压力。在汽车空调系统中,高压开关的压力控制范围为:2.82~3.10 MPa时断开,1.03~1.73 MPa时接通。

（2）低压压力开关

低压开关有两种:一种是安装在系统的高压回路中,防止压缩机在压力过低的情况下工作。因为,高压回路中压力过低,说明缺少制冷剂。缺少制冷剂将影响润滑效果,久而久之将损坏压缩机。另一种低压开关是设置在低压回路中,直接由吸气压力控制。当低压低于某一规定值时,接通高压旁通阀(电磁阀),让部分高压蒸汽直接进入蒸发器,以达到除霜的目的。这种装置一般用于大、中型客车的空调制冷系统中。低压开关的工作范围一般为:80~110 kPa 时断开;230~290 kPa时接通。

（3）高、低压复合开关(三位压力开关)

高、低压力开关用于保护作用时,通常都安装在系统的高压侧,因此,为了结构紧凑,减少接口,把高、低压力开关做成一体,形成了高、低压复合开关。这样就可以作为一体安装在贮液干燥器上,起到保护作用。如上海桑塔纳2000轿车、南京依维柯客车上就采用它。

三位压力开关的作用是:

①防止因制冷剂泄漏而损坏压缩机。

②当系统内制冷剂高压异常时,保护系统不受损坏。

③在正常工作状况下,冷凝器风扇低速运转,实现低噪声,节省动力;当系统内高压升高后,风扇高速运转,以改善冷凝器的散热条件,从而实现了风扇的二级变速。

三位压力开关一般安装在储液干燥器上,感受制冷剂高压回路的压力信号,其结构如图7.52所示。它由金属膜片、弹簧及触点等组成,其工作过程是:当制冷剂压力低于低限值(196 kPa),由于弹簧的压力大于制冷剂压力,因此,触点7和触点1断开,电流中断,压缩机停止工作。当制冷剂压力为正常值时(0.2~3 MPa),制冷剂压力超过弹簧力,弹簧受压缩,而金属膜片不变形,动触点向箭头方向移动,触点1接通,压缩机正常工作。当制冷剂压力高于高限值时(3.14 MPa),此时制冷剂压力不仅高于弹簧压力,而且高于金属膜片的弹力。这时,金属膜片由拱形变平,推动销子6向箭头方向移动,并使得高于触点7,电路断开,压缩机停止工作。

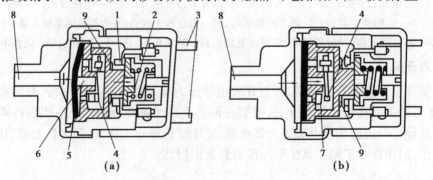

图7.52 高、低压复合开关结构图和工作原理图

1—低压保护定触点;2—弹簧;3—接线柱;4—高压保护动触点;5—金属膜片;
6—销子(和膜片一体);7—高压保护定触点;8—压力引入口;9—低压保护动触点

3.易熔塞

易熔塞又称熔化螺栓,是制冷系统中的过压保护装置。它安装在储液干燥器头部,有一个孔贯穿螺栓中心,孔中填满一种特殊的焊剂(铅锡合金)。当高压端的压力和温度分别升至约3 MPa和95~100 ℃时易熔塞中焊剂熔化,使制冷剂排出至大气中,从而防止制冷装置损坏。

4.高压卸压阀

过去,在汽车空调系统中,为了防止高压侧温度和压力异常升高造成系统损坏,常常用易熔合金做成易熔塞,当温度和压力异常升高时,易熔塞熔化,释放出制冷剂。但这种方法付出的代价是经济上的损失和对环境的污染,同时空气将进入空调系统。因此,目前大多采用高压卸压阀替代易熔塞,其结构如图7.53所示。

高压卸压阀一般安装在压缩机高压侧或储液干燥器上。正常情况下,弹簧力大于制冷剂压力,密封塞被压紧密封。当高压侧压力异常升高时(此值为设定值,不同系统和厂家,设定

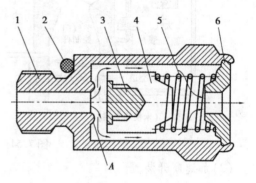

图7.53　高压卸压阀
1—阀体;2—密封圈;3—密封塞;
4—下弹簧座;5—弹簧;6—上弹簧座

值也不同),弹簧被压缩,密封塞被打开,制冷剂释放出来,压缩机压力立即下降。当压力低于设定值后,弹簧又立即将密封圈压紧。目前,在北京切诺基吉普车空调系统的储液干燥器及长春奥迪100轿车的压缩机上都装有此种高压卸压阀。

5.车速调节装置

对于非独立式空调系统,由于发动机的功率一定,这样,空调系统的工作对发动机功率输出的分配有一定的影响;反过来,发动机转速的变化同样影响空调系统的工作性能。因此,为达到汽车在不同运行情况下既保证车速的要求,又保证空调系统的正常工作就出现了车速调节装置。

(1)发动机怠速调节装置

发动机在怠速运转时往往影响到空调系统的正常工作。一方面压缩机转速过低,造成制冷量严重不足;另一方面对于小排量发动机来说,怠速时发动机功率较小,不足以带动制冷压缩机并补偿因电力消耗给发电机增加的负荷。同时,由于发动机转速过低,冷却风扇的风压和风量均不充足,使得发动机和冷凝器散热受到影响。冷凝器温度和冷凝压力异常升高后,压缩机功耗迅速增大。这样,一是增加了发动机在怠速时的负荷,导致工作不稳定,甚至熄火;二是会引起电磁离合器打滑或传动皮带损坏。因此,在非独立式空调系统中一般都装有怠速调节装置。

怠速调节装置可分为两类,即被动式调节和主动式调节。

被动式调节,当发动机怠速运转时,自动切断压缩机离合器电路,停止压缩机运行,以减轻发动机的负荷,稳定发动机怠速性能,这类装置称为怠速继电器,现已被淘汰。

主动式调节,即在发动机怠速运转时,加大油门,以增加发动机的输出功率,并使发动机转速稍有提高,达到带负荷的低速稳定运转的目的。这类装置称为怠速提升装置,其结构如图 7.54 所示。

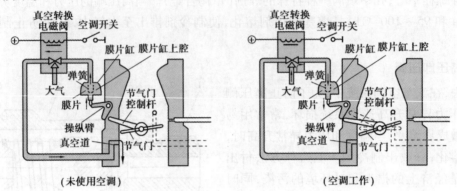

图 7.54　怠速提升装置

(2)加速断开装置

在汽车加速超车时,为了保证发动机有足够的动力,应当切断压缩机离合器电路,这样就卸除了压缩机的动力负荷,以尽量大的发动机功率来供汽车加速所需。常用的加速断开装置(也称超速控制器)是由超速开关及延迟继电器组成。超速开关一般装在加速踏板下,当加速踏板被踩下时,电磁离合器电路断开,压缩机停止工作,使发动机的输出功率全部用于加速,而 6 s 后电路又自动接通,空调系统恢复工作,高档轿车为提高超车能力常加装这种装置。

6.真空控制组件

多数轿车空调系统采用真空装置作为控制元件,控制某些风门或阀门的开、闭。这是由于一方面汽车上有现成的真空来源,更主要的是真空控制装置结构简单、经济实用。

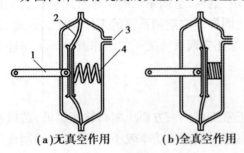

(a)无真空作用　(b)全真空作用

图 7.55　真空马达

1—传动杆;2—膜片;3—接真空源;4—复位弹簧

(1)真空马达

真空马达由真空盒、膜片、弹簧和传动杆组成,如图 7.55 所示。真空盒被膜片分为两个不相通的腔室,一侧与发动机真空管相连,另一侧通过空气泄漏孔与大气相通。真空马达不工作时,弹簧处于松弛状态,传动杆伸长,如图 7.55(a)所示;真空马达工作时,上腔室具有一定真空度,上、下腔室的压差使得弹簧被压缩,传动杆向上移动,带动风门(阀门)动作,如图 7.55(b)所示。

(2)真空控制水阀

在汽车空调系统中也常常用真空膜盒直接作为阀门的控制动力,图 7.56 描述了一个典型的用真空控制阀控制水加热器流量阀的工作过程。如图 7.56(a)所示为无真空时,图 7.56(b)所示为部分真空时,图 7.56(c)所示为全真空时的工作情况。

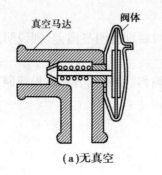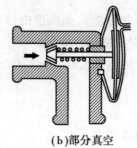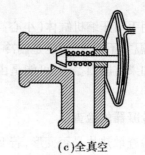

(a)无真空　　　　　　(b)部分真空　　　　　(c)全真空

图 7.56　真空控制水阀

八、汽车空调主要部件的检查

1. 压缩机的检查

(1)压缩机电磁离合器检查

压缩机电磁离合器装在压缩机前部,是根据需要接通或断开发动机与压缩机之间的动力传递。

①检查电磁离合器从动盘的摩擦表面是否有明显的磨损和剐痕,若有应更换。另外摩擦表面上的油污和赃物应用清洁剂洗净。

②检查离合器间隙,一般为 0.45 ~ 0.75 mm。

③检查电磁离合器轴承油污松动或损坏,若有应更换。

④用万用表检测电磁离合器线圈有无短路或断路,步骤如下:

a.断开压缩机电磁离合器连接器,测量 A 端子和 B 端子间的阻值,一般为 5 ~ 10 Ω,如图 7.57 所示。

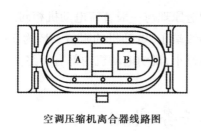

连接器零件信息		• 12162017 • 2-路F公制组件 150系列(灰色)		
针	导线颜色	电路编号	功能	
A	黑	1050	接地	
B	深棕	59	空调压缩机离合器电磁阀供电	

空调压缩机离合器线路图

图 7.57　空调压缩机离合器线路图

b.电源电压检测。将空调开关打开,使用万用表测量端子 B 是否有电(12.5 V 左右),正常情况下应有电压。

c.搭铁检测。使用万用表的蜂鸣挡检测端子 A 与壳体的导通性,正常情况下应导通。

(2)压缩机的检查

打开空调开关,进行下列检查:

①如果听到异常响声,说明压缩机的轴承、阀片、活塞环或其他部件有可能损坏,或润滑

油量过少。

②用手摸压缩机缸体(小心高压侧很烫),如果进出口两端没有明显温差,则说明工作正常;如果温差不明显,可能是制冷剂泄漏或阀片泄漏。

③如果有剧烈振动,可能是由于传动带太紧、传动带轮偏斜、电磁离合器过松或制冷剂过多造成的。

2. 冷凝器的检查

①检查散热片是否变形,若变形应校正。

②检查散热片之间是否有赃物堵塞,若有应清理。

③检查圆管应无瘪凹、弯曲,若有应修复。

④检查进口、出口处应无破损,若有应修复。

⑤从进口处吹入空气,管道应通畅,若有堵塞应疏通,堵住出口,整个冷凝器应无漏气现象。

3. 蒸发器的检查

蒸发器的检查步骤和冷凝器的检查步骤相同。

注意:如果散热片有阻塞,则可用压缩空气吹干净,绝对不能用水清洗蒸发器。

4. 储液干燥器的检查

①用手触摸储液干燥器进出管路,并观察视窗。如果进口很烫,而且出气管接近大气温度,从视窗中看不到或很少有制冷剂流过,或制冷剂浑浊,则可能是储液干燥器中的滤网堵塞或干燥剂破散并堵住了储液干燥器的出口,应更换。

②检查易熔塞是否熔化,各接头是否有油污,若有应更换。

③检查视窗是否有裂纹,周围是否有油污,若有应更换。

5. 冷凝器散热风扇和鼓风机检查

冷凝器散热风扇电动机和鼓风机电动机的构造原理与一般直流电动机相同。

检查时用万用表电阻挡测量电动机的两个接线端子,电动机的阻值一般为 $2 \sim 5 \ \Omega$,若阻值过大,说明电动机内部接触不良或断路;若阻值过小,说明电动机内部有短路。

第二部分　任务实施

熟悉和认识汽车空调各部件及安装位置,掌握使用万用表对各系统、各部件的检查方法。

一、工具准备

①"大众桑塔纳"轿车或其他同类车辆。

②数字万用表若干。

③拆装工具若干套。

二、技术要求与标准

①压缩机电磁离合器励磁线圈的电阻约为5~10 Ω,如果电阻不符合技术要求,则更换励磁线圈。

②空调鼓风机控制模块端鼓风机输入控制信号与鼓风机调速按钮控制大小成正比。

③调节温度从最冷到最热,空调温度控制执行器电控单元的控制电压变化范围为0.5~4.5 V。

三、工作内容

①汽车空调系统的结构认识。

②汽车空调主要部件性能检测。

四、填写维修工单

表7.1 空调系统认识　　　　　　车型:

序　号	组成部件名称	作　用	安装位置	技术参数

表7.2 空调系统各部件检查　　　　　　车型:

序　号	检查部件	检查情况	处理意见

任务2　汽车空调系统电路的识读

任务描述

能够读懂汽车空调系统的电路图。

第一部分　任务学习引导

一、汽车空调基本控制电路

汽车空调种类繁多,电路形式各不相同,但其电气系统都有一定规律可循,分析电路时,只要分成压缩机电磁离合器控制电路、鼓风机控制电路、冷凝器风扇控制电路、通风系统控制电路、保护电路等即可清楚了解其电路控制原理。

1.压缩机电磁离合器电路

汽车空调电磁离合器电路中主要有:A/C开关、制冷剂压力开关、制冷剂温度开关、冷却液温度开关、过热开关等控制元件。压缩机是否正常工作由其控制元件及其控制电路决定。

控制压缩机工作的方式可分为3种:手动空调压缩机控制、半自动空调压缩机控制、全自动空调压缩机控制。

(1)手动空调压缩机的控制

如图7.58所示,压缩机工作的必备条件是空调开关(A/C开关)闭合、温度开关闭合、压力开关闭合、鼓风机开关闭合。此时压缩机电磁离合器继电器工作(冷气继电器),蓄电池电源才能提供给压缩机电磁离合器线圈。

(2)半自动空调压缩机的控制

如图7.59所示,半自动空调压缩机工作的必备条件是空调开关(A/C开关)闭合、温度开关(热敏电阻)工作、压力开关闭合、鼓风机开关闭合、发动机转速信号、压缩机转速信号、制冷剂温度开关闭合。当点火开关和鼓风机开关接通时,加热器继电器就接通。如空调器开关此时接通,则压缩机电磁离合器继电器由空调器放大器接通。这就使压缩机电磁离合器接合,压缩机工作。

在下述情况中,电磁离合器脱开,压缩机被关掉:

①鼓风机开关位于OFF(断开)当鼓风机开关断开,加热器继电器也断开,电源不再传送至空调器。

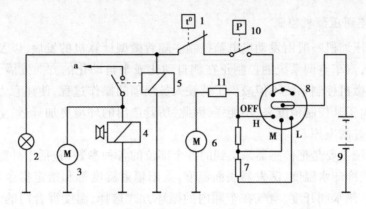

图 7.58 手动空调压缩机电磁离合器控制电路

1—温控器;2—压缩机工作指示灯;3—冷凝器风扇电机;4—电磁离合器;

5—冷气继电器;6—鼓风机电机;7—鼓风机调速电阻;8—空调及鼓风机开关;

9—蓄电池;10—压力开关;11—水温开关;a—接蓄电池正极

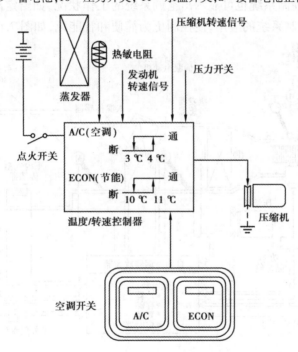

图 7.59 半自动空调压缩机电磁离合器控制电路图

②空调器开关位于 OFF(断开)空调器放大器(它控制压缩机电磁离合器继电器)的主电源被切断。

③蒸发器温度太低如蒸发器表面温度降至 3 ℃ 或以下,则空调器放大器电源被切断。

④双重压力开关位于 OFF(断开)如制冷回路高压端压力极高或极低,这一开关便断开。空调器放大器检测到这一情况,就切断电磁离合器继电器。

⑤压缩机锁止(仅限某些车型)压缩机与发动机转速差超过一定值,空调器放大器就会判断压缩机已锁止,并切断电磁离合器继电器。

（3）全自动空调压缩机控制

全自动空调压缩机一般由发动机电脑控制。随着微型计算机的发展，以及人们对操作系统简单化的要求，汽车空调系统的控制正在朝自动化或半自动化的方向发展，微机控制系统使之成为现实。微机控制系统不但减少了驾驶人员烦琐的操作过程，使注意力更加集中于汽车的驾驶，而且由于其控制精度高、功能强，因此，所营造出的环境更加舒适，空调系统各部件的性能得到了更好的发挥。

微机控制系统主要是把传感器采集到的各个部位的各种参数，包括车外温度、车内温度、风道温度、发动机冷却水温度、蒸发器表面温度、太阳辐射温度等和给定指令加以对比处理，然后对风机转速、热水阀开度、空气在车厢内的循环方式选择、温度混合门的开度、压缩机停转、各送风口的选择等进行控制，以保证最佳的舒适性要求。同时，由于系统可根据环境温度的变化，自动改变蒸发器温度、改变压缩机运行时间，因此又起到了节能的作用。除上述功能外，还可有故障监测和安全保护功能，如制冷剂不足，高、低压异常及各种控制器的故障判断、报警和保护等。微机控制系统也可显示出空调系统的工作状况，如给定温度、控制方式、运行方式等。总之，微机控制系统的应用，使控制更为简便和智能化，如图7.60所示。

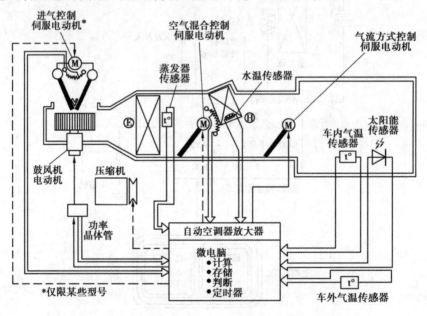

图7.60　微机控制空调系统原理图

2.鼓风机的控制

要使车内具有舒适的环境，除了控制车室温度外，还应控制送风量，即控制风机转速，以适应环境变化，满足驾驶员和乘客的不同需求。

鼓风机调速一般通过改变线路中电阻来实现，根据控制方法的不同可分为以下3种形式：

（1）由鼓风机开关和调速电阻联合控制

鼓风机的控制挡位一般有二、三、四、五速4种，最常见的是四速，如图7.61所示，通过改变风机开关与调速电阻的接通方式可令风机以不同转速工作。风机开关处于Ⅰ位置时,至电动机的电流须经过3个电阻,风机低速运行,开关调至Ⅱ位置,至电动机的电流须经两只电阻,风机按中低速运转,开关拨至Ⅲ位置时,至电动机的电流只经过一个电阻,风机按中高速运转,选定位置Ⅳ时,线路中不串任何电阻,加至电动机的是电源电压,风机以最高速运转。

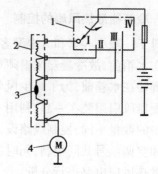

图 7.61　调速电阻控制鼓风机电路图
1—鼓风机开关;2—调速电阻;
3—限温开关;4—鼓风机

调速电阻一般装在空调蒸发器组件上,利用气流进行冷却。风机开关一般装在操作面板内,设置不同挡位,供调速用,在设置时,风机开关可控制鼓风机电源正极,也可控制鼓风机电路搭铁。

（2）电控模块通过大功率晶体管控制

现代中高档轿车为实现风速的自动控制,风机的转速一般由电控模块通过大功率晶体管控制,其控制原理如图 7.62 所示。

功率组件控制风机的运转,它把来自程序机构的风机驱动信号放大,放大器的输出信号根据车内情况,按照指令提供不同的风机转速,如果车内温度比所选定的温度高很多,在空调工作状态下,风机将高速运转;而当车内温度降低时,风机速度又降为低速。

相反地,如果车内温度比所选定的温度低很多,在加热状态下,风机将被启动为高速;而当车内温度上升后,风机速度降为低速。

（3）晶体管与调速电阻器组合型

鼓风机控制开关有自动（AUTO）挡和不同转速的人工选择模式,如图 7.63 所示,当鼓风机转速控制开关设定在"AUTO"挡时,鼓风机的转速由空调电脑根据车内、车外温度及其他传感器的参数控制。若按照人工选择模式开关,则空调电路取消自动控制功能,执行人工设定功能。

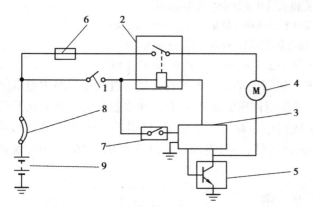

图 7.62　晶体管控制鼓风机电路图
1—点火开关;2—继电器;3—控制模块;4—鼓风机电机;
5—晶体管;6,8—熔丝;7—鼓风机开关;9—蓄电池

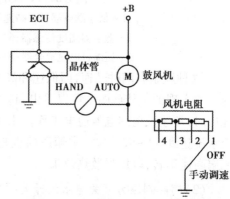

图 7.63　晶体管与调速电阻器
组合控制鼓风机电路图

3. 冷凝器散热风扇的控制

对于一般小客车和大中型客车,由于车辆底盘结构跟轿车有很大的不同,其冷凝器一般不装在水箱前,故冷凝器风扇须单独设置。一般只受空调开启信号控制,轿车空调的冷凝器一般都装在水箱前,为了减少风扇的配置,使结构简化,轿车在设计上一般都将水箱冷却风扇和冷凝器风扇组装在一起,利用一个或两个风扇对水箱和冷凝器进行散热。车型不同,则配置风扇的数量不同,控制线路设计方面差异也很大,但其控制方式则大同小异,一般根据水温信号和空调信号共同控制,同时满足水箱散热和冷凝器散热的需要,下面就一些较典型的冷凝器散热风扇电路进行分析。

(1)A/C 开关和水温开关联合控制型

汽车的发动机冷却系统和空调冷凝器共用一个风扇进行散热,如图 7.64 所示。

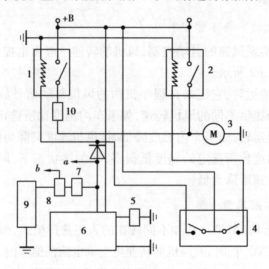

图 7.64　A/C 开关和水温开关联合控制型电路图

1—低速继电器;2—高速继电器;3—冷却风扇电机;4—水温开关;
5—蒸发器温度传感器;6—温度控制器;7—高压开关;8—低压开关;
9—压缩机电磁离合器;10—限速电阻;a—A/C 开关;b—发动机 ECU

这种风扇有两种转速,即低速和高速。风扇电动机转速的改变是通过改变线路中电阻值的方法实现的。从该图中可以看出,起关键控制作用的是 A/C 开关和水温开关。当空调开关开启时,常速风扇继电器通电工作。由于线路中串联了一个电阻,风扇低速运转。当冷却系统水温达到 89~92 ℃时,水箱风扇也是低速运转;一旦发动机水温升至 97~101 ℃时,水箱风扇高速运转,以加强散热效果。

(2)制冷剂压力开关与水温开关控制组合型

目前很多轿车采用制冷剂压力开关和水温开关组合的方式对冷却风扇系统进行控制。图 7.65 为"丰田 LS400"冷却风扇系统电路图,从该图可看出,起控制作用的是水温开关和高压开关,水温开关和高压开关处于不同状态,则控制继电器形成不同组合,从而控制两个并排的风扇不运转、低速运转或高速运转。

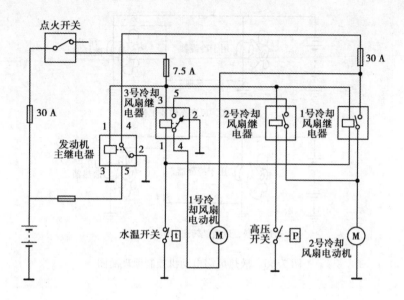

图 7.65　"丰田 LS400"冷却风扇系统电路图

分 3 种状态分别介绍,具体如下:

1)空调不工作时

在不开空调的情况下,风扇的工作取决于发动机水温。

①发动机冷却水温低于 90 ℃时,由于水温较低,水温开关处于闭合状态,3 号冷却风扇继电器和 2 号冷却风扇继电器工作。其中,3 号冷却风扇继电器 4 与 5 接通。2 号冷却风扇继电器常闭触头被打开。同时,由于空调不工作,高压开关处于常闭合状态,1 号冷却风扇继电器通电工作,使常闭触头打开,这时两个冷却风扇均不工作,使发动机尽快暖机。

②发动机水温高于 90 ℃时,水温开关打开,2 号和 3 号冷却风扇继电器回到原始状态,即不工作。虽然这时高压开关使 1 号冷却风扇继电器常闭触点打开,但并不影响风扇的工作。加至 1 号冷却风扇电机和 2 号冷却风扇电动机的都是 12 V 电压,此时,两冷却风扇同时高速运转,以满足发动机冷却器散热需要。

2)空调工作时

空调工作时,水温控制器回路仍然起作用,这时冷却风扇受空调和水温控制回路的双重控制。

①开空调,高压端压力大于 15.5 kPa,且水温低于 90 ℃。在这种情况下,水温开关处于闭合状态,而高压开关打开,这时 2 号和 3 号冷却风扇继电器受控动作,而 1 号冷却风扇继电器不工作,即触头处于常闭状态,因此,继电器使两冷却扇电动机串联工作,故两冷却风扇同时低速运转,以满足冷凝器散热需要。

②开空调,高压端压力大于 15.5 kPa,且水温高于 90 ℃。在这种情况下,高压开关和水温开关都打开,1,2,3 号冷却风扇继电器均不工作,加至两冷却风扇电动机的都是 12 V 电压,故两冷却风扇同时高速运转。

综上所述可知,两冷却风扇的工作同时受水温和空调信号影响,而处于同时不转、同时低速转或同时高速转 3 种状态之间循环,其工作原理简图如图 7.66 所示。

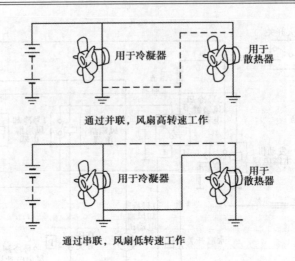

图 7.66　散热风扇电动机控制原理简图

（3）制冷剂压力开关与微电脑控制组合型

大多数高级轿车都采用这种布置和控制方式,如图 7.67 所示,两个散热风扇有 3 种不同的运转工况。

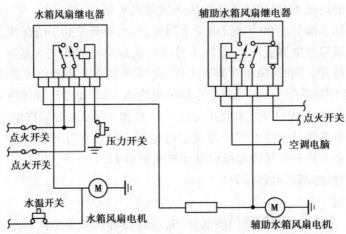

图 7.67　制冷剂压力开关与微电脑控制组合型

其工作原理如下:

①空调开关已接通,但制冷剂压力未达到 1.81 MPa 时,只有辅助散热风扇马达运转。

②一旦制冷剂压力达到 1.81 MPa 时,主、辅风扇电动机同时运转。

③ 无论空调开关是否接通,只要发动机水温达到 98 ℃以上,主散热风扇（水箱风扇电动机）高速运转。

4.通风系统的控制

目前很多轿车空调的通风系统都采用电控方式,对气源门、温度门、送风门的控制均由电脑或放大器统一完成,实现最佳送风方式的控制。

（1）轿车通风系统电路控制

当轿车在关闭车门玻璃的情况下需要通风时，就要采取强制通风，把车外的新鲜空气经过过滤净化后送入车厢内。目前轿车空调系统一般采用冷暖一体式或冷暖混合式结构。不论哪种结构，其冷、热及通风均为同一通道，除风门控制外，其风机控制电路相同。如图7.68所示。

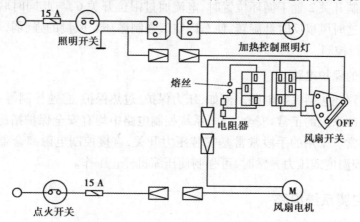

图 7.68 轿车通风系统电路控制图

（2）汽车电动换气风扇电路控制

在大型空调客车都装有电动换气扇，用它取代顶篷的风窗。它除了具有降温功能外，还具有自动通风、吸风、排风、循环等功能，不断地把污浊空气排出，同时吸入新鲜空气，以满足乘客舒适性要求，如图7.69所示为电动换气扇电路原理图。

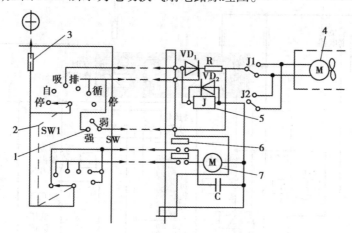

图 7.69 电动换气扇电路图

1—强、弱开关；2—控制开关；3—熔丝；4—风扇；

5—继电器；6—限位开关；7—举升电动机

具体工作方式如下：

①自动通风。当控制面板上的同轴旋转开关2置于自动挡时，电流经限位开关6到气窗举升电动机7，气窗闸门开启，限位开关稍后即自动关闭，闸门保持开启状态，使车厢内外自然通风。

265

②吸风。控制开关2置于吸风位置时,气窗闸门开启,与此同时电流经继电器5的线圈,使常开触点J1吸合,风扇电机接通运转,吸入新鲜空气。

③排风。控制开关2置于排风位置时,气窗闸门开启,与此同时继电器5的线圈中电流断路,使触点J1分开而J2吸合,风扇4反向运转,车厢内污浊空气被排出。

④循环。控制开关2置于循环位置时,电流通过限位开关6,与此同时联动板向下转动,使气窗闸关闭。这时风扇反时针旋转,使车内空气强制循环。风量的强、弱,可通过转换开关SW和电阻R进行控制。

5.汽车空调的保护电路

汽车空调电路还包括保护电路。例如,压力保护、过热保护、怠速控制等。

为了保证制冷系统的正常、安全工作,系统控制电路中均有安全保护措施,以防止系统出现温度和压力异常。采用的手段常常是安装压力开关,直接控制电磁离合器电路的通与断。这样,当系统出现温度或压力异常时,可强制使压缩机停止工作。

二、典型汽车空调系统电路

1.上海桑塔纳轿车空调系统电路

"桑塔纳LX"轿车空调装置采用的是热力膨胀阀—离合器系统。如图7.70所示为上海"桑塔纳LX"轿车空调电路,它由电源电路、电磁离合器控制电路、鼓风机控制电路和冷凝器风扇电动机控制电路组成。

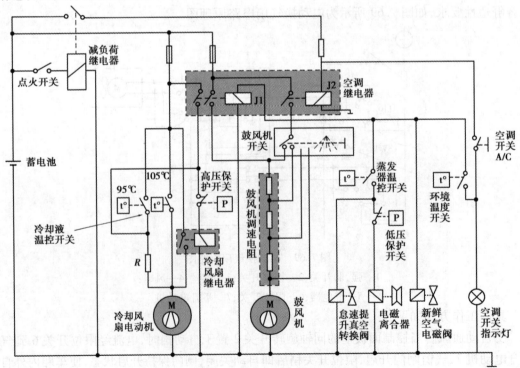

图7.70 "桑塔纳LX"轿车空调系统电路图

其工作过程如下：

①点火开关断开（置 OFF）时，减负荷继电器的线圈电路切断，触点张开，空调系统不工作。

②点火开关接通（置 ON）时，减负荷继电器的线圈电路接通，触点闭合，主继电器中的 J2 线圈通电，接通鼓风机电路。此时可由鼓风机开关进行调速，使鼓风机按要求的转速运转，进行强制通风、换气或送出暖风。

③需要制冷系统工作时，接通空调 A/C 开关，便可接通下列电路：

a. 空调 A/C 开关的指示灯亮，表示空调 A/C 开关已经接通。

b. 新鲜空气电磁阀电路接通，该阀动作接通新鲜空气控制电磁阀的真空通路，而使鼓风机强制通过蒸发器总成的空气通道进风，否则将无法获得冷气。

c. 电源经环境温度开关、恒温器、低压保护开关对电磁离合器线圈供电，同时对怠速提升电磁真空转换阀供电。另一路对主继电器中的 J1 线圈供电，使两对触点同时闭合，其中一对触点接通冷凝器冷却风扇继电器线圈电路；另一对触点接通鼓风机电路。

低压保护开关串联在恒温器和电磁离合器之间，当制冷系统缺少制冷剂系统压力过低后，开关断开，停止压缩机工作。

高压保护开关串联在冷却风扇继电器和主继电器 J1 的一对触点之间。当制冷系统高压值超过规定值时高压保护开关触点闭合，将电阻短路，使风扇电机高速运转，以增强冷凝器的冷却能力。同时，冷却风扇电动机还直接受发动机冷却液温控开关 18 的控制。当不开空调 A/C 开关时，若发动机冷却液温度低于 85 ℃时，风扇电动机不转动；高于 95 ℃时，风扇电动机低速转动；当冷却液温度达到 105 ℃时，风扇电动机将高速转动。

主继电器中的 J1 触点在空调 A/C 开关接通时，即可闭合，使鼓风机低速运转，以防止蒸发器表面温度过低而结冰。

d. 点火开关置于启动位置（ST）时，减负荷继电器线圈电路切断，触点张开，中断空调系统的工作，以保证发动机启动时，蓄电池维持足够的电能。

2. 通用"别克君威"轿车空调电路

（1）鼓风机控制电路

通用"别克君威"轿车空调系统鼓风机控制电路图，如图 7.71 所示。空调系统鼓风机控制电路由鼓风机电动机控制模块、鼓风机、空调（HVAC）控制模块等组成。电源电压通过熔断丝 K1-K2 经电路门施加在鼓风机电动机控制模块端子 B 上，为控制单元提供电源。鼓风机电动机控制模块由 A 端子经电路 150 于 G200 处搭铁。鼓风机电动机控制模块通过控制鼓风机电动机电流的大小实现对鼓风机转速的控制。根据使用者手动设置的温度、外部空气温度、车内温度和阳光传感器等信号，空调控制模块通过端子 C11 向鼓风机电动机控制模块输出占空比控制信号，从而实现对鼓风机转速的控制。

（2）压缩机控制电路

通用"别克君威"轿车空调系统压缩机控制电路图，如图 7.72 所示。空调系统压缩机控制电路由空调（HVAC）控制模块、数据总线组合件（SP205）、动力总成控制模块及 A/C 压缩机离合器线圈等组成。

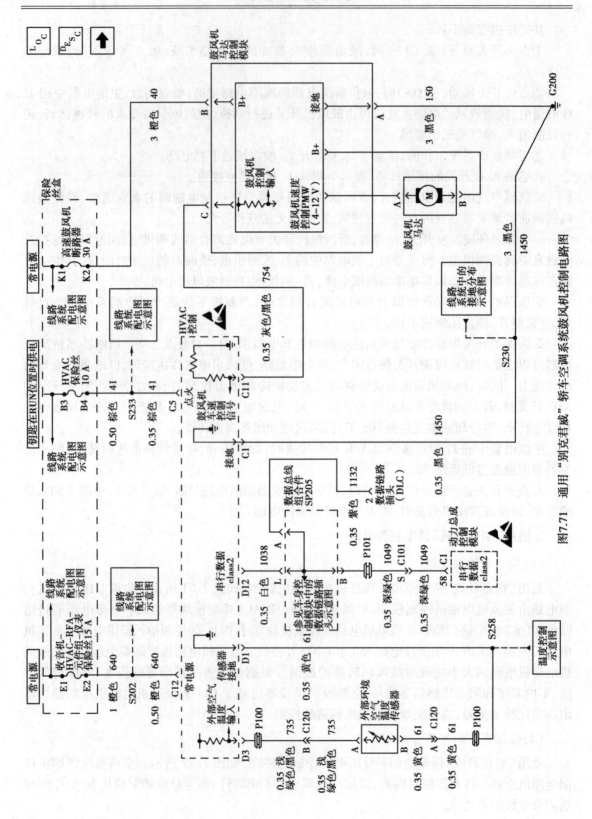

图7.71 通用"别克君威"轿车空调系统鼓风机控制电路图

268

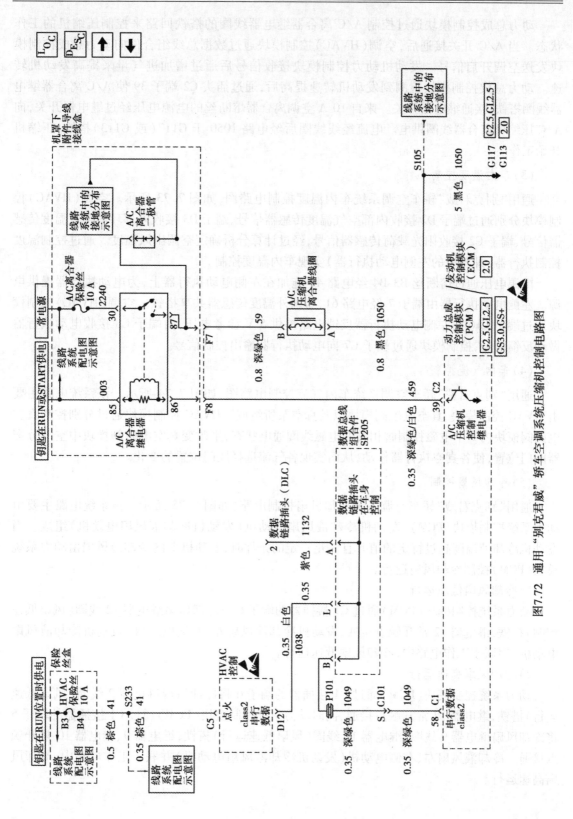

图7.72　通用"别克君威"轿车空调系统压缩机控制电路图

动力总成控制模块通过控制 A/C 离合器继电器线圈的搭铁回路来控制压缩机的工作状态。当 A/C 开关接通后,空调(HVAC)控制模块通过数据总线组合件向动力总成控制模块发送空调开启信号。发动机动力控制模块接收信号后通过增加进气量来提高发动机转速。动力总成控制模块检测到发动机转速提高后,通过插头 C2 端子 39 使 A/C 离合器继电器线圈搭铁,接通继电器开关。来自 10 A 空调离合器熔断丝的电源电压经过继电器开关,向A/C 压缩机离合器线圈供电。电流经线线圈后经电路 1050 于 G117(或 G113)搭铁,压缩机开始工作。

(3)车内温度控制

通用"别克君威"轿车空调系统车内温度控制电路图,如图 7.73 所示。空调(HVAC)控制模块分别通过端子 D2 接收内部空气温度传感器信号、端子 D3 接收外部环境空气温度传感器信号、端子 C2 接收阳光载荷传感器信号,经过计算分析确定空调出风温度。通过控制温度控制执行器(即图中的左侧电动执行器)实现车内温度控制。

电源电压通过熔断丝 B3-B4 经电路 41 施加在左侧电动执行器上,为电动执行器提供电源。左侧电动执行器由端子 7 经电路 61,与内外温度传感器共享搭铁。空调(HVAC)控制模块通过端子 C10 向左侧电动执行器反馈电路提供 5 V 参考电压,由端子 C8 接收电动执行器做动反馈信号,控制模块通过端子 C7 向电动执行器输出控制信号。

(4)车内气流控制

通用"别克君威"轿车空调系统车内气流控制电路图,如图 7.74 所示。该系统电路主要由 HVAC 控制模块、真空电磁阀模块以及真空泵所组成。HVAC 控制模块通过分别控制真空电磁阀模块内 5 个电磁控制阀相关的电磁线圈通电状态,来改变真空电磁阀模块中空气分配器阀门位置,使各真空执行器作动,从而实现各气流选择风门位置的变化。

(5)冷却风扇控制

通用"别克君威"轿车空调系统冷却风扇控制电路,如图 7.75 所示。该系统电路主要由动力系统控制模块(PCM)、发动机冷却液风扇电动机(发动机冷却液风扇电动机)组成。当发动机冷却液温度超过特定的值并且满足一定的条件时,发动机上的冷却液风扇由动力系统模块(PCM)控制冷却风扇运行。

1)冷却风扇低速运行

动力系统控制模块(PCM)通过 C1 接插器的端子 6 将冷却风扇继电器 12 线圈(风扇低速控制)搭铁,继电器 12 常开触点接通,发动机冷却液风扇左、右侧电动机(发动机冷却液风扇电动机)串联于工作电路中,冷却风扇低速运行。

2)冷却风扇高速运行

动力系统控制模块(PCM)通过 C1 接插器的端子 6 将冷却风扇继电器 2 线圈(风扇低速运行)搭铁,继电器 12 常开触点接通,同时动力系统控制模块(PCM)通过 C1 接插器的端子 5 将冷却风扇继电器 9 线圈、继电器 10 线圈(风扇低速运行)搭铁,继电器 9、继电器 10 常开触点接通。冷却液风扇左、右侧电动机(发动机冷却液风扇电动机)并联于工作电路中,冷却风扇高速运行。

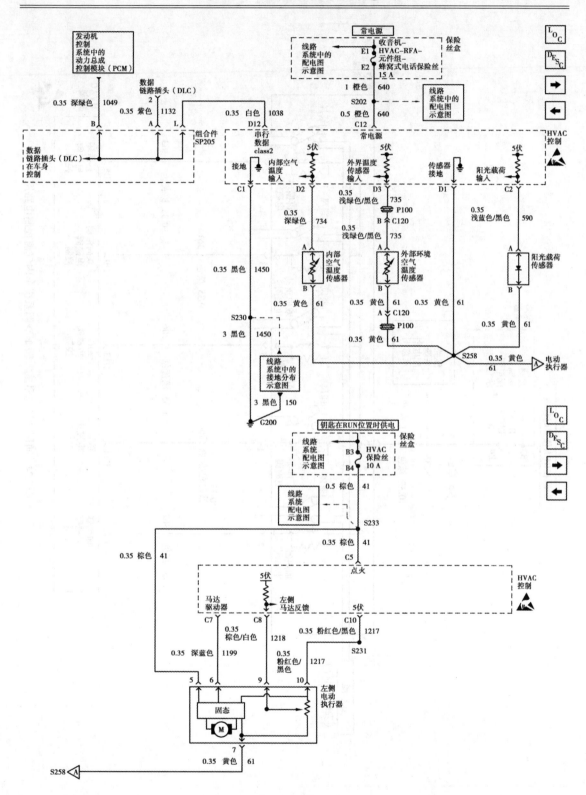

图 7.73　通用"别克君威"轿车空调系统车内温度控制电路图

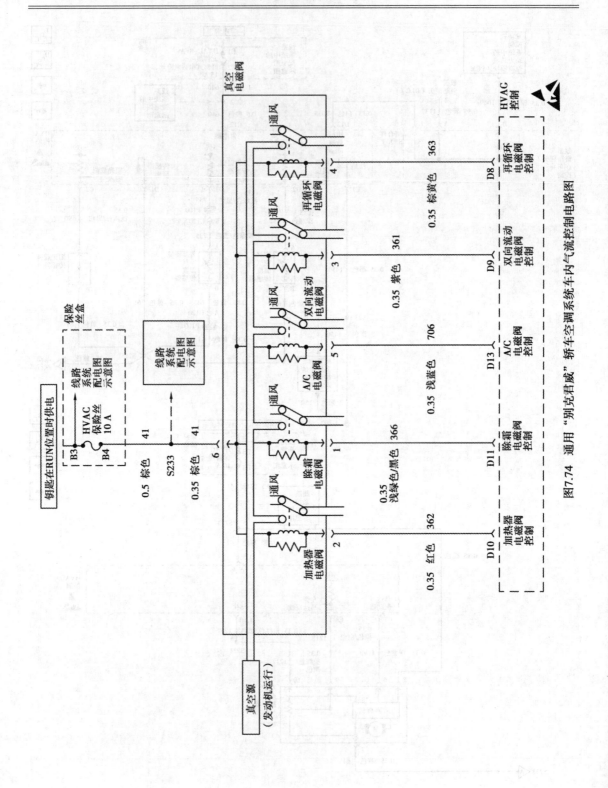

图7.74 通用"别克君威"轿车空调系统车内气流控制电路图

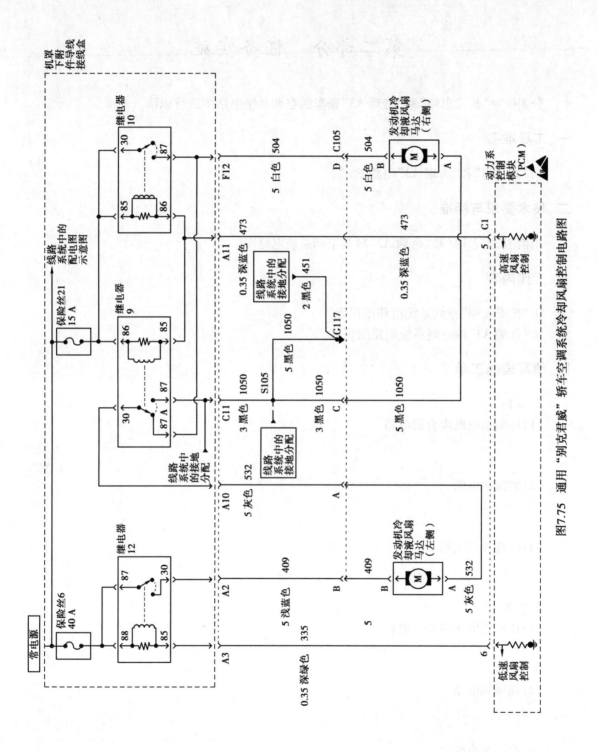

图 7.75　通用"别克君威"轿车空调系统冷却风扇控制电路图

第二部分　任务实施

分别针对"长安志翔"和"奇瑞 A3"轿车的空调系统电路图进行识读。

一、工具准备

"长安志翔"和"奇瑞 A3"电路图。

二、技术要求与标准

识读"长安志翔"和"奇瑞 A3"轿车空调系统电路图。

三、工作内容

①"长安志翔"空调系统电路图识读。
②"奇瑞 A3"的空调系统电路图识读。

四、填写维修工单

车型 1：
（1）压缩机电磁离合器电路

（2）鼓风机电路

（3）冷却风扇电路

车型 2：
（1）压缩机电磁离合器电路

（2）鼓风机电路

（3）冷却风扇电路

任务 3　汽车空调系统常见故障的检修

🔧 **任务描述**

能根据电路图检修汽车空调系统电路的常见故障。

第一部分　任务学习引导

一、汽车空调故障诊断常用方法

1.看

①首先查看仪表板上的压力、水温、油压及各性能指示灯是否显示正常。

②观察冷凝器、蒸发器及管路连接处是否有油污,如有则说明有制冷剂和冷冻润滑泄漏。

③系统部件和管路连接处是否有结霜、结冰现象。

④从储液干燥器视液窗观察制冷剂量,如空调系统启动初始,观察窗内若有气泡流动,片刻后气泡消失,这表明是工作正常,否则出现故障,如图 7.76 所示。

故障项目	故障现象	检修方法	
制冷剂不足	视液镜下有少量气泡或者每隔 1～2 s 就可以看到气泡,此时高压表压力低,低压表压力低,空调出风不冷	检漏并补充制冷剂至适量	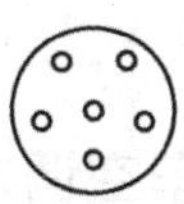 ⊙
制冷剂严重不足	视液镜下看到很多泡沫,高压表与低压表压力过低,空调出风不冷	检漏,修理泄漏部位,重新充灌制冷剂至适量	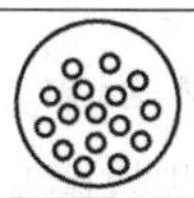 ⊙
制冷剂过多	视液镜下一片清晰,并有冷气输出,关闭空调后 15 s 内不起泡,或停机 1 min 后仍有气泡流动,高低压两侧压力均过高,出风口不够凉	释放一些制冷剂	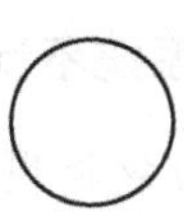 ○
干燥剂已分散	干燥剂已分散,并随制冷剂流动,视液镜下为六堆状	更换干燥瓶,重新抽真空并加制冷剂	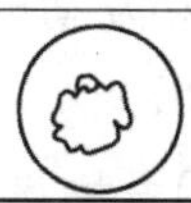 ⊙

图 7.76　储液干燥器视液窗观察制冷剂量

2.听

用耳朵聆听运转中的空调系统有无异常声音。如有噪声则可能是电磁线圈老化,吸力不足,通电后由于打滑而产生噪声,也可能是离合器片磨损造成间隙过大使离合器打滑。

听压缩机是否有液击声,如有液击声,可能是制冷剂过多或膨胀阀开度过大,应释放制冷剂或调整膨胀阀。除此之外,即压缩机内部损坏。

3. 摸

开启制冷系统 15 ~ 20 min 后,用手触摸系统部件,感受其温度。

①压缩机进、出口管路应有明显温差。

②冷凝器进、出口管路应有温差,出口管路温度应低于进口处温度。

③储液干燥器进、出口管路温差的比较:进口温度与出口温度相等时,表示制冷系统正常,进口温度低于出口温度时,表示制冷剂不足;进口温度高于出口温度时,表示制冷剂过多。

④膨胀阀进、出口温差明显。

注意:在用手触摸高压区部位时要防止烫伤。如果压缩机高、低压侧之间没有明显差异,则说明制冷剂泄漏严重。

4. 测

①检漏仪:用检漏仪检查各接头是否有泄漏。

②歧管压力表:用歧管压力表检测制冷系统的压力。运转压缩机,发动机转速 2 000 r/min,观察歧管压力表。在一定的大气湿度内,轿车制冷装置工作正常时正常状况高、其低压范围是:高压端应在 1.421 ~ 1.470 MPa;低压端压力应为 0.147 ~ 0.196 MPa,若不在此范围内,则说明系统有故障。

③万用表:用万用检查空调电路故障。

④温度计

a. 蒸发器:不结霜的前提下,蒸发器表面温度越低越好。

b. 冷凝器:正常工作时,冷凝器入口温度为 70 ~ 80 ℃,冷凝器出口温度为 50 ℃左右。

c. 储液干燥过滤器:正常情况下应为 50 ℃。如果上下温度不一致,则说明储液干燥过滤器堵塞。

二、汽车空调常见故障诊断

汽车空调系统故障包括电器故障、功能部件的机械故障、制冷剂和冷冻机油引起的故障等。这些故障集中表现为系统不制冷、制冷不足或异响等。

1. 系统不制冷

(1)故障现象

启动发动机并稳定在 1 500 r/min 左右运行 2 min,打开空调开关及鼓风机开关,冷气口无冷风吹出。

(2)故障原因

①熔断器熔断,电路短路。

②鼓风机开关、鼓风机或其他电器元件损坏。

③压缩机驱动皮带过松、断裂,密封性差或其电磁离合器损坏。

④制冷剂过少或无制冷剂。

⑤贮液干燥器(或积累器)、膨胀阀滤网(或膨胀管)、管路或软管堵塞。

⑥膨胀阀感温包损坏。

(3)故障诊断

空调系统不制冷分风机不工作出风口无风、风机工作正常两个方面,而风机工作正常,又可能有压缩机工作、压缩机不工作两种现象,系统不制冷的故障诊断流程如图 7.77 所示。

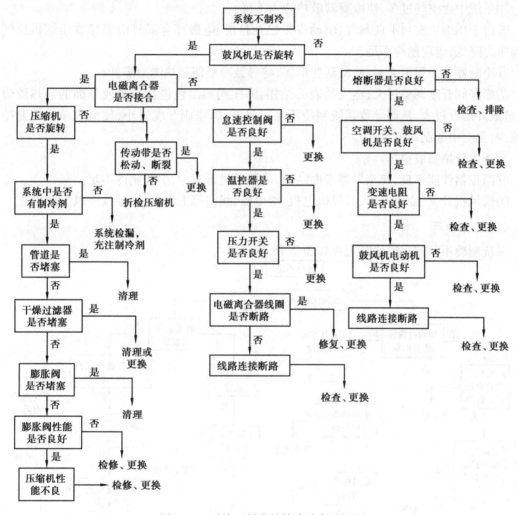

图 7.77　系统不制冷的故障诊断流程图

2. 系统制冷不足

(1)故障现象

空调系统长时间运行,车厢内温度能够下降,但吹风口吹出的风不冷,无清凉舒适感觉。

(2)故障原因

当外界温度为 34 ℃左右,出风口温度为 0～5 ℃,此时车厢内温度应达到 20～25 ℃。若达不到此温度,说明空调系统出现故障。凡是引起膨胀阀出口制冷剂流量下降的一切因素,均可导致系统制冷不足。此外,系统高低压侧压力、温度超过或低于标准值也会引起制冷不足。所以,制冷不足主要是制冷剂、冷冻油机油和机械方面的原因。

①制冷剂注入量太多,引起高压侧散热能力下降,导致制冷效能不良。

②制冷剂和冷冻机油脏污,使贮液干燥器膨胀阀发生堵塞,导致通向膨胀阀制冷剂流量下降,引起制冷不足。

③制冷剂和冷冻机油中水分过多,导致膨胀阀节流孔出现冰堵,制冷能力下降。

④系统中含空气过多,使冷凝器散热能力下降。

⑤由于压缩机密封不良漏气、驱动皮带松弛打滑、电磁离合器打滑等导致压缩机排气温度和压力降低,出现制冷不足。

⑥冷凝器表面积污太多、冷凝器变形等,将导致冷凝器散热能力降低。

⑦膨胀阀开度调整过大,蒸发器表面结霜,膨胀阀感温包包扎不紧或外面的隔热胶带松脱,造成开启度过大,从而导致系统制冷不足。另外,膨胀阀开度过小,使流入蒸发器制冷剂量减少,也会引起制冷不足。

⑧送风管堵塞或损坏。

⑨温控器性能不良,使蒸发器表面结霜,冷风通过量减少,引起制冷不足。

⑩鼓风机开关、变速电阻、鼓风机电机、继电器、线路等工作不良,导致冷风量减少。

(3)故障诊断

系统制冷不足的故障诊断流程如图 7.78 所示。

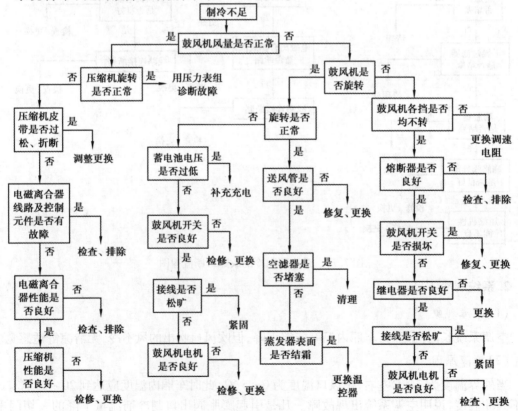

图 7.78 系统制冷不足的故障诊断流程图

3. 空调系统异响或振动

（1）故障现象

空调系统工作时，发出异常的声响或出现振动。

（2）故障原因

①压缩机驱动皮带松动、磨损过度，皮带轮偏斜，皮带张紧轮轴承损坏等。

②压缩机安装支架松动或压缩机损坏。

③冷冻机油过少，使配合副出现干摩擦或接近干摩擦。

④由于间隙不当、磨损过度、配合表面油污、蓄电池电压低等原因造成电磁离合器打滑。

⑤电磁离合器轴承损坏，线圈安装不当。

⑥鼓风机电机磨损过度或损坏。

⑦系统制冷剂过多，工作时产生噪声。

（3）故障诊断

空调系统异响或振动的故障诊断流程如图 7.79 所示。

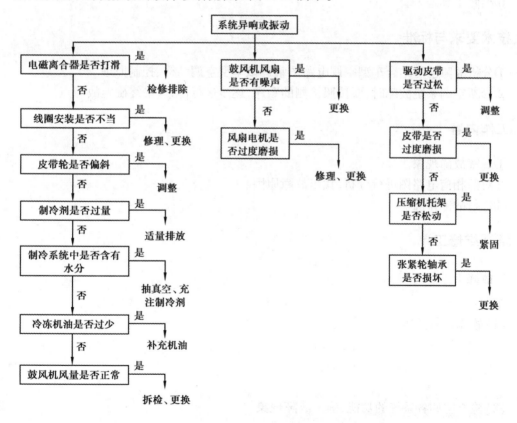

图 7.79　空调系统异响或振动的故障诊断流程图

第二部分 任务实施

分别针对"长安志翔"和"奇瑞 A3"进行空调系统的故障设置,然后由学生根据电路图分析故障原因并进行故障排除。

一、工具准备

①"长安志翔"两辆。
②"奇瑞 A3"一辆。
③"长安志翔"和"奇瑞 A3"电路图。
④万用表若干。
⑤连接导线若干。
⑥维修工具若干套。

二、技术要求与标准

①分析故障前可结合车型空调电路图掌握该车型空调结构、控制原理。
②诊断空调系统故障时,要按照检测的顺序,逐步进行排查,最终确定故障点。

三、工作内容

①观察故障现象。
②对照相应电路图进行分析,找出故障原因。
③进行故障排除。

四、填写维修工单

1.故障 1

车型:

(1)故障现象描述

(2)检查空调各系统的功能,确定故障现象

(3)读电路图,分析故障原因

可能的故障点:

(4)实车检测,写出具体检测流程

(5)确定故障点,排除故障

2.故障 2

车型:

(1)故障现象描述

(2)检查空调各系统的功能,确定故障现象

(3)读电路图,分析故障原因

可能的故障点:

(4)实车检测,写出具体检测流程

(5)确定故障点,排除故障

表7.3　维修工单

××××××汽车维修公司维修工单			工单号：	
客户名称：	车牌号：	购车日期：　年　月　日		联系电话：
联系人：	车型：	VinNo：□□□□□□□□□□□□□□□□□□□		
送修日期：年　月　日	交付日期：年　月　日		行驶里程：	
故障描述	空调系统工作不正常			
序号	检修项目		结论	
1	电源			
2	压缩机电磁离合器			
3	鼓风机			
4	冷却风扇			
检修标准				
所需工具				
检修人	联系电话		时间	
工作组组长	联系电话		时间	

五、考核

表7.4　考核表

序号	考核内容	配分	评分标准	考核记录	扣分	得分
1	正确使用工具、仪表、量具	10	每次工具使用不当扣3分			
			每次量具、仪表使用不当扣3分			
2	正确分析空调系统电路	20	不能正确回答每处扣5分			
3	正确连接空调系统电路	30	操作不熟练扣8分			
			操作错误扣12分			
4	正确检查诊断空调系统电路的故障	30	查找故障点，错误一次扣5分，直至扣完为止			
5	操作规范，整洁有序，不超时	10	第一项扣4分，后两项各扣3分			
	遵守安全操作规程，无事故		出现元器件损坏，此题为0分			
6	分数总计	100				

项目 **2**　汽车空调系统的检测与维护

汽车空调在修理中,离不开检漏、抽真空、充注制冷剂和加注冷冻润滑油等基本操作。常用的检测工具有歧管压力表、制冷剂注入阀、气门阀、检漏设备、真空泵及其他专用修理工具。

一、歧管压力表组

1. 歧管压力表组结构

歧管压力表组是由高压表、低压表、高压手动阀(Hi)、低压手动阀(Lo)、阀体及 3 个软管接头组成。歧管压力表组配有不同颜色的三根连接软管,一般规定蓝色软管用于低压侧(接低压维修阀),红色软管用在高压侧(接高压维修阀),黄色(也有绿色)软管用在中间,接真空泵或制冷剂罐。这些部件都装在表座上,形成一个压力计装置,如图 7.80 所示。

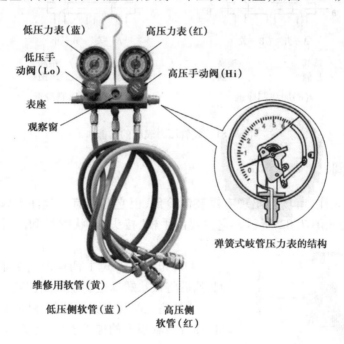

图 7.80　歧管压力表组结构图

2. 歧管压力表组工作原理

歧管压力表组是弹簧管式,如图 7.80 所示。压力的被测工质从接头进入弹簧管时,由于弹簧管内、外压力差的作用,使弹簧管膨胀变形,通过拉杆使扇形齿轮转过一角度,从而带动小齿轮和指针也转过一个角度,指针所指的读数便是所测的压力。如果被测工质压力低于大气压力,则弹簧管产生收缩变形,压力计所示读数便是真空度。

3.歧管压力表的功能

歧管压力表的功能,如图 7.81 所示。

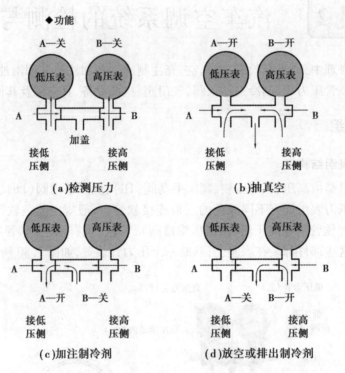

◆功能

(a)检测压力　　(b)抽真空

(c)加注制冷剂　　(d)放空或排出制冷剂

图 7.81　歧管压力表组的功能

二、制冷剂注入阀

目前,为便于充注,市场上出现有罐装制冷剂,但它必须有一只注入阀配套才能开罐使用。注入阀的结构如图 7.82 所示。它主要由手柄、接头、板状螺母和阀针组成。使用方法如下:

①首先将注入阀手柄逆时针旋转,使阀针完全缩回,然后将板状螺母也旋至最高位置。

②把注入阀装在罐的顶部,然后顺时针转动板状螺母,使其与罐顶上的螺纹连接,于是,注入阀便固定在罐的顶部。

③将歧管压力表中间的软管与注入阀的接头连接拧紧。

④顺时针方向旋转手柄,阀针将把罐顶刺破。

⑤加注制冷剂时将手柄逆时针旋转,使阀针提起,与此同时,打开歧管压力表相应的手动阀,开始向系统加注。

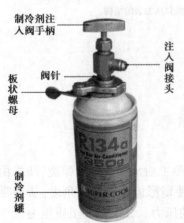

图 7.82　制冷剂注入阀

284

⑥如要停止加注,可再顺时针转动手柄,使阀针下落将被刺穿的小孔封闭,同时关闭歧管压力表的手动阀。

三、真空泵

在检修或安装汽车空调时,会有一定量的空气和水蒸气进入制冷系统,这将导致膨胀阀发生冰堵、冷凝器温度升高和制冷系统零部件发生腐蚀等现象,这时需要对制冷系统进行抽真空。

真空泵的功用就是对制冷系统抽真空,排除系统内的空气、水分。抽真空并不能把水抽出系统,而是使系统产生真空从而降低水的沸腾点,使水在较低压力下沸腾,以蒸汽的形式从系统中抽出,如图7.83所示。

注意事项:真空泵内的润滑剂与HFC-134a空调系统规定的润滑剂是不兼容的。真空泵的通风侧是暴露在空气中的,因此,真空泵中的润滑剂可能流出真空泵进入维修软管。当泵在抽真空后关闭,并且软管连接至真空泵时,这种情况就有可能发生。为了防止这种情况的发生,因此,在软管到泵的连接处附近安装手动阀,如图7.83中箭头所示。

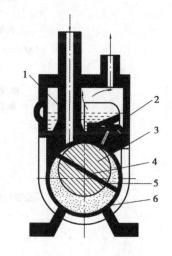

图7.83 真空泵构造图
1—润滑油;2—排气阀;3—转子;
4—弹簧;5—刮片;6—定子

四、检漏设备

1.卤素检漏灯

卤素检漏灯是一种丙烷(或酒精)气燃烧喷灯,它利用燃烧气体所产生的吸力将制冷剂吸入管内,使卤素检漏灯的火焰颜色改变这一特性来判断系统的泄漏部位和泄漏程度,其结构如图7.84所示。

当卤素检漏灯的吸入管从系统泄漏处吸入制冷剂时,火焰颜色会发生变化,泄漏量少时,火焰呈浅绿色;泄漏量较多时,火焰呈浅蓝色;泄漏量很多时,火焰呈紫色。

2.电子卤素检漏仪

常用电子卤素检漏仪表有车握式和箱式两种。在使用中,须注意的是,由于制冷剂不同,有些电子检漏仪只能检测单一型号的制冷剂泄漏,而不能检测其他品种的制冷剂,因此,在使用前要先阅读相关使用说明书电子卤素检漏仪的外形及结构如图7.85所示。

电子卤素检漏仪的使用十分简单,使用时只需将电源开关打开,经短时间的预热后将探头伸入需要检测的部位即可,通过声音或仪表指针便可方便地判断出泄漏量的多少。

电子卤素检漏仪有R12检漏仪、R134a检漏仪和可检测R12和R134a的两用电子检漏仪。电子卤素检漏仪与卤素检漏灯相比,检测灵敏度大大提高,它可检测出年泄漏量大于5 g的泄漏部位,并且使用方便、安全,但价格相对较高。

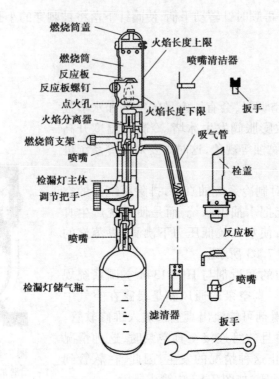

图 7.84　卤素检漏灯的结构图

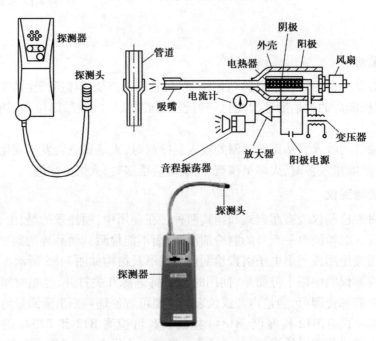

图 7.85　电子卤素检漏仪的外形及结构图

五、制冷剂加注、回收多功能机

在汽车空调系统的维修中常常要对系统抽真空或加注、回收制冷剂。为了提高维修质量,规范、简化操作程序,特别是防止制冷剂的排空,既防止对环境造成污染,又减少经济损失,在规范的维修站中都配有制冷剂加注、回收多功能机,如图 7.86 所示。如美国 SPX 公司 ROBI-NAIR(罗宾耐尔)制冷剂加注、回收多功能机:17701A 型(R12 专用)、34701 型(R134a 专用)、12135A 型(R12、R134a 共用),以及北京瑞雪飞制冷技术研究所生产的 RX-BH 型多功能机。

图 7.86　制冷剂加注、回收多功能机

六、制冷剂管维修工具

维修制冷剂管的工具有截(割)管器、胀管器、弯管器等,如图 7.87 所示。

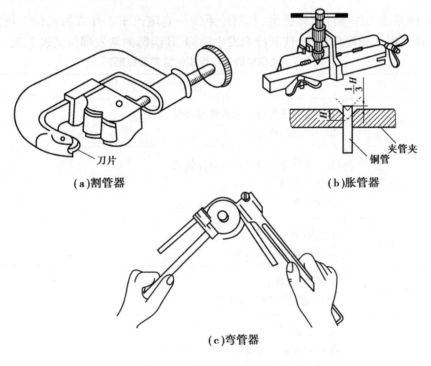

(a)割管器

(b)胀管器

(c)弯管器

图 7.87　制冷剂管维修工具

任务 1　汽车空调系统的检测

任务描述

能够利用工具对空调系统进行压力检测和泄漏检测。

第一部分　任务学习引导

一、汽车空调系统的检漏

汽车空调系统工作条件比较恶劣,其制冷系统一直随汽车工作在振动的工况之下,极易造成部件、管道损坏和接头松动,使制冷剂发生泄漏,其泄漏的常发部位见表 7.5。

表 7.5　汽车空调系统泄漏的常发部位部件

部　件	泄漏常发部位
冷凝器	①冷凝器进气管和出液管连接处 ②冷凝器盘管
蒸发器	①蒸发器进气管和出口管连接处 ②蒸发器盘管 ③膨胀阀
储液干燥器	①易熔塞 ②管道接口喇叭口处
制冷剂管道	①高、低压软管 ②高、低压软管各接头处
压缩机	①压缩机油封 ②压缩机吸排气阀处 ③前后盖密封处 ④制冷剂管道接头处

汽车空调制冷系统的检漏方法常用的有:目测检漏法、皂泡检漏法、染料检漏法、检漏灯检漏法、电子检漏仪检漏法、抽真空检漏法和加压检漏法等。

1. 目测检漏

目测检漏法是指用肉眼查看制冷系统(特别是制冷系统的管接头)部位有否润滑油渗漏痕迹的一种检漏方法。因为制冷剂通常与润滑油(冷冻机油)互溶,所以在泄漏处必然也带出润滑油,因此,制冷系统管道有油迹的部位就是泄漏处。

2. 皂泡检漏(肥皂水检漏)

皂泡检漏是指在检漏时,对施加了压力的制冷系统,用毛刷或棉纱蘸肥皂水涂抹在被检查部位,查看被检查部位是否有气泡产生的一种检漏方法。若被检查的部位有气泡产生,则说明这个部位是泄漏处(点)。肥皂水检漏法简便易行,而且很有效,但操作比较麻烦,维修工采用此法检漏时,要求一定要细致、认真。

3. 染料检漏(着色检漏)

确定冷漏点或压力漏点,把黄色或红色的颜料溶液通过表座引入空调系统,是个理想的方法。染料能指出漏点的准确位置,因为漏点周围有红色和黄色两种染料积存,并且不会影响系统的正常运行。

4. 检漏灯检漏

检漏灯(卤素灯)检漏是指在检漏时,利用卤素与吸入的制冷剂燃烧后产生的不同颜色火焰进行检漏的一种方法。

5. 电子检漏仪检漏

用电子检漏仪检漏时,应当遵照电子检漏仪制造厂家的有关规定,一般按下列步骤进行:

①转动控制器或敏感性旋钮至断开(OFF)或0位置。

②电子检漏仪接入规定电压的电源,接通开关。如果不是电池供电,应有5 min的升温期。

③升温期结束后,放置探头于参考漏点处,调整控制器和敏感性旋钮至检漏仪有所反应为止,移动探头,反应应当停止,如果继续反应,则是敏感性调整得过高,如果反应停止,则是调整合适。

④移动检漏软管,依次放在各接头下侧,还须检查全部密封件和控制装置。

⑤断开和系统连接的真空软管,检查真空软管接头处有无制冷剂蒸汽。

⑥如发生漏点,检漏仪就会出现像放置在参考漏点处的反应状况。

⑦探头和制冷剂的接触时间不应过长,也不要把制冷剂气流或严重泄漏的地方对准探头,否则会损坏探测仪的敏感元件。

6. 抽真空检漏(负压检漏)

抽真空检漏法是指通过做气密性试验进行检漏,是对制冷系统抽真空以后,保持一段时间(至少60 min),观察系统中的真空压力表指针是否移动(即是否发生变化)的一种检漏方法。须指出的是,采用这种方法检漏,只能判断系统是否有泄漏,而不能确定泄漏的具体部位。

7. 加压检漏(正压检漏)

加压检漏法是指将1.5~2 MPa压力的氮气、二氧化碳或混有少量制冷剂的氮气、二氧化碳等介质加入制冷系统中,再用肥皂水或卤素检漏灯进行检漏的一种方法。这种方法常用于空调制冷系统中的制冷剂全部漏光时的检漏。须注意的是,在高压条件下操作时尽量不要使用空气压缩机加压或制冷系统本身的压缩机加压,因为这样会使制冷系统带入一部分水分。

二、汽车空调系统的压力检测

把表座软管接在压缩机上,排除软管内的空气,启动汽车,拧动急速螺钉,调整发动机转速至 1 250 r/min;开动空调器,将有关控制器调至最凉位置(风机亦应在最高速);按需要使发动机温度正常(约运行 5 ~ 10 min)后,进行检测和维修作业。

根据压力表的读数来判断空调系统的状况:

①压力表的读数,高、低压均很低,如图 7.88(a)所示,说明制冷剂不足。如空调系统工作一段时间出现此现象,可能系统内某处出现泄漏,必须找出泄漏点并加以排除。

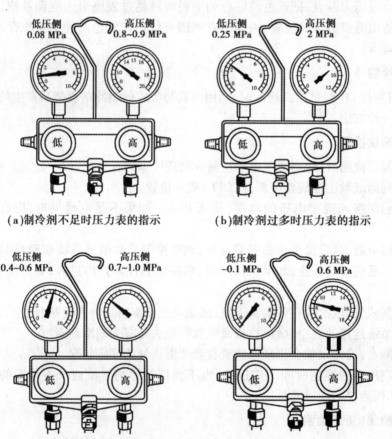

(a)制冷剂不足时压力表的指示　　　　(b)制冷剂过多时压力表的指示

(c)压缩机工作不良压力表指示　　　　(d)制冷剂不环流(不制冷)压力表指示

图 7.88　歧管压力表压力检测

②压力表的读数,高低压均过高,很可能是制冷剂过多引起的,如图 7.88(b)所示。处理方法是,从低压侧逐渐放出一部分制冷剂,直到压力表指针显示规定压力为止。如开始时正常,后来出现上述现象,这是由于冷凝器散热差造成的。可检查冷凝器散热片是否堵

塞,风扇皮带是否过松,风扇转速是否正常,并予排除。循环系统内,由于加注制冷剂过程中没有将空气抽净,存在空气,也可使高低压都增高,现象同制冷剂过多时相似,高压侧比前者还要高些。

③压力表读数,低压侧偏高,高压侧偏低,如增加发动机转速,高、低压变化都不大,如图7.88(c)所示。这种情况一般是压缩机工作不良所造成的,应检查机内阀片是否损坏,活塞及环是否磨损,并予以排除。

④压力表读数,低压侧出现真空,高压侧压力过低,如图7.88(d)所示。这种情况大多出现在膨胀阀感热泡内的制冷剂完全泄漏,使膨胀阀内的小孔全部堵死,使制冷剂不环流,系统不能制冷,排除的办法是更换或拆修膨胀阀。

第二部分　任务实施

分别针对"长安志翔"和"奇瑞 A3"轿车进行空调系统的检漏和压力检测。

一、工具准备

①"长安志翔"轿车两辆。
②"奇瑞 A3"一辆。
③检漏仪托干。
④肥皂水。
⑤歧管压力表若干套。

二、技术要求与标准

①检漏前的准备工作:发动机以 2 000 r/min 工况运转,车厢空调控制状态为车外空气循环、全冷、鼓风机高挡。
②使用电子检漏仪检漏时,探头距离测量物体约为 1 cm,且不能接触到物体。
③使用荧光检漏时,加注前,应确保空调系统无压力,加注荧光剂后,应补充适量制冷剂,使空调系统运转 15 min 以上。

三、工作内容

①汽车空调系统检漏。
②汽车空调系统压力检测。

四、填写维修工单

1.汽车空调系统的检漏
选择检漏工具:

写出使用检漏工具检测该车型的检漏结果，并填入表7.6。

表7.6　汽车空调系统泄漏的常发部位部件

车型：

序号	检漏部位	检漏结果	分析判断
1			
2			
3			
4			
5			
6			
7			
8			
9			
10			

2. 汽车空调系统的压力检测

使用歧管压力表检测该车型的压力，并将检测数据填入表7.7。

表7.7　汽车空调系统压力检测

车型	检测结果	标准数据	分析判断

任务2　汽车空调系统的维护

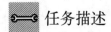 任务描述

能够利用工具对空调系统进行日常的维护。

第一部分 任务学习引导

一、空调系统主要部件的维护

经常定时地做好空调系统的维护工作,不但可以保证空调的最佳制冷效果,而且可以延长机件的使用寿命,减少维修工作量,日常维护包括如下各项内容:

①经常检查清洗蒸发器滤气网。滤网堵塞会使风量减小,如发现堵塞,可拆下蝴蝶栓,打开蒸发器检查门,卸下滤网,然后用压缩机空气或带有中性洗涤剂的温水清洗,并用水龙头冲洗滤网的反面。也可将滤网浸在水里用毛刷刷洗污物,干后即可使用。

②经常检查和冲洗冷凝器、散热器和过冷却器。这些部位如有堵塞,会使制冷循环的高压侧压力增高,应用压缩空气吹净或用压力清水冲洗干净。

③经常检查各部皮带的松紧度。皮带过紧会增加磨损,导致轴承损坏,过松则易使转速降低,制冷不足,甚至发生尖叫声,故应经常检查和调整。检查皮带松紧是否合适,可在皮带上加98 N 的负荷,检查其下垂的挠曲度是否为 11 ~ 12 mm。

④定时维护风机,轴承内要保证不缺油脂。

⑤经常检查制冷是否充足。用低速运转空调,从观察窗上察看是否有气泡出现,若出现气泡,则说明制冷剂不足,某一部位出现了故障,应找专业人员进行检查修理。

二、汽车空调系统的基本维护操作

1. 制冷剂的排放与回收

汽车空调系统在进行拆卸部件、系统检修等许多维修项目之前,都必须首先放出系统中的制冷剂。制冷剂的排放有两种方法:一是传统排空法,把制冷剂放到大气中,这种方法简单易行,但针对 R-12 这类制冷剂直接放到大气中去会造成环境污染;二是回收排空法,此方法较好,但须有回收装置。

(1)传统排空法

传统排空法如图 7.89 所示,按以下步骤进行操作:

①关闭歧管压力计上的高、低压手动阀,并将其高、低压软管分别接在压缩机高、低压检修阀上,将中间软管的自由端放在干净的软布上,注意,此时一定不要启动发动机。

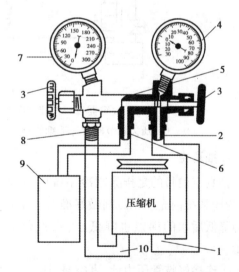

图 7.89 传统排空法

1—低压检修阀;2—低压软管;3—高、低压手动阀;
4—低压表;5—表阀;6—中间软管;7—高压表;
8—高压软管;9—储油罐;10—高压检修阀

②慢慢打开高压手动阀,让制冷剂从中间软管布上排出,阀门不能开得太大,否则压缩机内的冷冻润滑油会随制冷剂流出。

③当高压表读数降到 340 kPa 时,再慢慢打开低压手动阀,开度不要太大。注意观察中间软管的布片,如果有冷冻润滑油一起流出,则减小高压手动阀开度。此时制冷剂从系统高、低压两侧排出。

④注意观察歧管压力计的指示值,随着压力下降,可适当将高、低压手动阀的开度加大,当高、低压侧压力表指示值降到 0 时,制冷剂排放结束,关闭歧管压力计高、低压阀。

⑤如在排放中不慎流出大量冷冻润滑油,在充注制冷剂前应加入等量新的润滑油。

（2）回收排空法

回收排空法如图 7.90 所示,按以下步骤进行操作:

①把回收装置上低压管口接头和高压管口接头连接到维修的空调系统中,连接前要弄清空调系统使用的制冷剂类型。

②把回收钢瓶与回收机连接起来,注意要排出软管中的空气。

③接上电源,打开主电源开关。

④按下回收启动开关,系统开始从车辆上回收。

⑤当车辆的空调系统真空度下降到 280 mm 汞柱,机器自动关闭,指示灯熄灭。

⑥关上制冷剂罐上阀门,切断总电源,卸下连接管路。

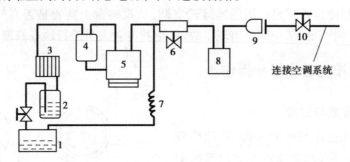

图 7.90　回收排空法
1—回收容器;2—气液分离器;3—冷凝器;4—分油器;5—压缩机;
6—压力调节阀;7—毛细管;8—储液筒;9—干燥过滤器;10—吸气调节阀

2.抽真空

抽真空的目的是排除制冷系统内残留的空气和水分,同时也可进一步检查系统的密闭性,为向系统内充注制冷剂做好准备。实际上抽真空并不能直接把水分抽出制冷系统,而是压力降低后水的沸点也降低了,水汽化成水蒸气抽出系统外,抽真空管路连接如图 7.91 所示。

①连接好歧管压力计、真空泵、压缩机之间的管路。将压缩机高、低压检修阀调到微开位置,歧管压力计上的高、低压手动阀调到闭合状态,拆除真空泵吸、排气口护盖,歧管压力计上的中间软管和真空泵进口相连接。

②打开歧管压力计的高、低压手动阀,启动真空泵,观察低压表指针,应有真空显示。

③操作 5 min 后,低压表应达到 33.61 kPa(绝对压力),高压表指针应略低于零,如果高压表指针不能低于零,表明系统内有堵塞,应停止,清理好故障,再抽真空。

④真空泵工作 15 min 后观察压力表,如果系统无泄漏,低压值应达到 13.28 ~ 20.05 kPa 的绝对压力。如果达不到此数值,应关闭低压侧手动阀,观察低压表指针。如果指针上升,进行检修后才能继续抽真空。

⑤系统压力接近真空时,关闭高、低压手动阀,保压 5 ~ 10 min,如低压表指针不动则打开高、低压手动阀,从而开启真空泵,继续抽真空。

⑥抽真空总的时间不少于 30 min,然后关闭高、低压手动阀,再关闭真空阀,防止空气进入系统。

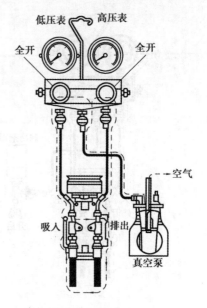

图 7.91　抽真空管路连接图

三、制冷剂充注

在制冷系统经过抽真空并确认没有泄漏后,可开始对系统充注制冷剂。其充注方法主要有两种:一种是从高压端充注;另一种是从低压端充注。

1. 高压端充注

高压端充注是指从压缩机排气阀(高压阀)的旁通孔(多用通道)充注,充入的是制冷剂液体。其特点是安全、快速,适用于制冷系统的第一次充注,即经检漏、抽真空后的系统充注。但使用该方法时必须注意,充注时不可开启压缩机(发动机停转),且制冷剂罐要求倒立,如图 7.92 所示。

①当系统抽真空后,关闭歧管压力计上的高、低压手动阀。

②将中间软管的一端与制冷剂罐注入阀的接头连接起来,如图 7.92 所示打开制冷剂罐开启阀,再拧开歧管压力计软管一端的螺母,让气体溢出几分钟,把空气赶走,然后再拧紧螺母。

③打开高压侧手动阀至全开位置,将制冷剂罐倒立,以便从高压侧充注液态制冷剂。

④从高压侧注入规定量的液态制冷剂。关闭制冷剂罐注入阀及歧管压力计上的手动高压阀,然后将仪表卸下。特别要注意的是,从高压侧向系统充注制冷剂时,发动机处于不启动状态(压缩机停转),更不可拧开歧管压力计上的手动低压阀,以防上产生液压冲击。

2. 低压端充注

低压端充注是指从压缩机吸气阀(低压阀)的旁通孔(多用通道)充注,充入的是制冷剂气体,其特点是充注速度慢,可在系统补充制冷剂的情况下使用。通过歧管压力计上的手动低压阀,可向制冷系统的低压侧充注气态制冷剂。

①按如图 7.93 所示,将歧管压力计与压缩机和制冷剂罐连接好。

②打开制冷剂罐,拧松中间注入软管在歧管压力计上的螺母,直到听见有制冷剂蒸汽流动的声音,然后拧紧螺母,其目的是排出注入软管中的空气。

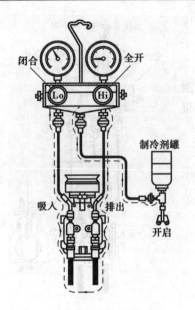

图 7.92　高压端充注

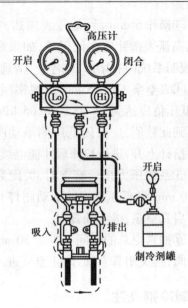

图 7.93　低压端充注

③打开手动低压阀,让制冷剂进入制冷系统。当系统的压力值达到 0.4 MPa 时,关闭手动低压阀。

④启动发动机,将空调开关接通,并将风机开关和温控开关都调至最大。

⑤再打开歧管压力计上的手动阀,让制冷剂继续进入制冷系统,直至充注量达到规定值。

⑥在向系统中充注规定量的制冷剂之后,从视液玻璃窗处观察,确认系统内无气泡、无过量制冷剂。随后将发动机转速调至 2 000 r/min,冷风机风量开到最高挡,若气温在 30 ~ 35 ℃,系统内低压侧压力应为 0.147 ~ 0.192 MPa,高压侧压力应为 1.37 ~ 1.67 MPa。

⑦充注完毕后,关闭歧管压力计上的手动低压阀,关闭装在制冷剂罐上的注入阀,使发动机停止运转,将歧管压力计从压缩机上卸下,卸下时动作要迅速,以免过多制冷剂排出。

3.制冷剂充注量

制冷剂充注量是否合适可从几方面观察:

①压力表观察:如 R12 制冷剂系统,发动机转速为 2 000 r/min,风机转速为最高挡,气温为 30 ~ 35 ℃时,系统内低压侧压力应为 0.15 ~ 0.19 MPa,高压侧压力应为 1.37 ~ 1.67 MPa。R134a 制冷剂系统压力稍低。

②储液干燥器上视液窗观察:系统工作时视液窗内清亮、无气泡,可观察到有液体流动。

③参照厂方提供的手册加注。

4.注意事项

①由于目前汽车空调制冷系统所用制冷剂有 R12 和 R134a 两种,因此,加注前首先要查明系统所用制冷剂类型。

②加注制冷剂前注意排空连接软管内的空气,特别是用小瓶罐加注时,每次换罐后都要对连接软管内空气进行排空。

③加注后,拆卸软管时应注意防止软管内残留的制冷剂损伤眼睛及皮肤。

四、冷冻机油添加

1. 压缩机冷冻机油油量的检查

压缩机冷冻机油油量的检查方法一般有两种,即观察视镜和观察油尺。

（1）观察视镜

通过压缩机上安装的视镜玻璃,可观察冷冻机油量,如果压缩机冷冻机油面达到观察高度的80%位置,一般认为是合适的,如果油面在这个界限之下,则应添加冷冻机油;如果在这个位置之上,则应放出多余的冷冻机油。

（2）观察油尺

未装视镜玻璃的压缩机,可用量油尺检查其油量。这种压缩机有的只有一个油塞,油塞下面有的装有油尺,有的没有油尺,需要另外使用专用油尺插入检查,观察油面的位置是否在规定的上、下限之间。

2. 添加冷冻机油

添加冷冻机油一般可在系统抽真空之前进行,其添加方法如下:

（1）直接加入法

将冷冻机油装入干净的量瓶内,从压缩机的旋塞口直接倒入即可,这种方法适合于更换蒸发器、冷凝器和贮液干燥器时采用。

（2）真空吸入法

①首先将系统抽真空到100 kPa。

②准备一个带刻度的量杯并装入稍多于所添加量的冷冻机油。

③关闭高压手动阀及辅助阀门,将高压软管的一端从歧管压力表组上卸下,并插入量杯中,如图7.94所示。

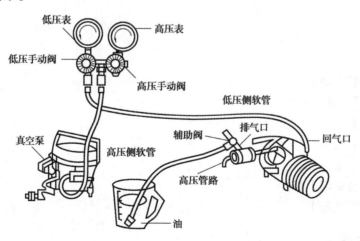

图 7.94　冷冻机油的加注

④打开辅助阀门,油从量杯内被吸入系统。

⑤当油面到达规定刻度时,立即关闭辅助阀门。

⑥将软管与歧管压力表组连接,打开高压手动阀,启动真空泵,先对高压软管抽真空,然后打开辅助阀门对系统抽真空。

3.冷冻机油添加量

（1）系统新加油量

在新装汽车空调系统中,只有压缩机内装有冷冻润滑油,油量一般为 280～350 g。不同型号的压缩机内充油量也不同,具体可查看供应商手册。

（2）补充油量

维修当中,如果更换了系统部件或管路,由于这些部件中残存有冷冻机油,因此,在更换的同时应当向系统内补充冷冻油,如果更换压缩机,新压缩机内原有油量应减去上述部件残存油量上限之和。

4.注意事项

①冷冻润滑油易吸水,使用后应立即将储油瓶瓶盖盖紧。

②不要使用过期变质的冷冻润滑油,检验方法是将一滴油滴到一张白纸上,等一会儿如油滴中间有黑斑,则说明冷冻润滑油已变质,不能使用。

③用过的冷冻润滑油再使用时,必须经过过滤及除水处理。

④不同牌号的冷冻润滑油不能混用。

第二部分　任务实施

分别针对"长安志翔"和"奇瑞 A3"进行空调系统的日常维护,然后由学生进行维护操作实训。

一、工具准备

①"长安志翔"两辆。

②"奇瑞 A3"一辆。

③真空泵若干。

④制冷剂若干瓶。

⑤冷冻油若干瓶。

⑥歧管压力表组若干套。

⑦多功能回收机若干。

二、技术要求与标准

①系统抽真空时间不应小于 15 min。

②冷冻机油不应长时间暴露在空气中,防止被空气氧化,加注量约比排出量多 20 mL。

③加注制冷剂前应查阅车辆铭牌或维修手册,确认制冷装置中制冷剂的类型及加注量。

④整个操作过程尽量在通风环境下进行。

三、工作内容

①制冷剂排放。

②抽真空。

③加注制冷剂。

④加注冷冻油。

四、填写维修工单

表 7.8　维修工单

序号	操作项目	操作主要步骤	技术要求
1			
2			
3			
4			

思考题

一、判断题

1. 电磁离合器是压缩机总成的一部分。　　　　　　　　　　　(　　)

2. 冷凝器安装在车厢内,蒸发器安装在车厢内。　　　　　　　(　　)

3. 流过压缩机的制冷剂应是气体,流过孔管或膨胀阀的制冷剂应是液体。(　　)

4. 接通冷气开关前,应先将鼓风机开关接通。　　　　　　　　(　　)

5. 膨胀阀能控制调节制冷剂流量的大小。　　　　　　　　　　(　　)

6. 空调制冷管路表面发现有油渍,说明该处有泄漏故障。　　　(　　)

7. 通过视液镜可以看到制冷剂的流动状态,从而判断制冷系统的工作状况。(　　)

8. 汽车空调是根据物质状态改变时吸收或释放热量这一基本热原理工作的。(　　)

9. 空调管路抽真空的目的是为了多充一些制冷剂。　　　　　　(　　)

10. 管路中无制冷剂时,接通空调开关将使空调压缩机因缺油而烧毁。(　　)

11. 压缩机是空调系统高,低压侧的分界点。　　　　　　　　　(　　)

12. 电磁离合器如安装时间隙过大,在运行时会发出噪声。　　　(　　)

二、单项选择题

1. 在给制冷系统重新添加制冷剂时,系统要先抽真空,是因为(　　)。

A. 防止系统中的水分在膨胀阀处结冰。

B. 为了给系统多加注制冷剂。

C. 是为了将系统中的残余的制冷剂排净。

D. 是为了更容易向系统中加入制冷剂。

2. 节流膨胀管装在(   )器的进口管内。

    A. 蒸发　　　　　　　B. 冷凝　　　　　　　C. 干燥

3. 空调系统中蒸发器的作用是(   )。

    A. 控制制冷剂流量

    B. 其中的制冷剂吸收车厢中的热量

    C. 将制冷剂携带的热量散至大气中

4. 汽车空调暖风的热源一般取自(   )。

    A. 鼓风机内电热丝　　B. 排气管中废气　　　C. 发动机冷却水

5. 能将制冷剂的热量散发到大气中,使高温高压的蒸汽变为高温高压的液体,这个装置是(   )。

    A. 蒸发器　　　　　　B. 膨胀阀　　　　　　C. 冷凝器

6. 用歧管压力表对空调系统进行抽真空时,应将高低压侧都打开;检测系统压力时,高低压力侧的阀门应分别是(   )。

    A. 关闭　打开　　　　B. 打开　打开　　　　C. 打开　关闭　　　　D. 关闭　关闭

7. 冷凝器散热不良时会发生(   )。

    A. 冷气不冷　　　　　B. 压缩机不运转　　　C. 蒸发器结霜　　　　D. 蒸发器破裂

8. 膨胀阀感温包中封入的气体是(   )。

    A. 氢气　　　　　　　B. 空气　　　　　　　C. 氧气　　　　　　　D. 制冷剂

9. 冷气系统检修时如低压端压力过低,其故障可能为(   )。

    A. 制冷剂不足　　　　　　　　　　　　B. 制冷剂过多

    C. 压缩机损坏　　　　　　　　　　　　D. 冷冻油不足

10. 制冷剂灌注过量,将使制冷系统工作时出现(   )现象。

    A. 过冷　　　　　　　B. 制冷度不够　　　　C. 压缩机转不动

三、简答题

1. 汽车空调系统的功能是什么? 主要由哪几部分组成?

2. 汽车空调制冷系统主要由哪些部件组成? 各部件的功能是什么?

3. 描述汽车空调制冷系统的工作原理?

4. 如何对空调系统进行检漏?

5. 如何对空调系统进行抽真空?

6. 如何通过视液窗观察判断空调系统的技术状态?

7. 如何对空调系统不制冷故障进行诊断排除?

8. 如何对空调系统制冷不足进行故障进行诊断?

9. 空调的基本电路组成及控制内容是什么?

10. 如何用手感法判断制冷管路温度是否正常?

模块 **8**
辅助电器的检修

知识目标:

1. 掌握电动刮水器、电动车窗、电动门锁的构造和工作原理;
2. 了解电动刮水器复位装置的工作过程。

能力目标:

1. 能够读懂电动刮水器和清洗器电路原理图;
2. 能够按照合理的思路和规范操作检测及修复电动刮水器和清洗器电路故障;
3. 能够读懂电动车窗电路原理图;
4. 能够按照合理的思路和规范操作检测及修复电动车窗电路故障;
5. 能够读懂中央集控门锁系统电路原理图;
6. 能够按照合理的思路和规范的操作检测及修复中央集控门锁系统电路故障。

项目 1　电动车窗的检修

电动车窗在现代轿车上已被广泛采用,它可方便地实现车窗玻璃的升降,一般两个前门车窗有手动和自动两种功能,而后门车窗只有手动功能,且驾驶员可通过左前门扶手上的窗锁开关锁住两个后门的车窗(有些车辆可以锁住两个后门及右前门的车窗),以防止在行车过程中小孩打开车窗将头或手伸出窗外而发生事故。另外,现代中高级轿车中有很多车辆具有车窗防夹功能,一般车辆是通过检测车窗玻璃移动过程中的阻力变化来实现防夹的,而很多高级车辆同时通过检测有无异物在电动车窗移动范围内来实现防夹。

第一部分　任务学习引导

一、电动车窗的结构

电动车窗系统是由车窗、车窗玻璃升降器、电动机、开关等装置组成。电动车窗电动机及开关等在车上的布置如图8.1所示。

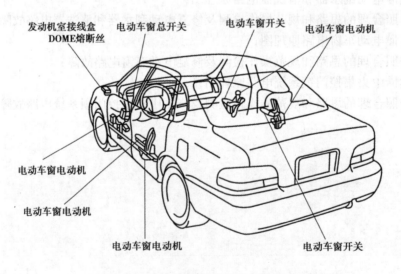

图 8.1　电动车窗部件在车上的布置图

电动车窗使用的电动机是双向的,有的为永磁型,有的为双绕组串激型。前几年通用汽车公司一篇售后分析报告显示,近40%的电动玻璃升降器故障是由电动机密封性差引起的。因此,解决电动机密封性问题已成为近年汽车电动机技术的热门话题。

现代汽车的每个车窗都装有一个电动机,通过开关控制它的电流方向,使车窗升、降。一般都装有两套开关。一套装在仪表板上或驾驶员侧门上,为总开关,它由驾驶员控制每个车窗升降。另一套分别装在每个车窗中部,为分开关。由乘客进行操纵。每个车窗的电动机都要通过总开关搭铁,所以电流不但通过每个车窗上的分开关,还通过总开关上的相应开关,如图 8.2 所示。有些汽车的总开关上还装有锁止开关,如将它断开,分开关就不起作用。

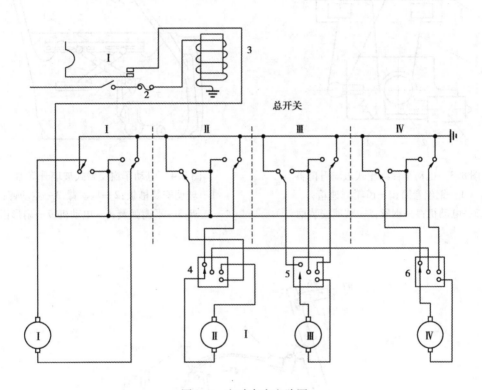

图 8.2　电动车窗电路图

Ⅰ—左前电动机;Ⅱ—右前电动机;Ⅲ—左后电动机;Ⅳ—右后电动机;

1—断路器;2—熔断器;3—车窗继电器;4—右前车窗开关;

5—左后车窗开关;6—右后车窗开关

为防止电路过载,电路或电动机内装有一个或多个热敏断路开关,用来控制电流。当车窗完全关闭或由于结冰而车窗玻璃不能自由运动时,即使操纵的开关没有断开,热敏开关也会自动断路。有的车上还专门装有一个延时开关,在点火开关断开以后约 10 min 内或在车门打开以前,仍有电流供给。使驾驶员和乘客能有时间关闭车窗及操纵其他辅助设备。

电动车窗的玻璃机械升降机构的结构形式一般有绳轮式、交臂式、软轴式及液压式等,分别如图 8.3—图 8.6 所示。我国引进的乘用车中大部分采用绳轮式,如一汽奥迪、上海桑塔纳、神龙富康等,少部分是交臂式(如广州标致)和软轴式(如北京切诺基)。

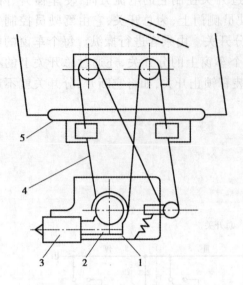

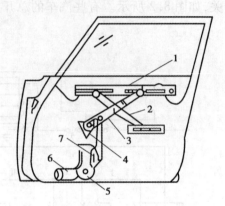

图 8.3　电动车窗绳轮式玻璃升降器
1—钢丝卷筒;2—齿轮减速箱;
3—电动机;4—钢丝;5—玻璃安装槽

图 8.4　电动车窗交臂式玻璃升降器
1—玻璃安装槽板;2—从动臂;3—主动臂;
4—托架;5—平衡弹簧;6—电动机;7—扇形齿轮

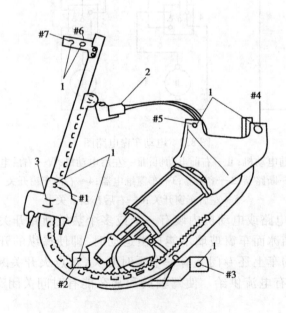

图 8.5　电动车窗软轴传动机构
1—铆钉;2—导线连接器;3—凸片

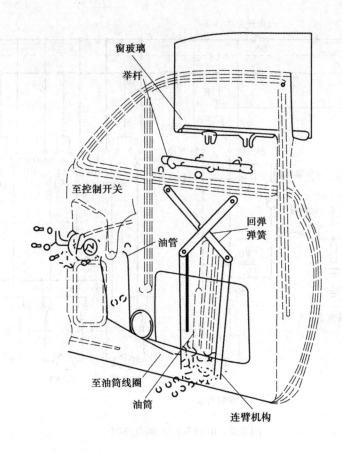

图 8.6　电动车窗液压式玻璃升降器

二、电动车窗的工作原理及控制电路

如图 8.7 所示为一种具有 4 个车门的玻璃升降器电子控制电路。它除具有一般车辆的控制开关、驱动电动机等以外,还有能使驾驶员自动控制玻璃升降的机构,以便驾驶员安全行车。

1.电动车窗的工作原理及控制电路

(1)手动操作控制玻璃升降

如图 8.8(b)所示,当把手动旋钮推向车辆前进方向时,车窗玻璃即上升。此时,触点Ⓐ与"UP"(向上)接点相连,触点Ⓑ处于原来状态,电动机按"UP"箭头力向通过电流,车窗玻璃上升直至关闭;当把手离开旋钮时,利用开关自身的回复力,开关即回到中立位置。若把手动旋钮推向车辆后方,触点Ⓐ保持原位不动,而触点Ⓑ则与"DOWN"(向 F)侧相连,电动机按"DOWN"箭头所示的方向通过电流,电动机反转,以实现车窗玻璃向下移动,直至下降到底。

305

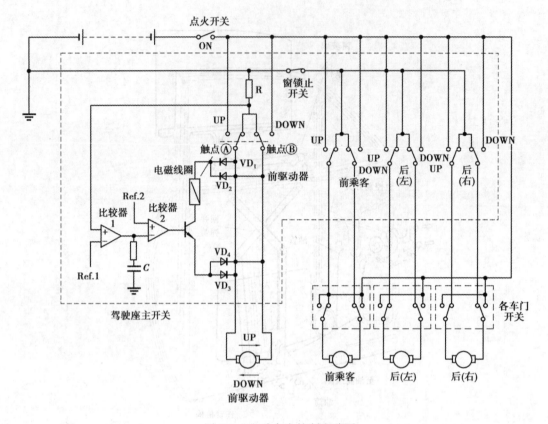

图 8.7　电动车窗控制电路图

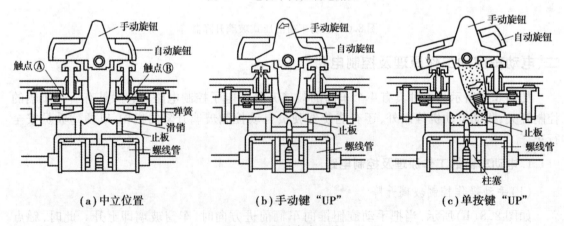

（a）中立位置　　　　　　（b）手动键"UP"　　　　　　（c）单按键"UP"

图 8.8　电动车窗开关

（2）自动控制玻璃升降

当把自动旋钮压向车辆前进方向时,如图 8.8（c）所示,触点Ⓐ与"UP"侧相接,电动机按"UP"箭头方向通过电流,车窗玻璃上升;与此同时,检测电阻 R（见图 8.7）上的电压降低,此电压加于比较器 1 的一端,它与参考电压 Ref.1 进行比较。Ref.1 的电压值设定为相当于电动机制动时的电压。所以,通常情况下,比较器 1 的输出为负电位。比较器 2 的基准电压

Ref.2 设定为小于比较器1的输出正电位,所以比较器2的输出电压为正电压,晶体管接通,电磁线圈通过较大的电流,其路径为:蓄电池"＋"→点火开关→"UP"→触点Ⓐ→二极管 VD_1→电磁线圈→三极管→二极管 VD_4→触点Ⓑ→电阻 R→搭铁(蓄电池"－")。此电流产生较大的电磁吸力,吸引驱动器开关的柱塞。于是把止板向上顶压,越过止板凸缘的滑销被锁定,这时即使把手离开自动旋钮,开关仍会保持原来的状态。

当玻璃上升至终点位置,在电动机上有锁止电流流过,检测电阻 R 上的电压降增大,当此电压超过参考电压 Ref.1 时,比较器1的输出由低电位转变为高电位,此时,电容 C 开始充电,当 C 两端电压上升至超过比较器2的参考电压 Ref.2 时,比较器2则输出低电位,三极管立即截止,电磁线圈中的电流被切断,止板被弹簧通过滑销压下,自动旋钮自动回复到中立位置,触点Ⓐ搭铁,电动机停转。

在自动上升过程中,若想中途停止,则向反方向扳动手动旋钮,然后立刻放松。这样触点Ⓑ将短暂脱离搭铁,使电动机因回路被切断而自动停转。同时,通过电磁线圈的电流亦被切断,止板被弹簧通过滑销压下,自动旋钮自动回复到中立位置,触点Ⓐ、Ⓑ均搭铁,电动机停转。

车窗玻璃自动下降的工作情况与上述情况相反,操作时只需将自动旋钮压向车辆后方即可。

目前有许多车辆的手动、自动开关制成一体。当需要手动时,可轻按(抠)开关;当需要自动时,可稍用力按(抠)开关;需要使自动状态停止时,可反向轻按(抠)开关;需要使手动状态变成自动状态时,可同向稍用力按(抠)开关。

2. 防夹电动车窗

电动车窗使用起来十分方便。但是如果驾驶员没有注意乘员的手或物件伸出窗口,就容易被上升的玻璃夹着。因此,现在许多轿车的电动车窗都增加了防夹功能。

目前,汽车的防夹电动车窗(包括防夹电动天窗)的防夹功能的实现需要"触觉""视觉"的配合。

所谓"触觉",就是当电动车窗机构感触到有异物在玻璃上时,会自动停止玻璃上升工作。防夹电动车窗的电路原理如图8.9所示,在关闭的过程中,驱动机构中有电子控制单元

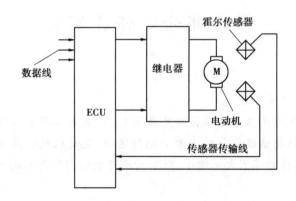

图8.9 防夹电动车窗的电路原理图

307

（ECU）及霍尔传感器（脉冲发生器）时刻检测电动机的转速，当霍尔传感器检测到转速有变化时就会向 ECU 传送信息，ECU 向继电器发出指令，使电动机停转或反转（下降），车窗也就停止上升或下降。

当然，这种车窗玻璃移动过程中的阻力变化与车窗玻璃到达终端的阻力是不一样的，后者阻力远较前者阻力大得多，因此控制方式也不一样。当车窗玻璃到达关闭的终端时，因阻力变大，电动机过载电流也变大，继电器靠过载保护装置会自动切断电流。有的汽车设有玻璃升降终点的限位开关，当玻璃到达终端时压住限位开关，电流被切断，电动机就停止运转。

所谓"视觉"，是一套光学控制系统。它检测有无异物在电动车窗移动范围内，从而控制玻璃移动，无须异物直接接触到玻璃。这个光学控制系统的主要元件是光学传感器，它由红外线发射器和接收器组成，安装在车窗的内饰件上，能连续精确地扫描指定的区域。这个区域一般指车窗玻璃向上移动时，距离车窗开口框上边缘 4～200 mm。一旦检测到有异物，传感器会把信息反馈至 ECU，ECU 发出指令使电动机停止运转。由于这种装置小巧，装嵌隐蔽，控制技术先进，所以有人称为"智能无接触防夹玻璃"。

一般普通轿车的防夹电动车窗只有"触觉"，具有一定档次的轿车才有"视觉"。如果有"触觉"和"视觉"二重监测，汽车防夹电动车窗就十分安全了。

3. 电动车窗使用注意事项

在使用电动车窗时，有些驾驶员往往为了节省时间而同时操纵 4 个车窗的开关，这是非常错误的做法。这样会因为电动车窗系统负荷过大而烧坏保险。对于无防夹装置的电动车窗，工作过程中要避免小孩用力拉压车窗玻璃，否则会使升降机构变形及调节器损坏。

有小孩乘时，应尽量将窗锁开关锁住，以防小孩将头或手伸出窗外。另外，电动车窗使用久了后玻璃轨道内的橡胶条会硬化或卡有脏污，令玻璃升降不畅或卡住不动，因此平日在玻璃升降轨道内喷一些 WD-40 用来润滑是很重要的。至于橡胶条，可在市面上购买一种保养剂，涂上后可以保持橡胶的韧性，从而减少干裂的情况发生。

第二部分　任务实施

相关知识：

一、普通电动车窗的常见故障

普通电动车窗的故障现象和故障原因见表 8.1。检查电动车窗故障之前，应在不同方向轻轻摇动玻璃。因为只要玻璃能向所有方向稍微运动，电动机就能使玻璃升降，通过玻璃的检查，就可以将检查工作的范围大大缩小，然后对有可能的部件再做进一步的检查。

表8.1 电动车窗的故障检查

故障现象	产生原因	解决方法
一个车窗只能向一个方向运动	分开关到总开关的控制导线可能断路	检查控制导线是否导通
一个车窗在两个方向都不能运动	传动机构发卡 车窗电动机有故障 分开关到电动机的导线断路	检查齿轮机构或链带是否卡住 检查电动机是否短路、断路或搭铁 检查有故障车窗的分开关到电动机的导线是否导通
两个后车窗的分开关不起作用	窗锁开关或总开关有故障	检查窗锁开关或总开关的工作情况
所有车窗都不能升降或有时不能升降	搭铁线搭铁不实	检查、清洁和紧固搭铁线

二、电动车窗控制系统组件的检查

（1）主控开关的检查

①检查开关各端子之间的导通情况，如有异常，应更换主开关。

②检查照明系统。当车窗锁开关在开锁的位置，驾驶员车窗开关和门锁控制开关灯应亮，乘客车窗开关灯应全部熄灭；当车窗锁开关在锁止位置，全部照明灯应亮。如果不符合规定，应更换主控开关。

③用电流表检查主控开关线路的电流。当车窗下降时，电流约为 7 A；当车窗下降到底停止时，电流约为 14.5 A 或更大。如不符，应更换主控开关。

④开关线路电压的检查。当点火开关在 ON 的位置，检查相应端子的对搭铁电压和导通情况。

（2）各车窗开关的检查

①检查各端子间的导通情况，如不正确可更换开关。

②检查开关线路。当点火开关在 ON 的位置，从各车门开关上拆下插头，检查相关端子的对搭铁电压和车窗玻璃上升、下降时的电压。

（3）电动车窗电动机的检查

①检查电动机运转情况。将电源正、负极分别接电动机的相应端子，电动机应平稳运转，改变电源极性时，电动机应向相反方向运转。若不符，更换电动机。

②驾驶员车窗电动机断路器的检查。拆下主控开关插头，电源正、负极分别接相关的两个端子，车窗玻璃应上升；改变端子的极性，车窗玻璃应下降，同时断路器有动作声。若不符，更换断路器。

(4)机械部件的检查

车窗玻璃的升降是由钢丝带动的,并用滑轮导向。当车门玻璃升降发生卡滞的故障时,应检查钢丝是否绞死,车窗玻璃座是否断裂,导向轮是否损坏。有的高级轿车车门上装有安全气囊,在检修时,需要断开点火开关。

一、工具准备

整车或者实训台、常用工具、万用表。

二、技术要求与标准

①所有操作符合安全操作要求。
②所有操作符合技术标准。
③在操作过程中不允许出现安全事故。

三、工作内容

①检查故障现象。
②分析故障原因。
③排除故障。

四、填写维修工单

车型:
在表8.2中写出空调维护操作的基本步骤和技术要求。

表8.2　维修工单

序号	操作项目	操作主要步骤	技术要求
1			
2			
3			
4			

五、考核（表8.3）

表8.3　考核表

序号	作业项目	考核内容	配分	评分标准	评分记录	扣分	得分
1	电动车窗系统线路检查	仪器仪表的正确使用	20	各量具使用不当一次扣5分			
		系统故障现象的确认	25	操作不熟练扣10分 无法确认故障扣15分			
2	故障元件维修	故障部位的确认及故障排除	35	故障部位找错一次扣5分 无法排除故障的,实训成绩为0分			
3	安全文明	遵守安全操作规程、操作生产规范	20	违反操作规程一项扣10分 出现事故的,实训成绩为0分			
4	合　计		100				

项目 2　电动刮水器和清洗器的检修

第一部分　任务学习引导

一、刮水器

刮水器的作用是用来清除风窗玻璃上的雨水、雪或尘土,以确保驾驶员良好的能见度。有前风窗刮水器和后风窗刮水器之分。因驱动装置的不同,刮水器有真空式、气动式和电动式3种。目前汽车上广泛使用的是电动刮水器,电动刮水器由直流电动机和一套传动机构组成,如图8.10所示,电动机旋转经减速和连动机构的作用变成雨刮臂的摆动。

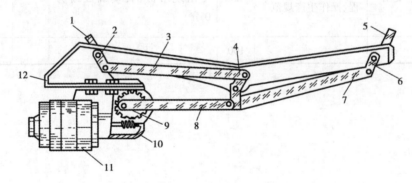

图 8.10　电动刮水器

1,5—刷架;2,4,6—摆杆;3,7,8—拉杆;9—涡轮;
10—蜗杆;11—电动机;12—底板

刮水器的变速是利用直流电动机变速原理来实现的,由直流电动机电压平衡方程式可得转速公式为

$$n = \frac{U - IR}{kZ\Phi}$$

式中　U——电动机端电压;

　　　I——通过电枢绕组的电流;

　　　R——电枢绕组的电阻;

　　　k——常数;

　　　Z——正、负电刷间串联的绕组(导体)数;

　　　Φ——磁极磁通。

在电压 U 和直流电动机定型的条件下,即 I,R,k 均为常数时,当磁极磁通 Φ 增大时转速 n 下降,反之则转速上升。若两电刷之间的电枢绕组(导体)数 Z 增多时,转速 n 也下降,反之则上升。因此,刮水器变速是在直流电动机变速的理论基础上,采取改变电动机磁极磁通的强弱,或者改变两电刷之间的导体(绕组)数的多少来实现的。

1. 改变磁通变速

采用改变电动机磁极磁通变速的方法,只适合于线绕式直流电动机。线绕式电动刮水器的工作原理如图 8.11 所示。

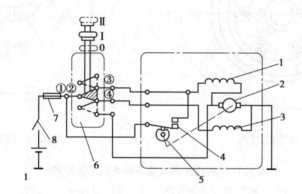

图 8.11　线绕式电动刮水器原理图

1—串励绕组;2—电枢;3—并励绕组;4—触点;5—凸轮;

6—刮水器开关;7—熔断器;8—电源开关

当刮水器开关在 Ⅰ 挡位置(低速)时,电流由蓄电池正极经电源开关→熔断器→接线柱②→接触片,然后分两路:一路通过接线柱③→串励绕组 1→电枢 2 至蓄电池负极形成回路;另一路通过接线柱④→并励绕组 3 至蓄电池负极而形成回路。此时,在串励绕组 1 和并励绕组 3 的共同作用下,磁场增强,电动机以低速运转。

当刮水器开关在 Ⅱ 挡位置(高速)时,电流由蓄电池正极经电源开关→熔断器→接线柱②→接触片→接线柱③→串励绕组 1→ 电枢 2 至蓄电池负极形成回路。此时由于并励绕组 3 被隔除,磁场减弱,电动机以高速运转。

2. 改变电刷间的导体数变速

改变电刷间导体数变速的方法只能通过永磁电机(三刷永磁式直流电动机)来实现,它的磁极为铁氧体永久磁铁,具有不易退磁的优点,能够实现高、低转速,其工作原理如图 8.12(a)、(b)所示。

B_1 为低速运转电刷,B_2 为高速运转电刷,B_3 为公共电刷。B_1,B_2 安装位置相差 60°。

当电动机工作时,在电枢内同时产生反电动势,其方向与电枢电流的方向相反。如要使电枢旋转,外加电压 U 必须克服反电动势的作用,当电枢的转速上升时,反电动势也相应上升,只有外加电压 U 几乎等于反电动势时,电枢的转速才趋于稳定。

当开关拨向 L 时,如图 8.12(b)所示。电源电压 U 加在 B_1 和 B_3 之间,由于①,⑥,⑤和②,③,④组成两条并联支路,支路中串联的线圈(导体)均为有效线圈,串联线圈(导体)数相对较多(每条支路串联 3 组绕组),故反电动势较大,电动机以较低转速运转。

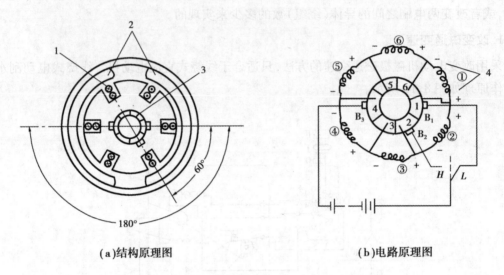

(a)结构原理图　　　　　　(b)电路原理图

图 8.12　永磁式刮水器电动机的工作原理图

1—电枢绕组;2—永久磁铁;3—换向器;4—反电动势

当开关拨向 H 时,电源电压 U 加在 B_2 和 B_3 之间,由于线圈①和线圈②产生方向相反的电动势,互相抵消,故组成两条并联支路中串联线圈(导体)数相对较少(每条支路串联两组绕组),故反电动势较小,电动机以较高转速运转。

3. 电动刮水器的自动复位装置

汽车上装用的电动刮水器均设有自动复位装置。所谓的自动复位,就是指在切断刮水器开关时,刮水片能自动停在驾驶员视野以外的指定位置。

图 8.10 中的触点 4 及凸轮 5,就是线绕式电动刮水器的自动复位装置。凸轮与电枢轴连动,触点由凸轮控制。如果断开刮水器开关时,刮水片没有停在指定位置,凸轮继续将触点顶在闭合位置,电动机继续转动;只有当刮水片停在指定位置时,凸轮的凹处把触点断开,电动机才停转。

永磁式电动刮水器的自动复位装置如图 8.13 所示。当刮水器开关推到 0 挡时,如果刮水片没有停在规定的位置,由于触点 6 与铜环 9 接触,则电流继续流入电枢。电流由蓄电池正极→电源总开关 1→熔断器 2→电动机电刷 B_1→电枢绕组→电刷 B_3→刮水器开关接线柱②→刮水器开关接线柱①→触点臂 5→触点 6→铜环 9→蓄电池负极构成回路,电动机以低速运转如图 8.13(b)所示,直至涡轮 8 转到如图 8.13(a)所示的位置时,触点 6 通过铜环 7 与触点 4 连通,将电动机电枢绕组短路。与此同时,电动机因惯性不能立即停转,以发电机方式运行,产生较大的反电动势,产生制动力矩,电机迅速停转,使刮水片停在指定位置。

314

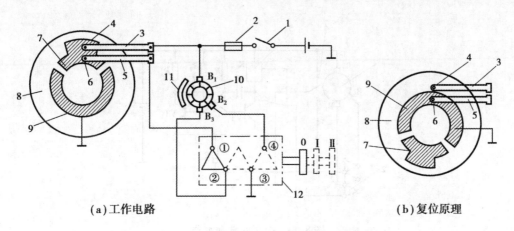

图 8.13　永磁式刮水器电动机自动复位装置原理图
1—电源总开关；2—熔断器；3,5—触点臂；4,6—触点；7,9—铜环；
8—涡轮；10—电枢；11—永久磁铁；12—刮水器开关

4.电动刮水器的间歇控制

电动刮水器间歇控制的作用：一是在与洗涤器配合使用时，可以达到先洗后刮的循环刮洗工序，以提高刮洗效果；二是在毛毛细雨时，雨量稀少，如果刮水器仍按原来那样不断地工作，不仅会引起刮片的颤动，而且也会对玻璃有损伤。

电动刮水器的间歇控制按其间歇时间能否调节可分为可调式和不可调式两种。

下面以无稳态方波发生器控制的间歇刮水器为例介绍其工作过程，电路如图 8.14 所示。由 VT_1，VT_2 组成无稳态多谐振荡器。R_1，C_1 决定 K 的通电吸合时间，R_2，C_2 决定 K 的断电时间。当刮水器开关处在 0 挡时，刮水器电动机电枢被电刷 B_3 与 B_1、继电器的动断触点和自停开关短路，电动机不工作。此时，若接通间歇开关，则 VT_1 导通，VT_2 截止，K 通电使动合触点闭合，刮水器以低速运转。当 C_1 充电到一定值后，VT_2 导通，VT_1 迅速截止，K 断电，动断触点闭合，电动刮水器自动复位后停止工作。当 C_2 充电到 VT_1 导通电压时，VT_1 导通，VT_2 截止，K 动作，动合触点闭合，重复上述过程。

二、清洗器

为了更好地消除附在风窗玻璃上的污物，在汽车上增设了风窗玻璃洗涤器，与刮水器配合工作，保证驾驶员具有良好的视野。

1.清洗器的结构

风窗玻璃洗涤器由洗涤液罐、洗涤液泵、软管、三通、喷嘴及刮水器开关组成，如图 8.15 所示。

洗涤液泵由永磁直流电机和离心式叶片泵组成。喷射压力为 70 ~ 88 kPa。喷嘴安装在风窗玻璃下面，其喷嘴方向可以调整，使水喷射在风窗玻璃的合适位置。洗涤液泵连续工作的时间一般不超过 1 min，使用时应先开洗涤液泵再开刮水器。在喷水停止后，刮水器应继续

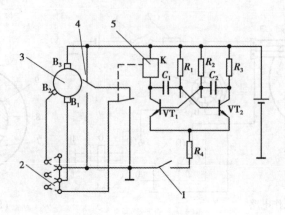

图 8.14　电子间歇刮水器
1—间歇刮水开关;2—刮水器开关;3—刮水电机;
4—自停开关;5—继电器

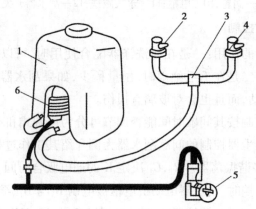

图 8.15　风窗玻璃洗涤器
1—洗涤液罐;2,4—喷嘴;3—三通;
5—刮水器开关;6—洗涤液泵

刮 2～5 次,这样配合使用才能达到良好的洗涤效果。因此,洗涤器的电路一般与刮水器开关联合工作。

2. 工作原理

图 8.16 是"奥迪"轿车前风窗玻璃清洗装置电路,当刮水器开关在 I 挡位置时,刮水器处于间歇工作状态,利用自动复位触点及 C_2 充放电时间来实现间歇控制;刮水器开关处于 1 挡时,刮水器以低速工作;刮水器开关处于 2 挡时,刮水器以高速工作;当刮水器开关置于 Tip 位置时,刮水器电机短时间工作;松开刮水器开关,开关自动返回至 0 位置。

刮水器开关置于 W_a 位置时,将完成洗涤和刮水两项工作。具体工作过程如下:

①洗涤器工作电路中的工作电流由蓄电池正极(经卸荷继电器触点)→熔断器→刮水器开关 2 的 53a 触点→刮水器开关 2 的 53c 触点→洗涤器电机 3→搭铁→蓄电池负极构成回路,于是洗涤器开始工作,将洗涤液喷洒到风窗玻璃上。

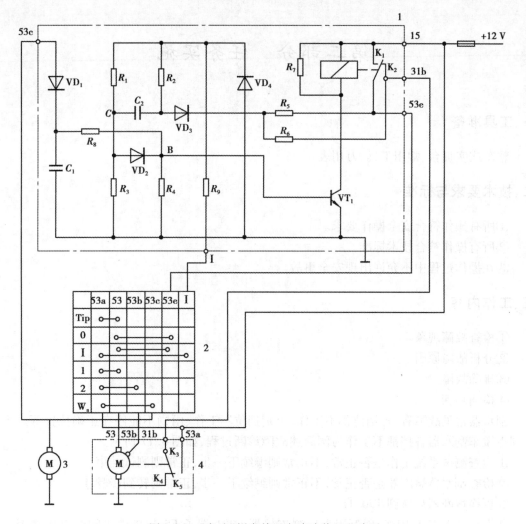

图 8.16　"奥迪"轿车前风窗清洁装置电路图

1—刮水器间歇控制器;2—刮水器及洗涤器开关;3—洗涤器电机;4—刮水器电机

②上述电路中除洗涤器工作外,同时电路中的工作电流由刮水器开关 2 的 53c 触点→间歇控制器 1 的 53c 触点→二极管 VD₁→ 电容 C_1 →蓄电池负极构成回路,为 C_1 充电。在 C_1 充电的同时,电阻 R_8 与电阻 R_4 电路中的电流由小增大,B 点的电位逐渐升高。在此电压作用下,晶体三极管 VT₁ 导通,间歇控制器的继电器线圈通电,触点 K₁ 闭合,使间歇控制器中的触点 15 与 53e 接通,于是刮水器电机的电路接通。电路中的工作电流由蓄电池正极→熔断器→间歇控制器触点 15 与 53e→刮水器开关的触点 53e 与 53→刮水器电机→蓄电池负极构成回路,于是刮水器电机慢速工作。

松开开关手柄时,刮水器开关自动复位,洗涤泵立刻停止喷水工作。但这时间歇控制器中的电容 C_1 开始向电阻 R_8 及电阻 R_4 放电,使晶体三极管 VT₁ 继续导通,刮水器电机仍慢速工作 4 s,即电容 C_1 放电的时间,其目的是为了刮干前风窗玻璃上的水滴。

第二部分　任务实施

一、工具准备

整车或实训台、常用工具、万用表。

二、技术要求与标准

①所有操作符合安全操作要求。

②所有操作符合技术标准。

③在操作过程中不允许出现安全事故。

三、工作内容

①检查故障现象。

②分析故障原因。

③排除故障。

④检测步骤。

刮水器常见故障有:各挡位都不工作、个别挡位不工作、雨刷不能停在正确位置等。下面以别克轿车刮水器各挡都不工作为例简述故障诊断过程,如图 8.17 所示。

①检查测试系统工作是否正常,不正常则继续下一步,正常则测试结束。

②检查刮水器熔断器是否正常,不正常则继续下一步,正常则转到步骤④。

③更换熔断器后转到步骤①。

④点火开关置于 RUN,用万用表检测连接器 C201 端子 E5 与搭铁之间的电压是否为蓄池电压,不是则继续下一步,是则转到步骤⑥。

⑤排除电路 243 至刮水器/清洗器开关间的接触不良或开路故障,然后转到步骤①。

⑥将刮水器开关置于高速位置,用万用表检测连接器 C201 端子 E1 与搭铁之间的电压是否为蓄电池电压,不是则继续下一步,是则转到步骤⑨。

⑦检查连接器 C201 端子 E1 是否接触不良,还要检查引出线(电路 243)至刮水器/清洗开关是否开路或接触不良,是则转到步骤⑧,否则转到步骤⑩。

⑧排除引线电路 243 中的接触不良或开路故障,完成后转到步骤①。

⑨断开刮水器马达连接器,测量刮水器马达连接器 P101 端子 C 与搭铁之间电压是否为蓄电池电压,不是则继续下一步,是则转到步骤⑨。

⑩排除连接器 C201 和刮水器马达连接器 P101 之间电路 92 中的接触不良或开路故障,完成后转到步骤①。

⑪测量刮水器马达连接器 P101 端子 C 与端子 A 之间电压是否为蓄电池电压,不是则继续下一步,是则转到步骤⑩。

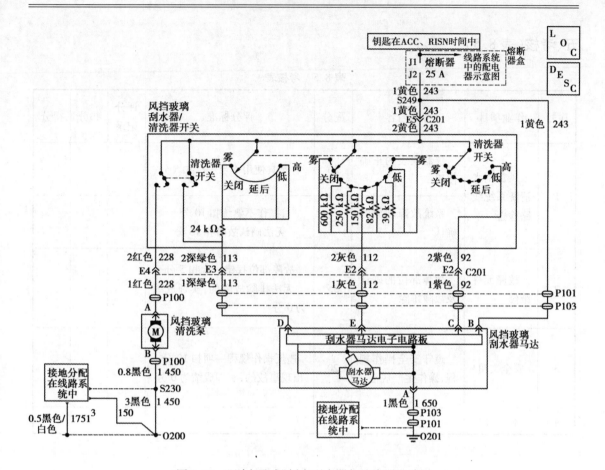

图 8.17　"别克君威"轿车刮水器与洗涤器电路图

⑫排除电路 1650 中的接触不良或开路故障,完成后转到步骤①。

⑬检查刮水器马达是否接触不良,不是则继续下一步,是则转到步骤⑩。

⑭更换刮水器马达,完成后转到步骤①。

⑮排除接触不良故障,完成后转到步骤①。

⑯更换刮水器或清洗器开关,完成后转到步骤①。

四、填写维修工单

车型:

在表 8.4 中写出操作的基本步骤和技术要求。

表 8.4　维修工单

序号	操作项目	操作主要步骤	技术要求
1			
2			
3			
4			

五、考核(表8.5)

表 8.5　考核表

序号	作业项目	考核内容	配分	评分标准	评分记录	扣分	得分
1	风窗刮水清洗系统线路检查	仪器仪表的正确使用	20	各量具使用不当一次扣5分			
		系统故障现象的确认	25	操作不熟练扣10分 无法确认故障扣15分			
2	故障元件维修	故障部位的确认及故障排除	35	故障部位找错一次扣5分 无法排除故障的,实训成绩为0分			
3	安全文明	遵守安全操作规程、操作生产规范	20	违反操作规程一项扣10分 出现事故的,实训成绩为0分			
4	合　计		100				

项目 **3**　中央门锁系统的检修

第一部分　任务学习引导

一、中央门锁系统组成

中央门锁系统一般由门锁控制开关、钥匙开锁报警开关、钥匙控制开关、门锁总成、行李箱门开启器及门控开关和执行元件等组成。

①门锁控制开关。门锁控制开关装在左前门内侧的扶手上,为杠杆型开关。将开关推向前是锁门,推向后是开门。当锁门或开门时均给出"ON",其他时间一概为"OFF"。

②钥匙开锁报警开关。该开关探测点火钥匙是否插进钥匙门内,当钥匙在钥匙门内,开关电路接通报警,当钥匙离开钥匙门时取消报警。

③钥匙控制开关。钥匙控制开关装在每个前门的钥匙门上,当从外面用钥匙开门或关门时,钥匙控制开关便发出开门或锁门的信号给门锁控制 ECU。

④门锁总成。门锁总成主要由门锁传动机构、门锁开关和门锁壳体等组成,如图 8.18 所示。

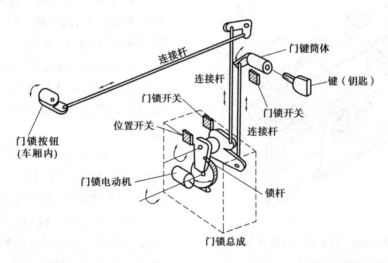

图 8.18　门锁总成机构图

门锁开关用来检测车门的开闭情况。当车门关闭,门锁开关断开;反之,门锁开关接通。它比直接检测车门开闭情况的"门控"开关更安全、可靠,它能检测锁止的离合状态。

门锁传动机构由电动机、齿轮和位置开关等组成,如图8.19所示。当门锁电动机转动时蜗杆带动涡轮转动,涡轮推动锁杆,车门被锁上或打开,然后涡轮在回位弹簧的作用下返回原位置,防止操纵门锁钮时电动机工作。当锁杆推向锁门位置时位置开关断开,推向开门位置时接通。

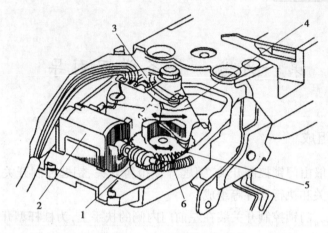

图8.19 门锁传动机构图

1—蜗杆;2—门锁电动机;3—位置开关;4—锁杆;5—涡轮;6—复位弹簧

⑤行李箱门开启器开关。该开关位于仪表板下面,拉动此开关便能打开行李箱门,如图8.20所示。钥匙门靠近行李箱门开启器,推压钥匙门,断开行李箱内主开关,此时再拉开启器开关也不能打开行李箱门。将钥匙插进钥匙门内顺时针旋转打开钥匙门,主开关接通,这样便可用行李箱门开启器打开行李箱。

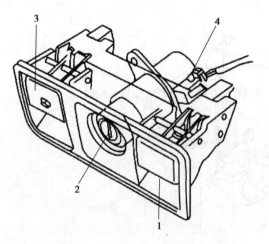

图8.20 行李箱开启器开关

1—行李箱开启器开关;2—钥匙门;

3—燃油箱盖开启器开关;4—行李箱门开启器开关

⑥行李箱开启器。行李箱开启器装在行李箱门上,由轭铁、插棒式铁芯、电磁线圈和支架组成,如图8.21所示。轴连接行李箱门锁,当电磁线圈通电时,插棒式铁芯将轴拉入并打开行李箱门,线路断路器用以防止电磁线圈因电流过大而过热。

⑦门控开关。门控开关用来探测车门的开闭情况。车门打开时,门控开关接通;车门关闭时,门控开关断开。

⑧执行元件。执行元件一般为电动机或电磁铁。电磁铁工作噪声大,且频繁的开关振动,易使其在车门内部支架上变松,从而因为同金属门的连接断开而不能工作。为降低噪声,提高可靠性,现代轿车一般采用电动机执行元件。

一般轿车的中央门锁系统控制组件的安装位置,如图8.22所示。

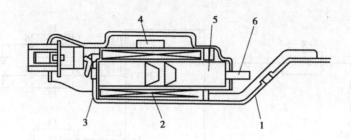

图 8.21　行李箱开启器

1—支架;2—电磁线圈;3—轭铁;4—线路断路器;5—插棒式铁芯;6—轴

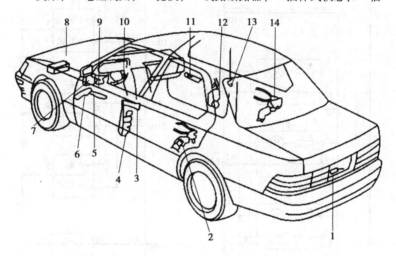

图 8.22　中央门锁系统控制组件的安装位置

1—行李箱门控制电磁阀;2—左后门锁电动机及位置开关;3—门锁控制开关;

4—左前门锁电动机、位置开关及门锁开关;5—左前门锁控制开关;6—No.1 接线盒门控线路断路器;

7—防盗和门锁控制 ECU 及门锁控制继电器;8—No.2 接线盒、DOME 熔断丝;9—行李箱门控器开关;

10—点火开关;11—右前门锁控制开关;8—右前门锁电动机、位置开关和门锁开关;

13—右前门钥匙控制开关;14—右后门锁电动机及位置开关

二、中央门锁控制系统工作原理

中央门锁控制系统电路如图 8.23 所示,其内部控制电路如图 8.24 所示。

1.门锁控制开关锁门和开门

如图 8.24 所示,当锁门时,驾驶员侧门锁控制开关 15 推向锁门侧,信号"1"经端子 16 和反相器 A 送给或门 A。或门 A 的输出由"0"变为"1"。锁门定时器供给晶体管 VT_1 加一个基极电流约 0.2 s 并使其导通。结果 No.1 继电器接通,电流从蓄电池→端子 8→No.1 继电器→端子 4→门锁电动机→端子 3→搭铁,则电动机锁上全部车门。

当开门时,门锁控制开关推向开门侧,信号"1"经端子 17 和反相器 B 送到或门 B,或门 B 的输出从"0"变为"1"。因此,开门定时器加到晶体管 VT_2 一个基极电流约 0.2 s 并使其导

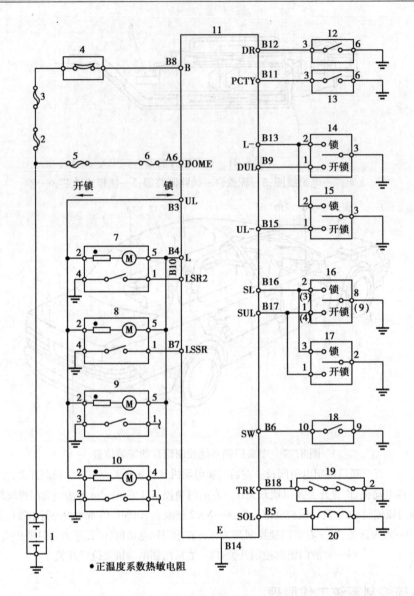

图 8.23　门锁控制系统电路图

1—蓄电池;2—易熔丝(ALT);3—易熔线(AMI);4—线路断路器;5—易熔线(AMIN);

6—(DOME)保险;7—驾驶员门锁电动机和位置开关;8—副驾驶员门锁电动机和位置开关;

9—左后门锁电动机和位置开关;10—右后门锁电动机和位置开关;11—防盗和门锁控制 ECU;

12—驾驶员门锁开关;13—副驾驶门锁开关;14—驾驶员钥匙控制开关;15—副驾驶钥匙控制开关;

16—驾驶员门锁控制开关;17—副驾驶门锁控制开关;18—钥匙开锁报警开关;

19—行李箱门开启器开关;20—行李箱门开启器电磁阀

通。结果 No.2 继电器接通,电流从蓄电池→端子 8→No.2 继电器→端子 3→门锁电动机→端子 4→搭铁,则门锁电动机接通,打开全部车门。

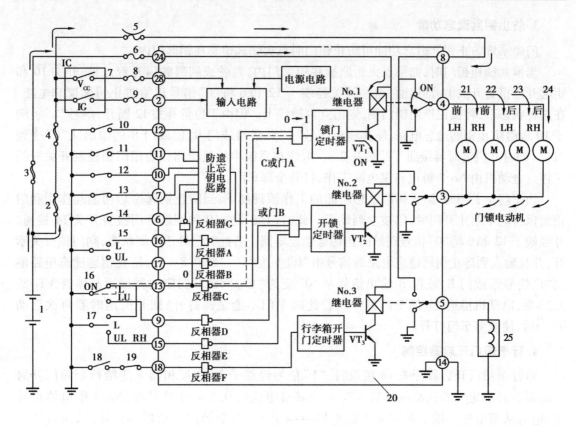

图 8.24　门锁内部控制电路图

1—蓄电池;2—易熔线(ALT);3—易熔线(AMIN);4—易熔线(AMI);5—断路器;6—DOME 保险;
7—点火开关;8—CIG(点烟器)保险;9—ECU-LG-保险;10—左前门锁开关;11—右门锁开关;
12—左前位置开关;13—右前位置开关;15—钥匙开锁报警开关;16—左前钥匙控制开关;
17—右前钥匙控制开关;18—行李箱门开启器开关;19—主开关;20—防盗和门锁控制 ECU;
21—左前门锁电动机;22—右前门锁电动机;23—左后门锁电动机;
24—右后门锁电动机;25—行李箱门开启器电磁阀

2. 用钥匙锁门和开门

当锁门时,钥匙被插进驾驶员侧钥匙门内并向锁门方向转动,则钥匙控制开关 16 向锁门侧接通。此时,信号"1"经端子 13 和反相器 C 送给或门 A。或门 A 的输出由"0"变为"1"。由于锁门定时器供给晶体管 VT_1 一个基极电流约 0.2 s 并使其导通。结果 No.1 继电器接通,电流从蓄电池→端子 8→No.1 继电器→端子 4→门锁电动机→端子 3→搭铁,门锁电动机接通,锁上全部车门。

当开门时,钥匙开关向开门侧接通,信号"1"经端子 9 和反相器 D 送到或门 B,或门 B 的输出从"0"变为"1"。开门定时器加给晶体管 VT_2 一个基极电流约 0.2 s 并使其导通。继而 No.2 继电器接通,电流从蓄电池→端子 8→No.2 继电器→端子 3→门锁电动机→端子 4→搭铁,则门锁电动机接通,全部车门打开。

3.防止钥匙遗忘功能

门锁系统防止钥匙遗忘功能可防止锁门时点火钥匙遗忘在钥匙门内。

当推动锁钮锁门时,如果点火钥匙插在钥匙门内,驾驶或副驾驶门开着,门锁开关10和钥匙开门报警开关14都接通,这些开关经端子12和6将"0"信号送给防止钥匙遗忘电路。在这种状态下,将锁钮推向锁门侧,则门立刻被锁上。但由于位置开关12断开,信号"1"经端子10送给防止钥匙遗忘电路,使其输出信号"1"并送给或门B,使或门B的输出从"0"变到"1"。同时开门定时器接通VT₂约0.2 s。电流在系统中的流动路径与用门锁控制开关开门一样。电动机由No.2继电器供电而工作,打开全部车门。

当车门全关闭时,防止钥匙遗忘功能的工作原理如下:当防止钥匙遗忘功能起作用和门锁钮保持向下阻止开门时,门被立刻锁上。此时门锁开关10和钥匙开门报警开关14接通,并经端子12和6将"0"信号送给防止钥匙遗忘电路。若此时门处于关闭状态,则门锁开关断开,并且输入到防止钥匙遗忘电路的信号由"0"变为"1"。约0.8 s后,防止钥匙遗忘电路输出"1"信号给或门B,或门B输出信号从"0"变为"1",因此开门定时器接通晶体管VT₂约0.2 s后,电动机接通,全部车门打开。若此时车门不能全部打开,则开门定时器再次启动0.8 s后,使全部车门打开。

4.行李箱门开启器控制

当行李箱门开启器开关18接通时,"1"信号经端子18和反相器F送给行李箱门开启定时器。开启定时器送给晶体管VT₃一个基极电流约0.2 s,使其导通,No.3继电器也导通,电流从蓄电池→端子8→No.3继电器→端子5→行李箱门开启器→搭铁,从而打开行李箱门。

三、常见门锁系统

1.车速感应式中央门锁

车速感应式中央门锁是指这种门锁的控制与汽车车速有关,即当车速超过10 km/h(针对不同车辆该数值有所差异)时,除驾驶座侧车门以外,其他3个车门锁扣会自动扣住,以确保行车安全。

如图8.25所示为车速感应式中央控制电动门锁电路图,其作用原理如下:钥匙开关打开,IC继电器闭合,车门警告灯立即点亮。当车速在10 km/h以下时,装在车速表内的车速开关"接通",电流经稳定电路到车速开关搭铁,VT₁无基极电流,故VT₁"切断",电动门锁不产生作用。当车速超过10 km/h时,车速开关"关掉",电流由稳定电路流到VT₁的基极,使VT₁"接通",VT₁"接通"后的动作与前述门锁定时器的作用相同。当锁扣扣下后,警告灯熄灭。

2.电子式汽车门锁

汽车门锁的发展趋势是由机械化向电子化演变。汽车电子门锁是采用电子电路控制,以电磁铁、微型电动机或继电器作为执行机构的机电一体化保险装置,现在已走向自动化、智能化。

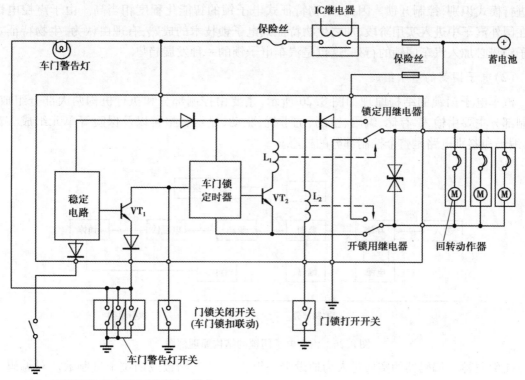

图 8.25　车速感应式中央控制电动门锁电路图

（1）电子门锁的种类

①按键式电子门锁。其特点是：采用键盘（或组合按钮）输入开锁密码，其操作方便，内部控制电路常采用电子锁专用集成电路 ASIC。例如，具有 4 位密码的 LS'7220 和 LS'7225。此类产品包括按键式汽车电子门锁和按键式汽车点火锁。

②拨盘式汽车电子门锁。其特点是：采用机械拨盘开关输入开锁密码。20 世纪 80 年代初，英国的一些轿车曾采用过此类电子门锁，现在已很少采用。

③电子钥匙式电子门锁。其特点是：使用电子钥匙输入（或作为）开锁密码，电子钥匙是构成控制电路的重要部分。电子钥匙可以由元器件或由元器件构成的单元电路组成，做成小型手持单元形式。电子钥匙和主控电路的联系可以是声、光、电和磁等多种形式。此类产品包括各种遥控汽车门锁、转向锁和点火锁，以及电子密码点火钥匙，但目前仅用在点火锁上。现在越来越多的车钥匙集防盗、报警等功能于一身。有的车钥匙（如派力奥、捷达前卫、宝来等）里面含有密码识别芯片，与车载电脑相匹配。有专门的设备可以识别密码，但得按密码识别卡识别。

④触摸式电子门锁。其特点是：采用触摸方法输入开锁密码，操作简便。与按键开关相比，触摸开关使用寿命长、造价低，因此优化了电子控制电路。装触摸式电子锁的轿车车门一般没有门把手，取而代之的是电子锁的触摸传感器。

⑤生物特征式电子门锁。其特点是：将声音、指纹等人体生物特征作为输入密码，由计算机进行模式识别，控制开锁。因此，生物特征式电子锁的智能化程度相当高。由于声控电话已在国外汽车中进入实用阶段，加之生物特征式电子锁技术的成熟，有理由认为，生物特征式电子锁势必加入汽车门锁的行列，这也是汽车电子锁的一种发展趋势。

（2）电子门锁的基本组成

汽车电子门锁的结构原理如图8.26所示，主要由控制部分和执行机构两大部分组成。控制部分主要由输入、存储、编码、鉴别、抗干扰、驱动、显示和报警以及保险等单元组成。其中，编码和鉴别电路是整个控制部分的核心。

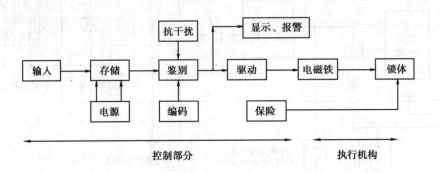

图8.26　汽车电子门锁的结构原理框图

①编码器。编码器的实质是人为地设定一组，2位二进制数或四位十进制数。对编码电路的要求是：容量大、换码频率高；保密性、可靠性好；换码容易、便于日常管理。

②输入器和存储器。输入器的作用是由其输入一组密码，存储器负责记忆这组密码并送至鉴别器。

③鉴别器。鉴别器的任务是对来自存储器和编码器的两组密码进行比较。当两组密码完全相同时，鉴别器输出电信号，经抗干扰处理后送至驱动和显示单元。若用户有特殊要求，鉴别器还可以输出报警和封锁行车所需的电信号。

④驱动级。由于鉴别器送出的电信号通常很微弱，为了能带动执行机构，故设置了驱动级。

⑤抗干扰电路。这是为了抑制来自汽车内外的电磁干扰，保证执行机构不会误动作，提高电子锁的可靠性和安全性而设置的。通常用延时、限幅和定相来达到抗干扰的目的。

⑥显示器和报警器。用于显示鉴别结果和报警。

⑦保险装置。保险装置包括速度传感器和车门锁止器，即当汽车车速超过一定时，车门锁止器将锁体锁止，若控制电路失灵，可通过紧急开启接口直接控制锁体的开启。

⑧电源。这是电子锁必不可少的一部分。

3. 中央门锁按结构可分为双向空气压力泵式和微型直流电动机式两种

（1）双向压力泵式中央门锁

双向压力泵式电动中央门锁是利用双向空气压力泵产生压力或真空，通过膜盒来完成门锁的开、关动作。主要由机械部分、空气管路和电路3部分组成，是一个独立的控制系统。现以"奥迪100"轿车电动中央门锁为例加以说明，在车上的布置如图8.27所示。

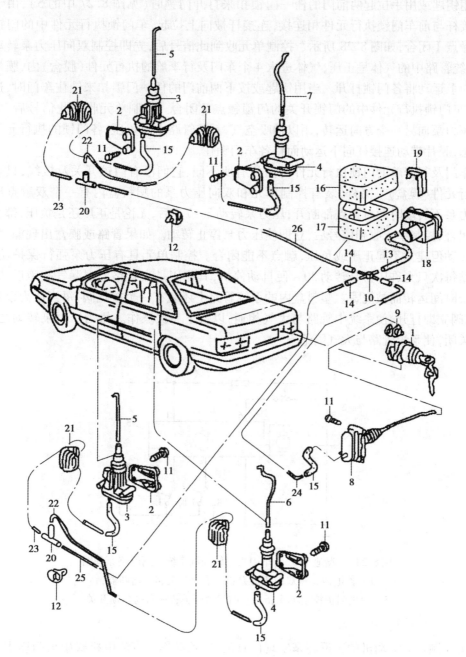

图 8.27　"奥迪 100"轿车电动中央门锁系统的布置图

1—行李舱盖锁芯总成;2—门锁执行元件固定座;3—前门锁执行元件;4—后门锁执行元件;
5—前门锁执行元件操纵杆;6—左后门锁执行元件操纵杆;7—右后门锁执行元件操纵杆;
8—行李舱门锁执行元件;9—活节套;10—四通;11—螺钉;12—管夹;
13,14,15—连接软管;16,17—减振垫;18—双压力泵及控制器总成;
19—支架;20—三通;21—波纹管;22,23,24,25,26—软管

当用钥匙或用手拉起两前门的任一门锁扣来打开门锁时（见图 8.27 中的 5），由于锁扣通过连接杆与前车门锁执行元件相连接，连接杆被向上拉起，车门锁执行元件中的门锁开关的开锁触点 Ⅰ 闭合，如图 8.28 所示。控制单元收到此信号后，立即控制双向压力泵转动压缩空气，系统管路中的气体呈正压，气体进入 4 个车门及行李舱的执行元件（膜盒）内，膜片推动连接杆向上运动将各门锁打开。当用钥匙或按下两前门的任一门锁扣来锁住车门时，连接杆被压下，车门锁执行元件中的门锁开关的门锁触点 Ⅱ 闭合。控制单元收到此信号后，立即控制双向压力泵向另一个方向运转，用以抽吸空气，系统管路中呈负压，各门锁的执行元件进入真空状态，膜片带动连接杆向下运动而将各车门锁住。

后车门及行李舱的门锁执行元件与前门有所不同，它们没有门锁开关及接线，只是一个气动执行元件（膜盒）。另外，装有控制单元和双向压力泵的塑料盒内有一个双触点压力开关。压力泵不转动时两对触点都断开；压力泵转动 3 ~ 7 s 后，无论是正压还是负压，都会使一对触点闭合，控制单元收到信号后，立即使压力泵停止转动。如果管路或膜盒出现漏气，压力泵虽然转动但建立不起正压或负压，触点不能闭合。控制单元具有压力泵强行保护功能，即延迟电路每次只允许压力泵转动 30 s 便自动停机，其作用是当管路出现漏气故障后，防止压力泵因长时间运转而被烧毁。塑料盒内的系统管路上还装有一个放气阀，每当压力泵停止转动后，此阀立即打开，使系统中管路与大气相通，以备下一次操作。每当压力泵转动之前，此阀立即关闭，使系统管路与大气隔绝。

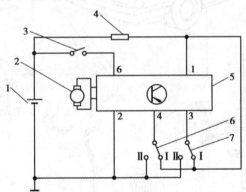

图 8.28 "奥迪 100"轿车中央门锁控制系统控制电路原理图

1—蓄电池;2—双向压力泵;3—点火开关;4—熔断器;

5—中央门锁控制单元;6—左前门锁开关;7—右前门锁开关

（2）直流电机式中央门锁

利用控制直流电动机的正反转来实现门锁的开、关动作。直流电机式中央门锁主要由双向电动机、导线、继电器、门锁开关及连杆操纵机构组成，直流电机式中央门锁的操纵机构如图 8.29 所示。

当门锁电动机 9 运转时，通过门锁操纵连杆 8 操纵门锁动作。电动机的旋转方向由经过电机电枢的电流方向决定。若锁门时电机电枢流通的是正向电流，那么开锁时电机电枢流通的则为反向电流，电机即反向旋转。此时，利用电机的正转或反转，即可完成车门的闭锁和开锁动作。

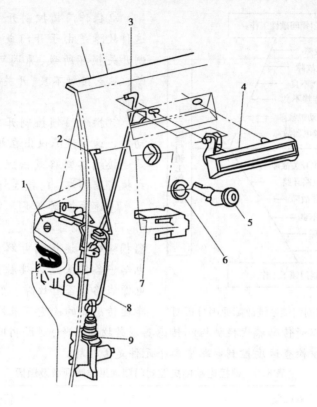

图 8.29 直流电机式中央门锁
1—门锁总成;2—锁芯至门锁连杆;3—外门锁把手至门锁连杆;
4—外门锁把手;5—锁芯;6—垫圈;7—锁芯定位架;
8—电动机至门锁连杆;9—门锁电动机

第二部分 任务实施

相关知识:

中央控制电动门锁系统的常见故障:操作门锁控制开关,所有门锁均不动作或不能开门(锁门)或个别车门锁不能动作;速度控制失灵(如果有速度控制)。图 8.30 为故障原因分析图,表 8.6 为遥控电动中央控制门锁常见故障现象及原因。

由图 8.30 与表 8.6 可知:

①操作门锁控制开关,所有门锁均不动作。该故障一般发生在电源电路中。检查熔断器是否熔断,若熔断器熔断,应予以更换。若更换熔断器后又立即熔断,则说明电源与门锁执行器之间的线路有搭铁或短路故障,用万用表查找搭铁部位,排除故障。若熔断器良好,检查线路接头是否松脱、搭铁是否可靠、导线是否折断。可在门锁控制开关电源接线柱和定时器或门锁继电器电源接线柱上测量该处的电压,判断输入电动门锁系统的电源线路是否良好。

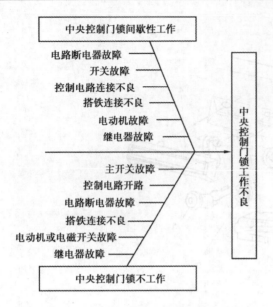

图8.30 中央控制门锁系统故障原因分析图

②操作门锁控制开关,不能开门或锁门。这种故障是由于开门或锁门继电器、门锁控制开关损坏所致,原因可能是继电器线圈烧断、触点接触不良、开关触头烧坏或导线接头松脱。

③操作门锁控制开关,个别车门锁不能动作。这种故障仅出在相应车门上,原因可能是连接线路断路或松脱、门锁电机或电磁铁式执行器损坏、门锁连杆操纵机构损坏等。

④速度控制失灵。当车速高于规定车速时,门锁不能自动锁定。故障原因是车速传感器损坏或车速控制电路出现故障。首先检查电路中各接头是否接触良好,搭铁是否良好,电源线路是否有故障。然后检查车速传感器。车速传感器的检查可采用试验的方法进行,也可采用代换法,即以新传感器代换被检测传感器。若故障消除,则说明旧传感器损坏;若故障仍存在,则应进一步检查速度控制电路中各个元件是否损坏。

表8.6 遥控电动中央控制门锁常见故障现象及原因

故障现象	故障原因
门锁控制系统不工作(全部)	门锁熔断丝有故障;继电有故障;配线有故障
车门锁锁止/开启故障(使用钥匙)	驾驶员侧车门锁有故障;继电器有故障;配线有故障;门锁拉线断开
车门锁锁止/开启故障(使用自动开关和钥匙)	电动车窗主开关有故障;继电器有故障;配线有故障
仅有1个车门锁不工作	门锁电机有故障;配线有故障;连杆有故障
每个车门都打开时,无线门锁功能也起作用;在所有车门开启30 s内打开任一车门,无线门锁控制系统自动锁止功能起作用	门控灯开关有故障;无线门锁控制接收器有故障;配线有故障
门锁只有一种工作方式	继电器有故障;配线有故障;搭铁电路开路
所有门锁只按一个开关工作	配线有故障;开关故障
钥匙封闭防护运行故障	继电器有故障;车门开启检测开关有故障;门控开关有故障;配线有故障
无线门锁功能故障(虽然只有一个车门开启,但按下遥控器开关时,所有车门锁均开启)	钥匙开启警告开关有故障;无线门锁控制接收器有故障;配线有故障

续表

故障现象	故障原因
无线门锁控制系统失效	门控灯开关有故障;车门钥匙锁止和开启开关有故障;钥匙开启警告开关有故障;无线门锁控制接收器有故障;车身控制系统有故障;配线有故障
车门锁不能锁止	车门钥匙锁止和开启开关有故障;无线门锁控制接收器有故障;配线有故障
车门锁不能开启	车门钥匙锁止和开启开关有故障;钥匙开启警告开关有故障;无线门锁控制接收器有故障;车身控制系统有故障;配线有故障
只有钥匙封闭防护功能失效	钥匙开启警告开关有故障;无线门锁控制接收器有故障;配线有故障
即使按下紧急手柄,警告操作系统也不运行	无线门锁控制接收器有故障;配线有故障
门锁间歇工作	连接点松动;继电器有故障;开关有故障
门锁只在发动机运转时工作	连杆有故障;蓄电池电压低

一、工具准备

整车或者实训台、常用工具、万用表。

二、技术要求与标准

①所有操作符合安全操作要求。
②所有操作符合技术标准。
③在操作过程中不允许出现安全事故。

三、工作内容

①检查故障现象。
②分析故障原因。
③排除故障。

四、填写维修工单

车型:
在表 8.7 中写出空调维护操作的基本步骤和技术要求。

表 8.7　维修工单

序号	操作项目	操作主要步骤	技术要求
1			
2			
3			
4			

五、考核(表 8.8)

表 8.8　考核表

序号	作业项目	考核内容	配分	评分标准	评分记录	扣分	得分
1	中控门锁系统线路检查	仪器仪表的正确使用	20	各量具使用不当一次扣 5 分			
		系统故障现象的确认	25	操作不熟练扣 10 分 无法确认故障扣 15 分			
2	故障元件维修	故障部位的确认及故障排除	35	故障部位找错一次扣 5 分 无法排除故障的,实训成绩为 0 分			
3	安全文明	遵守安全操作规程、操作生产规范	20	违反操作规程一项扣 10 分 出现事故的,实训成绩为 0 分			
4	合　计		100				

项目 **4**　电子防盗系统的故障诊断

案例:有一"桑塔纳 2000 时代超人"轿车的驾驶员咨询车钥匙丢了怎么办。

第一部分　任务学习引导

一、防盗系统基本结构

如图 8.31 所示为汽车防盗系统的组成。当用钥匙锁好所有车门时,该系统处于约 30 s 检测时间警报状态。之后,系统中的指示器(一般为发光二极管 LED)开始断续闪光,表明系统处于警报状态。

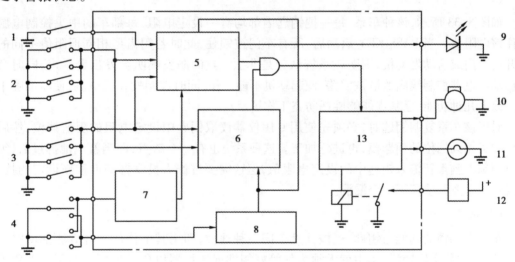

图 8.31　电子防盗系统组成图

1—钥匙存在开关;2—开门开关;3—锁门开关;4—钥匙操作开关;5—报警状态设置;
6—是否防盗检查;7—30 s 定时器;8—解除警报状态;9—LED 指示灯;
10—报警器;11—警报灯;12—启动断电器;13—警报控制

当第三方试图解除门锁或打开车门时(当所有输入开关均设定为关闭状态时),系统则发出警报。

当车主用钥匙开启门锁时,这种警报状态或警报运转将解除。

警报一般以闪烁灯或发声警报形式发出。警报发生后持续时间约为 1 min,但启动电路直到采用钥匙打开汽车门锁时处于断路状态。

二、防盗系统工作原理

如图 8.32 所示为美国克莱斯勒公司"帝王"车的防盗线路图。从该图可以看出,防盗电脑的主要输入信号由 3 部分产生:一是遥控模块;二是左、右锁孔开关;三是 4 个门的微型开关。

当防盗器启动后,只有通过遥控器发出的开门信号被遥控模块接收到,或用车钥匙插入钥匙孔开门,才能使防盗电脑解除警戒状态,此时就可以正常开启车门。若有人不通过上述手段打开车门,即为非法开启,此时车门微型开关线路闭合,而遥控模块和锁孔开关并没有信号反馈给防盗电脑,电脑即判断为非法,于是使喇叭线路及其相关的各种灯的开关模块的断电器控制线路接通。

这种防盗系统极为简单,防止开门的手段只有门锁、遥控器及微型开关,而且根本没有办法防止窃贼将车开走。所以人们又想办法增强防盗系统的功能,主要从两个方面入手:一是使中央控制门锁功能增强;二是当前功能失效时,增强其他必要手段的锁止功能。

1. 强化中央门锁系统功能

(1) 测量开门锁钥匙的电阻

如图 8.33 所示,该种车系,每一把钥匙内部均有一设定电阻,每部车的中央控制电脑将记住该电阻值。当 PASS-KEY 启动后,所有车门被锁住,此时若用齿形相同但阻值不同的钥匙开启车门或启动发动机,则防盗系统认为是非法。这时防盗喇叭会发出警示声,同时会切断启动继电器控制线圈的搭铁回路,使起动机不能工作,同时控制发动机电脑,使喷油嘴不喷油。以上几种功能,已基本能够胜任防盗工作了。

对于该车系复制钥匙时,必须先使用专用仪器读取钥匙中设定电阻的阻值挡位,然后向原厂购买相同挡位的钥匙模,再进行加工。这种系统也有一个缺点,即当蓄电池拆过后,须向中央控制电脑重新输入钥匙中的设定电阻值,但这需要维修人员掌握如何重新设定的技术,而且也给防盗系统留下一个漏洞。

(2) 加装密码锁

车用密码锁的功能与钥匙、遥控器处于同一种地位,即用其中任何一种方法都可打开车门。这样,加装密码锁后,车主就无须为保管好钥匙或遥控器以免丢失而头痛了。密码锁有10 位键,而密码则一般取 5 位数。也就是说,密码共有 10 万种组合,而且已设定的密码也可以由车主任意改变。

(3) 遥控器增加保险功能

对于窃贼来说,只要能复制遥控器,一样可轻松打开车门。而普通遥控器的复制对于专业人员来说并不难,只需要一台示波器,读出遥控器发出的无线电讯号的频率即可。因此,有些车辆采用一种新的遥控器,它与防盗电脑配合,由固化程序设定频率,即每次车主重新锁门后,遥控器与接收器均按事先设定的程序同时改变为另一频率,此种遥控器无法复制。

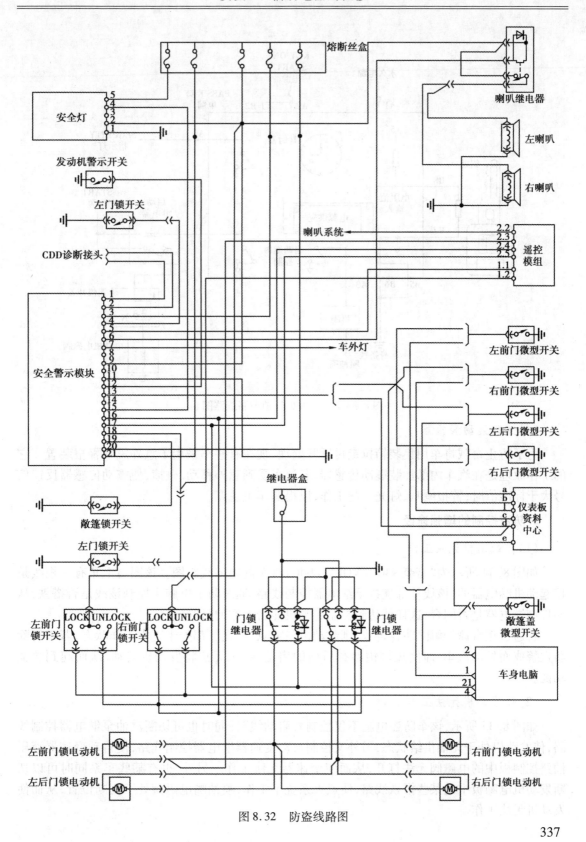

图 8.32　防盗线路图

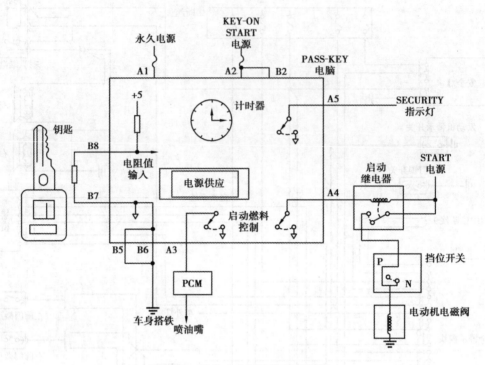

图 8.33　强化中央门锁控制线路图

（4）意外震动警报器

为了防止窃贼将车用集装箱拉走再拆开处理，现在有些车采用了意外震动警报装置。它的工作原理是在汽车内部加装震动传感器，若汽车受到意外移动、碰撞，使震动传感器反馈信号大于标准值时，警报喇叭、灯光一起工作，以提醒车主注意。

2. 防盗控制的增强途径

（1）使起动机无法工作

如图 8.34 所示为"富豪 940"（VOLVO 940）汽车的防盗线路图。该图右上角有一根线是接起动机继电器的，该线外部连接至继电器控制线路，通过防盗电脑来控制该线是否搭铁，从而控制继电器是否闭合，这样就达到控制起动机能否工作的目的。

若通过正常途经解除防盗警戒，则起动机与喇叭、灯光等都处于正常工作状态，若未解除防盗警戒而发动汽车，即使短接钥匙孔后面的启动线，也无法将发动机启动，从而起到防盗功能。

（2）使发动机无法工作

如图 8.35 所示，该车防盗电脑不仅控制着启动线路，同时也可切断汽油泵继电器控制线路，使发动机处于无油供给状态，另外又控制自动变速器继电器控制线路，使自动变速器液压油路控制板中的电磁阀无法打开，从而使变速器无法工作。另外，也有某些车系同时可以切断发动机电脑板中的某些搭铁线路，使点火系统不工作，喷油嘴电磁阀处于切断位置，从而使发动机无法工作。

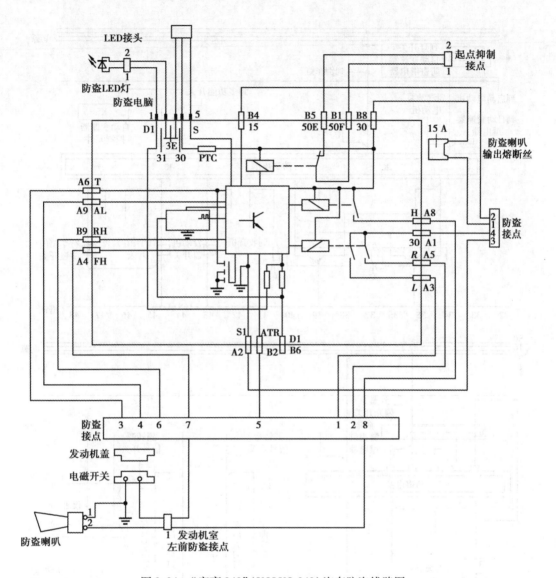

图 8.34　"富豪 940"（VOLVO 940）汽车防盗线路图

（3）使发动机电脑处于非工作状态

前两种防盗措施都可以通过自行连接搭铁线路来解决，因此，现在又出现一种新的防盗措施，即防盗电脑板通过连线把某一特定频率的信号送到发动机电脑。解除防盗警戒后，防盗电脑板便发出该信号，这时发动机电脑才能正常工作，若未解除防盗警戒或直接切断防盗电脑电源，则该信号不存在，发动机电脑便停止工作，使发动机无法启动。

如图 8.36 所示为一般车辆的防盗装置在车上的布置示意图。

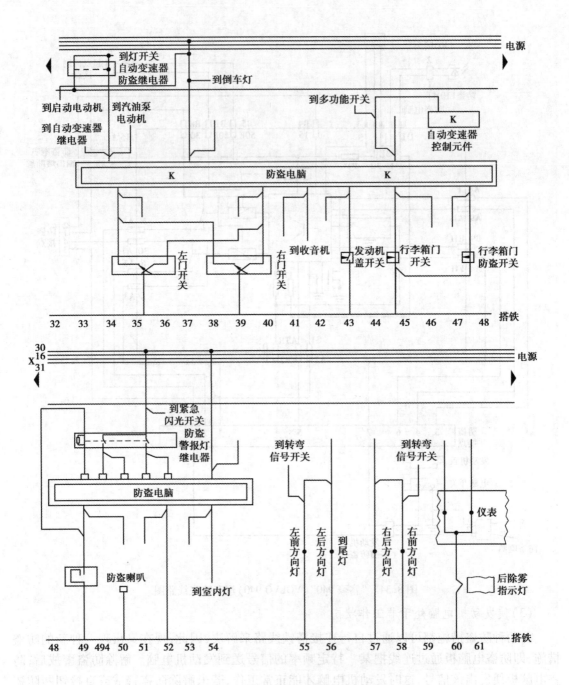

图 8.35 "丰田"车系汽车防盗系统线路图

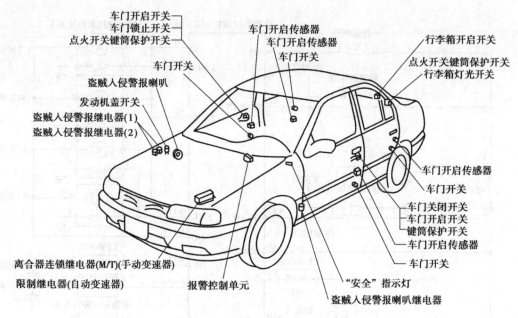

图 8.36 防盗装置在车上的布置示意图

第二部分 任务实施

一、工具准备

整车或者实训台、常用工具、万用表。

二、技术要求与标准

①所有操作符合安全操作要求。
②所有操作符合技术标准。
③在操作过程中不允许出现安全事故。

三、工作内容

①检查故障现象。
②分析故障原因。
③检测内容及排除故障。

"丰田凌志 LS400"型轿车的门锁及防盗在车上的布置如图 8.37 所示,如图 8.38 所示为该车门锁及防盗系统控制电路,该车防盗系统常见故障的诊断与排除见表 8.9。

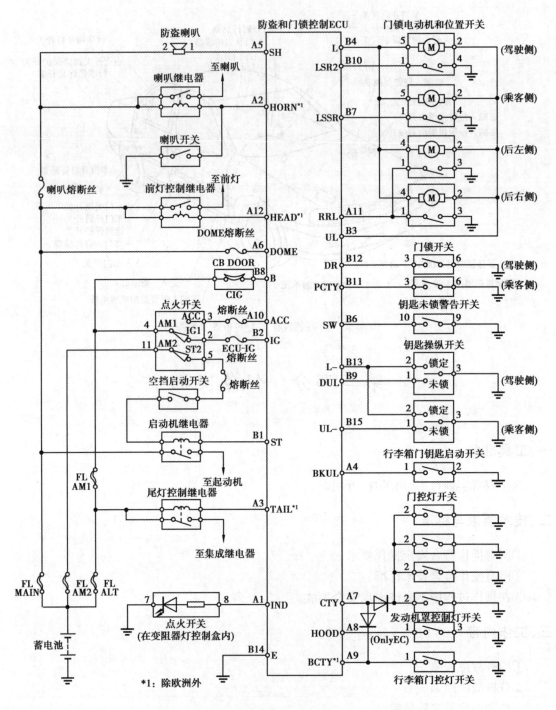

图 8.37 "丰田凌志 LS400"门锁及防盗系统控制电路图

表 8.9 "丰田凌志 LS400"型轿车防盗系统常见故障的诊断与排除

条 件		故障现象	诊断与排除
整个防盗系统		不能设定	指示灯电路
			行李箱门钥匙操纵开关电路
			门控灯开关电路
			位置开关电路(后)
			发动机罩盖灯开关电路
			行李箱门控灯开关电路
系统设定后		指示灯不闪烁	指示灯电路
系统设定后	发动机罩盖灯打开	系统不工作	发动机罩盖灯开关电路
	后门打开		位置开关电路(后)
系统发出警报期间		汽车电喇叭不发声	电喇叭继电器电路
		防盗喇叭不发声	防盗喇叭电路
		前警报灯不闪	前警报灯继电器电路
		后尾灯不闪	后尾灯继电器电路
		启动电路未切断	启动继电器电路
		后门锁处于打开,不能锁住	位置开关电路(后)
系统设定后	点火钥匙处于"ACC"或"ON"时	防盗不能解除	点火开关电路
	用钥匙打开行李箱门时	防盗仍能工作	行李箱门钥匙操纵开关电路
后门打开		系统仍维持设定状态	门控灯开关电路
防盗系统未设定		汽车电喇叭发声	电喇叭继电器电路
		防盗喇叭发声	防盗喇叭电路
		前照灯一直亮	前照灯继电器电路
		后尾灯一直亮	后尾灯继电器电路

(1)防盗指示灯电路及其检测

如图 8.38 所示,防盗指示灯在防盗系统设定后应点亮且不断闪烁,否则,应按图示方法在其连接器端子 8,7 上加上蓄电池电压,此时,防盗指示灯应亮,若不亮,应更换指示灯泡。若亮,则检修连接器及配线(防盗门锁控制 ECU 与指示灯、指示灯与车身接地之间)。若正常,则应检查或更换防盗门锁控制 ECU。

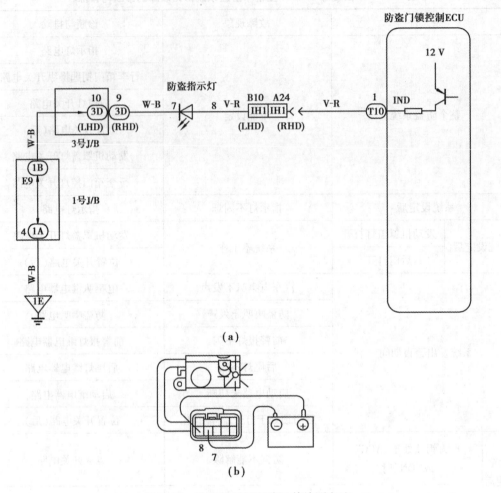

图 8.38　防盗指示灯电路及其检测方法

（2）启动继电器电路及其检测

如图 8.39 所示为起动机及其继电器电路。在防盗系统一旦触发时,ECU 中的④触点会断开,从而切断起动机电路,使发动机不会被启动而实现汽车防盗。若防盗系统出现故障,应按如图 8.40 所示方法检测其连接器上 ST 端子与搭铁间的电压,正常情况应为蓄电池电压。若电压不正常,应检查和修理 ST 保险丝、空挡启动开关、启动继电器及其与防盗门锁控制 ECU 之间的配线和连接器。若电压正常,则应检查或更换防盗门锁控制 ECU。

（3）防盗喇叭电路及其检测

如图 8.41 所示,一旦防盗系统被触发,ECU 中ⓐ,ⓑ触点就以 0.4 s 的时间进行周期性地闭合,接通防盗喇叭电路而使喇叭发声。如果不发声,应参照如图 8.40 所示方法进行检测。防盗喇叭连接器端子 2 与搭铁间的正常电压应为蓄电池电压,若不正常,则应检查和修理 HORN 保险丝与防盗喇叭之间的配线和连接器。若电压正常,则应检查防盗喇叭及其与防盗门锁控制 ECU 之间的配线和连接器。

344

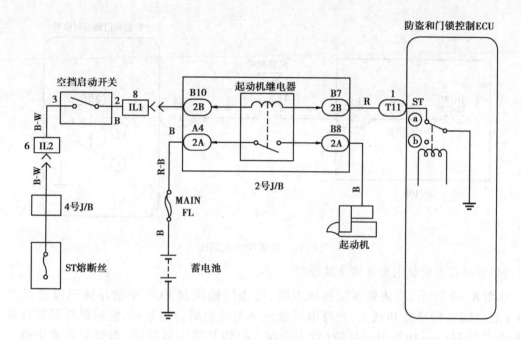

图 8.39　起动机及其继电器电路图

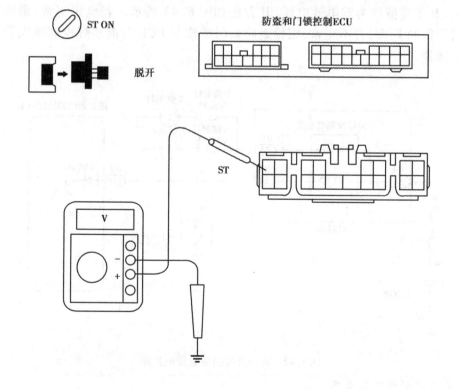

图 8.40　启动继电器检测方法

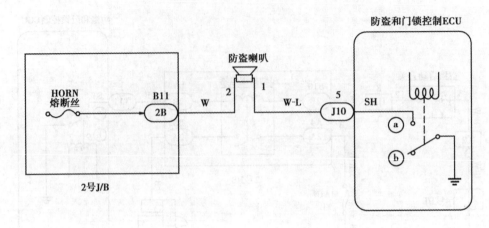

图 8.41　防盗喇叭电路图

(4)前照灯控制继电器电路及其检测

如图 8.42 所示,当防盗系统被触发时,防盗门锁控制 ECU 中的晶体三极管 V 约以 0.4 s 的时间进行导通和截止,使继电器触点周期性地闭合与张开,使前照灯周期性地点亮与熄灭(闪烁)。如果出现故障(首先应保证灯控开关一旦接通,前灯则正常闪烁。否则,应进行前灯系统故障排除),应检查防盗门锁控制 ECU 连接器的端子 HEAD 与搭铁间的电压,其正常值应为蓄电池电压,其方法如图 8.43 所示。若电压正常,则检查和更换防盗门锁控制 ECU,若不正常,则检查防盗门锁控制 ECU 与前照灯控制继电器之间的配线和连接器。

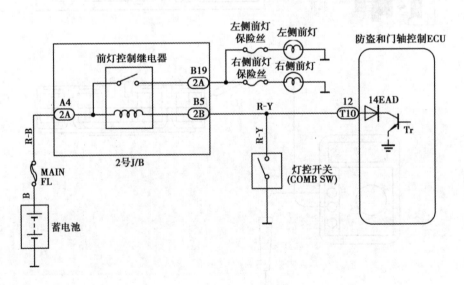

图 8.42　前照灯控制继电器电路图

(5)尾灯控制继电器电路

如图 8.43 所示,当防盗系统被触发时,防盗门锁控制 ECU 中的晶体三极管 V 以约 0.4 s 的时间进行导通与截止,使继电器触点周期性地闭合与张开,尾灯便周期性地点亮与

模块 8　辅助电器的检修

熄灭(闪烁)。如果出现故障(首先应保证灯控开关一旦接通,尾灯则正常闪烁。否则,应进行尾灯系统故障排除),应检查防盗门锁控制 ECU 连接器端子 ATIL 与搭铁之间的电压,如图 8.43 所示。在正常情况下,应为蓄电池电压。若电压正常,则应检查和更换防盗门锁控制 ECU;若电压不正常,则应检查和修理尾灯控制继电器和防盗门锁控制 ECU 之间的配线及连接器。

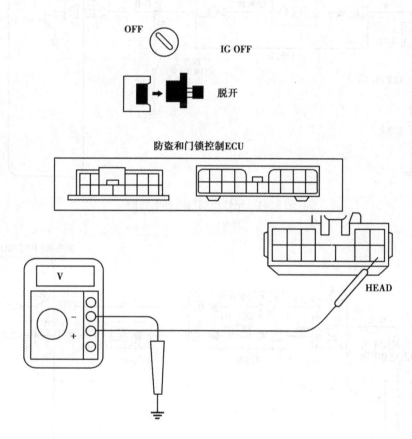

图 8.43　灯控制系统检测

(6)点火开关电路及其检测

如图 8.44 所示,当点火开关转至"ACC"位置时,蓄电池电压加到 ECU 的端子"ACC"上,同样,若点火开关转至"ON"位置时,蓄电池电压加到 ECU 的端子"ACC"和"IG"上。在防盗系统被触发时,若蓄电池电压加到 ECU 的端子"ACC"上,则警报停止。另外,来自 ECU 端子"ACC"和"IG"的电源用做门控灯开关和位置开关等的电源。如果出现故障,则应检查 ECU 的端子"ACC"和"IG"与搭铁之间的电压,正常时均应为蓄电池电压。若电压正常,则应检查和更换防盗门锁控制 ECU;若电压不正常,则应检查和修理 ECU 与蓄电池之间的配线、连接器及保险。

347

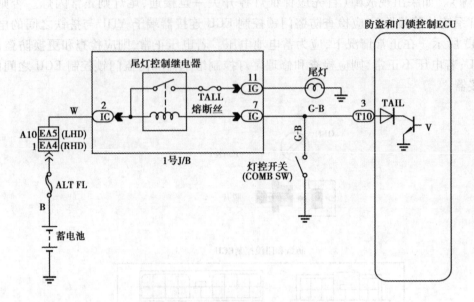

图 8.44　尾灯控制继电器电路图

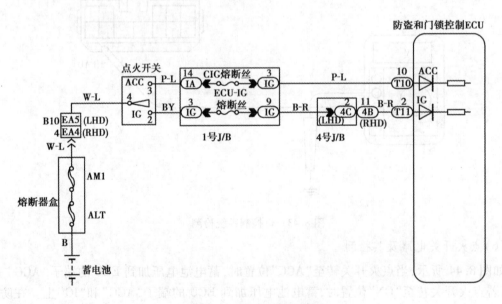

图 8.45　点火开关电路图

四、填写维修工单

车型：

在表 8.10 中写出空调维护操作的基本步骤和技术要求。

表 8.10　维修工单

序号	操作项目	操作主要步骤	技术要求
1			
2			
3			
4			

五、考核(表 8.11)

表 8.11　考核表

序号	作业项目	考核内容	配分	评分标准	评分记录	扣分	得分
1	中控门锁系统线路检查	仪器仪表的正确使用	20	各量具使用不当一次扣 5 分			
		系统故障现象的确认	25	操作不熟练扣 10 分 无法确认故障扣 15 分			
2	故障元件维修	故障部位的确认及故障排除	35	故障部位找错一次扣 5 分 无法排除故障的,实训成绩为 0 分			
3	安全文明	遵守安全操作规程、操作生产规范	20	违反操作规程一项扣 10 分 出现事故的,实训成绩为 0 分			
4	合　计		100				

模块 **9**

汽车电路系统的检修

知识目标：

1. 掌握汽车电路的特点。
2. 了解汽车电路图的种类。
3. 了解汽车电器基础元件的相关知识。

能力目标：

1. 能够看懂全车电器电路图。
2. 能够分析全车电路故障。
3. 能够根据电路图找出全车电路故障的原因。
4. 能够修复全车电路故障。
5. 能够确定检测电路故障的工具。
6. 能够进行插接器与线路的连接。
7. 能够根据电路图进行全车电路的连接。

项目 1 汽车电路系统的分析

汽车电器的基础元件主要是导线、熔断器、插接器、各种开关和继电器等,它们是汽车电路的基本组成部分。

1. 导线

汽车所用导线有高压导线和低压导线两种,均采用铜质多心软线。

(1)低压导线

1)导线的截面积

导线的截面积主要根据其工作电流选择,但是对于一些工作电流较小的电器,为保证应具有一定的机械强度,汽车电器中导线截面不得小于 $0.5~mm^2$。各种低压导线标称截面积所允许的负载电流见表9.1。

表9.1 低压导线标称截面积允许负载电流值

导线标称截面积/mm^2	1.0	1.5	2.5	3.0	4.0	6.0	10	13
允许电流值/A	11	14	20	22	25	35	50	60

所谓标称截面积是经过换算而统一规定的线芯截面积,不是实际线芯的几何面积,也不是各股线芯几何面积之和,汽车 12 V 电系主要线路导线标称截面积推荐值见表9.2。

表9.2 12 V 电路系统主要线路导线标称截面积推荐值

导线标称 截面积/mm^2	用　途
0.5	尾灯、顶灯、指示灯、仪表灯、牌照灯、刮水器、时钟、燃油表、水温表、油压表等电路
0.8	转向灯、制动灯、停车灯、断电器等电路
1.0	前照灯、电喇叭(3 A 以下)电路
1.5	前照灯、电喇叭(3 A 以上)电路
1.5 ~ 4.0	其他 5 A 以上电路
4 ~ 6	柴油车电热塞电路
6 ~ 25	电源电路
16 ~ 95	启动电路

2)导线颜色

各国汽车厂商在电路图上多以字母(主要是英文字母)来表示导线外皮的颜色及其条纹的颜色。日本常用单个字母表示,个别用双字母,其中后一位是小写字母;中国标准大体上与此相同。美国常用2~3个字母表示一种颜色,如果导线上有条纹,则要书写较多字母。德国汽车导线颜色代号,各厂商甚至各牌号不尽一致。有的厂商如斯坎尼亚汽车导线则采用数字代号表示颜色,导线颜色代号见表9.3。

表 9.3 汽车用导线颜色代号

颜色	中国	英国	美国	日本	本田现代	德国	奥迪4,5,6缸	帕萨特	奔驰	宝马	奥地利	法国	波兰	奥托山大客	俄罗斯	罗马尼亚	波罗乃兹	斯坎尼亚
黑	B	Black	BLK	B	BLK	SW	sw	BK	BK	SW	B	BL	N	b	ч	N	NERO	01
白	W	White	WHT	W	WHT	WS	ws	WT	WT	WS	C	W	B	w	б,в	A	BIANCO	05
红	R	Red	RED	R	RED	RT	ro	RD	RD	RT	A	R	R	г	лк	R	ROSSO	02
绿	G	Green	GRN	G	GRN	GN	gn	GN	GN	GN	F	GN	V	g	з	V	VERDE	03
深绿		Dark Green	DK GRN					DKGN										
淡绿		Light Green	LT GRN	Lg	LT GRN			LTGN										
黄	Y	Yellow	YEL	Y	YEL		ge	YL	YL	GE	D	Y	G	y	ж	G	GIALLO	04
蓝	BL	Blue	BLU	L	BLU	BL	bl	BU	BU	BL	I	BU	A	b	г	B	BLU	08
浅蓝		Light Blue	LT BLU	Sb	LT BLU			LTBU					L	a			AZZURRO	
深蓝		Dark Blue	DK BLU					DKBU										
粉红	P	Pink	PNK	P	PNK		li	PK	PK	RS	N		S	p	p		ROSA	
紫	V	Violet	PPL	PU	PUR	VI		PL(YI)	VI	VI	G	VI	Z	v	,ф	Vi	VIOLA	09
橙	O	Orange	ORN	Or	ORN			OG	PK	OR		G	C	o	o		ARANG IO	
灰	Gr	Gry	GRY	Gr	GRY		gr	GY	GY	GR	K		H	gr	c	C	GRIGIO	07
棕	Br	Brown	BRN	Br	BRN	BK	br	BN	BR	BR	L		M	br	кор кй		MARRONE	
棕褐		Tan	TAN					TN				Br						
无色		Clear	CLR					CR										

另外,导线颜色易于容易区别。如常用黑、白、红、绿、黄、蓝、灰、棕、紫;其次用粉红、橙、棕褐;再次为深蓝、浅蓝、深绿、浅绿。在导线上采用条纹标志要对比强烈,如黑白、白红等。双色线的主色所占比例较大,辅助色所占比例较小。辅助色条纹与主色条纹沿圆周表面的比例为 1∶3～1∶5。双色线的标注第一色为主色,第二色为辅助色。我国规定汽车导线颜色的选用程序见表 9.4。

表 9.4　导线颜色选用程序

选用程序	1	2	3	4	5	6
电线颜色	B	BW	BY	BR		
	W	WR	WB	WB	WY	WG
	R	RW	RB	RY	RG	RBl
	G	GW	GR	GY	GB	GBl
	Y	YR	YB	YG	YB	YW
	Br	BrW	BrR	BrY	BrB	
	Bl	BlW	BlR	BlY	BlB	BlO
	Gr	GrR	GrY	GrBl	GrB	GrO

3)线束

汽车用低压导线除蓄电池导线外,都用绝缘材料如薄聚氯乙烯带缠绕包扎成束,避免水、油的侵蚀及磨损。在线束布线过程中不许拉得太紧,线束穿过洞口或绕过锐角处都应有套管保护。线束位置确定后,应用卡簧或绊钉固定,以免松动损坏。

(2)高压导线

在汽车点火线圈至火花塞之间的电路使用高压点火线,简称高压线。它分为普通铜芯高压线及高压阻尼点火线。带阻尼的高压线可抑制和衰减点火系统产生的高频电磁波,降低对无线电设备及电控装置的干扰。

2. 插接器

插接器就是通常说的插头和插座,用于线束与线束或导线与导线之间的相互连接。为了防止插接器在汽车行驶中脱开,所有的插接器均采用了闭锁装置,下面以日本汽车使用的插接器为例介绍其相关知识。

(1)插接器的识别方法

插接器的符号和实物对照如图 9.1 所示。符号涂黑的表示插头,白色的表示插座,带有倒角的表示针式插头。

(2)插接器的连接方法

插接器接合时,应把插接器的导向槽重叠在一起,使插头和插孔对准,然后平行插入即可

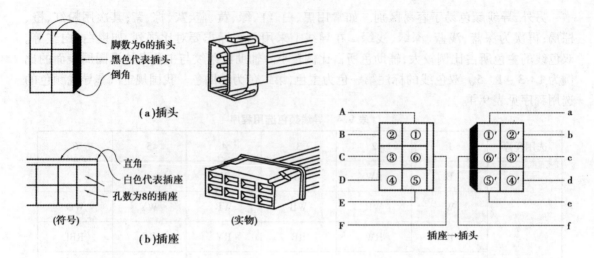

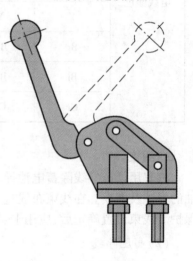

图 9.1　插接器的符号和实物图

图 9.2　插接器的连接方法

十分牢固地连接在一起。插接器连接后,其导线的连接如图 9.2 所示。例如 A 线的插孔①与 a 线的插头①′是相配合的,其余以此类推。

(3)插接器的拆卸方法

要拆开插接器时,首先要解除闭锁,然后把插接器拉开,不允许在未解除闭锁的情况下用力拉导线,这样会损坏闭锁装置或连接导线。

3.**开关**

开关在电路图中的表示方法有多种,常见的有结构图表示法、表格表示法和图形符号表示法等。

按操作方式可分为手操纵和脚踏式两种;按其结构原理可分为机械开关和电磁开关;按其用途可分为点火开关、启动开关、电源开关以及灯光开关和小型直流电动机开关5 种。

图 9.3　闸刀式电源总开关

(1)电源总开关

电源总开关是用来接通或切断蓄电池电路,其形式有闸刀式和电磁式两种,其中电磁式使用较少。

(2)点火开关

点火开关主要用来接通和切断点火电路,同时还用以控制起动机、发电机励磁、收录机、空调、刮水器、点烟器、方向盘锁止、仪表、信号灯、进气预热和其他电器设备电路。

以柴油车一般采用的点火开关为例,介绍电路中开关的表示方法,如图 9.4 所示。点火开关的功能主要有锁住方向盘转轴(LOCK 挡),接通仪表指示灯(ON 或 IG 挡),启动发动机(ST 或 START 挡),给附件供电(ACC 挡主要是收放机专用),发动机预热(HEAT 挡)。其中启动、预热挡工作时消耗电流较大,开关不宜接通过久,所以这两个挡位在操作时必须用手克服弹簧力,扳住钥匙,一松手就弹回点火挡,不能自行定位;其他各挡位均可自行定位,几种常见车型点火开关的挡位与接线柱的对应关系见表9.5。

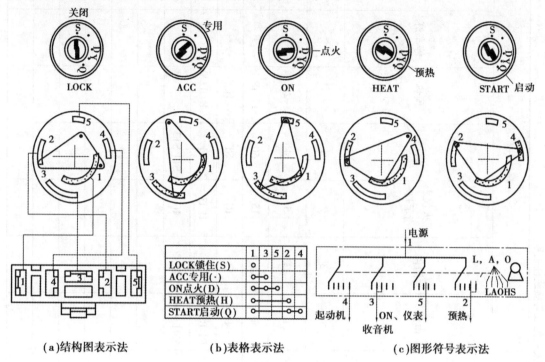

	1	3	5	2	4
LOCK锁住(S)	○				
ACC专用(·)	○━━○				
ON点火(D)	○━━○━━○				
HEAT预热(H)	○━━○		○		
START启动(Q)	○━━○		○━━○		

(a)结构图表示法　　　(b)表格表示法　　　(c)图形符号表示法

图9.4　点火开关的3种表示方法

(3)组合开关

多功能组合开关将照明开关(前照灯开关、变光开关)、信号(转向、危险警告、超车)开关、刮水器或清洗器开关等组合为一体,安装在便于驾驶员操纵的转向柱上,如图9.5所示为组合开关的结构。

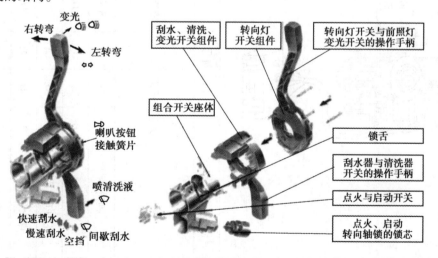

图9.5　组合开关

表 9.5　点火开关的挡位与接线柱关系

	挡位符号					接线柱标志						厂家或车型
	日产、丰田	依维柯	富康	跃进	092	电源	附件	点火仪表挡指示灯	启动	预热	停车灯	
锁定	LOCK	STOP	O	S	0	1	3	2	4			解放
断开	OFF	STOP	O	S	0	1	3	5	4	2.8		跃进
附件（专用）	ACC		A	O	3	30	15 A	15	50	17.19		依维柯
点火（工作）	ON 或 IG	MAR	M	D	1	B	A	IG	ST	H	P	日产
启动	START	AVV	D	Q	2	B1 B2 B3	A	I1 I3	C	R1R2		日产
预热		HEAT	H	H	4	AM1 AM2	ACC	IG	ST1 ST2			丰田

4. 继电器

一般情况下,汽车上使用的操纵开关的触点容量较小,不能直接控制工作电流较大的用电设备,常采用继电器来控制它的接通与断开。

汽车上的继电器有很多种,常见的有3类,这3类继电器的动作状态见表9.6。

第一类继电器平时触点是断开的,继电器动作后触点才接通;第二类继电器平时触点是闭合的,继电器动作后触点断开;第三类继电器平时动断触点接通,动合触点断开,如果继电器线圈通电,则变成相反状态。

图9.6　汽车上常用继电器

表9.6　汽车上常用继电器的种类及工作状态

	第一类继电器	第二类继电器	第三类继电器
正常状态			
线圈通电时的情况			

5. 电路保护装置

汽车电路保护装置用于线路、电器设备发生短路或过载时自动切断电路,保证电器设备及线路的安全。汽车上常用的电路保护装置有易熔线、断路器及熔断器(熔丝)。

在电路原理图中,易熔线、断路器及熔断器这 3 种电路保护装置的常用符号如图 9.7 所示。

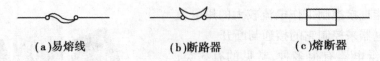

(a)易熔线　　　　　(b)断路器　　　　　(c)熔断器

图 9.7　电路保护装置的常用符号

(1)易熔线

易熔线是为在电流过大时熔化和断开电路而设计的导线。其截面积小于被保护导线的截面积,可长时间通过额定电流,一般为铜芯低压导线或合金导线。当电流超过易熔线额定电流数倍时,易熔线首先熔断,以确保线路或电器设备免遭损坏。易熔线常用于保护总电路或大电流电路。易熔线的多股绞合线外面包有聚乙烯护套,比常见导线柔软,一般长度为 50 ~ 200 mm,通过连接件接入电路,易熔线一般位于蓄电池和起动机或电器中心之间或附近,如图 9.8 所示。

易熔线采用绝缘护套的颜色来区分其容量大小(Bp 负荷能力)。易熔线不能绑扎在线束内,也不得被其他物品所包裹。在含有易熔线的导线两端,利用断路检测仪或数字式万用表可确定它是否断开。若断开,则必须更换规格相同的易熔线。

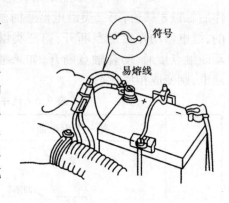

图 9.8　易熔线

(2)断路器

断路器是当电流负荷超过用电设备额定容量时将电路断开的一种可重复使用的电路保护装置。如果电路中存在短路或其他类型的过载条件,强大的电流将使断路器端子之间的线路断路。有些断路器须手工复原,有些则必须撤了电源才能复原。

(3)熔断器(熔丝)

熔断器常用于保护局部电路,其额定电流较小。熔断器的主要元件是熔丝(片),其材料是锌、锡、铅等金属的合金。熔断器是最常用的汽车线路保护方法。只要流经电路的电流过大,易熔部件就会熔断并形成断路。熔断器属于"一次性保护装置",每次过载都需要更换。如果想确定熔断器是否熔断,只需拆卸所怀疑的熔断器,检查熔断器中的元件是否断开即可。若未断开,但仍有怀疑,可用数字式万用表或断路检测仪检查其导通性,或更换一只相同规格的熔断器试验。

现代汽车常设有多个熔断器。常见熔断器按外形可分为熔管式、绝缘式、缠丝式、插片式等,如图 9.9 所示。

插片式熔断器是现代汽车中应用最广泛的一种熔断器,不同额定电流的熔断器,其外形尺寸都一样。通常根据熔断器塑料外壳的颜色区分其最大允许电流。表 9.6 列出了不同颜色的熔断器相对应的最大允许额定电流。

熔断器(熔丝)使用注意事项:

①熔断器熔断后,必须先查找故障原因,并将其彻底排除。

②更换熔断器时,一定要与原规格相同,特别不能使用比规定容量大的熔断器,否则将失去保护作用。

③熔断器支架与熔断器接触不良会产生电压降低和发热现象。因此,特别要注意检查有无氧化现象和脏污。若有脏污和氧化物,须用细砂纸打磨光,使其接触良好。

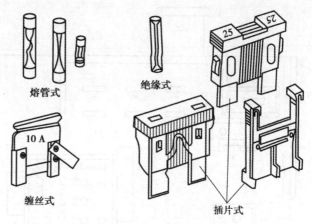

图9.9　常见熔断器外形

6. 中央接线盒

为了便于诊断故障、规范布线,现代汽车常将熔断器、断路保护器、继电器等电路易损件集中布置在一块或几块配电板上,配电板背面用来连接导线,这种配电板及其盖子就组成了中央线路板(或称中央接线盒)。

如图9.10、图9.11所示为"桑塔纳"轿车熔断器盒的正、反面布置(仪表台左下侧)。

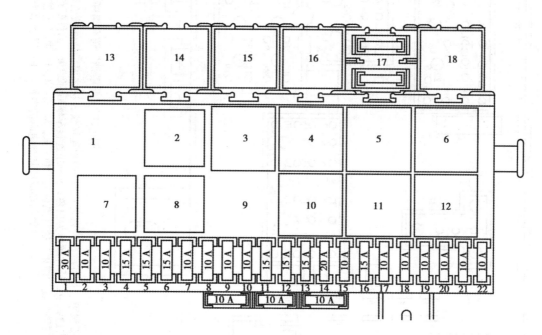

图9.10　"桑塔纳"轿车熔断器盒的正面布置

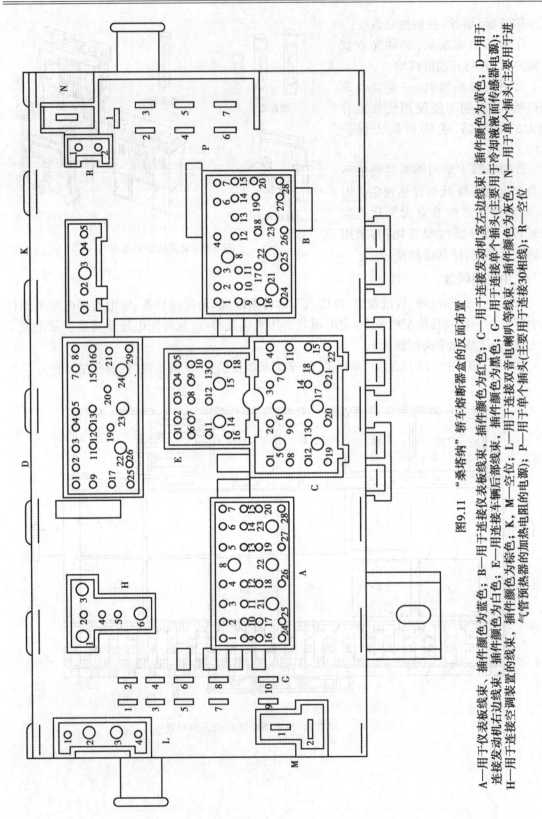

图9.11 "桑塔纳"轿车熔断器盒的反面布置

A—用于连接仪表板线束、插件颜色为蓝色；B—用于连接仪表板后部线束、插件颜色为红色；C—用于连接发动机室左边线束，插件颜色为黄色；D—用于连接发动机右边线束，插件颜色为白色；E—用于连接车搁后部线束，插件颜色为黑色；G—用于连接单个插头（主要用于冷却液面传感器电源）；H—用于连接空调装置的线束，插件颜色为棕色；K、M—空位；L—用于连接双音电喇叭等线束，插件颜色为灰色；N—用于单个插头（主要用于进气管预热装置的加热电阻的电源）；P—用于单个插头（主要用于连接30相线）；R—空位

第一部分 任务学习引导

一、汽车电路图种类

现代汽车电路图的种类繁多,电路图依车型的不同,也存在一定差别,但归纳起来汽车电路图主要有接线图、电路原理图、布线图等。

1.接线图

如图9.12所示为美国通用汽车公司的部分电路接线图。接线图是按照电器设备在汽车上的大致安装位置来绘制的电路图,接线图的优点是:整车设备数量准确,线路的走向清楚,有始有终,便于循线跟踪,查找起来比较方便。接线图的缺点是:图上电线纵横交错,印制版面小则不易分辨,版面过大印装受限制;识图、画图费时费力,不易抓住电路重点、难点;不易表达电路内部结构与工作原理。因此,在电气系统复杂程度不高的情况下经常采用接线图。

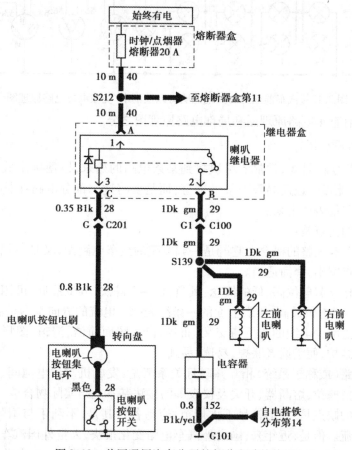

图9.12 美国通用汽车公司的部分电路接线图

2. 电路原理图

如图 9.13 所示为汽车前照灯与其他照明灯以及刮水/洗涤电机电路原理图。电路原理图以电路连接最短、最清晰为原则布置图面,且基本表示出电器设备内部电路。因此,电路图既表达了电器之间的连接,又体现了电器设备内部电路情况,容易分析各电器工作时电流的具体路径。因此,电路原理图应用比较广泛。

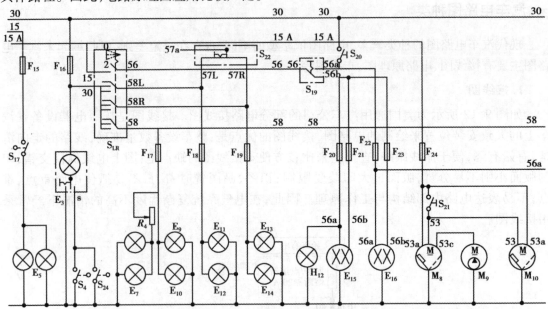

图 9.13　汽车前照灯与其他照明灯以及刮水/洗涤电机电路原理图

电路原理图有整车电路原理图和局部电路原理图之分。

(1)整车电路原理图

为了生产与教学的需要,常常要尽快找到某条电路的始末,以便确定故障的部位。在分析故障原因时,不能孤立地仅局限于某一部分,而是要将这一部分电路在整车电路中的位置和与之相关的电路都表达出来。

整车电路图的优点是:

①对全车电路有完整的概念。它既是一幅完整的全车电路图,又是一幅互相联系的局部电路图。重点难点突出,繁简适当。

②在此图上建立起电位高、低的概念:其负极" − "搭铁,电位最低,可用图中的最下面一条线表示;正极" + "电位最高,用最上面的一条线表示。电流的方向基本是由上而下。

③尽最大可能减少电线的曲折与交叉,布局合理,图面简洁、清晰,图形符号考虑到元器件的外形与内部结构,便于读者联想,易读、易画。

④各局部电路(或称子系统)相互并联且关系清楚,发电机与蓄电池间、各个子系统之间的连接点尽量保持原位,熔断器、开关及仪表等的接法基本上与实际吻合。

整车电路图的缺点是:图形符号不太规范,容易各行其是,不利于与国际标准统一,因而也不利于对外交流。但是,近年来,国内外汽车电路变化很快,大量外国汽车的电路资料被翻译并刊登出来,国产汽车电路的设计、使用、维修以及教学、科研人员在电路图的表达方式和实际应用方面均作了长期的探索与实践,结合我国标准和国际标准以及汽车电器行业的情况,对汽车电路原理图的画法制定了较为详细的规范,推荐采用以德国博世(BOSCH)公司为基础,经多年使用并修改定稿的《汽车电路图与图形符号》。

(2)局部电路原理图

为了弄清汽车电器的内部结构,各个部件之间相互连接的关系,弄懂某个局部电路的工作原理,常从整车电路图中抽出某个需要研究的局部电路,将重点部位进行放大、绘制并加以说明。

局部汽车电路原理图的电器设备少、幅面小,看起来简单明了,易读易绘;其缺点是只能了解电路的局部。

3.布线图

布线图主要是表明线束与各用电器的连接部位、接线柱的标记、插接器的形状及位置等,它是人们在汽车上能够实际接触到的汽车电路图。

也可把一些车辆的电器元件位置图看成是简化了的布线图。这种图一般不去详细描绘线束内部的线路走向,只需将露在线束外面的线头与插接器作详细编号或用字母标记。它是一种突出装配记号的电路表现形式,便于安装、配线、检测与维修。若布线图能够与电路原理图或接线图结合起来使用,则会起到更大的作用。

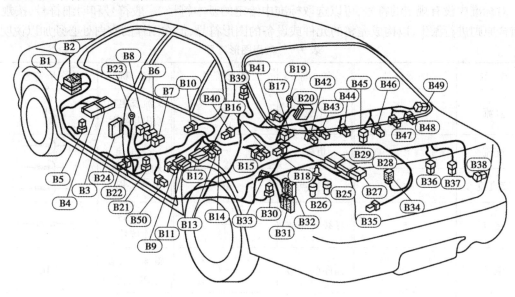

图9.14　汽车线束图

二、常见图形符号、文字符号及标志

汽车电路图是利用图形符号和文字符号,表示汽车电路构成、连接关系和工作原理,而不考虑其实际安装位置的一种简图。为了使电路图具有通用性,便于进行技术交流,构成电路图的图形符号和文字符号,均具有统一的国家标准和国际标准。要熟练阅读和运用汽车电路图必须了解图形符号和文字符号的含义、标注原则和使用方法。图形符号是用于电路图或其他文件中的表示项目或概念的一种图形、标记或字符,是电气技术领域中最基本的工程语言。因此,为了读懂汽车电路图,应熟练掌握图形符号。

1.图形符号

图形符号分为基本符号、一般符号和明细符号3种。

（1）基本符号

基本符号不能单独使用,不表示独立的电器元件,只说明电路的某些特征。如:"—"表示直流,"～"表示交流,"＋"表示电源的正极,"－"表示电源的负极,"N"表示中性线。

（2）一般符号

一般符号用以表示一类产品和此类产品特征的一种简单符号,如"⊛"表示指示仪表的一般符号,"⊠"表示传感器的一般符号。一般符号广义上代表各类元器件,也可以表示没有附加信息或功能的具体元件,如一般电阻、电容等。

（3）明细符号

明细符号表示某一种具体的电器元件。它是由基本符号、一般符号、物理量符号、文字符号等组合派生出来的。例如,"⊛"是指示仪表的一般符号,当要表示电流、电压的种类和特点时,将"＊"处换成"A""V",就成为明细符号。Ⓐ表示电流表,Ⓥ表示电压表,表9.7所列为常用图形符号。

对标准中没有规定的符号,可以选取标准中给定的基本符号、一般符号和明细符号,按规定的组合原则进行派生,以构成完整的元件或设备的图形符号,但在图样的空白处必须加以说明。

表9.7　常用图形符号

名　称	图形符号	名　称	图形符号	名　称	图形符号
直流	—	正极	＋	交流发电机输出接线柱	B
交流	∼	负极	－	多极插头和插座（图示为三极）	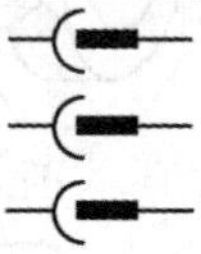
交直流	∽	中性点	N		
接点	•	导线的跨越	┼	接通的连接片	
端子	○	插座的一极	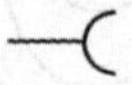 ⊣C	磁场二极管输出端子	D₊
可拆卸的帽子	⌀	插头的一极	 ▬	断开的连接片	
导线的连接	—○—	插头和插座	 ⊣C▬	边界线	 —·—·—
导线的分支连接	┬	磁场	F	屏蔽（护罩）（可画成任何形状）	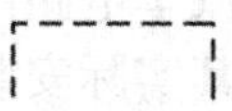
导线的交叉连接	┼	搭铁（接地）	⊥	屏蔽导线	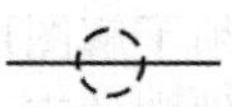

续表

名　称	图形符号	名　称	图形符号	名　称	图形符号
定位(非自动复位)开关		机油滤清器警报开关	OP	推拉多挡开关位置	0 1 2
按钮开关(不闭锁)		热敏开关动合触点		钥匙开关(全部定位)	0 1 2
能定位的按钮开关		热敏开关动断触点		多挡开关、点火、启动开关瞬时位置为2能自动返回到1(即2挡不能定位)	0 1 2　0,1
拉拔开关(不闭锁)		热敏自动开关动断触点			
旋转、旋钮开关(闭锁)		热继电器触点		节流阀开关	
单动断双动合触点		热执行器操作		照明、信号、仪表、指示灯	⊗
双动断单动合触点		温度控制		双丝灯	
一般情况下手动控制		压力控制	P	荧光灯	
拉拔操作		制动压力控制	BP	组合灯	
旋转操作		液位控制		预热指示器	
推动操作		凸轮控制		电喇叭	
一般机械操作	○	联动开关		扬声器	
钥匙操作		手动开关的一般符号		蜂鸣器	
液位控制开关		旋转多挡开关位置	0 1 2	警报器、电警笛	

续表

名　称	图形符号	名　称	图形符号	名　称	图形符号
元件、装置、功能元件（填入或加上适当符号或代号）		蓄电池组	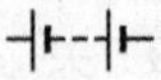	电磁阀一般符号	
信号发生器	G	蓄电池传感器	 B	常开电磁阀	
脉冲发生器		制动灯传感器	BR	常闭电磁阀	
闪光器		尾灯传感器	T	空调压缩机的电磁离合器	
霍尔信号发生器		制动器摩擦片传感器	F	用电机操纵的急速调整装置	M
磁感应信号发生器		燃油滤清器积水传感器	W	过电压保护装置	U>
温度补偿器	t° COMP	三丝灯泡		过电流保护装置	I>
蓄电池		汽车底盘与吊机间电路滑环与电刷		加热器（除霜器）	
		自记车速量程表	 V		

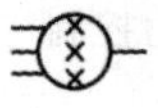

2. 仪表、开关与指示灯标志图形符号

汽车仪表盘和转向柱上通常装有许多开关、警报灯和指示灯（常称"警示灯"）。为区分功能,常用各种各样的图形标志刻印在其表面,有些进口车辆使用英文字母表示。这些图形标志国际通用,大都形象、简明,一看便知其功能。

汽车上部分开关和警示灯标志见表9.8。

表 9.8　仪表、开关与指示灯标志图形符号及含义

名　称	图形符号	名　称	图形符号	名　称	图形符号	名　称	图形符号
扬声器		顶灯		机油温度		后窗刮水	
电源总开关		停车灯		机油压力		后窗洗涤	
灯总开关		转向灯		安全带		后窗洗涤刮水	
远光		危险信号		点烟器		前照灯清洗器	
近光		驻车制动		门开警报		阻风门	
前照灯水平操纵		制动器故障		驾驶锁止		手油门	
远照灯		空滤器堵塞		发动机罩		百叶窗	
前雾灯		机滤器堵塞		行李箱罩		启动预热	
后雾灯		电池充电		前窗刮水		熄火	
后照灯		无铅汽油		间歇刮水		高低挡选择	
示廓灯		汽(柴)油		前窗洗涤器		下坡缓行器	
车厢灯		冷却液温度		前窗洗涤刮水器		轮间差速器	
轴间差速器		冷气		右出风口		全部出风口	
启动		风扇		左出风口		坐垫暖风	
暖风		腿部出风口		左右出风口		前后除箱	

3.文字符号

文字符号是由电器设备、装置和元器件的种类(名称)字母代码和功能(与状态、特征)字母代码组成。用于电气技术领域中技术文件的编制,也可标注在电器设备、装置和元器件上或其近旁,以表明电器设备、装置和元器件的名称、功能、状态和特征。此外,还可与基本图形符号和一般图形符号组合使用,以派生新的图形符号。

文字符号可分为基本文字符号和辅助文字符号两大类,基本文字符号又可分为单字母符号和双字母符号。

(1)基本文字符号

①单字母符号。单字母符号是按拉丁字母将各种电器设备、装置和元器件划分为23大类,每大类用一个专用单字表示,如"C"表示电容器类,"R"表示电阻类等。

②双字母符号。双字母符号是由一个表示种类的单字母符号与另一字母组成,其组合形式应以单字母符号在前而另一字母在后的次序列出,如:"R"表示电阻,"RP"就表示电位器,"RT"表示热敏电阻;"G"表示电源、发电机、发生器,"GB"就表示蓄电池,"GS"表示同步发电机、发生器,"GA"表示异步发电机。

常用基本文字符号见表9.9。

表9.9　常用基本文字符号

设置、装置元器件种类	举　例	基本文字符号	
		单字母	双字母
	电桥	A	AB
	晶体管放大器		AD
	集成电路放大器		AJ
	印制电路板		AP
非电量到电量变换器或电量到非电量变换器	送话器、扬声器、晶体换能器	B	
	压力变换器		BP
	温度变换器		BT
电容器	电容器	C	
保护器件	过电压放电器件避雷器	F	
	熔断器		FU
	限压保护器件		FV

续表

设置、装置 元器件种类	举　例	基本文字符号	
		单字母	双字母
发生器 发电机 电源	振荡器	G	
	发生器		GS
	同步发电机		GA
	异步发电机		
	蓄电池		GB
信号器件	声响指示	H	HA
	光指示器		HL
	指示灯		HL
电感器 电抗器	感应线圈	L	
	电抗器		
电动机	电动机	M	
	同步电动机		MS
	力矩电动机		MT
电阻器	电阻器、变阻器	R	
	电位器		RP
	热敏电阻器		RT
	压敏电阻器		RV
变压器	电流互感器	T	TA
	控制电路电源用变压器		TC
	电力变压器		TM
	电压互感器		TV
电子管 晶体管	二极管	V	VD
	晶体管		VT
	晶闸管		
	电子管		VE
端子 插头 插座	连接插头和插座接线柱焊接端子板	X	
	连接片		XB
	测试插孔		XJ
	插头		XP
	插座		XS
	端子板		XT
	电磁铁		YA

（2）辅助文字符号

辅助文字符号表示电器设备、装置和元器件以及线路的功能、状态和特征。例如，"SYN"表示同步，"$\dot{L}$"表示限制左或低，"RD"表示红色，"ON"表示闭合，"OFF"表示断开等。

4. 图形符号、文字符号的识读

对于基本的元器件，其图形符号、文字符号都是相同的，如电阻、电容、照明灯、蓄电池等。

由于目前国际上还没有汽车电器设备图形符号、文字符号的统一标准，各个汽车生产厂家对某些汽车电器所采用的图形符号、文字符号有所不同，与标准规定有一些差异，这给识读电路图造成一定困难，但图形符号基本结构的组成是相似的，只要了解它们的区别，就能避免识读错误。下面通过具体示例来说明不同车型在表示同一元器件的图形符号时，在汽车电路图中的差异。

如图 9.15 所示为表示导线连接的两种形式。上海"桑塔纳"、南京"依维柯"采用如图 9.15（a）所示的形式，"神龙富康"、天津"夏利"则采用如图 9.15（b）所示的形式。

当代汽车均装有硅整流发电机和电压调节器，不同的是有的采用内装式，有的采用外装式，即使同一结构形式，不同的车型所采用的电路图形符号也有所不同。

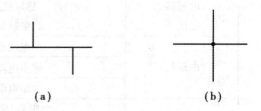

图 9.15　导线连接的 2 种表示形式

如图 9.16 所示为"富康"轿车内装调节器硅整流发电机图形符号；如图 9.17 所示为"夏利"轿车内装调节器硅整流发电机图形符号。

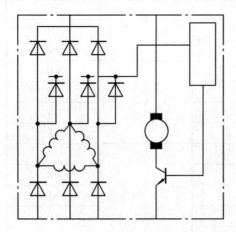

图 9.16　"富康"轿车内装调节器硅整流
发电机图形符号

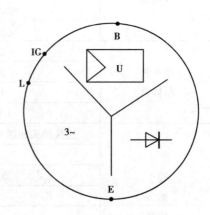

图 9.17　"夏利"轿车内装调节器硅整流
发电机图形符号

现代汽车上都装有起动机，且中、小型汽车起动机的结构基本相同，但在不同车型的电路图中，所采用的符号差别较大。如图 9.18 所示为天津"夏利"轿车起动机的图形符号；如图 9.19 所示为"富康"轿车起动机图形符号，两者与国家标准中规定的图形符号差异较大。

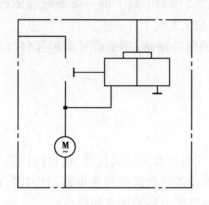

图9.18　天津"夏利"轿车起动机的图形符号

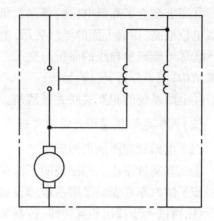

图9.19　"富康"轿车起动机图形符号

很多车上都装有3挡4接柱的点火开关,其表示方法采用方框符号,表示接线柱和挡位的符号有两种,如图9.20所示;上海"桑塔纳"则采用与前两者截然不同的另一种符号,如图9.21所示。

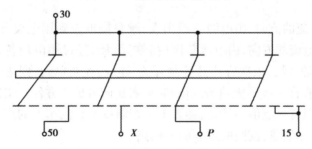

图9.20　点火开关图形符号

图9.21　上海"桑塔纳"点火开关图形符号

三、汽车电路识图要领

1.汽车电路原理图的识图要领

(1)汽车电路原理图的特点

电路原理图的特点:

①对全车电路有完整的概念。既是一幅完整的全车电路图,又是一幅互相联系的局部电路图。

371

②图上建立了高低电位的概念。负极搭铁电位最低,用图中最下面一条导线表示;正极火线电位最高,用最上面的导线表示,电流流向基本上是从上到下。

③尽可能减少导线的曲折与交叉。布局合理,画面简洁清晰,图形符号兼顾元件外形和内部结构,便于分析、易读、易画。

④电路系统的相互关联关系清楚。

(2)汽车电路原理图的识图要领

汽车电路原理图的识图要领:

①认真阅读图注。图注说明了汽车所有电器设备的名称及其数码代号,通过阅读图注可以初步了解汽车都安装了哪些电器设备,然后通过电器设备的数码代号在电路图中找出该电器设备,再进一步找出相互连线、控制关系,这样可了解汽车电路的特点和构成。

②牢记电器图形符号。汽车电路图是利用电器图形符号来表示其构成和工作原理的。因此,必须牢记电器图形符号的含义,才能看懂电路原理图。电路图中零部件或元器件多以外形轮廓的示意形状表示,因此对于这些外形轮廓的形状也应熟记。

③熟记电路标记符号。为便于绘制和识读汽车电路图,有些电气装置或其接线柱等上面都赋予不同的标志代号。例如,接至电源端的接线柱用"B"或"+"表示,接至点火开关的接线柱用"SW"表示,接至起动机的接线柱用"S"表示,接至各灯具的接线柱用"L"表示,发电机中性点接线柱用"N"表示,发电机磁场接线柱用"F"表示,励磁电压输出端接线柱用"D_+"表示,发电机电枢输出端接线柱用"B_+"表示,等等。

④牢记回路原则。任何一个完整的电路都是由电源、熔断器、开关、用电设备、导线等组成。电流流向必须从电源正极出发,经过熔断器、开关、导线等到达用电设备,再经过导线或搭铁回到电源负极,才能构成回路,这样的电路才是正确的,否则就是读错了或者查错了。

可以沿着电路电流的流向,由电源正极出发,顺藤摸瓜查到用电设备、开关等,回到电源负极;可以逆着电路电流的方向,由电源负极(搭铁)开始,经过用电设备、开关等回到电源正极;也可以从用电设备开始,依次查找其控制开关、连线、控制单元,到达电源正极和搭铁(或电源负极)。尤其是查询一些不太熟悉的电路,后者比前者更为方便。实际应用时,可视具体电路选择不同思路,但有一点值得注意,随着电子控制技术在汽车上的广泛应用,大多数电路同时具有主回路和控制回路,读图时要兼顾两回路。

⑤牢记搭铁极性。汽车电气电路均为负极搭铁。

⑥掌握各种开关在电路图中的作用。对多层多挡接线柱开关,要按层、按挡位,按接线柱逐级分析其各层各挡功能。有的用电设备受两个以上单挡开关(或继电器)的控制,有的受两个以上多挡开关的控制,其工作状态比较复杂。当开关接线柱较多时,首先抓住从电源来的一两个接线柱,逐个分析与其他各接线柱相连的用电设备处于何种挡位,从而找出控制关系。

对于组合开关,实际线路是在一起的,而在电路图中又按其功能画在各自的局部电路中,遇到这种情况必须仔细研究识读。

⑦掌握开关、继电器的初始状态。在电路图中,各种开关、继电器都是按初始状态画出

的,即按钮未按下,开关未接通,继电器线圈未通电,其触点未闭合(指常开触点)或未打开(指触点),这种状态称为原始状态。在识图时,不能完全按原始状态分析,否则很难理解电路的工作原理,因为大多数用电设备都是通过开关、按钮、继电器触点的变化而改变回路的,进而实现不同的电路功能。所以,必须进行工作状态的分析。例如,刮水器就是通过刮水开关挡位的变化来实现间歇、低速、高速刮水功能的,必须把3种工作状态的电路走通。

⑧掌握电器装置在电路图中的位置。在汽车电气系统中,有大量电器装置是机电合一的,如各种继电器,还有多层多挡组合开关。这些电器装置在电路图上表示时,厂家为了使画法既简单又便于识图,多根据实际情况采用集中表示法、半集中表示法和分开表示法来反映电路的连接情况。

⑨熟记各局部电路之间的相互关系。汽车全车电路基本上由电源电路、点火电路、启动电路、照明电路、辅助电器设备电路等单元电路组成。从整车电路来讲,各局部电路除电源电路公用外,其他单元电路都是相对独立的,但它们之间也存在看内在联系。因此,识图时,不但要熟悉各局部电路的组成、特点、工作过程和电流流经的路径,还要了解各局部电路之间的联系和相互影响。这是迅速找出故障部位、排除故障的必要条件。

⑩先易后难各个击破。有些汽车电路图的某些局部电路可能比较复杂,一时难以看懂,可以暂时将其放一边,待其他局部电路都看懂后,结合所看懂的电路图中与该电路有联系的有关,再进一步识读这部分电路。

⑪善于请教和查找资料。由于新的汽车电器设备不断出现和应用到汽车上,汽车电路图的变化很大。对于看不懂的电路要善于请教有关人员,同时还要善于查找资料,直至看懂弄明白为止。

⑫浏览全图,框画各个系统。要读懂汽车电路图,首先必须掌握组成电路的各个电器元件的基本功能和特征。在大概掌握全车电路图的基本原理的基础上,再把一个个单独的电气系统框出来,这样就容易抓住每一部分的功能及特征。

在框画各个系统时,应注意既不能漏掉各个系统中的组件,也不能多框画其他系统的组件。一般规律是,各电气系统只有电源和总开关是共用的,其他任何一个系统都应是一个完整的独立的电气回路,即包括电源、熔断器、开关、电器、导线等。并从电源的正极经导线、熔断器、开关至电器后搭铁,最后回到电源负极,否则所框画出的系统图就不正确。

2.汽车布线图的识读要领

①对该车所使用的电器设备结构、工作原理有一定的了解,对其电器设备规范比较清楚。

②通过识读认清该车所有电器设备的名称、数量及在汽车上的实际安装位置。

③通过识读认清该车每一种电器设备的接线柱数量、名称,了解每一接线柱的实际意义。

布线图的识读可按浏览、展绘、整理3个阶段进行。

①浏览。拿到布线图后,先认真阅读图注,然后对照图注,了解整车有哪些电器设备,并找出各主要电器设备在布线图上的位置。主要电器设备包括组成电源系统、启动系统、点火系统等的电器设备。各电器设备在线路图上以阿拉伯代号标注,在图注中能找到该数字或代号所代表的电器设备名称。识图时,也可在图注中找到待查找的电器设备名称,并根据其数字或代号在线路图中找到该电器设备。

②展绘。浏览后虽然可以基本了解各电气系统的组成和原理,但由于整车电气系统支路数较多,浏览不一定能完全了解电路原理及连接特点。因此,须着手把图中的每条线准确地展绘出来,无法避免展绘会出现差错,可用直尺或纸条把每一条电流通路找出,并把它详细地绘下来。为防止遗漏失误,展绘应找一段记录一条,直到绘制到最后一条导线为止,展绘时每条支路一般按电源→火线→熔断丝→继电器或开关等中间环节→用电器→搭铁→电源的顺序找线。目前汽车上的熔断丝、插接器、继电器、报警指示灯数量较多,这些元件应仔细标注清楚,由于灯光总开关、刮水器开关、点火开关、仪表板的接线端子较多,且绘制导线密集,展绘时应细观察,展绘不一定要求绘出简洁规范的原理图,展绘的目的是把布线图展开。

③整理。展绘是"化整为零,找出通路"的过程,展绘得到的图一般较散乱,分布无规则,为便于分析保存,一般要反复改绘几次才能整理出简洁整齐的原理图。改绘的电路原理图布局应有统一的格式,元器件符号应尽量采用标注符号,有些特殊元器件,图注中还需要用文字简要说明,原理图上接线柱的标号、导线的标号、元器件的标号应尽可能与原图编号一致。

识读一定数量的汽车电路布线图后,会发现不同车型全车线路有许多共性,归纳总结这些共性,找出差异,为今后快速读图起到较大的作用。

3.汽车线束图的识读要领

线束图是汽车制造厂把汽车上实际线路排列好后,并将有关导线汇合在一起扎成线束以后画成的树枝图。线束图的特点是:在图面上着重标明各导线的序号、连接的电器名称及接线柱名称,各插接器插头和插座的序号。安装操作人员只需将导线或插接器按图上标明的序号,连接到相应的电器接线柱或插接器上,便完成了全车线路的装接,该图线路简单,有利于安装与维修,但不能说明线路的走向。

线束图的识读要点如下:

①认清整车共有几组线束、各线束名称以及各线束在汽车上的实际安装位置。

②认清每一线束上的分支通向车上哪个电器设备、每一分支有几根导线、它们的颜色与标号以及它们各连接到电气的哪个接线柱上。

③认清有哪些插接件,它们应该与哪个电器设备上的插接器相连接。

四、典型电路识读

1."大众"车系电路识图

（1）电路图特点

①"大众"车系电路图遵循德国工业标准 DIN 725527。上部水平线为接电源正极的导线,有 30,15,X,31 等。其中 30 线直接接蓄电池正极,称为常相线。15 线接点火开关,当点火开关处于"ON"及"START"挡时通电,给小功率用电器供电。X 线是受点火开关控制的大功率用电器供电相线,当点火开关接至"ON"或"ST"挡时,中间继电器闭合,通过触点给大功率用电器供电。31 线为中央接线盒搭铁线。图最下端是标注图中各线路位置的编号,各线路平行排列,每条线路对准下框线上的一个编号。线路如在图中中断,断口处标注与之接的另一段

线路所在的编号。同时也在线上标注出各搭铁点,所有电器元件均处于图中间的位置。

大众汽车电路图符号说明,如图9.22所示。

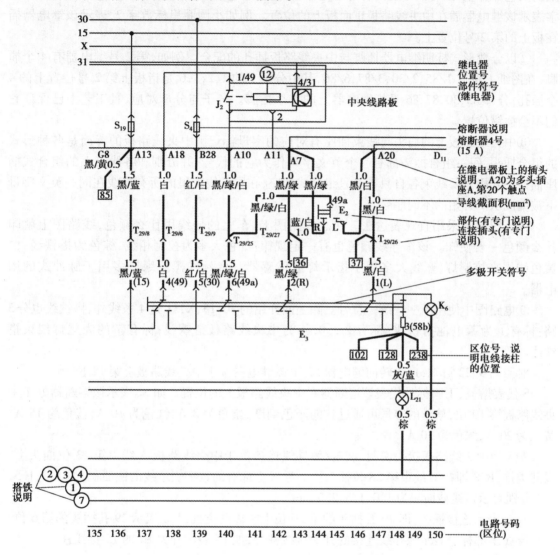

图9.22　"大众"汽车电路图符号说明

②采用断线带号法解决交叉问题。在线路的断开处标上要连接的线路号,例如,在断线处方框内有 128 其线路图下端标号为 147,只要在线路图下端找到标号为 128,则其上部断线处必标有 147,说明在两标号即 128 与 147 为断线连接处。通过以上两个数字,上、下段电路就有机地连在一起了。

③在表示线路走向的同时,还表达了线路结构的情况。

(2)"大众"汽车电路图的识读方法

"大众"汽车电路图的识读方法如图9.22所示,图中的圈内数字标号是注释号,其各部分含义如下:

①汽车整个电气系统以中央线路板为中心。中央线路板的正面插继电器和熔断器,在图纸的灰色部分里,画有汽车上的各种继电器,在这些继电器的右侧都有一个小圆圈,其内标数字表示该继电器插在中央线路板正面板上的位置。例如小圆圈里标数字2,表示该继电器插在板上的第2号位置上。

②以分数形式标明继电器插脚与中央线路板插孔的配合。例如,第2号继电器有4个插脚,在图纸上标有1/85,2/30,3/87,6/86,其中分子上的1,2,3,6是指板上第2号位置上的4个插孔;分母85,30,87,86是指继电器上的4个插脚。分子与分母对应,且工艺上已保证它们不会插错位置。

③中央线路板上的插头与线束插座有对应的字母标记。中央线路板的背面是各种形式的组合插头,每一组合插头都有一个英文字母作为它的代号,并分别和各线束上的组合式插座插接。几根主要线束各自只有一只组合式插座,在同一线束里的所有导线在同一英文字母下被编成从1开始的不同序号。

④导线颜色采用直观表达法。在总线路图上,车上的导线用什么颜色,线路图上就印什么颜色一看便知。该车导线颜色也有一定规律:红色大多为控制相线,棕色为搭铁线,白黄色线用来控制灯,蓝线大多用于指示灯或传感器,全绿、红黑或绿黑多用于脉冲式的用电器。

⑤电路图中使用了一些统一符号。除上面介绍的30,15,X,31这4条线外,搭铁线也分3路:标有①为蓄电池搭铁线;标有②,③,④为中央线路板搭铁线;标有⑦的为尾灯线束搭铁线。

对照图9.22可知,J_2为转向继电器,表示该继电器位于中央线路板上第12位。

S代表熔丝,下脚标号代表该熔断器在中央线路板上的位置。如S_{19}表示该熔断器处于中央线路板第19位,熔丝的容量可通过它的颜色判断:紫色为3 A,红色为10 A,蓝色为15 A,黄色为20 A,绿色为30 A。

A13为中央线路板接头说明,该蓝/黑导线连接位于中央线路板A线束第13位插头上。以此类推,B28即在B线束第28位插头上。导线上标有的数字表示线的截面积,如1.0,1.5,2.5分别表示该线截面积为1.0,1.5,2.5 mm^2。

$T_{29/26}$表示连接插头,即29孔插头的第26位上。以此类推,$T_{29/6}$表示29孔插头的第6位。

导线尾部标号表示该导线连接的开关接线柱号,如15表示开关E_3的15接线柱。

K_6表示报警闪光装置指示灯。

方框内102,128,238表示此导线与线路图下端第102,128,238编号上方的导线连接。

(3)大众车系列电路分析实例

下面以上海"桑塔纳"系列轿车电路为例,分析各系统的工作原理及线路连接,电器设备的布置,线束布置。

上海"桑塔纳"系列轿车全车电路如图9.23至图9.33所示。

中央线路板上的熔断器及继电器见表9.10。

表 9.10　中央线路板上的熔断器及继电器的布置

序号	用电器	容量/A	颜色	序号	用电器	容量/A	颜色
1	左近光灯	10	红色	12	右远光灯	10	红色
2	右近光灯	10	红色	13	喇叭、散热器风扇	10	红色
3	仪表板照明灯、牌照灯	10	红色	14	倒车灯	15	蓝色
4	杂物箱灯	15	蓝色	15	发电机电子装置	10	红色
5	风窗刮水器、洗涤装置	15	蓝色	16	组合仪表	15	蓝色
6	空调机、鼓风机	20	黄色	17	转向灯、警报灯	10	红色
7	右尾灯、右停车灯	10	红色	18	电动燃油泵	20	黄色
8	左尾灯、左停车灯	10	红色	19	散热器风扇	30	绿色
9	后窗除霜加热器	20	黄色	20	制动灯	10	红色
10	雾灯、后雾灯	15	蓝色	21	车内照明、行李仓灯、时钟	15	蓝色
11	左远光灯	10	红色	22	收音机、点烟器	10	红色

继电器

位置号	继电器名称	外壳上的号码	位置号	继电器名称	外壳上的号码
1	空调继电器	13	16	ABS 继电器	79
4	卸荷继电器	18	17	空	
6	闪光器	21	18	电动座椅调整机构或自由轮锁止机构继电器	83
8	间歇清洗/刮水继电器	19	19	自动变速器继电器	53
10	雾灯继电器	53	20	自由轮锁止机构继电器	83
				自动预热控制继电器	47
11	双音喇叭继电器	53	21	车窗玻璃升降继电器	24
12	进气歧管预热继电器	1	22	ABS 液压泵熔断器	
	燃油泵继电器	67			
	预热塞继电器	60			
13	散热器风扇启动继电器	31	23	空调、电动座椅调整装置,双频道收放机熔断器	
	燃油泵启动控制单元	91			
	怠速提升控制单元	82			
14	启动保护继电器	53	24	车窗玻璃升降器熔断器	
	散热器风扇启动控制单元	31			
	催化反应器警报控制单元	44			
	进气歧管预热继电器	1			
15	ABS 液压泵继电器	78			

1）电源系统电路

与电源系统有关的元件主要有内装电子电压调节器的硅整流发电机、充电指示灯、点火开关、总熔丝及蓄电池（容量为 54 A·h）。

电源系统电路包括：

①发电机工作电路—发电机励磁电路及充电指示灯电路。

②充电电路。"桑塔纳"轿车电源系统电路如图 9.23 所示。其电路编号为 1~6,23~30。

③发电机他励电路。当点火开关 D 置于 1 挡,发电机转速低于 1 200 r/min 时,蓄电池担负着向用电设备供电的任务,同时向发电机提供励磁电流。其励磁电路为:蓄电池正极→中央线路板单端子插座 P 端子→中央线路板内部线路→中央线路板单端子插座 P→点火开关 30 端子→点火开关 15 端子→组合仪表板下方 26 端子连接器的 11 端子→两只并联电阻和充电指示灯 K_2→二极管→组合仪表板下方 26 端子连接器的 26 端子→中央线路板 A16 端子→中央线路板内部线路→中央线路板 D_4 端子→单端子连接器 T_{ld}（蓄电池旁边）→交流发电机 D_+ 端子→交流发电机的励磁绕组→电子调节器功率管→电路代号 6 搭铁→蓄电池负极;充电指示灯亮,表示发电机处于他励。

④发电机自励电路。在发电机转速达到或高于 1 200 r/min 时,发电机电压高于蓄电池电动时,发电机自励,外电路用电设备由发电机（蓄电池协助）供电,同时发电机向蓄电池充电,充电指示灯熄灭,指示发电机工作状态良好。其自励电路为:交流发电机内部小功率二极管的共阴极端→交流发电机的励磁绕组→电子调节器功率管→电路代号 3 搭铁→发电机负极。

⑤发电机充电电路。交流发电机的 B 端子→起动机 30 端子→蓄电池 A 正极→蓄电池负极→电路代号 3 搭铁→发电机负极。

2）启动系统电路

直流串励式电动机（功率为 950 W）由点火开关的启动挡直接控制。启动系统电路一般有:起动机主电路和控制起动机线路通断的控制电路。如图 9.23（1）所示,图中电路编号为 5~8,23~28。

当点火开关置于启动挡时,其 30 端子和 50 端子接通。起动机电磁开关电路和起动机主电路如下:

①电磁开关线圈电路。蓄电池正极中央线路板单端子插座 P 端子→中央线路板内部线路→中央线路板单端子插座 P 端子→点火开关 30 端子→点火开关 50 端子→中央线路板 B_8 端子→中央线路板内部线路→中央线路板 C_{18} 端子→起动机 50 端子→进入电磁开关→$\left(\begin{array}{l}\text{保持线圈}→\text{搭铁}→\text{电路代号 8}\\\text{吸引线圈}→\text{起动机 C 接线柱}→\text{起动机励磁绕组}→\text{起动机电枢绕组}→\text{搭铁}→\text{电路代号}\end{array}\right)→$蓄电池负极。电磁开关产生电磁力接通起动机主电路。

②起动机主电路。蓄电池 A 正极→起动机 30 接线柱→电磁开关接触盘→起动机 C 接线柱→起动机励磁绕组→起动机电枢绕组→搭铁→电路代号 7→蓄电池负极。

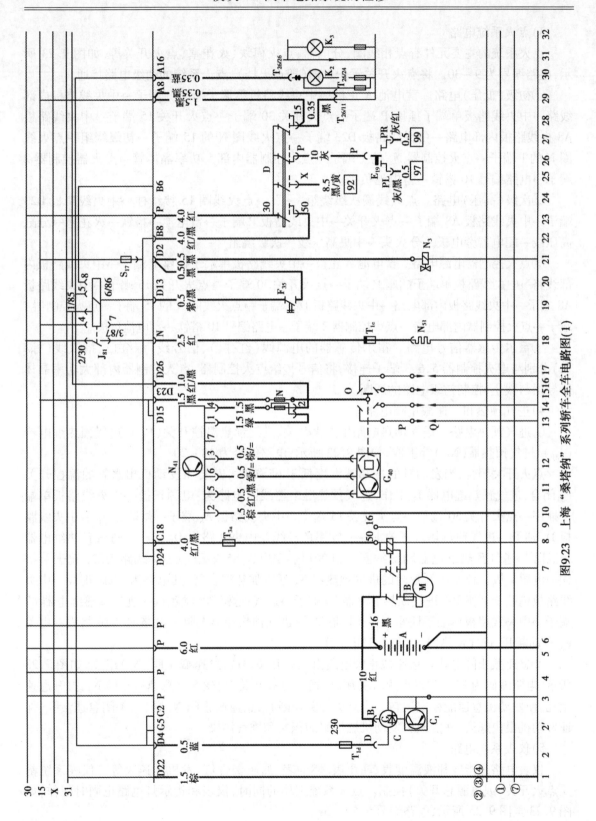

图9.23　上海"桑塔纳"系列轿车全车电路图(1)

379

3)点火系统电路

点火系统的主要元件有点相线圈、分电器、点火模块、火花塞、点火开关等,如图 9.23 所示,电路编号为 9～30。将点火开关置于 1 挡(即点火挡),点火系统的初级电路接通。

①初级(低压)电路。蓄电池 A 正极→中央线路板单端子插座 P 端子→中央线路板内部线路→中央线路板单端子插座 P 端子→点火开关 30 端子→点火开关 15 端子→中央线路板 A8 央线路板内部电路→中央线路板 D23 端子→点火线圈 N 的 15 端子→初级绕组→点火线圈 N 的 1 端子→点火控制器 N_{41} 的 1 端子→点火控制器内部大功率晶体管→点火器控制 2 端子→电路编号 10 搭铁→蓄电池负极。

②次级(高压)电路。点火线圈次级绕组" + "→点火线圈 15 接线柱→中央线路板 D23 端子→中央线路板 A8 端子→点火开关→中央线路板 P 端子→蓄电池→搭铁→火花塞→分缸高压线→配电器旁电极→分火头→中央高压线→次级绕组" - "。

③点火控制器电源电路。蓄电池 A 正极→中央线路板单端子插座 P 端子→中央线路板内部线路→中央线路板单端子插座 P 端子→点火开关 30 端子→点火开关 15 端子→中央线路板 A8 端子→中央线路板内部电路→中央线路板 D23 端子→点火线圈 N 的 15 端子→点火控制器 4 端子→点火控制器内部电路→点火控制器 2 端子→电路编号 10 搭铁→蓄电池负极。

④霍尔传感器信号电路。霍尔传感器的电源线(红/黑)、信号线(绿/白)、搭铁线(棕/白)分别与点火控制器 5,6,3 端子连接,将信号传给点火控制器,点火控制器内部大功率晶体管导通与截止,控制初级电路的通断。

4)进气预热和怠速截止阀电路

①进气预热电路。进气预热电路由点火开关、进气预热温控开关(F_{35})、进气预热继电器(J_{81})、进气预热器(N_{51})等组成,如图 9.23 所示,电路编号为 18～20。

点火开关闭合,当发动机的冷却液温度低于 65 ℃时,安装在发动机出水管的温控开关 F_{35} 闭合,进气预热继电器 J_{81} 工作,进气预热继电器线圈电路为:电源正极→中央线路板单端子插座→点火开关 30 端子→点火开关 15 端子→中央线路板 A_8 端子→熔断器 S_{17}→中央线路板 D_2 端子→进气预热热敏开关 F_{18}→紫/黑色导线斗中央线路板 D_{13} 端子→进气预热继电器 86 端子→进气预热继电器励磁线圈→进气预热继电器 85 端子→中央线路板 D_{22} 端子→搭铁→电源负极。位于进气管内的进气预热器 N_{51} 通电加热混合气,其电路为:电源正极→中央线路板单端子插座 P→进气预热继电器 30 端子→进气预热继电器触点→进气预热继电器 87 端子→中央线路板单端子插座 N→连接器 T_{1c}→进气预热加热电阻→电路编号 18 搭铁→电关 F_{35} 自动断开,进气预热器 N_{51} 断电停止工作。

②怠速截止阀电路。怠速截止阀电路由点火开关(D)、怠速截止阀(N_3)组成,如图 9.23 所示,电路编码为 21～29。点火开关闭合,通过点火开关、熔丝 S_{17},怠速截止阀 N_3,打开怠速量孔,使发动机怠速能稳定运转。当点火开关切断时,怠速截止阀 N_3 断电,关闭怠速量孔,保证发动机很快熄火,并能减少发动机燃烧室的积炭和排气污染。

5)仪表系统电路

仪表电路是指冷却液温度表、油压表、燃油表、油压警告灯、发机转速表等。仪表系统都受点火开关(或电源总开关)控制。点火系统工作的同时,仪表和指示灯电路也同时工作,如图 9.23 至图 9.25 所示,电路编号为 23～57。

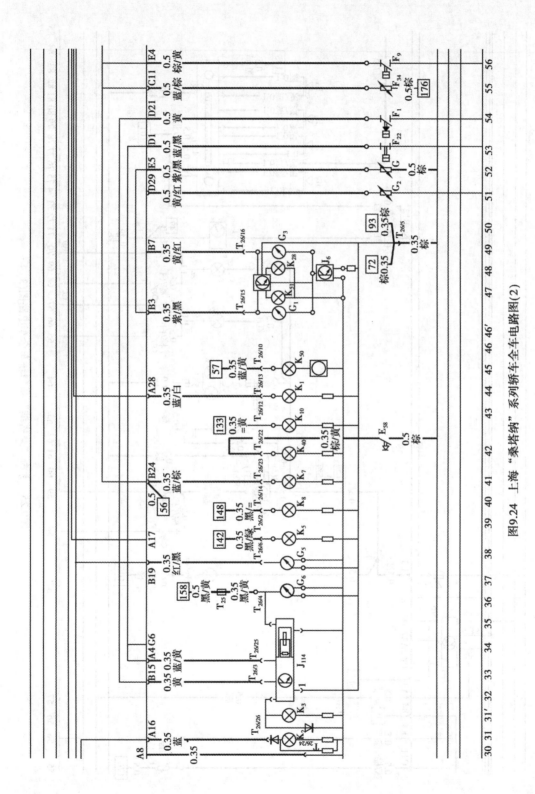

图9.24 上海"桑塔纳"系列轿车全车电路图(2)

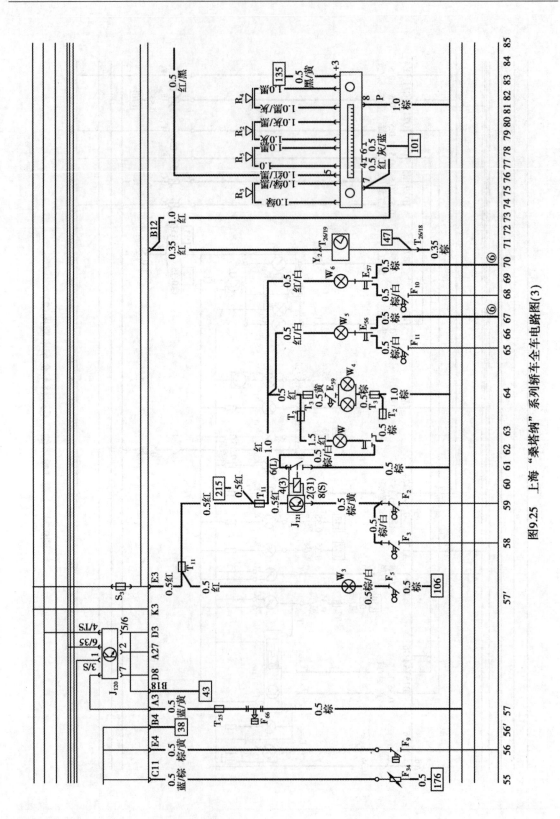

图9.25 上海"桑塔纳"系列轿车全车电路图(3)

①润滑系统低压传感器电路。当发动机润滑系统的机油压力低于30 kPa时,低压传感器闭合,其电路为:电源正极→点火开关30端子→点火开关15端子→油压检查控制器J_{114}的15端子→油压检查控制器J_{114}→中央线路板B_{15}端子→中央线路板内部电路→中央线路板D_{21}端子→低压传感器F_1(低压油压开关)触点→低压传感器F_1外壳→电路编码54搭铁→电源负极。当油压高于30 kPa时,低压传感器触点断开。

②润滑系统高压传感器电路。当发动机润滑系统的机油压力低于180 kPa时,高压传感器触点断开;当油压高于180 kPa时,高压传感器触点闭合。高压传感器电路为:电源正极→点火开关30端子→点火开关15端子→油压检查控制器J_{114}的15端子→油压检查控制器J_{114}→蓝/黑色导线→中央线路板A_4端子→中央线路板D_1端子→高压传感器F_{22}(高压油压开关)触点→高压传感器壳体→电路编码53搭铁→电源负极。若发动机转速高于2 150 r/min时,油压仍不正常,则油压检查控制器J_{114}发出蜂鸣报警声,应停车检查。

③油压指示灯电路。电源正极→点火开关30端子→点火开关15端子→黑色导线→仪表板26端子连接器的11端子→降压电阻→油压指示灯→油压检查控制器J_{114}的A端子→油压检查控制器内部电路→油压检查控制器J_{114}的端子→仪表板26端子连接器5端子→棕色导线→电路编码58搭铁→电源负极。

④冷却液温度表电路。电源正极→中央线路板单端子插座P→点火开关30端子→点火开关15端子→稳压器J_6→冷却液温度表G_3→连接器$T_{26/16}$→中央线路板B_7端子→中央线路板内部电路→中央接线板D_{29}端子→冷却液温度表传感器G_2→电路编号51搭铁→电源负极。

⑤冷却液液位报警指示电路。电源正极→中央线路板单端子插座P→点火开关30端子→点火开关15端子→稳压器J_6→液位报警灯K_{28}→连接器$T_{26/16}$→中央线路板B_7端子→中央线路板内部接线→中央线路板D_{29}端子→中央线路板内部接线→液位控制器J_{120}→中央线路板A3端子→连接器T25→冷却液不足开关F66→电路编码57搭铁→电源负极;当冷却液温度超过124 ℃或液位低于限定值时,报警灯K28点亮。

⑥燃油表电路。电源正极→中央线路板单端子插座P→点火开关30端子→点火开关15端子→稳压器J6→燃油表G1→连接器T 26/15→中央线路板B3端子→中央线路板内部电路→中央线路板E5端子→燃油传感器G→电路编号52搭铁→电源负极。

⑦电子式发动机转速表。当点火线圈初级电流接通或切断时,产生的脉冲信号经中央线路板、仪表板印制电路板、仪表板白色26端子插座进入转速表控制电路。控制电路为数字集成电路,脉冲信号经集成电路处理后,由转速表指针指示出发动机转速。

6)照明系统及灯光信号电路。"桑塔纳"轿车的照明系统由前照灯(L1,L2)、仪表照明灯(L10)、牌照灯(X)、停车灯(M1,M3,)、尾灯(M2,M4)、雾灯(L22)等组成。如图9.26和图9.27所示,电路编码为88～134。

①前照灯电路。前照灯L1,L2受车灯开关E1和转向组合手柄开关中的变光与超车灯开关E4控制。当向上抬起组合开关手柄时,E4中的变光与超车灯开关触点接通,30号线

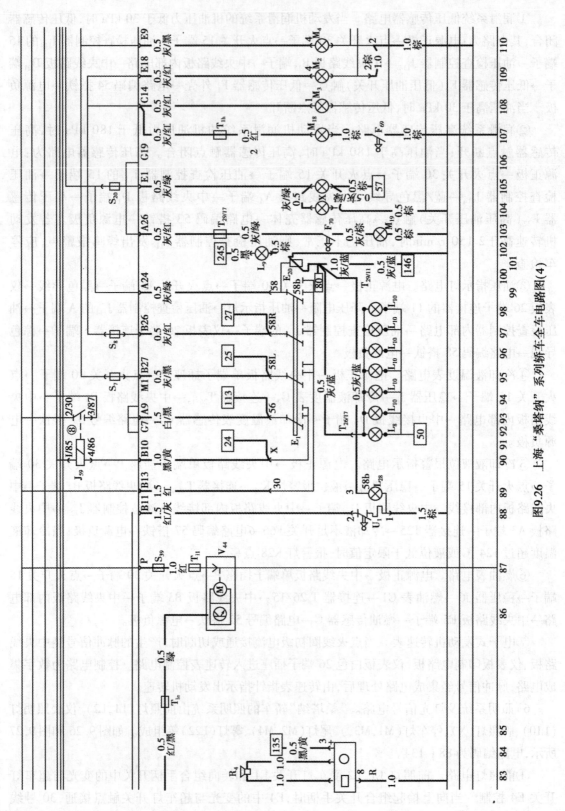

图9.26 上海"桑塔纳"系列轿车全车电路图(4)

384

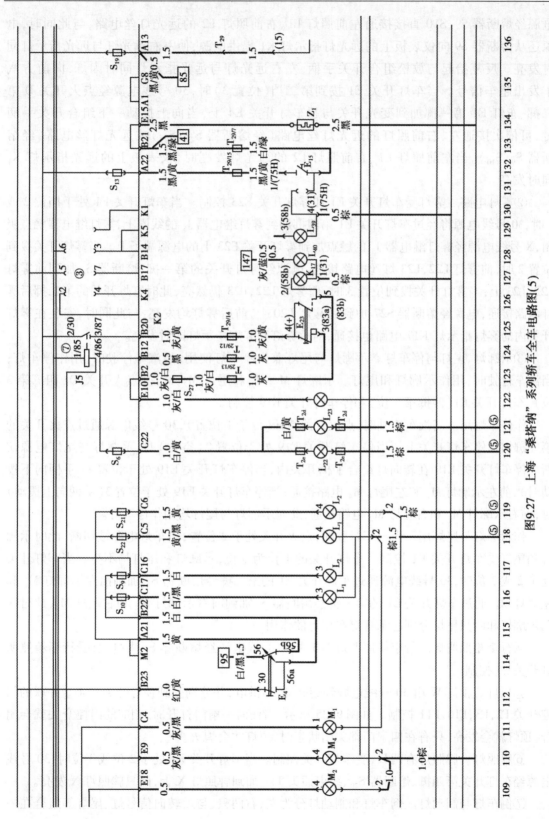

图9.27 上海"桑塔纳"系列轿车全车电路图(5)

电源经熔断器 S9、S10 直接接通左前照灯 L1、右前照灯 L2 的远光灯丝电路,与此同时,电源还从熔断器 S9 向仪表板上的远光灯指示灯 K1 提供电源,使左右远光灯与远光指示灯同时发亮。反复抬起与放松组合开关手柄,左右远光灯与远光指示灯同时闪烁,向前方汽车发出超车信号。当车灯开关 E1 拨到第二挡(位置 3)时,30 号线电源经点火开关 D 第二掷、车灯 E1 第一掷加到变光开关与超车灯开关 E4 上,当向上拨动一下组合开关手柄时,可依次接通左、右前照灯的近光灯丝电路(经熔断器 S_{21}、S_{22})或远光灯丝电路(经熔断器 S_9、S_{10}),当左前照灯 L1、右前照灯 L2 的远光灯发亮时,仪表板上的远光指示灯 K_1 同时发亮。

②雾灯电路。雾灯受车灯开关 E1 和雾灯开关 E23 控制。当车灯开关 E1 处于挡位 2 或 3 时,30 号线电源将经过车灯开关 E1 第四掷加到雾灯继电器 J_5 的线圈上,雾灯继电器触点吸闭,X 号线电源经雾灯继电器 J_5 的触点加到雾灯开关 E23 上的电源端子上。当雾灯开关拨到位置 2 时,前雾灯 L22,L23 灯丝电路接通,电源经雾灯开关的第一掷、熔断器 S_6 加到前雾灯 L22,L23 上;当雾灯开关拨到位置 3 时,前雾灯 L22,L23 仍然亮,此时雾灯开关的第二掷后雾灯电路接通,电源经熔断器 S27 加到后雾灯 L20 上,前后雾灯均发亮,与此同时,安装在雾灯开关内的雾灯指示灯 K17 电路也接通,前后雾灯和雾灯指示灯同时发亮。

③示廓灯、尾灯与停车灯。示廓灯与尾灯兼作停车灯使用,当汽车停驶时,用作停车灯;当汽车行驶时,用作示廓灯和尾灯。示廓灯 M_1,M_3 和尾灯 M_2,M_4 受点火开关 D(四掷第 3 位)、车灯开关 E1(四掷第 3 位)和停车灯开关 E19 控制。

作停车灯用。当汽车停驶时,点火开关断开(位于 1 位置),30 号线电源通过点火开关的第三掷加到停车灯开关上。当停车灯开关 E19 处于位置 2(空位)时,示廓灯与尾灯电源切断。停车灯开关 E19 在转向灯组合手柄开关内,当停车灯开关 E19 处于位置 1(手柄向下拨动时),前左示廓灯 M_1 和左尾灯 M_4 电路接通;当停车灯开关 E19 处于位置 3(手柄向上拨动)时,前右示廓灯 M_3 和右尾灯 M_2 电路接通,此时示廓灯与尾灯均用作停车灯。

作示廓灯与尾灯用。当汽车行驶时,点火开关处于 2 位置,停车灯电源被切断,此时示廓灯和尾灯受车灯开关 E1 控制。车灯开关的 1 位为空位,示廓灯和尾灯均不亮。当车灯开关处于 2 或 3 位时,30 号线电源通过车灯开关 E1 的第二掷经熔断器 S7 加到前左示廓灯 M_1 和左尾灯 M_4,通过车灯开关 E1 的第三掷经熔断器 S8 加到前右示廓灯 M_3 和右尾灯 M_2,此时两只示廓灯和两只尾灯分别起示廓灯和尾灯的作用。

④行李箱照明灯。行李箱照明灯 W3 由 30 号线电源经熔断器 S_3 供电,且受行李箱照明灯开关 F5 控制。

⑤顶灯。顶灯 W 由 30 号线电源经熔断器 S_3 供电,并分别受到顶灯开关和 4 个并联的门控开关 F2,F3,F10,F11 控制。如图 9.25 所示,当任何一扇门打开时,相应的门控开关就会闭合,顶灯就会发亮,只有在四扇门都关闭状态时,顶灯才会熄灭。

⑥牌照灯。牌照灯有两只,受车灯开关控制。当车灯开关 E1 处于 2 位或 3 位时,30 号线电源经车灯开关第四掷、熔断器 S_{20}、线束插头 T1v 加到牌照灯 X 上,两只牌照灯 X 发亮。

⑦倒车灯与制动。倒车灯和制动灯分为左、右两只,与后转向信号灯、尾灯等组合在一

起,如图 9.28 所示。当变速杆拨到倒车挡时,倒车灯开关 F4 接通,15 号线电源熔断器 S_{15}、倒车灯开关 F4 加到倒车灯开关上,倒车灯 M_{16},M_{17} 发亮。当驾驶员踩下制动踏板时,位于踏板支架上部的制动灯开关 F 接通,30 号线电源经熔断器 S_2、制动灯开关 F 加到制动灯 M_9,M_{10} 上,制动灯发亮。

⑧其他照明灯。仪表板照明灯 L10 两只、时钟照明灯 L8、点烟器照明灯 L28、烟灰缸照明灯 L41、除霜器开关照明灯 L39、雾灯开关照明灯 L40、空调开关控制面板照明灯 L21 7 种照明灯均受车灯开关控制。如图 9.25 至图 9.28 所示,当车灯开关 E1 处于 1 位时,7 种照明灯熄灭;当车灯开关 E1 处于 2 位或 3 位时,30 号线电源经车灯开关第四挡、仪表板调光电阻 E20 接通 7 种照明灯电路,照明灯均发亮。

⑨转向信号灯与报警灯。转向信号灯与报警信号系统,如图 9.28 所示,电路编号为 135～165。4 只转向信号灯 M_s、M_6、M、M_8 兼作报警灯使用。

当汽车行驶过程中需要指示左转向时,向前拨动组合手柄开关,其转向灯开关 E2 的 49a 端子与 L 端子接通,左转向信号灯电路为:

电源正极→中央线路板单端子插座 P 端子→中央线路板内部线路→中央线路板单端子座 P 端子→点火开关 30 端子→点火开关 15 端子→中央线路板插座 A8 端子→中央线路板内部线路→熔丝 S_{19}→中央线路板 A13 端子→$T_{29/8}$→报警开关 E3 的 15 端子→报警开关 E3 的 49 端子→$T_{29/6}$→中央线路板 A18 端子→复合式闪光器 J_2 触点→中央线路板 A10 端子→$T_{29/25}$→转向开关 E2 的 49a 端子→转向开关 E2 的 L 端子→中央线路板 A20 端子→中央线路板内部线路→中央线路板插座 C19、E6 端子→前左转向灯 M_5、后左转向灯 M_6→搭铁→电源负极。

当汽车行驶过程中需要指示右转向时,向前拨动组合手柄开关,其转向灯开关 E2 的 49a 端子与 R 端子接通,右转向信号灯电路为:

电源正极→中央线路板单端子插座 P 端子→中央线路板内部线路→中央线路板单端子插座 P 端子→点火开关 30 端子→点火开关 15 端子→中央线路板插座 A8 端子→中央线路板内部线路→熔丝 S_{19}→中央线路板 A13 端子→$T_{29/8}$→报警开关 E3 的 15 端子→报警开关 E3 的 49 端子→$T_{29/6}$→中央线路板 A18 端子→复合式闪光器 J_2 触点→中央线路板 A10 端子→$T_{29/25}$→转向开关 E2 的 49a 端子→转向开关 E2 的 R 端子→中央线路板插座 A7 端子→中央线路板内部线路→中央线路板插座 C8,E11 端子→前右转向灯 M_7,后右转向灯 M_8→搭铁→电源负极。

在转向的同时,转向继电器 J_2 的接线柱 49a 端子→中央线路板内部线路→中央线路板插座 A17 端子→转向指示灯 K_5,转向指示灯闪亮。

当汽车故障或有紧急情况需要发出报警信号时,按下报警灯开关 E3,报警灯开关 E3 的 R 和 L 端子都通电源,报警灯电路:电源正极→中央线路板单端子插座 P 端子→中央线路板内部线路→中央线路板 30 号电源线→熔断器 S_4→中央线路板 B28 端子→仪表板插座 $T_{29/9}$→报警开关 R,L 端子同时接通→中央线路板 A7 端子(A20 端子)→中央线路板内部线路→中央线路板 C8,E11→C19,E6 端子→右前转向信号灯 M_7 和右后转向信号灯 M_8(左前转向信号灯

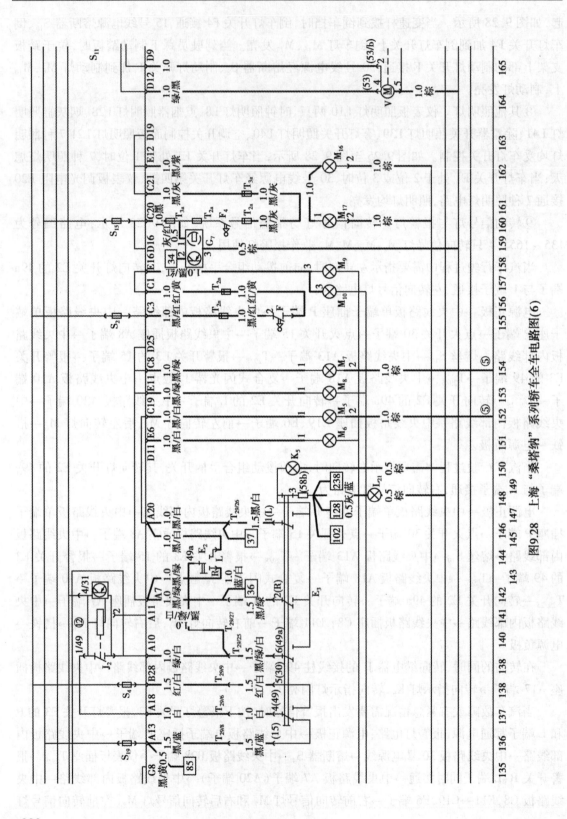

图9.28　上海"桑塔纳"系列轿车全车电路图(6)

388

M_5 和左后转向信号灯 M_6）→搭铁→电源负极。所有转向灯同时闪亮,报警指示灯 K6 闪亮。

7）辅助电器

为了提高汽车的操纵性、安全性和舒适性等,汽车电器的种类越来越多。除音响、通信设备、时钟、点烟器等服务性装置及电动门窗、暖风装置、空调装置、洗涤电动泵、除霜等外,还有安全气囊、电动燃油泵、防盗报警系统等电器。

桑塔纳轿车的辅助装置、音响电路如图 9.27、图 9.28 所示,电路编号为 67 ~ 87。

①刮水洗涤器电路。电路图如图 9.28、图 9.29 所示,电路编号为 164 ~ 177。刮水洗涤系统有 6 种工作状态:高速\低速、点动、间歇刮水、清洗玻璃和停机复位。刮水洗涤开关位于 1,刮水橡胶刷高速摆动;位于 2,刮水橡胶刷低速摆动;刮水洗涤开关位于 0 为空挡,位于 T 不定位,驾驶员按下手柄开关时刮水橡胶刷低速摆动,放松手柄开关自动回到空位,实现点动刮水;刮水洗涤开关位于 J 时,接通刮水间歇继电器电路,在刮水间歇继电器的控制下刮水橡胶刷间歇摆动。

水洗涤开关手柄向转向盘方向拨动时,洗涤器电动机电路接通,洗涤液喷向风窗玻璃,同时刮水洗涤继电器电路接通,控制刮水橡胶刷摆动 3 ~ 4 次后停止。

②电动后视镜电路。电路图如图 9.29 所示,电路编号为 178 ~ 185。电动后视 X 线供电,两侧后视镜各有两个永磁电动机 V33,V34,通过控制电动后视镜开关（M）,每个电动机可获得两种旋转方向,两个电动机即可完成镜面 4 个方位的位置调整。

③电动车门玻璃升降器电路。电路图如图 9.30、图 9.31 所示。电路编号为 195 ~ 214。组合开关的 4 个白色按键开关分别控制各自相应的门窗玻璃升降,中间黄色开关为锁定开关,按下此开关,后门的玻璃升降开关就失去作用。驾驶员一侧车门的操作与其他有所不同,只需点一下下降键,车门玻璃即可下降到底,如需中途停止,点一下上升键即可。由于延时继电器的作用,点火开关钥匙位于 OFF 后 50 s 内,车门玻璃开关仍起作用。

④中央集控门锁电路。电路图如图 9.31、图 9.32 所示,电路编号为 215 ~ 223。蓄电池通过熔断器（S_3,编号 57,60）直接给左前集控锁控制器（J_{53}）供电,遥控器通过左前集控锁控制器控制所有门锁的开启或关闭,车门上的提钮可控制各自门锁的开启或关闭。

⑤空调装置电路。电路图如图 9.32、图 9.33 所示,电路编号为 224 ~ 245。当外界气温高于 10 ℃时,才允许使用空调。当需要制冷系统工作时,接通空调开关"A/C",此时电源经空调开关、环境温度开关接通下列电路:

新鲜空气风门电磁阀电路接通,该阀动作接通新鲜空气,风门控制电磁阀真空通路,使新鲜空气进口关闭,制冷系统进入车内空气循环。

经蒸发器温控开关、低压保护开关对压缩机电磁离合器线圈供电,同时电源还经蒸发器温控开关接通怠速提升真空转换阀,提高发动机转速,以满足空调动力的需要。

对空调继电器中的线圈 J_1 供电,使其两对触点同时闭合,其中一对触点接通冷凝器冷却风扇继电器线圈电路,另一对触点接通鼓风机电路。

低压保护开关串联在蒸发器温控开关和电磁离合器之间,当制冷系统因缺少制冷剂使制冷系统压力过低时,开关断开,压缩机停止工作。高压保护开关串联在冷却风扇继电器和空调

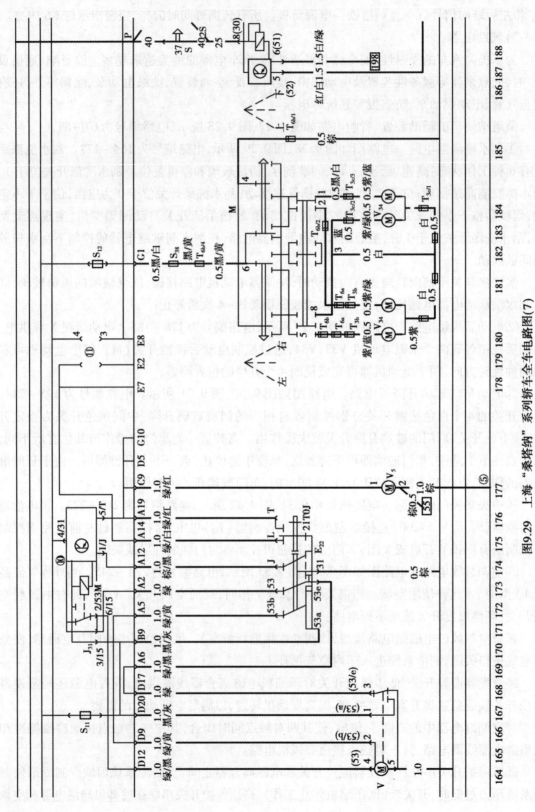

图9.29　上海"桑塔纳"系列轿车全车电路图(7)

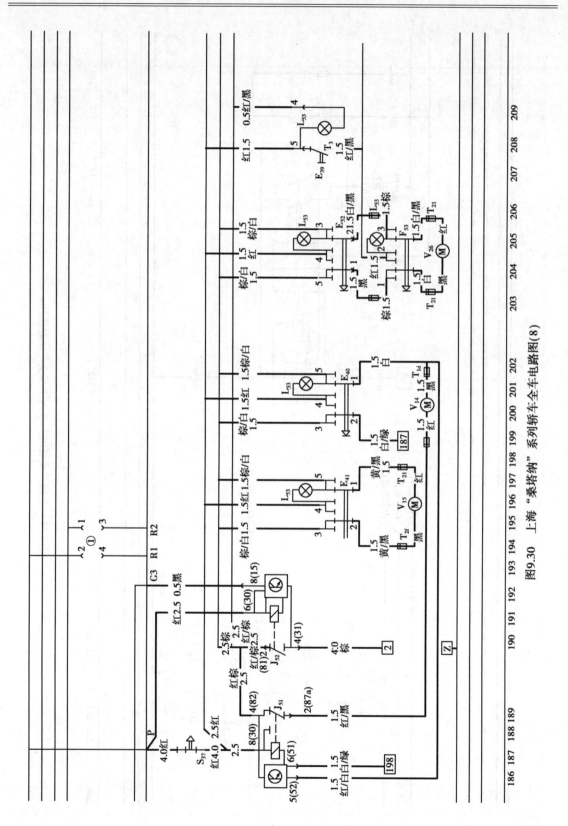

图9.30 上海"桑塔纳"系列轿车全车电路图（8）

391

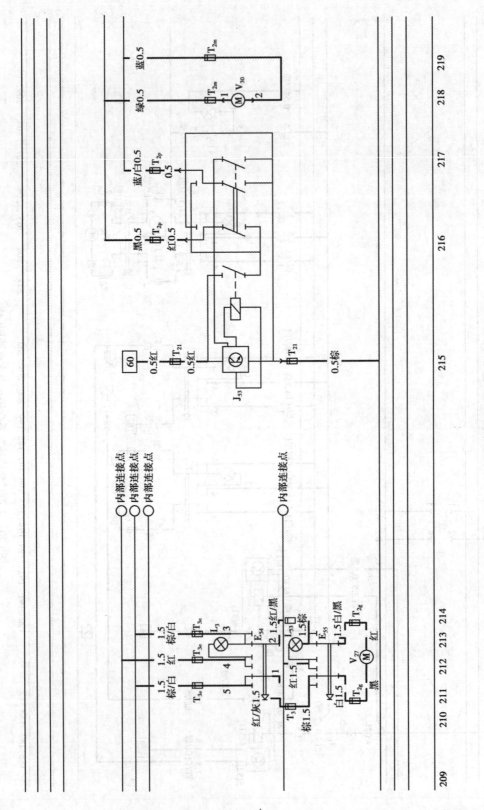

图9.31 上海"桑塔纳"系列轿车全车电路图(9)

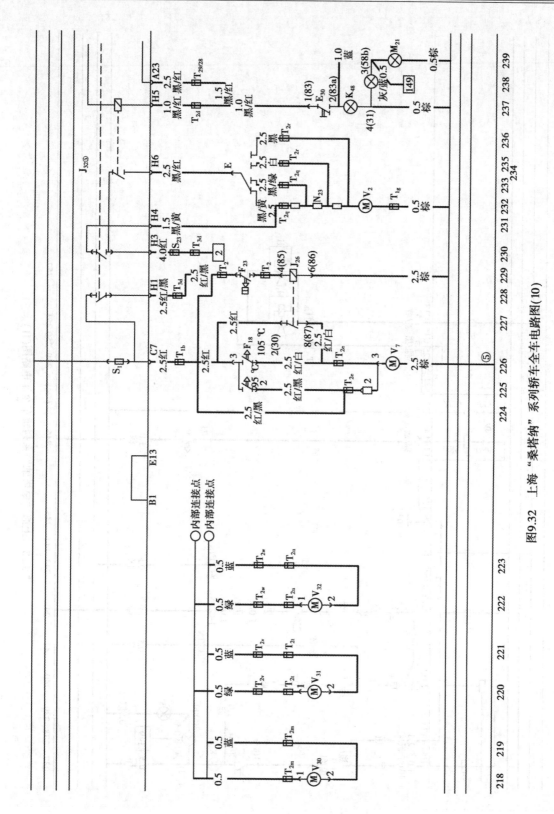

图9.32　上海"桑塔纳"系列轿车全车电路图(10)

393

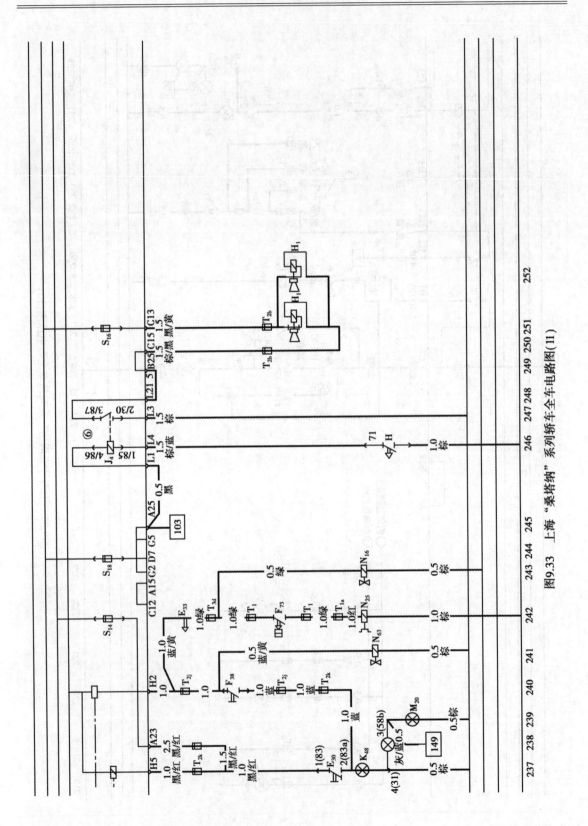

图9.33 上海 "桑塔纳" 系列轿车全车电路图 (11)

394

继电器 J_1 的一对触点之间,当制冷系统高压值正常时,触点断开,将鼓风机调速电阻 R 串入冷却风扇电动机电路中,使风扇电动机低速运转。当制冷系统高压超过规定值时,高压保护开关触点闭合,接通冷却风扇继电器线圈电路,冷却风扇继电器触点闭合,将 R 短路,风扇电动机高速运转,以增强冷凝器的冷却能力。同时冷却风扇电动机还直接受发动机冷却液温控开关控制,当不开空调开关,发动机冷却液温度低于 95 ℃时风扇电动机不转动,高于 95 ℃时风扇电动机低速转动,达到 105 ℃时风扇电动机高速转动。

空调继电器中的 J_1 触点在空调开关一接通时即闭合,使鼓风机低速运转,以防止蒸发器表面因温度过低而结冰。

②喇叭电路如图 9.33 所示,电路编号为 246~252。喇叭电路分喇叭控制电路和喇叭主电路。喇叭电路由点火开关控制的编号为 15 的线路控制,按下喇叭按钮时,喇叭控制电路为:15 号相线→熔丝 S_{18} 中央线路板 A25 端子→L1 端子→喇叭继电器 86/4 端子→喇叭继电器线圈→喇叭继电器 1/85 端子→L4 端子→喇叭按钮→电路编号 246 搭铁→电源负极。电流流过喇叭继电器线圈使铁芯磁化,吸下触点臂使触点闭合,接通喇叭主电路。喇叭主电路为:电源 15 号相线→熔丝 S_{16}→中央线路板 C13 端子→连接器 T_{2b}→喇叭 H 接线柱→喇叭线圈、触点→中央线路板 C15 端子、B25 端子、L2 端子→喇叭继电器 3/87 端子→喇叭继电器触点→喇叭继电器 2/30 端子→中央线路板 L3 端子→电路编号 247 搭铁。

2.“丰田”车系统电路分析

日本“丰田”汽车是我国进口汽车中数量最多的车种,如“丰田皇冠”(CROWN)、“雷克萨斯”(LEXUS)、“佳美”(CAMRY)等车型均有一定的保有量。天津一汽与丰田汽车公司合资生产的“夏利 2000”“威姿”“威驰”“花冠”和“皇冠”等轿车在国内也有一定的市场占有率。这些车型的中文维修资料都源自丰田公司的原厂资料,其电路与电子控制系统电路图通常都保留了丰田原厂资料汽车电路图的绘图风格。

(1)“丰田”车系统电路图的主要特点

①电路图中的电气元件通常有文字直接标注。

②电路总图中各系统电路按长度方向逐个布置,并在电路图上方标出各系统电路的区域和代表该电路系统的符号及文字说明。

③电路图中绘出了搭铁点,并标注代号与文字说明,可以从电路图了解线路搭铁点,直观明了。

④电路图中,有的还直接标出线路插接器的端子排列一和各端子的使用情况,给识图和电路故障查寻提供方便。

(2)“丰田”汽车电路图的识读

各系统的电器符号及含义见表 9.11。

表 9.11　各系统的电器符号及含义

名　称	图形符号	名　称	图形符号
蓄电池		双投式继电器	
电容器		电阻	
点烟器		分接式电阻	
断路器		可变式电阻（变阻器）	
二极管		传感器(热敏电阻)	
齐纳二极管		模拟速度传感器	
分电器、集成式点火总成		短插脚	
保险丝		电磁线圈	
熔断丝		前照灯 1.单丝 2.双丝	
地线			
继电器 1.通常闭合 2.通常断开		喇叭	
		点火线圈	

续表

名　称	图形符号	名　称	图形符号
灯		双投式开关	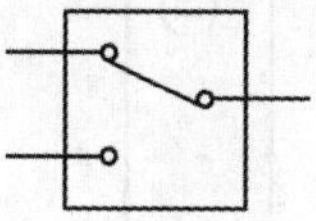
LED（发光二极管）		点火开关	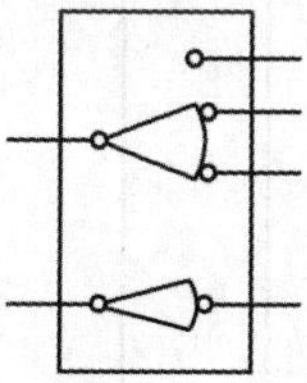
模拟式仪表			
数字式仪表	 FUEL	刮水器开关	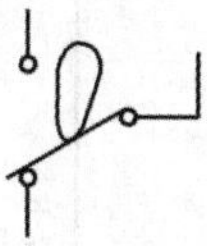
电动机	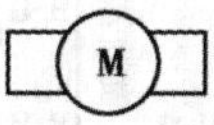 M	晶体管	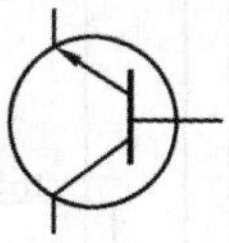
扬声器	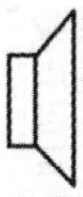	电线 1. 未连接 2. 铰接	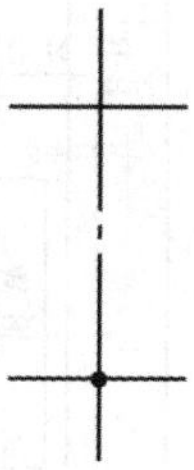
手动式开关 1. 通常断开 2. 通常闭合	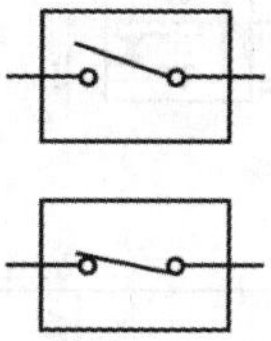		

1）导线颜色

在线路图中，配线颜色用字母代号表示，字母代号的含义见表9.12。

表9.12　配线颜色

字　母	配线颜色	字　母	配线颜色
B	黑	G	绿
L	蓝	O	橙
R	红	W	白
BR	棕	GR	灰
LG	浅绿	P	粉红
V	紫	Y	黄

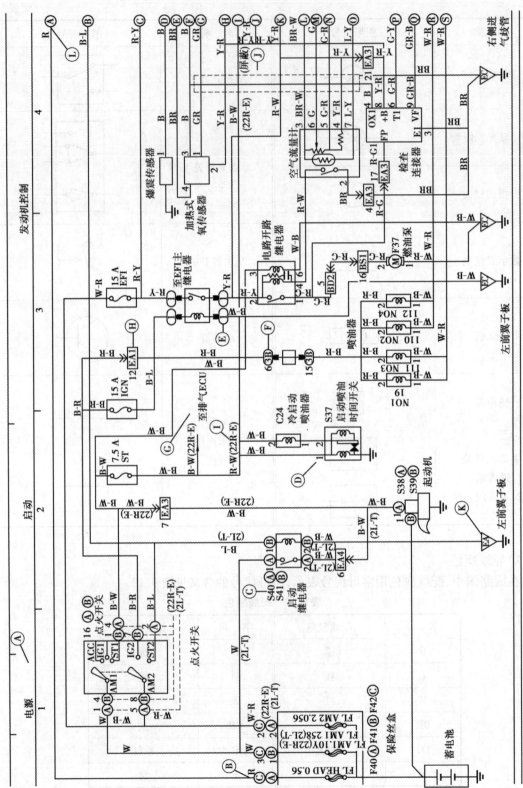

图9.34 电路图的标示方法

2)丰田车系统电路图的标示方法(如图9.34所示)。

丰田车系统电路图中各部分的含义如下:

①A表示各子系统的标题符号。

②B表示配线颜色。例如,线路图中导线颜色编号为R,则说明在实际电路中,导线颜色为红色。如果导线为双色,则用第一个字母表示配线基本颜色,第二个字母表示配线的条纹颜色。例如,导线颜色编号为L~Y,则在实际电路中,导线的基本颜色为蓝色,条纹颜色为黄色。

(a)插座

(b)插头

图9.35　插座与插头编号示意图

③C表示与电器元件连接的插接器编号。S_{40} 或 S_{41} 表示与启动继电器相连接的插接器。

④D表示插接器的引脚编号,其中插座和插头编号的方法不同。在插座编号中,顺序为从左至右,从上至下;插头则从右至左,从上至下,如图9.35所示。

⑤E表示继电器盒。圈内数字表示继电器盒号码,图示继电器盒号码为1,表示EFI主继电器在1号位置。

⑥F表示接线盒。圈内数字表示接线盒(J/B)号码,圈旁数字表示该插接器插座位置代码。接线盒上一般印上阴影,使其与其他元件区分。不同的接线盒,用不同的阴影标出,以便区分。例如,图中的3B表示它在3号接线盒内;数字6和15表示两条配线分别在插接器6号和15号位置。

⑦G表示相互关联的系统。

⑧H配线与配线之间的插接器。带插头的配线用符号"》"表示,外侧数字12表示引脚号码。

⑨I用"()"中内容表示同车型不同系列、不同发动机或不同技术下的不同配线或连接。

⑩J表示屏蔽的配线。

⑪K表示接地点位置。接地点在电路图中用"▽"符号表示。

⑫L表示系统电路图如果分开两页以上,则相同的配线用同一个数字(如用1,2,3,…)表示其连接关系。

(3)"丰田"车系统电路分析实例

以"凌志LEXUS LS400 UCF10"系列轿车刮水器和洗涤器电路为例,介绍"丰田"车系统电路的分析方法。

"凌志LEXUS LS400 UCF10"系列轿车刮水器和洗涤器、转向信号和危险警告、喇叭电路如图9.36所示。分析电路之前,首先要弄清以下3方面的内容,再进行分析。

1)刮水器低速工作

点火开关打至点火挡,刮水器开关处于低速挡位置,刮水器低速工作电流通路为:蓄电池正极→120 A熔断器→40 A熔断器→ 配线插接器EA3的A10端子(白/蓝线)→ 点火开关I17的AM1端子→点火开关I17的IG1端子→1号J/B(接线盒)1C插头的3号端子→20 A熔断器→1号J/B(接线盒)1G插头的4号端子→刮水器和洗涤器组合开关C15的B端子→刮水器和洗涤器组合开关C15的7号端子→刮水器电机W5的3号端子(蓝/黑线)→刮水器电机W5的1号端子(白/黑线)→仪表板左内侧E接地点搭铁→蓄电池负极。

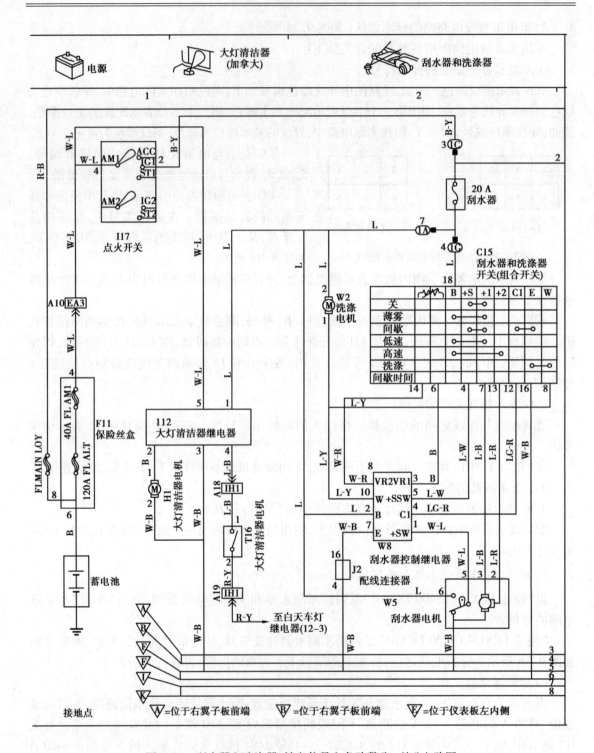

图 9.36　刮水器和洗涤器、转向信号和危险警告、喇叭电路图

2)刮水器高速工作

点火开关打至点火挡,刮水器开关处于高速挡位置,刮水器高速工作电流通路为:蓄电池正极→120 A 熔断器→40 A 熔断器→ 配线插接器 EA3 的 A10 端子(白/蓝线)→ 点火开关 I17 的 AM1 端子→点火开关 I17 的 IG1 端子→1 号 J/B(接线盒)1C 插头的 3 号端子→20 A 熔断器→1 号 J/B(接线盒)1G 插头的 4 号端子→刮水器和洗涤器组合开关 C15 的 B 端子→刮水器和洗涤器组合开关 C15 的 13 号端子→刮水器电机 W5 的 2 号端子(蓝/红线)→刮水器电机 W5 的 1 号端子(白/黑线)→仪表板左内侧 E 接地点搭铁→蓄电池负极。

3)刮水器间歇工作

点火开关打至点火挡,刮水器开关处于间歇挡位置,刮水器间歇工作电流通路为:蓄电池正极→120 A 熔断器→40 A 熔断器→ 配线插接器 EA3 的 A10 端子(白/蓝线)→ 点火开关 I17 的 AM1 端子→点火开关 I17 的 IG1 端子→1 号 J/B(接线盒)1C 插头的 3 号端子→20 A 熔断器→1 号 J/B(接线盒)1 A 插头的 7 号端子(蓝线)→ 刮水器控制继电器 W8 的 2 号端子→ 刮水器控制继电器 W8 的 5 号端子(蓝/白线)→刮水器和洗涤器组合开关 C15 的 4 号端子→刮水器和洗涤器组合开关 C15 的 7 号端子→刮水器电机 W5 的 3 号端子(蓝/黑线)→刮水器电机 W5 的 1 号端子(白/黑线)→仪表板左内侧 E 接地点搭铁→蓄电池负极。

刮水器开关打至间歇挡时,刮水器控制继电器 W8 的 4 号端子由刮水器和洗涤器组合开关 C15 的 12 号端子与 16 号端子通过接地点 F 搭铁,刮水器间歇时间由刮水器控制继电器 W8 来决定。

4)刮水器停止工作

刮水器开关打至停止挡位置,通过刮水器和洗涤器组合开关 C15 的 4 号端子与 7 号端子把刮水器控制继电器 W8 的 5 号端子与刮水器电机 W5 的 3 号端子连接起来。刮水器开关打至停止挡时,如果刮水器处在规定停止位置,刮水器电机 W5 的 5 号端子与刮水器电机 W5 的 1 号端子接通,使电机进行能耗制动,刮水器电机停止工作。如果刮水器处在非规定停止位置,刮水器电机 W5 的 5 号端子与刮水器电机 W5 的 6 号端子接通,由 6 号端子供电使电机继续工作,直至刮水器处在规定的停止位置。

5)洗涤器工作

点火开关打至点火挡,洗涤器开关处于洗涤挡位置,洗涤器工作电流通路为:蓄电池正极→120 A 熔断器→40 A 熔断器→ 配线插接器 EA3 的 A10 端子(白/蓝线)→ 点火开关 I17 的 AM1 端子→点火开关 I17 的 IG1 端子→1 号 J/B(接线盒)1C 插头的 3 号端子→20 A 熔断器→1 号 J/B(接线盒)1 A 插头的 7 号端子→洗涤电机 W2→刮水器和洗涤器组合开关 C15 的 8 号端子→刮水器和洗涤器组合开关 C15 的 16 号端子→仪表板左支架接地点 F 搭铁→ 蓄电池负极。洗涤器工作的同时,触发刮水器控制继电器 W8 工作,使刮水器配合洗涤器工作一段时间。

3. 通用车系统电路分析

(1)通用车系统电路图标注方法

以上海"别克"轿车自动变速器控制电路图为例,来说明通用车系统电路图各部分的含义,如图 9.37 所示。

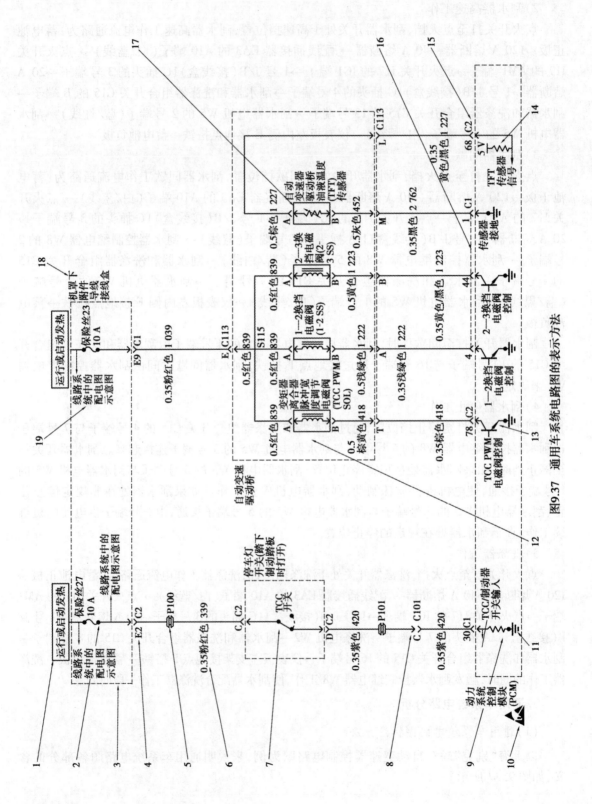

图9.37 通用车系统电路图的表示方法

图中各部分含义如下：

1——"运行或启动发热"表示线路在点火开关处于点火或启动挡时有电,电压为蓄电池工作电压。

2——27号10 A的熔断器。

3——虚线框表示没有完全表示出接线盒所有部分。

4——导线由发动机机罩下导线接线盒的C2连接插头的E2插脚引出,连接插头编号C2写在右侧,插脚编号E2写在左侧。

5——符号和P100表示贯穿式密封圈,其中P表示密封圈,100为其代号。

6——"0.35粉红色"表示导线截面积为0.35 mm^2,线的颜色为粉红色,数字"339"表示该线束位置在乘客室。

7——TCC(液力变矩器中的锁止离合器控制)开关,图中表示TCC处于接通状态,其开关信号经过P101和C101,由动力总成控制模块(PCM)中的C1插头30号插脚进入PCM中。

8——直列线束插接器,右侧"C101"表示连接插头编号(其中C表示连接插头),左侧"C"表示直列线束插接器的C插脚。

9——输出电阻器,这里用来把TCC和制动灯开关的信号以一定的电压信号的形式输出给动力总成控制模块PCM的内部控制电路。

10——动力总成控制模块PCM是对静电敏感的部件。

11——搭铁。

12——在自动变速器内部的TCC锁止电磁阀,此电磁阀控制液力变矩器内部锁止离合器的结合。它在点火开关处于点火或启动挡时,通过23号10A的熔断器供电。

13——带晶体管半导体元件控制的集成电路。这里为动力总成控制单元PCM内部集成的控制电路,控制电磁阀驱动电路,通过PCM搭铁。

14——输出电阻。PCM提供5V稳压通过内部串接电阻与自动变速器油温传感器(TFT)连接,同时将自动变速器油温传感器(NTC型电阻)信号传给PCM。

15——动力总成控制模块PCM的C2连接插头的68插脚。

16——虚线表示4,44,1插脚均属于C1连接插头。

17——自动变速器内部的自动变速器油温传感器,它是一个随温度增加阻值减小的NTC型电阻。

19——导线通往机罩下附件导线接线盒。

18——部件的名称及所处的位置。该机罩下附件导线接线盒位于发动机的左侧(从车的前面看)的其他电路,对目前所显示的电气系统没有作用,是一种省略的画法。

(2)通用车系统电路分析实例

以上海通用"别克"轿车冷却风扇控制电路为例来介绍通用车系统电路图的分析方法。

上海通用"别克"轿车冷却风扇控制电路如图9.38所示。

冷却风扇由两个熔断器(6号40 A和21号15 A)分别向发动机冷却风扇供电。熔断器位于发动机罩下附件接线盒内,如图9.39所示。

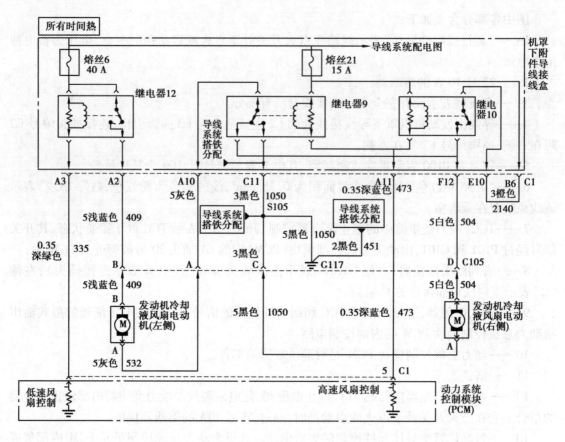

图9.38 上海通用"别克"轿车冷却风扇控制电路图

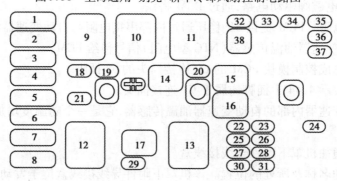

图9.39 发动机罩下熔断丝、断路器及继电器位置

1)冷却风扇低速工作时电路

PCM 通过低速风扇控制电路为继电器 12 的控制电路提供搭铁。继电器 12 的控制电路的电流通路为:所有时间热(与电源直接连接)→熔断器 6→继电器 12→PCM 的低速风扇控制电路搭铁。于是,继电器 12 的线圈中有电流通过,控制动合触点闭合,向冷却风扇电机供电。此时由于左侧的冷却风扇电机与右侧的冷却风扇电机串联,所以风扇低速运转。电流通路为:所有时间热(与电源直接连接)→熔断器 6→继电器 12→左侧的冷却风扇电机→继电器 9 的动断触点→右侧的冷却风扇电机→导线系统搭铁分配器搭铁。

2)冷却风扇高速工作时电路

PCM 首先经低速风扇控制电路对继电器 12 提供搭铁路径。经 3 s 延时后,PCM 经高速风扇控制电路为继电器 9 和继电器 10 提供搭铁路径。左侧风扇电机继续由熔断器 6 提供电流。但熔断器 21(15 A)为右侧风扇电机提供电流。各风扇接收不同的搭铁路径。因此,风扇高速运行。左侧风扇电机电流通路为:所有时间热(与电源直接连接)→熔断器 6→继电器 12→左侧的冷却风扇电机→继电器 9 的动合触点→导线系统搭铁分配器搭铁。右侧风扇电机电流通路为:所有时间热(与电源直接连接)→熔断器 21→继电器 10 的动合触点→右侧的冷却风扇电机→导线系统搭铁分配器搭铁。

在看懂电路图的同时还应清楚 PCM 在什么情况下控制继电器 12 搭铁,其条件为:

①发动机冷却液温度超过 106 ℃。

②请求 A/C 且环境温度高于 50 ℃。

③A/C 制冷剂压力大于 1.31 MPa。

④点火关闭且发动机冷却液温度高于 140 ℃。对于风扇高速控制,PCM 延后右侧冷却风扇电机和继电器 10 控制达 3 s。3 s 延时后可确保冷却风扇电负荷不超过系统的容量。PCM 在以下各情况下为继电器 12、继电器 9 和继电器 10 提供搭铁。

⑤发动机冷却液温度超过 110 ℃。

⑥A/C 制冷剂压力大于 1.655 MPa。

第二部分　任务实施

一、工具准备

①汽车总电路图若干。

②万用表、绘图工具及常用电路检测工具若干。

二、技术要求与标准

①能够对各种车型的电路图进行分析。

项目 **2** 汽车电路系统的检修

一、常见电路故障

汽车电路常见的故障有开路(断路)、短路、搭铁等。

1.断路

一般由导线折断、导线连接端松脱或接触不良等原因所造成。

2.短路

造成短路的原因有:导线绝缘破坏,并相互粘连造成短路,开关、接线盒、灯座等外接线螺钉松脱,造成线头相碰;接线时不慎,使两线头相碰;导线头碰金属部分。

3.搭铁

搭铁的原因:相线直接与金属机体相碰。

二、检修故障的思路

在进行汽车电路检修前,必须熟读使用说明书,查明电路,了解其结构,并使用合适的工具,才能收到事半功倍的效果。

汽车电路出现故障时,一般先要搞清楚故障的症状及伴随出现的现象,判明故障所在的局部电路,然后再对该局部电路进行检验,查明故障所在部位,予以排除。

正常的汽车电路,必须是:

①点火电路能够产生足够能量的正时火花。

②电源电路充电稳定,并能满足用电设备在各种状态下的需要。

③起动机启动有力,分离彻底。

④照明及信号系统设备齐全,性能良好。

⑤全车线路整齐,连接固定可靠;否则,应视为电路出现了或大或小的故障。

电路故障的产生原因是多种多样的,如元件老化、自然磨损、调整不当、环境腐蚀、机械摩擦、导线短路或断路等。电路出现故障时,要善于运用分析的方法,先对故障的发生范围进行初步的诊断。切忌在情况不明或不加思考分析的情况下而盲目拆卸、乱接瞎碰。否则,不仅会延误检修,而且还会造成不必要的损坏。要善于发现故障前的异常征兆和故障特征,结合整车电路进行分析,尽可能把故障诊断缩小到一个较小的范围内。

在检修故障时,应根据故障发生范围,先检查故障率较高且容易检查的部件,然后检查故障较低的,不易检查的部件。只有当某部件的故障已经确诊,必须打开进行修理时,方可进行拆卸。要尽量做到不拆或少拆零件,以减少麻烦。检修故障还要采用正确的检查方法和测试手段,以提高检修故障的速度,避免意外损失。

电路出现故障,一般先就车对电路进行检查和测试,判断故障发生在哪个部件上,然后再对故障发生部位的外部性能及内部参数进行测试或检查,找出故障发生点,予以排除。在检修故障的同时,还应注意对有关部件及电路进行保养,使之恢复较好的状态。

若电气设备损坏无法修复,则应予以更换,部件的更换应与原部件的规格、型号相一致。导线的更换应尽量与原来的线径和颜色一致,若用其他颜色导线代替,应与相邻导线有所区别,以利于以后的检修。

三、故障诊断的基本方法

汽车电气设备的故障诊断,通常采用的方法有:直观诊断法、利用车上仪表法、刮火法、断路法、短路法、试火法、试灯法、万用表法、元件替换比较法、模拟法和仪器法等。

1. 直观诊断法

汽车电路发生故障时,有时会出现冒烟、火花、异响、焦臭、发热等异常现象。这些现象可通过人的眼、耳、鼻、身感觉到,从而可以直接判断出故障所在的部位和原因。

例如,汽车行驶中,突然发现转向灯与转向指示灯均不亮的故障,用手一摸,发现闪光器发热烫手,说明闪光器已被烧坏。

2. 利用车上仪表法

通过观察汽车仪表盘上的电流表、冷却液温度表、燃油表和机油压力表等的指针走动情况,判断电路有无故障和故障产生部位。

例如,发动机冷态,接通点火开关时,冷却液温度表指示满刻度位置不动,说明冷却液温度表传感器有故障或该线路有搭铁。

凡用电设备通过电流表,电流表指示的电流值就可作为诊断的依据。当工作电压一定,接通用电设备后,电流表指示"0"或所指的放电电流值小于正常值,表明用电设备电路的某处断路或导线接触不良。若接通用电设备后,电流表迅速由"0"摆到满刻度外,然后又到零。其中由"0"摆到满刻度外,表明电路中某处搭铁、短路;电流表由满刻度外回到"0"表明熔断器熔断。电流表诊断只能简单地判断是断路还是短路,具体部位还有待用其他方法判断。

例如,接通点火开关,电流表指针于"0"位不动,且发动机不能发动,表明点火电路低压电路有断路故障;电流表指针随起动机转动而摆动,且发动机不能发动,表明点火电路高压电路有故障。

3. 刮火法

刮火法又称试火法,通常应用于判断线束或导线有无断路。拆下用电设备的某一线头对汽车的金属部分(搭铁)碰试,根据火花的有无,判断是否断路。这种方法比较简单,是广大汽车电工经常使用的方法,搭铁试火法可分为直接搭铁和间接搭铁两种。

所谓直接搭铁,是未经过负载而直接搭铁产生强烈的火花。例如,怀疑照明总开关至制动灯开关一段线路有故障,可拆下制动灯开关上的线头直接搭铁碰试,若出现强烈火花,则说明这段线路正常;若火花弱,则说明这段线路中某一线头接触不好或有脏污;若无火花出现,则说明这段线路有断路。

所谓间接搭铁,是通过汽车电器的某一负载而搭铁产生微弱的火花来判断线路或负载的情况。例如,将点相线圈低压侧搭铁,若火花微弱,则说明这段线路正常,回路是经过点相线圈初级搭铁;若无火花,则表明电路有断路。

注意:刮火法不宜用来检查汽车电子电路,以免损坏电子元器件。但必要时,可采用一段细导线(通过电流很小)进行刮火试验。

4. 断路法

汽车线路发生搭铁(短路)故障时,可用断路法判断。将怀疑有短路故障的那段线路断开,以判定断开的那段线路是否搭铁。

例如,汽车行驶时,听到电喇叭长鸣,则可将喇叭继电器"按钮"接线柱上的导线拆开,若喇叭停鸣,则表明喇叭按钮至喇叭继电器之间电路有搭铁现象;若喇叭仍长鸣,则表明喇叭继电器触点烧蚀而不能分开,可进一步用断路法判断。

5. 短路法

短路法又称短接法,即用一根导线将某段导线或某一电器短接后观察用电器的变化。

例如,当打开转向灯时,发现左、右两边的转向灯出现闪烁微光,这时就可用导线将某边的转向灯灯壳人为地进行搭铁,若这时只有另一只转向灯亮,则证明此处搭铁不良;若仍然是两边的灯均亮,则认为此处搭铁良好,可对另一侧转向灯进行同样检查。

6. 高压试火法

对高压电路进行搭铁试火,观察电火花状况,判断点火系统的工作情况。具体方法是:取下点火线圈或火花塞的高压导线,将其对准火花塞或缸盖等搭铁部位,距离约 5 mm,然后接通启动开关,转动发动机,看其跳火情况。若火花强烈,呈蓝白色,且跳火声较大,则表明点火系统工作基本正常;反之,则说明点火系统工作不正常。

7. 试灯法

用一个汽车灯泡作为临时试灯,检查线束是否开路或短路,电器或电路有无故障等。此方法特别适合于检查不允许直接短路的带有电子元器件的电器。

如蓄电池亏电,怀疑交流发电机不发电,可用试灯法进行测试。其方法是:试灯的一端接交流发电机的电枢接线柱,一端接搭铁,如果试灯亮,说明交流发动机工作正常,反之则可以认为发电机不发电。另外,在检查汽车电系统的断路时,可在被怀疑断路处跨接上试灯,若试灯亮,则说明电路有断路,反之,则可认为电路正常。

用临时试灯法应注意试灯的功率不要太大,在测试电子控制器的控制(输出)端子否有输出,以及是否有足够的输出时尤其要慎重。

8. 万用表法

用万用表测量线路各点的直流电压,若有电压,则说明该测试点至电源间的电路畅通;若无电压,则说明该测试点与上一个测试点之间的电路断路。另外,通过万用表对电路或元器件的各项参数进行测试,并与正常技术状态的参数对比,可以判断故障部位所在。如就车测量蓄电池的充电电流与端电压,判断充电电路是否充电;测量电气部件中线圈绕组的电阻值,判断绕组有无断路或短路;测量引线两端间的电阻,判断电路有无断路等。万用表检测法是检测电路或元件较为准确的一种方法。

9. 元件替换法

元件替换法是指在检修电路时,怀疑有些元件的性能对电路正常工作有影响,但其性好坏还一时难以断定,因此,就选用性能良好的元件将其替换,利用比较的方法来判断故障。若火花塞火花弱,发动机不能发动,可用一个良好的火花塞将其替换;若发动机恢复工作,表明原先的火花塞有故障,应予以修理或更换。

10. 模拟法

模拟法应用于对各种传感器、指示机构(表头)的判断。例如,在汽车停车中,发动机怠速运转使用空调较长的时间后,发动机散热器盖的高温保护盖开启,高压水蒸气喷射出来,可冷却液温度表指示并不高,显然是冷却液温度表系统故障。在确认线束连接良好后,为了判断是否表头故障,可以立即模拟冷却液温度传感器的输入。许多进口日本汽车的冷却液温度传感器为负温度系数(NTC)电阻,在 110 ℃高温时,电阻大约只有 20 Ω,此时,可以取下传感器插头,在表头一端的输入脚与搭铁之间串联进一个 8 W 汽车灯泡,点火开关 ON,如果表头指示能达到红线或接近红线,则说明表头正常,应检查或更换传感器,可认为表头不良。

对于输出电信号的传感器,也可进行相同的模拟,如以干电池模拟转速传感器产生的电信号等。

使用模拟法的局限性在于必须熟悉汽车的电路参数,且可获得能用于模拟的输入信号。因此,该方法更适合于在修理间应用。

11. 仪器法

随着汽车电气设备的日趋复杂,在维修中,特别是维修装有电子设备较多的车辆时,使用一些专用的仪器是十分必要的。如检测桑塔纳 2000 和奥迪轿车电控系统时,经常使用 V. A. G1551 和 V. A. C1552 型故障诊断仪。

四、汽车电路故障诊断与检修流程

汽车电路故障诊断与检修通常有以下几个步骤,其流程如图 9.40 所示。

(1)听取客户陈述故障现象

详细了解故障现象及发生故障时的情况及环境,包括以下信息:车型、气候条件、路况系统症状、操作条件、维修保养情况及购车后是否加装其他附件等。

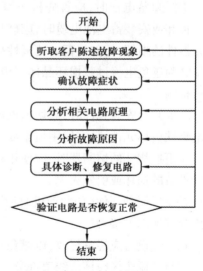

图 9.40 汽车电路故障诊断流程图

（2）确认故障症状

运转系统,必要时进行路试。查看客户所反映的情况是否属实,同时注意观察运行后的种种现象。若不能再现故障,则可进行故障模拟试验。

（3）识读系统电路,分析相关电路原理

仔细阅读该车型电路及相关资料,拆画与故障现象相关的系统电路,弄清电路的工作原理及系统工作电流走向,对系统电路进行关联性分析以缩小故障诊断范围。

（4）分析故障原因

详细分析造成该故障现象的可能原因,根据理论分析和工作经验对故障现象可能原因遵循由易到难进行排查。

（5）具体诊断、修复电路

选择合适的诊断检测设备及工具确诊故障点并修复。

（6）验证电路是否恢复正常

对电路进行系统检修之后,在所有模式下运转系统,确认系统在所有工况下运转正常,确认在诊断和修理过程中没有造成新的故障。

五、汽车电路故障检修注意事项

汽车电气系统检修的首要原则是不要随意更换导线、电气设备和换接线路,这些操作可能会损坏汽车或因短路、过载而引起火灾。同时,应注意以下事项。

①拆卸蓄电池时,应首先拆下蓄电池负极电缆,安装蓄电池时,最后连接蓄电池负极电缆。拆卸或安装蓄电池电缆时,应确保点火开关或其他开关都已关闭,否则可能会导致半导体元器件的损坏,切勿将蓄电池极性接反。

②为避免电流过载损坏晶体三极管,应使用欧姆表及万用表的 R×100 以下低阻欧姆挡进行检测。

③拆卸及安装元件时,应切断电源。如无特殊说明,元件引脚距焊点应在 10 mm 以上,以免电烙铁烫坏元件,且宜使用恒温或功率小于 75 W 的电烙铁。

④更换烧坏的熔断器时,应使用相同规格的熔断器。使用比规定容量大的熔断器会导致电气设备的损坏或引发火灾。

⑤靠近振动部件(如发动机)的线束应用卡子固定,将松弛部分拉紧,以免由于振动造成线束与其他部件接触。

⑥电气设备应轻拿轻放,以避免过大的冲击载荷造成电气设备的损坏。

⑦与尖锐边缘摩擦的线束部分应使用胶带缠绕,以免损坏。安装固定装置时,应确保线束不被夹住或损坏,同时应确保插接件连接牢固。

⑧进行维护保养时,若温度超过 80 ℃(如进行焊接时),应先拆下对温度敏感的元件(如 ECU)。

⑨通导性测试笔不能接在一个带电的电路中,否则,测试笔中的灯泡会被烧坏。

⑩要定期用欧姆表对跨接导线本身进行通导性的测试。导线自身接头产生的电阻将影响故障诊断的正确性。

⑪熔断器熔断后,必须真正找到故障原因,彻底排除故障。一定不要使用更高额定值的熔断器进行更换。一定要参阅维修手册或用户手册,以确认更换的电路保护装置符合规定。

⑫绝对不允许换用比规定容量大的易熔线。易熔线熔断,可能是主要电路发生短路,因此需要仔细检查,彻底排除隐患,不能和其他导线绞合在一起。

参考文献

[1] 李春明. 汽车电器设备与维修[M]. 北京:高等教育出版社,2005.

[2] 宋阳见. 汽车电器构造原理与维修[M]. 北京:北京大学出版社,2009.

[3] 袁辉,邓妹纯. 汽车电路与电子系统检修[M]. 北京:人民交通出版社,2010.

[4] 尹万建. 汽车电气设备原理与检修[M]. 北京:高等教育出版社,2008.

[5] 毛峰. 汽车电器设备与维修[M]. 北京:机械工业出版社,2005.

[6] 胡光辉. 汽车电器设备构造与检修[M]. 北京:机械工业出版社,2010.

[7] 张忠伟. 汽车电气系统检修[M]. 青岛:中国海洋大学出版社,2010.

[8] 范爱民. 汽车空调结构原理与维修[M]. 北京:机械工业出版社,2010.

[9] 赵福堂. 汽车电器设备构造与维修[M]. 北京:中央广播电视大学出版社,2010.

[10] 蒋智庆. 汽车电器设备与维修[M]. 北京:高等教育出版社,2005.

[11] 董宏国. 汽车电路分析[M]. 北京:北京理工大学出版社,2009.

[12] 华汽教育. 汽车电器设备构造与检修. 2011.

[13] 谢在玉,闫平. 汽车电气设备实验与实习[M]. 北京:北京大学出版社,2008.

[14] 任春晖. 汽车电器设备构造与检修[M]. 北京:机械工业出版社,2009.

[15] 周建平. 汽车电气设备构造与维修[M]. 北京:人民交通出版社,2005.

[16] 张军. 汽车舒适与安全系统检修[M]. 北京:人民交通出版社,2009.

[17] 于万海. 汽车电气设备原理与维修[M]. 北京:电子工业出版社,2005.

[18] 谭本忠,王文. 汽车电气系统结构与维修图解教程[M]. 北京:机械工业出版社,2010.

[19] 郭远辉. 汽车车身电器及附属电器设备检修[M]. 北京:人民交通出版社,2005.

[20] 马云贵. 汽车电源与启动系统检修[M]. 北京:人民交通出版社,2010.

[21] 安宗权,曾宪均. 汽车电气系统检修[M]. 北京:人民邮电出版社,2011.

[22] 李俊玲,周旭. 汽车电气设备构造与检修[M]. 北京:人民邮电出版社,2010.